SVEC

2001:06

Manuscripts (two copies with a brief summary) should be prepared
in accordance with the *SVEC* stylesheet available on request
and at the Voltaire Foundation website and should be submitted to the
Voltaire Foundation
99 Banbury Road, Oxford OX2 6JX, UK

La *Gazette d'Amsterdam*
Miroir de l'Europe
au XVIIIe siècle

Sous la direction de

PIERRE RÉTAT

VOLTAIRE FOUNDATION

OXFORD

2001

ISBN 0 7294 0769 1
ISSN 0435-2866

Voltaire Foundation
99 Banbury Road
Oxford OX2 6JX, UK

A catalogue record for this book
is available from the British Library

The correct reference for this volume is
SVEC 2001:06

This series is available on annual subscription

For further information about *SVEC*
and other Voltaire Foundation publications see
www.voltaire.ox.ac.uk

This book is printed on acid-free paper

Typeset in Baskerville and
produced by Polestar Scientifica Ltd

Table des matières

Table des illustrations

Avertissement

CE volume a été conçu en commun par une équipe de chercheurs qui se sont partagé le travail de documentation, d'analyse et de rédaction de la façon suivante: Jean-Daniel Candaux l'article 'Genève' du chapitre 9 et l'Appendice C, Christophe Cave le chapitre 13, Gilles Feyel les chapitres 6 et 8, Claude Labrosse le chapitre 12, Otto S. Lankhorst les chapitres 1 et 3, Anne-Marie Mercier-Faivre le chapitre 16, Pierre Rétat l'Introduction, les chapitres 4, 5 (avec la collaboration de Denis Reynaud), 7, 9, 10, et les Appendices A et B, Denis Reynaud le chapitre 14, Annie Rivara le chapitre 11, Jean Sgard le chapitre 2, Chantal Thomas le chapitre 15. Pascale Ferrand a assuré la mise au point technique des tableaux, de l'Appendice A, et de l'état définitif du texte.

L'orthographe des citations est modernisée, mais non celle des titres.

Nous réalisons ainsi un programme inscrit dans les activités de l'Unité Mixte de Recherche 5611 (CNRS, Universités Lyon 2 et Grenoble 3, directeur: Philippe Régnier), dont le Centre lyonnais de recherche sur le XVIIIe siècle fait partie.

Les références à la *Gazette d'Amsterdam* ne portent, entre parenthèses dans le texte ou dans les notes, que la date de la livraison. S'il y a un risque d'ambiguïté, la date est précédée dans les notes du sigle *GA*; les seuls autres sigles couramment utilisés sont *GL* pour la *Gazette de Leyde*, et *GF* pour la *Gazette* de France, qui ne devient *Gazette de France* qu'à partir de 1762.

Les références bibliographiques concernant les études de presse et d'histoire du livre sont simplifiées: il suffira de se reporter à la bibliographie à la fin du volume, où l'on en trouvera les notices complètes.

Introduction

L'ÉTUDE des gazettes de langue française publiées hors de France au dix-septième et au dix-huitième siècle a connu des progrès importants ces vingt dernières années. L'ouvrage d'Eugène Hatin, *Les Gazettes de Hollande et la presse clandestine*, publié en 1865, est resté longtemps en France la principale référence; depuis lors, grâce aux découvertes sur les premières gazettes hollandaises, aux travaux des équipes d'étude de presse de Grenoble et de Lyon, aux ouvrages fondamentaux de J. Popkin et de G. Feyel (dont la grande thèse, *L'Annonce et la nouvelle*, apporte sur la question une mise au point très complète et très originale), une somme considérable de données nouvelles a été réunie, qui permet de comprendre de façon beaucoup plus claire la place occupée par ces gazettes dans le système d'information de l'Ancien Régime et le rôle qu'elles y ont joué à côté des gazettes officielles des différentes Cours, et en particulier de la *Gazette* de France.

Quelques grandes gazettes ont fait l'objet d'une étude particulière, de la part de R. Moulinas pour le *Courrier d'Avignon*, de J. Popkin pour la *Gazette de Leyde*, de K.-H. Kuhn pour la *Gazette des Deux-Ponts*, enfin de M. Beermann pour le *Courier du Bas-Rhin*; mais, pour diverses raisons, ces études n'englobent souvent ni l'intégralité des gazettes en question, ni l'ensemble des points de vue sous lesquels on peut les envisager.[1]

Faire l'histoire d'une gazette, c'est en effet s'engager dans une entreprise difficile et hasardeuse. On doit y aborder tous les aspects d'une grande entreprise de presse dans un laps de temps parfois très long: privilèges, propriétaires, rédacteurs, relations avec l'environnement politique, proche ou lointain, sources d'information, correspondants, situation parmi les gazettes concurrentes, forme éditoriale, types de nouvelles, traitement de l'actualité, diffusion et réception. Le texte à traiter et à analyser est formé, à raison de deux livraisons hebdomadaires de chacune 6 à 8 pages in-4° imprimées en petits caractères, d'autant de volumes de 600 à 800 pages qu'il y a d'années; les origines de la gazette sont souvent incertaines, les collections lacunaires, la date de disparition problématique; la documentation externe n'est pas seulement soumise au hasard habituel de découvertes dans les fonds d'archives, mais potentiellement aussi dispersée et diluée que la gazette l'était elle-même par sa diffusion dans l'espace européen.

L'équipe de chercheurs qui a décidé il y a environ quatre ans d'écrire en commun ce livre sur la *Gazette d'Amsterdam* avait une claire conscience de l'ampleur de la tâche qui l'attendait. Elle n'a pas atteint tous les objectifs qu'elle s'était fixés: du moins, faute d'approcher seulement d'une exhaustivité

---

1. On trouvera tous ces ouvrages dans la bibliographie.

I

impossible, a-t-elle essayé de poser ou de suggérer toutes les questions, d'emprunter ou d'indiquer toutes les pistes, et d'obéir aux exigences cardinales d'une étude de presse. Faire l'histoire d'une gazette suppose en effet prioritairement la prise en compte de sa spécificité de medium de communication, à la fois comme objet imprimé, comme marchandise commerçable, comme vecteur d'intervention dans le jeu complexe des politiques nationales et de la politique internationale, comme mode de perception du présent, de l'événement, de l'espace politique, des sociétés. Vouloir, autant qu'il est possible, répondre à ces exigences, c'est concevoir ce genre d'enquête comme une sorte de coupe longitudinale dans une histoire générale, politique et culturelle, dont les perspectives la dépassent infiniment, mais que l'on y verra présentes et enveloppées si l'on veut bien y prendre garde.

Pourquoi la *Gazette d'Amsterdam*? Depuis nos premiers travaux sur la presse, nous l'avons toujours rencontrée, tout simplement parce qu'elle était toujours là. Plus d'un siècle (1691-1796), c'est pour un journal politique une longévité assez rare. Seule parmi les gazettes 'étrangères' sa contemporaine la *Gazette de Leyde* a duré plus longtemps qu'elle (1677-1798). J. Popkin, qui a consacré à cette dernière une très belle étude, a eu la chance de s'appuyer, pour sa période la plus éclatante (les décennies 1760-1790), sur des archives exceptionnellement riches. Si nous n'avons rien trouvé de tel pour celle d'Amsterdam, du moins une multitude de témoignages prouvent-ils qu'elle a été, de la fin du dix-septième siècle aux années 1760 environ, beaucoup plus répandue que celle de Leyde, qu'elle a dominé alors le marché européen et surtout français, qu'elle a été considérée comme un modèle dans son genre et comme un véritable journal politique de référence.

La *Gazette de Leyde* a assurément profité des dernières crises de l'Ancien Régime: le moment de sa plus grande audience a rencontré une préoccupation historiographique fortement mobilisée par les événements pré-révolutionnaires et révolutionnaires et par l'action de plus en plus perceptible des journaux dans le champ politique. Le meilleur moment d'audience de la *Gazette d'Amsterdam* est au contraire contemporain d'une situation relativement plus stable, où la diffusion des gazettes 'étrangères' est dépendante de conditions financières très lourdes, où le nombre des lecteurs est bien moindre que dans les années 1770-1780, où l'Etat absolutiste soumet la presse à des règles plus dures et plus restrictives, et ne joue pas encore, comme il le fera plus tard, de leur médiation auprès du public. Le rôle très important que joue la gazette d'Amsterdam lors de la crise janséniste sous la Régence a été pleinement analysé et reconnu,[2] mais de façon générale on n'a sans doute pas pris encore la mesure exacte de sa présence dans le monde de l'information politique, de la fin du règne de Louis XIV à la fin de celui de Louis XV, ou de la guerre de la Ligue d'Augsbourg à la guerre de Sept Ans.

La découverte de la remarquable collection du ministère des Affaires étrangères, réunie au dix-huitième siècle par les commis du dépôt des archives à

---

2. Voir J. Sgard, 'Le jansénisme dans les gazettes françaises de Hollande'.

mesure que les bureaux politiques de Versailles leur envoyaient les livraisons pour archivage, et qui entrait par conséquent dans la mémoire diplomatique de la Cour de France, nous a fourni un nouveau motif d'intérêt pour la gazette d'Amsterdam. Elle confirmait ce que nous soupçonnions, c'est-à-dire une forte présence non seulement dans le monde de l'information politique publique, mais au sein même de l'appareil gouvernemental en France, où se révélait une relation privilégiée, d'ordre documentaire, mais plus profonde aussi et plus secrète, et qui a beaucoup à nous dire sur la politique d'information de l'Ancien Régime. C'est pourquoi, en collaboration avec le ministère des Affaires étrangères et avec son aide, nous avons décidé de réaliser une édition en cédérom de cette collection, qui est publiée par la Voltaire Foundation d'Oxford. Ainsi la *Gazette d'Amsterdam* ouvre-t-elle la bibliothèque électronique de gazettes anciennes dont notre équipe compte poursuivre la réalisation dans les années à venir.

Les cédéroms de travail dont nous avons disposé depuis deux ans nous ont permis de nous déplacer, dans l'immense masse que nous avions à traiter, infiniment mieux que nous n'aurions pu le faire dans n'importe quelle bibliothèque. On en trouvera la preuve évidente dans l'étude de G. Feyel sur les annonces et dans l'analyse de la forme éditoriale. Mais, sans ce moyen, comment aurions-nous pu tout simplement préparer ce livre à Lyon, dont aucune bibliothèque ne conserve le moindre vestige de cette gazette ?

Se posait d'abord à nous un problème de définition de l'objet. Si l'on met à part plusieurs gazettes publiées à Amsterdam depuis au moins les années 1620, il y a eu à partir des années 1660 plusieurs 'gazettes d'Amsterdam', soit sous ce titre même,[3] soit en une succession, d'ailleurs complexe et assez obscure, de formes et de titres variés. O. S. Lankhorst, à partir d'une nouvelle recherche documentaire, fait ici même le point sur tout ce qu'on en connaît, compte tenu de l'état extrêmement lacunaire des collections et d'une situation très ambiguë, dans les années 1660-1680, où les privilèges se partagent, où malgré les interdictions réitérées les gazettes naissent et renaissent à Amsterdam et dans les Provinces-Unies. C'est à partir de 1688 que, Claude Jordan et Jean Tronchin Dubreuil entrant en scène, la situation tend à s'éclaircir et que les rapports des gazetiers avec les autorités locales se simplifient et se régularisent. Enfin, le 27 août 1691, paraît le premier numéro d'une gazette qui pendant plus d'un siècle sera connue dans toute l'Europe comme *la* gazette d'Amsterdam, bien qu'elle n'ait porté ce titre qu'à l'extrême fin de son existence, à partir de juin 1795, et se soit contentée d'exhiber un statut officiel: *Avec privilège de nosseigneurs les Etats de Hollande et de West-Frise*, jusqu'en 1703, puis *Amsterdam Avec privilège…*

C'est d'elle que nous parlons ici (en la désignant, par commodité et selon un usage qui remonte aux origines, comme la *Gazette d'Amsterdam*), même si à plusieurs reprises ses devancières immédiates seront évoquées, comme le terreau

---

3. Une première *Gazette d'Amsterdam* a paru peut-être de 1663 à 1687, une seconde de mars 1690 à janvier 1691; voir les articles que J. Sgard leur a consacrés dans le *Dictionnaire des journaux*.

d'où elle est sortie, milieu juridique originel où les entrepreneurs luttent pour l'obtention des privilèges, milieu de la collecte et de la fabrication des nouvelles où se concurrencent et s'imposent les gazetiers, tel ce La Font dont J. Sgard dessine d'abord pour nous la figure quasi exemplaire dans la profession.

Avec notre gazette un contrat de confiance est en quelque sorte passé entre un gazetier, la ville et les Etats. D'un autre côté, depuis 1675, Louvois a affirmé les droits de la Ferme des postes contre les prétentions de Renaudot: le 'double marché de l'information', selon l'expression de G. Feyel, se met en place en France.[4] Les conditions sont donc remplies pour que s'installe dans la durée une entreprise de presse exportatrice, à destination du marché français, et par conséquent du reste de l'Europe. Le champ de la production amstellodamoise se simplifie et s'éclaircit étonnamment: à une foule d'entreprises diverses et souvent éphémères succèdent pour longtemps un seul titre dominateur,[5] un gazetier propriétaire à la forte personnalité, Jean Tronchin Dubreuil, et avec lui une dynastie en place jusqu'à la Révolution, enfin un authentique périodique d'audience internationale, capable de se poser en Europe comme l'inévitable partenaire que les gouvernements sont, alors déjà, contraints d'intégrer dans leurs préoccupations et leur jeu politique. Elle capte en France, à son profit exclusif, l'appellation 'gazette d'Hollande', qui jusque dans les premières années du dix-huitième siècle s'appliquait à une nébuleuse de gazettes publiées dans différentes villes des Provinces-Unies.

En France encore, le marché s'éclaircit et s'ouvre largement à elle: ses principales concurrentes, au début de sa carrière, et ses quasi contemporaines par la naissance, les gazettes de Leyde et de Rotterdam, sont interdites, la première à une date que nous ne connaissons pas, mais sans doute avant 1710, la seconde en 1719.[6] La *Gazette d'Amsterdam* connaît alors, sur le marché français, auquel elle est principalement destinée, la période de son plus grand succès. Elle n'y a guère de concurrente que celle d'Utrecht, créée en 1721, et qui y a été assez bien diffusée à partir du moment où elle y a été acceptée (1739), mais dont le petit nombre de collections subsistantes fait supposer une audience très inférieure.[7]

Elle devient donc la véritable gazette française de Hollande, non seulement par la langue, qui la fait lire de toute l'Europe, mais par sa destination et son audience privilégiées. 'Nos lecteurs sont de tout pays, c'est à quoi l'on doit faire attention', écrit le gazetier en 1757, pour justifier l'insertion d'une pièce déjà très connue en France.[8] Mais s'il se justifie, c'est bien que la plupart de ses

---

4. Voir le début du chapitre sur la diffusion.

5. La seule autre gazette créée à Amsterdam après 1691 sera *L'Avantcoureur des journaux historiques et politiques*, 1707-1713.

6. Voir J. Sgard, 'Le jansénisme dans les gazettes françaises de Hollande', p.286.

7. Voir les chiffres que donne G. Feyel, dans le chapitre sur la diffusion, pour Paris (en 1742, Amsterdam: 80%, Utrecht: 12%).

8. 21 janvier 1757.

lecteurs sont en France, et qu'ils attendent de leur gazette autre chose qu'un réchauffé.

Une multitude de faits et de documents, que l'on trouvera un peu partout dans ce livre, attestent cette position dominante. A quoi est-elle due? Il n'est pas douteux que Jean Tronchin Dubreuil et ses successeurs ont su veiller à la sûreté de l'information et donner à leur gazette la réputation de sérieux et de responsabilité qui en a assuré la continuité et le succès. C'est ainsi que de nos jours un historien de l'économie, Michel Morineau, a pu en extraire, pour une étude des rentrées des métaux précieux d'Amérique espagnole, des masses monétaires et des prix aux dix-septième et dix-huitième siècles, des données statistiques qu'il juge fiables et complètes, attestant donc la solidité de l'information qu'on y trouve, et l'intérêt qu'elle présente pour la recherche historique.[9]

La *Gazette d'Amsterdam* a toujours affirmé sa position de témoin historique non seulement par les informations qu'elle diffusait, mais plus encore par le rôle en quelque sorte de greffier international qu'elle a tenu à remplir avec une insistance particulière. Elle publie en effet, avec une exhaustivité, une exactitude et une célérité affichées, toutes 'pièces' officielles des Cours, les portant ainsi à la connaissance mais aussi devant le tribunal du public. Elle constitue une histoire du présent par les textes (harangues, discours, mémoires, arrêts, décisions, traités...) qui se veut à la fois un mode d'information aussi impartial et neutre que possible, et un mode d'intervention politique rigoureusement international, qui donne voix à toutes les parties et expose tous les points de vue. Cette position remarquable tient à une pratique contemporaine de l'histoire diplomatique, illustrée par Rousset de Missy, à la fois journaliste et compilateur d'actes officiels, et, inséparablement, à une éthique du journalisme politique, qui font de la *Gazette d'Amsterdam* ce que nous appelons maintenant un 'journal de référence'. Il n'est donc pas étonnant qu'elle ait été constamment reçue et consultée par les ministres et les commis du secrétariat d'Etat français des Affaires étrangères, et soigneusement archivée au dépôt du Louvre puis de Versailles.[10] C'est pourquoi on doit la considérer comme le type même du journal 'politique', au sens que ce mot avait ordinairement au dix-huitième siècle.

Il est certain que l'exercice de cette fonction ne suffisait pas à en assurer le succès, et qu'elle l'a dû aussi à une curiosité, digne du meilleur journalisme tel

9. Voir *Incroyables gazettes et fabuleux métaux*, en particulier p.48, 55 (les gazettes d'Amsterdam et de Leyde sont 'excellentes' sur ce sujet), 125, 221-29, 353-54, 473: 'Les gazettes hollandaises ont, postérieurement, encore une fois rempli leur rôle. Obscurs folliculaires, leurs auteurs auront été finalement de bons auxiliaires de l'histoire. Grâce à eux, la description de la vie économique européenne, américaine, asiatique, pourra s'appuyer sur une infrastructure de chiffres plus solides qu'on ne les aurait cru peut-être.' Les informations que Montesquieu recueille dans la gazette d'Amsterdam (comme dans celle d'Utrecht) sont essentiellement d'ordre économique et statistique, comme l'a montré R. Favre, 'Montesquieu et la presse périodique', p.50-57.

10. Voir A.-M. Enaux et P. Rétat, 'La *Gazette d'Amsterdam* journal de référence: la collection du ministère des Affaires étrangères'. Il faut remarquer que d'autres gazettes étaient reçues, en particulier celle d'Utrecht, mais non archivées.

qu'on pouvait le pratiquer alors, dans tous les domaines de l'actualité et tous les secteurs de la société. Nous avions pu le constater en étudiant l'année 1734 à travers la presse: dans la mosaïque d'informations reconstituée par M. Gilot et M.-Fr. Luna autour des événements et des rites de l'année, la *Gazette d'Amsterdam* apparaît en décalage par rapport aux autres sources par les détails curieux, les rumeurs, les nouvelles d'émeutes qu'elle livre au public; elle est alors le seul journal à mentionner en abondance, dans une rubrique spécialisée ou à la suite des nouvelles de Paris et de Londres, les faits singuliers et mineurs qui ne concernent pas les personnages officiels, c'est-à-dire ce que nous appelons les 'faits divers'.[11] Dans les années 1738-1750, R. Granderoute a révélé, par l'examen comparatif d'une série de nouvelles à la main et de la *Gazette d'Amsterdam*, à la fois la parenté d'un type d'information et l'identité probable d'une source.[12]

Dans le mémoire, si lucide et si pénétrant, que Malesherbes écrivait en 1757 à l'intention du chancelier, à propos de la contrefaçon rochelaise de la *Gazette d'Amsterdam*, il admettait très volontiers que cette dernière soit, selon un 'usage ancien', la 'tribune' publique où toutes les puissances plaident leur cause aux yeux de l'Europe; mais il n'en allait plus de même lorsqu'elle donnait 'continuellement aux étrangers une idée de nos troubles qui ne peut être que désavantageuse à l'Etat': son affectation d'impartialité la rendait alors selon lui plus pernicieuse que les *Nouvelles ecclésiastiques*, et les 'mémoires' qu'elle publiait devenaient des actes de subversion.[13] Nous touchons ici au point névralgique, à ce qui constitue le grand dilemme d'une gazette 'étrangère' dont le public est principalement français: comment l'attirer et le retenir par des nouvelles relativement libres et franches, sans provoquer trop ouvertement le pouvoir royal et risquer la menace suprême de rétorsion, l'interdiction d'entrer dans le royaume? Le dilemme s'est posé surtout dans les périodes de crise intérieure, au moment de la Régence et dans les années 1750. C'est alors que la gazette a été le plus fortement tentée par un jeu délicat au bord du conflit, mais, pour sauvegarder ses intérêts et survivre, elle a dû à chaque fois céder à la loi du plus fort. J. Sgard a montré ailleurs comment en 1719 Charles Tronchin Dubreuil avait fait acte de soumission;[14] en 1755, la veuve Tronchin se répand en humbles excuses auprès de l'ambassadeur français à La Haye.[15] O. S. Lankhorst donne ici une vue générale des relations que les gazetiers ont entretenues avec la diplomatie française. Mais on comprend qu'il n'ait été que trop tentant pour la gazette de fréquenter cette marge glissante où l'engageait à s'aventurer le contrat tacite qui la liait à sa clientèle.

---

11. Voir, dans *Presse et histoire au XVIIIe siècle*, M. Gilot et M.-Fr. Luna, 'Une année du XVIIIe siècle', et R. Favre, J. Sgard, Fr. Weil, 'Le fait divers' (en particulier le tableau p.218-19).

12. 'Jacques-Elie Gastelier: correspondance, nouvelles à la main et gazettes'.

13. Voir *Les Gazettes européennes de langue française*, où ce texte est publié, p.322-23; cette malignité est selon Malesherbes réservée à la France, les autres puissances sont épargnées.

14. 'Le jansénisme dans les gazettes françaises de Hollande', p.285-86.

15. Voir P. Rétat, 'Les gazettes de Hollande et les puissances politiques. Une difficile collaboration', p.325-26.

Vere sed caute: c'est la devise de Claude Jordan dans la *Gazette d'Amsterdam* de 1690, et dans l'*Histoire abrégée de l'Europe*, sous sa forme gazette en 1691. Elle suppose une difficile conciliation, que la *Gazette d'Amsterdam* des Tronchin Dubreuil a su réaliser admirablement:[16] elle remplissait ainsi sa nature et sa mission de gazette périphérique, à la fois inséparable de la France dont elle vivait, et exerçant les privilèges problématiques et révocables de l'exterritorialité.

L'étendue de ces privilèges a varié avec le temps, et n'est pas toujours aisément mesurable. Pendant toute la guerre de Succession d'Espagne J. Tronchin Dubreuil fait paraître en début et en fin d'année des sortes de synthèses politiques dont l'engagement protestant et anti-français est éclatant, et sa gazette ne semble avoir jamais subi d'embargo.[17] Toutefois une comparaison avec la *Gazette de Leyde* permet peut-être de situer une des limites qu'il ne fallait pas dépasser pour continuer d'entrer en France: en 1709 par exemple La Font[18] y évoque plusieurs fois le rôle de Mme de Maintenon et les pasquinades contre le roi et son conseil;[19] rien de tel dans la *Gazette d'Amsterdam*, qui d'ailleurs exprime alors avec force l'opinion des Alliés sur la rupture des négociations de paix et en rejette sur le roi de France toute la responsabilité. D'autres sondages confirment cette remarque.[20]

Il est venu un moment où cette utile prudence n'est pas allée sans une forme de collaboration ou même de compromission avec la France. La correspondance politique de Hollande conservée au ministère des Affaires étrangères et les archives consulaires (comme on le verra plus loin) nous en apportent quelques preuves, évidentes au moment de la guerre de Sept Ans. C'est alors, semble-t-il, que la *Gazette d'Amsterdam* a commencé à apparaître ou est apparue plus clairement, à l'opinion populaire en Hollande, à la Prusse, à l'Angleterre et au reste de l'Europe, comme un journal pro-français, et a réellement joué le rôle d'un enjeu économique d'échange dans les tractations sourdes autour de la neutralité hollandaise. Il devenait alors impensable qu'elle fût interdite en France, malgré quelques incartades, mais on mesure aussi le chemin parcouru depuis la guerre de Succession d'Espagne.

Le plein éclaircissement de cette nouvelle situation exigerait des connaissances qui nous manquent sur les relations diplomatiques de la France et des

16. Voir par exemple l'étude de H. Duranton, 'L'affaire Girard/La Cadière', p.265, sur le nombre important de mentions dans la gazette d'Amsterdam, mais indirectes et allusives.

17. Sur ces textes remarquables, voir P. Rétat, 'Représentation de l'histoire et de la politique au XVIIIe siècle: la *Gazette d'Amsterdam* pendant la guerre de Succession d'Espagne'. Ces résumés annuels n'y sont examinés qu'à partir de 1703; en fait on les trouve dans les *Nouvelles extraordinaires* (le supplément de la gazette) dès 1692; Limiers, dans son éloge de Tronchin Dubreuil, en faisait l'éloge. Au reste, l'engagement protestant et anti-français apparaît alors dans l'ensemble de la gazette.

18. Le fils de Jean de La Font (voir la notice de ce dernier par J. Sgard dans le *Dictionnaire des journalistes*).

19. Voir les livraisons des 18 et 25 juin, des 26 et 30 juillet sur Mme de Maintenon; sur les propos de Pasquin, 21 et 25 juin.

20. Par exemple en 1757 à propos de l'attentat de Damiens et en général des troubles, de l'épuisement et du mécontentement du peuple, de la corruption des mœurs, de l'abus des Fermes.

Provinces-Unies, et, dans le contexte particulier de ces dernières, sur la politique de la régence d'Amsterdam.[21] Il est évident en tout cas que l'histoire de la gazette ne se comprend pas totalement en dehors de cet arrière-fond politique, et que c'est peut-être là qu'il faut chercher une des principales causes de sa lente décadence après 1760. La 'révolution postale' de 1759 va de pair en France avec une nouvelle politique de l'information; elle ouvre à toutes les gazettes 'étrangères' un large marché, toujours soumis assurément à des conditions de prudence, mais dans un contexte que cette ouverture même tend à modifier. La croissance du nombre des gazettes (dans la croissance générale de la production périodique), la nouvelle relation qui les lie au pouvoir, dans laquelle la propagande, l'utilisation à des fins officieuses jouent un rôle de plus en plus important, l'attente d'un public de lecteurs plus nombreux et plus demandeur, favorisent une liberté rédactionnelle relativement plus grande et modifient la règle du jeu. Or il ne semble pas que la *Gazette d'Amsterdam* ait su alors s'adapter à cette nouvelle situation. N'en prenons qu'un exemple, examinons la façon dont elle rend compte de la démission de Necker en mai 1781: cet événement y est hautement déploré et considéré comme une 'calamité publique', mais rien n'y est dit du *Mémoire sur les administrations provinciales* ni des circonstances exactes qui ont provoqué la démission, que la *Gazette de Leyde* porte au contraire à la connaissance de ses lecteurs.[22] La *Gazette d'Amsterdam* ne s'est donc pas vraiment départie, à un moment où la vie politique devient beaucoup plus publique, de la réserve qui s'imposait traditionnellement dans les 'révolutions' du ministère. Il est significatif que les *Mémoires secrets* ne parlent jamais de la *Gazette d'Amsterdam*, dans les années 1770-1780 où ils expriment souvent leur estime pour celle de Leyde, signalent l'empressement du public pour les nouvelles gazettes, le *Courier de l'Europe*, le *Courier du Bas-Rhin*, et en vantent l'originalité et l'intérêt.[23]

La *Gazette d'Amsterdam* semble s'être figée dans sa fonction et son image de journal de référence, en quoi elle conserve une incontestable valeur. Elle se recommande toujours par l'exactitude des faits et même la vivacité des relations,[24] mais sa timidité politique n'était plus au goût du jour, comme le prouve par exemple son excessive prudence lors de la catastrophe du mariage du Dauphin ou son attitude de quasi abstention dans l'affaire du collier,[25] et

21. O. S. Lankhorst et P. Rétat y touchent dans les chapitres consacrés à l'environnement politique.

22. *GL*, 1er, 8, 29 mai; *GA*, 29 mai (*Suite*), 1er juin (*Suite*), 5 juin (*Suite*). Ce qui est curieux et significatif, c'est que la *GA*, le 11 mai (*Suite*), affirme avec emphase que Necker jouit d'une 'tranquillité parfaite' et qu'il est solidement établi dans son poste.

23. On remarque aussi que le *Journal de Bouillon*, fondé sur les gazettes et qui les cite souvent, mentionne très peu la *GA*.

24. On peut comparer par exemple le récit de l'incendie de l'Opéra dans la *GA* (au présent et à la première personne, vrai témoignage immédiat, 19 juin 1781, *Suite*) et dans la *GL*, 19 juin, *Suppl.*, plus précis à certains égards mais moins vivant.

25. Voir R. Favre et Ch. Thomas, 'Le mariage du Dauphin', p.221, 223; P. Rétat, 'L'entrée de Cagliostro dans le champ de l'information en 1785'.

son adhésion enthousiaste à la politique extérieure française trahit une dépendance excessive.

Comme les autres gazettes étrangères, elle a subi le choc de la Révolution, qui très vite a tari leur marché en France.[26] Aucune collection de la *Gazette d'Amsterdam* dans les bibliothèques françaises ne dépasse l'année 1792. Mais, contrairement à d'autres (celles de Leyde, de Cologne, de Clèves), elle n'a assurément conservé aucune position forte sur les autres marchés européens, puisque les années 1793-1796 ne subsistent, à l'état lacunaire, que dans la seule bibliothèque de l'Archivio di Stato de Naples.

Nous l'avons dit d'emblée, écrire l'histoire d'une grande gazette, du règne de Louis XIV à la Révolution, c'est prendre un engagement redoutable. Une suite textuelle aussi massive et immense, avec toutes les contiguïtés historiques qui l'étendent et la prolongent, ne peut être traitée que de façon partielle et sélective. Si nous n'avons pas rempli l'intégralité du programme que nous nous étions fixé, nous avons voulu ne laisser dans l'ombre aucune des faces de l'objet qu'une étude de presse doit impérativement envisager.

Dans l'exposé conclusif du colloque de Saint-Etienne sur les gazettes, en 1992, J. Popkin regrettait que l'histoire de la presse et l'histoire du livre fussent restées jusqu'alors trop étrangères l'une à l'autre: 'l'une des grandes tâches' qui selon lui incombait aux chercheurs était de 'faire la synthèse des deux traditions de recherche'.[27] Nous avons tenté, à cet égard, toutes les voies d'approche qui nous ont paru possibles, analyse de la forme matérielle, ornementation, indices de la réception et de la diffusion, réimpressions et contrefaçons. L'évolution de la vignette autour de laquelle s'ordonne le titre, son auteur pendant une longue période (le célèbre graveur parisien Papillon) méritaient une étude minutieuse, dont le détail est consigné dans un appendice. Cet aspect de la gazette, qui touche pourtant très profondément à son image auprès de son lectorat et à la politique éditoriale des gazetiers, n'avait pas retenu auparavant l'attention des chercheurs.

G. Feyel nous a rappelé récemment que, dans les origines et l'histoire de la presse d'information, il fallait considérer ensemble l''annonce' et la 'nouvelle', et que les gazettes étrangères assumaient la fonction publicitaire à laquelle se refusait la *Gazette* officielle du royaume. A cet égard la *Gazette d'Amsterdam* n'avait jamais été systématiquement explorée. Comme le montre l'étude que G. Feyel lui consacre ici, elle est très riche en indices non seulement sur une offre et une demande sociales, mais sur sa propre diffusion, particulièrement en France. Les réimpressions ne reproduisent que partiellement les publicités de l'original d'Amsterdam: celles qu'elles y ajoutent les situent dans leur aire géographique propre, et pourraient faire chacune l'objet d'une enquête, comme celle que J.-D. Candaux a menée sur la réimpression de Genève, la plus importante et la plus durable de toutes, et dont il livre ici les premiers résultats.

26. Voir J. Popkin, *News and politics*, chap. 10, 'An Old Regime gazette in the Revolutionary maelstrom', p.215 et suiv.
27. 'L'histoire de la presse ancienne: bilan et perspectives', p.309.

9

Tout ce qui concerne les privilèges, l'entreprise de presse, les gazetiers, la forme éditoriale, la diffusion, pouvait faire l'objet d'études aussi exhaustives que le permettent les documents conservés et connus, et la matérialité du texte. Mais l'histoire politique, dans le sens le plus large (qui englobe aussi bien la situation locale et internationale de la gazette que la relation des événements et l'image du monde politique qu'elle forme et transmet, et tout cela dans plus d'un siècle) pose des problèmes infiniment plus difficiles à résoudre et contraint à des sondages et à des choix. Il en va ainsi de l'enquête dans les archives diplomatiques et consulaires,[28] et plus encore de tout ce qui fait l'objet des deux dernières parties de cet ouvrage. C'est là qu'inévitablement nous avons dû nous limiter. Car une grande gazette est à cet égard une mine inépuisable. Encore faut-il savoir trouver les filons, c'est-à-dire inventer les points de vue et les objets de recherche.[29]

Si les tables manuscrites de la collection du ministère des Affaires étrangères nous permettent, du moins dans la longue période où la *Gazette d'Amsterdam* domine l'information internationale, de prendre une vue globale des équilibres et des déséquilibres successifs de la politique européenne et singulièrement française tels qu'on les y perçoit, il était impossible de détailler la façon dont elle rend compte des 'affaires du temps', comme on disait alors, c'est-à-dire de ce que nous appelons l'actualité politique, mais conçue comme le développement des relations et des conflits qui structurent la vision que l'on a des sociétés et des Etats.[30] C'est ainsi qu'on a choisi d'étudier de près la crise des refus de sacrements, l'autre grand moment janséniste de la gazette après celui de la Régence, et de suivre les différentes expressions d'une pratique parlementaire que la gazette fournissait régulièrement et abondamment à ses lecteurs.[31] On y voit avec une parfaite clarté qu'elle a exercé ainsi auprès d'eux un long travail de pédagogie politique insinuante, et qu'elle ouvre, à tous ceux qui veulent l'interroger, un trésor de textualité politique. La dernière décennie de la *Gazette d'Amsterdam* donne enfin le spectacle de l'affaissement d'un organe d'information incapable le plus souvent de réagir à la commotion révolutionnaire autrement que par un acquiescement mimétique et presque atone.[32]

---

28. Il y a quelques années, dans le cadre d'un programme qui n'a pu se réaliser, G. Feyel avait formé avec nous le projet d'un relevé complet de tout ce qui concerne les gazettes dans les archives du quai d'Orsay. Du moins quelques études antérieures et ici le chapitre 3 font-ils à peu près le point de tout ce qui concerne la *Gazette d'Amsterdam*.

29. Nous essayons, dans la bibliographie, de réunir toutes les études antérieures qui ont déjà fait parler la *Gazette d'Amsterdam*.

30. '*Affaires*, se dit des ordres, des soins, des négociations qui regardent l'Etat [...] On dit en ce sens les *affaires* du temps, pour dire, les nouvelles de l'état des choses du monde' (Furetière, *Dictionnaire universel*, 1690).

31. Ces deux études sont dues à A. Rivara et à Cl. Labrosse. Sur l'importance des nouvelles parlementaires dans les gazettes étrangères, voir J. Popkin, 'The prerevolutionary origins of political journalism', p.208-10.

32. Etude due à Ch. Cave.

Les gazettes sont assurément une base documentaire importante pour écrire l'histoire. On les a beaucoup moins utilisées pour tenter de reconstituer un espace géopolitique, et pour retrouver la perception que les contemporains avaient à la fois de cet espace et des acteurs qui le peuplent, des rôles prévus, ritualisés ou inattendus et déviants qu'ils y jouent, des figures qu'ils y exécutent devant et pour un public dont la gazette partage, mais aussi produit et entretient la connaissance ordinaire et plus ou moins consciente qu'il en a. C'est de ce point de vue que la *Gazette d'Amsterdam* peut être considérée comme une grande machine politique dont l'analyse devrait permettre de percer les présupposés fondamentaux d'une époque, dans un large contexte spatio-temporel. Les rubriques indiquent déjà en elles-mêmes un ordre du monde, problématique et changeant.[33] Il faudrait mettre en œuvre, pour aller plus avant dans ce genre d'analyse, des programmes de recherche propres, qui devraient d'ailleurs porter sur un ensemble de gazettes (y compris en plusieurs langues), et dont on a déjà donné dans le passé quelques essais.[34] On trouvera ici deux sondages, dans des terrains à l'extrême opposé l'un de l'autre: Versailles d'une part, l'ailleurs lointain, l'Orient de l'autre.[35] On peut au moins en tirer cette leçon, que pour tout ce qui concerne la Cour de Versailles la *Gazette* de France doit être absolument complétée par la *Gazette d'Amsterdam*,[36] si l'on veut échapper à l'étroitesse d'une vision officielle et ritualisée; et que l'Orient de la gazette est au cours du dix-huitième siècle un objet politique en évolution, plus clairement défini et comme familiarisé. On voit le bénéfice que l'on peut tirer de l'étude d'une rubrique, ou d'un ensemble cohérent de rubriques, dans un long terme. Il conviendrait de multiplier les essais pour développer les figures de l'espace et les inflexions du temps qui, dans la longue existence de la gazette, composent la scène politique. Le champ reste ouvert à ceux qui voudront encore s'y aventurer.

33. Etude due à D. Reynaud.
34. Voir en particulier *L'Attentat de Damiens*.
35. Etudes dues à Ch. Thomas et A.-M. Mercier-Faivre.
36. A laquelle on ajoutera le *Mercure*: il y aurait beaucoup à dire sur le jeu triangulaire entre la *Gazette* de France, le *Mercure* et la *Gazette d'Amsterdam* (ou d'autres gazettes étrangères), pour s'en tenir aux nouvelles imprimées.

I

L'entreprise de presse

1. De la concurrence au monopole

Le début de la presse française en Hollande (1620-1673)

Au début du dix-septième siècle, l'essor économique et culturel de la ville d'Amsterdam aboutit à ce qu'on appelle le Siècle d'Or de la République des Provinces-Unies. L'ardeur juvénile de ce centre commercial stimule la naissance de la presse imprimée néerlandaise. Caspar van Hilten, le 'maistre des courants du camp du Prince d'Orange', y est le premier courantier avec son *Courante uyt Italien, Duytslandt etc*, dont le plus ancien numéro sauvegardé date du 14 juin 1618. A partir de 1620 Van Hilten publie une traduction française de son journal en langue hollandaise: le *Courant d'Italie et d'Almaigne*, qui paraît apparemment un jour plus tard que le *Courante uyt Italien*. Ce journal est la première gazette imprimée en langue française et par conséquent le plus ancien précurseur de la *Gazette d'Amsterdam*.[1]

Au cours du dix-septième siècle les gazettes françaises se succèdent à Amsterdam; durant certaines périodes plusieurs se côtoient et se font concurrence. Les numéros sauvegardés de ces petites feuilles sont assez rares, ce qui rend l'histoire de la presse néerlandaise sous l'Ancien Régime si difficile à écrire. En préparant sa *Bibliographie historique et critique de la presse périodique française* (Paris 1866) Eugène Hatin fut déjà confronté à la pauvreté des collections de gazettes de Hollande, notamment dans les bibliothèques et les archives néerlandaises. Dans l'introduction de son livre *Les Gazettes de Hollande*, il exprimait sa déception de 'ce profond oubli' dans lequel les journaux français étaient tombés aux Pays-Bas: 'Je dirai tout de suite que je n'ai pas trouvé ce que j'espérais; je dois même avouer que mon désappointement n'a pas été médiocre. [...] A La Haye, à Rotterdam, à Utrecht, comme à Amsterdam, c'est à peine si j'ai trouvé quelques faibles traces des gazettes, pourtant si persistantes, qui ont porté le nom de ces villes.'[2]

Au moment où W. P. Sautijn Kluit écrivait en 1866 son article sur les gazettes d'Amsterdam et de Leyde, ce premier historien néerlandais de la presse périodique n'avait vu aucun numéro de la gazette d'Amsterdam, publiée à partir de 1691 par la famille Dubreuil.[3] En dépit des progrès documentaires qui ont été réalisés depuis lors, il faut accepter le fait que la plupart des

---

1. Pour le *Courant d'Italie et d'Allemagne*, voir le *Dictionnaire des journaux*, n° 250. L'information qui y est donnée sur la parution du *Courante uyt Italien, Duytslandt etc.* peut être précisée: ce journal en néerlandais dura au moins jusqu'en juillet 1667. Le dernier numéro conservé est en effet celui du 16 juillet 1667 à la Bibliothèque royale de La Haye. Pour Caspar van Hilten, voir *Dictionnaire des journalistes*, p.984.
2. Hatin, *Les Gazettes de Hollande*, p.3-4.
3. Sautijn Kluit, 'Bijdrage', p.42: Sautijn Kluit mentionne uniquement un numéro du 8 mars 1757 que d'ailleurs il n'a pas vu lui-même, mais dont l'existence lui est signalée par A. J. Enschedé à Harlem.

numéros des gazettes, notamment du dix-septième siècle, ont définitivement disparu. Il reste heureusement des découvertes à faire, surtout dans des archives.[4] Et parfois des fascicules resurgissent chez un marchand de livres anciens ou pendant une vente.[5] La disette de documents authentiques complique la reconstruction du destin des gazettes successives sortant des presses de Hollande. En plus, jusqu'à maintenant une bibliographie de la presse néerlandaise des dix-septième et dix-huitième siècles nous fait encore défaut.[6]

En dépit de ces difficultés, essayons de présenter brièvement les précurseurs de la feuille *Avec privilège de nosseigneurs les Etats de Hollande et de West Frise* du 27 août 1691, le premier numéro du journal qui sera connu pendant plus d'un siècle comme la *Gazette d'Amsterdam*.

Déjà en 1624 une résolution du magistrat d'Amsterdam avait ordonné aux courantiers de payer une somme de six florins à la Maison de charité (*het Aalmoezeniershuis*) au moment de leur nomination.[7] Cette ordonnance montre que dès les premières gazettes il y a eu à Amsterdam des liens qui unissaient les 'courantiers' et les autorités.

Le premier journal français, mentionné ci-dessus, le *Courant d'Italie et d'Almaigne* de Caspar van Hilten, a probablement continué au moins jusqu'en 1655. Il nous manque malheureusement des fascicules sauvegardés pour prouver cette assertion.[8] Nous disposons, cependant, d'une ordonnance des autorités d'Amsterdam, prise après la mort de Jan van Hilten, le fils de Caspar.[9] Le 10 décembre 1655, les bourgmestres d'Amsterdam autorisent Otto Barentsz Smient à imprimer en lieu et place de Jan van Hilten et de ses héritiers le courant néerlandais du samedi tous les quinze jours et le courant français le lundi de chaque semaine à partir du 15 janvier 1656.[10]

---

4. Par exemple, la Niedersächsisches Staatsarchiv à Wolfenbüttel possède une collection inconnue de quelques gazettes amstellodamoises de la fin du dix-septième siècle. Je remercie cordialement V. A. Somov (Saint-Pétersbourg) de m'avoir signalé cette collection.

5. Par exemple, un exemplaire de l'année 1722 du *Leydse courant* fut vendu récemment lors d'une vente aux enchères. Le catalogue mentionnait notamment la reliure contemporaine de ce volume: 'bundled up with a piece of string which has been pierced through the middle of the upper margin'. *Auction sale 311, 16-17 May 2000. Burgersdijk et Niermans*, n° 1625.

6. Heureusement le *Dictionnaire des journaux* inclut également des périodiques en langue française publiés hors des frontières du royaume de France. 177 titres sortis des presses néerlandaises y sont répertoriés. Voir aussi: P. Rétat, 'Localisation des gazettes'.

7. Sautijn Kluit, 'Amsterdamsche courant', p.216.

8. Les seuls exemplaires du *Courant d'Italie et d'Almaigne* sont quatre numéros (12 et 19 septembre 1620; 20 février et 4 septembre 1721), découverts par F. Dahl à la Bibliothèque royale de Stockholm. Voir F. Dahl, 'Les premiers journaux en français', dans F. Dahl, F. Petibon, M. Boulet, *Les Débuts de la presse française*. Les quatre numéros sont reproduits dans F. Dahl, *Dutch corantos 1618-1650*, reproductions n° 163-166.

9. La dernière publication que nous ayons retrouvée de Jan van Hilten est un pamphlet de mars 1654: *Copyen van twee missiven van sijne koninljcke [sic] majesteyt, d'eene geschreven aen syne keyserlijcke majesteyt en d'andere aen sijn altesse den cheur-vorst van Keulen.*

10. Archives municipales d'Amsterdam, n° 5023, Groot Memoriaal, IV, f.84.

Un deuxième journal français publié à Amsterdam fut les *Nouvelles de divers quartiers* de Broer Jansz, une traduction de *Tijdingen uyt verscheyden quartieren.*[11] Les *Tijdingen* ont commencé à paraître en 1619. En quelle année Broer Jansz a-t-il décidé de lancer les *Nouvelles?* On l'ignore. Le premier numéro conservé à la Bibliothèque Mazarine date de 1639; le dernier numéro conservé est celui du 14 septembre 1648 à la Bibliothèque municipale du Mans.[12] Les *Nouvelles de divers quartiers* ont probablement continué à paraître par les soins de Broer Jansz et éventuellement après sa mort, en octobre 1652, par ceux de sa veuve.[13]

Ainsi, on ne sait pas clairement si Otto Barentsz Smient disposait du monopole pour la publication de la gazette française d'Amsterdam au moment où il obtient en décembre 1655 l'autorisation d'imprimer chaque lundi la continuation du *Courant d'Italie et d'Almaigne* de Van Hilten. Par contre, il est certain qu'à ce moment plusieurs courantiers avaient encore la permission d'imprimer une gazette en langue néerlandaise. En 1656 en effet une résolution précisait que quatre courantiers devaient en partager la publication de manière que chacun imprimât son journal une fois tous les quinze jours. A ce moment, chaque imprimeur le publiait encore sous son propre titre, entre autres le *Courante uyt Italien, Duytslandt etc.* de Smient et le *Tijdingen uyt verscheyden quartieren* de Broer Jansz. En 1672, cependant, la situation a changé: il existe désormais un journal, le *Amsterdamsche courant*, muni des armes de la ville d'Amsterdam dans la vignette. Les tâches sont divisées entre les quatre courantiers de la manière suivante: le 'courant' de mardi (*Amsterdamsche Dingsdagsche courant*) est publié à tour de rôle par Johannes van Ravensteyn et Matthys Coussaert; celui de jeudi (*Amsterdamsche Donderdagsche courant*) par Otto Barentsz Smient et Caspar Commelin; celui de samedi (*Amsterdamsche Zaturdagsche courant*) tour à tour par un des quatre.[14]

Retournons à la gazette française. Comme on l'a dit plus haut, Smient avait obtenu en 1655 le droit de continuer la gazette de la famille Van Hilten. D'abord, il a peut-être gardé le titre *Courant d'Italie et d'Almaigne*, mais en tout cas en 1660 il publiait le journal sous le titre *Nouvelles ordinaires.* Smient s'appelle à ce moment dans le colophon 'courantier auctorisé de Mess. les Bourgemaistres Régents de la ville d'Amsterdam'.[15] Les *Nouvelles ordinaires* ont continué à paraître au moins jusqu'en août 1666. Entre-temps Smient a commencé la publication de la *La Gazette ordinaire d'Amsterdam*, dont le

---

11. Pour les *Nouvelles de divers quartiers*, voir le *Dictionnaire des journaux*, nº 1013. Au contraire de ce qu'on y lit, les *Tijdingen uyt verscheyden quartieren* ont continué à paraître au moins jusqu'en avril 1669 (exemplaires au Public Record Office à Londres).

12. Bibliothèque Mazarine, Paris: 11 juillet 1639-28 décembre 1643; Bibliothèque municipale du Mans: 30 septembre 1647, 13 janvier, 14 septembre 1648.

13. Broer Jansz fut enterré le 21 octobre 1652 à Amsterdam. Voir Kleerkooper, t.I, p.324.

14. Pour l'histoire du *Amsterdamsche courant*, voir Sautijn Kluit, 'Amsterdamsche courant'. Faute d'exemplaires conservés, il est impossible de préciser le moment où il a commencé de paraître. Le début doit être situé entre 1669 et 1672.

15. La seule information sur les *Nouvelles ordinaires* de Smient est donnée par E. Hatin dans *Les Gazettes de Hollande*, p.138-39. Hatin connaissait trois numéros, nº 43-44 (25 octobre-1er novembre 1660), nº 4 (22 janvier 1663). Il n'indique pas le lieu où il les a consultés.

premier numéro date probablement du mois de juillet 1666.[16] Il a dû aussi accepter un concurrent. Le 21 décembre 1662 Cornelis Jansz van Swoll a également obtenu l'autorisation de publier la gazette française; peut-être s'est-il présenté comme successeur de la veuve de Broer Jansz.[17] Il publie en tout cas *La Gazette d'Amsterdam* à partir de 1663.[18] Il y a eu probablement un partage entre les deux courantiers: la gazette de Smient paraît le lundi et celle de Van Swoll le jeudi.

En 1666 des problèmes surgissent entre eux. Smient est appelé devant le bailli, probablement à cause du fait qu'il imprime la gazette française d'autres jours que le lundi.[19] Et Van Swoll de son côté annonce le 8 avril 1666 qu'il a l'intention de publier un supplément le lundi:

Comme nous aurons dorénavant de fort bonnes correspondances dans les pays étrangers et dans les places les plus considérables de ces provinces, par le moyen desquelles nous pourrons savoir tout ce qui s'y passe de particulier, outre la gazette ordinaire du jeudi, nous vous en donnerons une extraordinaire tous les lundis de chaque semaine, pour vous faire part de ce que nous aurons de plus nouveau et de plus curieux.[20]

Deux semaines plus tard, il fait encore état de la parution de la gazette extraordinaire: 'On ne distribuera dorénavant la Gazette qu'à 11 heures du matin, afin d'avoir le temps d'y insérer les nouvelles qui viennent des Frontières. On continuera à vous donner tous les Lundis la Gazette extraordinaire, où il y aura assez de matière pour contenter votre curiosité'.[21]

L'existence de cette *Gazette extraordinaire d'Amsterdam* de Van Swoll est attestée par quelques numéros conservés au Public Record Office à Londres et aux Archives du Vatican.[22]

Apparemment, les autorités amstellodamoises sont intervenues en 1666 pour régler le conflit et pour arriver de nouveau à un accord au terme duquel *La Gazette d'Amsterdam* de Van Swoll paraissait le jeudi et *La Gazette ordinaire d'Amsterdam* de Smient le lundi.[23]

---

16. Pour *La Gazette ordinaire d'Amsterdam*, voir le *Dictionnaire des journaux*, n° 494, art. 'La Gazette d'Amsterdam 1'. Le premier numéro connu de *La Gazette ordinaire d'Amsterdam* date du jeudi 22 juillet 1666 (Public Record Office à Londres). Ce fascicule porte en manuscrit comme numéro le chiffre 2; la signature est B. Les *Nouvelles ordinaires* de Smient ont continué de paraître, au moins jusqu'en 1666. Le dernier numéro connu date du 23 août 1666 (collection du Public Record Office).

17. Archives municipales d'Amsterdam, n° 5023, Groot Memoriaal, V, f.46*v*; publié dans Kleerkooper, t.II, p.1502. Pour Cornelis van Swoll, voir le *Dictionnaire des journalistes*, p.984-85.

18. Pour *La Gazette d'Amsterdam*, voir le *Dictionnaire des journaux*, n° 494, art. 'La *Gazette d'Amsterdam* 1'. Hatin dit que le premier numéro de *La Gazette d'Amsterdam* qu'il connaisse est du 1er mars 1663 (*Les Gazettes de Hollande*, p.139). Il n'indique pas le lieu où il a consulté ce numéro.

19. Van Eeghen, *Amsterdamse boekhandel*, t.IV, p.140.

20. Cité par Hatin, p.139-40.

21. Niedersächsisches Staatsarchiv, Wolfenbüttel: *La Gazette d'Amsterdam*, n° 16, 22 avril 1666.

22. Je remercie H. de Valk qui a eu la gentillesse de m'envoyer une liste des gazettes françaises publiées en Hollande, conservées dans les Archives du Vatican.

23. En 1673, un acte notarié concernant Smient renvoie à cet arbitrage. Voir Kleerkooper, t.I, p.727-28.

En 1673, l'histoire se répète: au début du mois de mars Smient accuse Van Swoll de faire paraître une gazette le lundi.[24] Peu après les deux courantiers se mettent d'accord. Le 15 mars 1673, ils conviennent que désormais Van Swoll sera le seul éditeur de la gazette française, moyennant un versement annuel de 200 florins à Smient. Il est stipulé que Van Swoll sera exempté de ce versement pour le cas où sa gazette serait interdite par les autorités d'Amsterdam. Dans ces circonstances, il ne sera pas permis à Smient de recommencer la publication de sa propre gazette pour ne pas porter tort à la 'correspondance' de Van Swoll. Van Swoll sera également exempté de payer à Smient sa redevance pour le cas où la gazette serait interdite par les autorités françaises. En ce cas, Smient aura le droit de relancer sa gazette le lundi.[25]

La période des interdictions (1673-1688)

En fait, à partir du mars 1673, Van Swoll est le seul courantier en possession du monopole de la gazette française à Amsterdam. Les autorités surveillent de près sa gazette. En août 1673, il reçoit une réprimande de la part des bourgmestres d'Amsterdam. En 1677, la sanction est plus grave: la gazette est interdite pour une période de 14 mois à cause des nouvelles insultantes concernant Hendrik Casimir II, le stathouder de Frise et de Groningue. En août 1678, l'interdiction est levée. Un an plus tard, cependant, les mesures prises contre le gazetier français seront encore plus sévères, à la suite de l'intervention du comte d'Avaux, ambassadeur de France à La Haye, qui se plaint de ce que la gazette a publié au début du mois d'août 1679 des extraits tirés de pamphlets interdits en France. Il s'agit d'abord du décret du pape Innocent XI condamnant les 65 propositions de morale relâchée tirées de divers théologiens jésuites. Quelques jours plus tard des extraits sont publiés d'un pamphlet qui prend la défense des deux évêques, François Caulet et François Pavillon, qui ont adopté des positions anti-gallicanes.[26] Selon Colbert, ce dernier écrit avait en vue l'archevêque de Paris, François de Harlay, l'ennemi juré des jansénistes.[27] Aux yeux des autorités françaises la gazette d'Amsterdam soutient le

---

24. Voir Kleerkooper, t.I, p.727-28. En fait, Van Swoll publia à partir de janvier 1670 la *Gazette d'Amsterdam* aussi bien le jeudi que le mardi (collection du Public Record Office, Londres). Il fait régulièrement de la publicité pour la gazette du mardi, 'aussi bonne que celle du jeudi' (la *Gazette d'Amsterdam*, 5 février 1671) et 'aussi curieuse qu'aucune autre' (*ibid.*, 10 décembre 1671).

25. Archives municipales d'Amsterdam, n° 5023, Groot Memoriaal, VI, f.126v; publié dans Kleerkooper, t.II, p.814-15.

26. Voir Résolutions des Etats de Hollande, 13 et 16 septembre 1679, publiées dans Kleerkooper, t.II, p.1506-1507. Selon G. Feyel, la plainte du comte d'Avaux avait pour but de protéger des Pères capucins 'contre les calomnies que l'on avait envoyées contre eux au gazetier d'Amsterdam'. Voir G. Feyel, *L'Annonce et la nouvelle*, p.512.

27. Voir la lettre de Jean-Baptiste Colbert à Simon Arnauld, du 1er septembre 1679, publiée dans G. B. Depping (éd.), *Correspondance administrative sous le règne de Louis XIV* (Paris 1850-1855), t.II, p.588-89.

jansénisme, ce qui va se reproduire à partir de la promulgation de la Bulle *Unigenitus* en 1713.[28]

Les plaintes du comte d'Avaux sont discutées dans la réunion des Etats de Hollande du 13 septembre 1679. Les députés d'Amsterdam doivent transmettre son mémoire aux bourgmestres d'Amsterdam. Trois jours plus tard, les députés rapportent que les autorités d'Amsterdam, après avoir interrogé le gazetier français, ont défendu toute publication de gazettes françaises à l'intérieur de la ville. Une ordonnance interdit aux courantiers néerlandais de diffuser des nouvelles insultantes et diffamatoires qui peuvent scandaliser des particuliers ou des institutions séculières et religieuses. Les Etats de Hollande étendent ces mesures à toute la province de Hollande, où un placard interdit d'y publier ancune gazette française.[29] Ce placard entraîne la cessation officielle de *La Gazette d'Amsterdam* de Van Swoll. La collection de la gazette d'Amsterdam de W. P. Sautijn Kluit s'arrête brusquement avec le numéro du mardi 26 septembre 1679.[30]

Pendant toute la décennie suivante la situation de la gazette d'Amsterdam est assez confuse. Officiellement, personne n'a le droit de publier une gazette française. Cette interdiction est plusieurs fois renouvelée par des placards. Le 3 août 1680, les Etats de Hollande la déclarent toujours valable.[31] En 1686, un nouveau placard des Etats de Hollande est promulgué sur la proposition des députés d'Amsterdam: défense d'imprimer ou de faire imprimer tout journal français, sous le nom de *Couranten, Gazettes, Gazette-Raisonnée, Nouvelles-Choisies, Lardons,* ou autres.[32]

Outre ces mesures prises au niveau provincial, les courantiers français sont également harcelés par les autorités locales. En mars 1683 le magistrat d'Amsterdam doit constater que la gazette française, les nouvelles et les relations imprimées à Amsterdam publient des affaires scandaleuses. Par conséquent, il interdit de nouveau d'imprimer, d'importer ou de vendre ces journaux sous

28. Voir J. Sgard, 'Le jansénisme dans les gazettes françaises de Hollande (1713-1730)'.

29. Le placard est daté le 19 septembre 1679. Voir *Groot Placaet-boeck*, t.III ('s-Gravenhage 1683), p.526: '*De Staten van Hollandt ende West-Vrieslandt* [...] *verbieden het drucken van eenige Fransche Couranten, alomme binnen dese Provincie*' ('Les Etats de Hollande et de West-Frise [...] interdisent l'impression des gazettes françaises à l'intérieur de toute la province').

30. Sautijn Kluit, 'Bijdrage', p.23. Il s'agit d'un recueil de gazettes qui se trouve actuellement à la Bibliothèque universitaire de Leyde.

31. Résolution des Etats de Hollande, 3 août 1680, publiée dans Kleerkooper, t.II, p.1508.

32. Le placard est daté du 21 février 1686. Voir *Groot Placaet-boeck*, t.IV ('s-Gravenhage 1705), p.382: '*De Staten van Hollandt ende West-Vrieslandt* [...] *verbieden by desen, dat niemandt, van wat conditie of qualiteyt hy oock soude mogen wesen, sal vermogen te drucken of doen drucken, 't zy voor hem selfs of voor andere, eenigerhande Fransche Couranten of Gazettes, 't zy onder de naem van Couranten, Gazettes, Gazette-Raisonnée, Nouvelles-Choisies, Lardons, of wat andere Naem of Titul daer aen soude werden gegeven*' ('Par la présente les Etats de Hollande et de West-Frise [...] interdisent à qui que ce soit et de quelque condition ou qualité qu'il soit d'imprimer ou de faire imprimer tout journal ou gazette français, sous le nom de Couranten, Gazettes, Gazette-Raisonnée, Nouvelles-Choisies, Lardons, ou sous un autre nom ou titre, ni pour lui-même ni pour quelqu'un d'autre'). Le placard est peu respecté selon une résolution des Etats de Hollande du 16 septembre 1687, publiée dans Kleerkooper, t.II, p.1516.

peine d'une amende de cent florins.[33] Deux ans plus tard, le magistrat doit répéter sa résolution, s'étant aperçu que l'on imprimait à Amsterdam clandestinement des gazettes et nouvelles françaises dans lesquelles les faits étaient exposés seulement selon les opinions de l'auteur et de l'éditeur, sans considération de la vérité, ce qui fourvoie le lecteur et offense les potentats étrangers.[34] En moins d'un an, l'interdiction est réitérée et en même temps la peine prescrite est augmentée: de cent ducats d'argent et une année de bannissement de la ville à deux cents ducats et trois ans de bannissement.[35]

Cette attitude sévère en face des gazetiers français, formulée aussi bien par les autorités d'Amsterdam que par les Etats de Hollande, résulte du besoin qu'ont les marchands de garder des bons rapports avec la France. Après la Paix de Nimègue (1678), la situation économique de la Hollande demande une période de calme et de tranquillité. Le parti qui entoure le stadhouder, le prince Guillaume III, essaie de provoquer un nouveau conflit avec la France, mais notamment les régents d'Amsterdam s'y opposent. En juillet 1686, le comte d'Avaux s'exprime ainsi sur l'atmosphère qui règne en Hollande:

Il me paraît, que Messieurs d'Amsterdam sont dans de très bonnes dispositions. Les Bourguemestres de cette année ont refusé au Prince d'Orange tout ce qui pouvait avoir trait à la guerre: ils ont aussi marqué dans le châtiment de Lucas, autant qu'il leur a été possible, l'envie qu'ils ont de plaire à Votre Majesté: car il est certain qu'ils ne peuvent guère donner des marques publiques de leur partialité pour la France sans s'attirer sur les bras les Créatures du Prince d'Orange, et les Villes qui lui sont dévouées.

Et le même jour il écrit: 'Le Prince d'Orange remuait ciel et terre, pour venir à bout de faire lever neuf mille Matelots, et Messieurs d'Amsterdam ne s'y opposaient pas avec moins de fermeté.'[36]

Malgré ces interdictions à partir de 1679, le journal de Van Swoll a probablement continué de paraître jusqu'en 1687, de façon plus ou moins clandestine. L'existence du journal et de ses éventuels concurrents reste cependant obscure. Très peu d'exemplaires ont été conservés, et les placards interdisent des gazettes françaises sans en donner le titre. Ainsi, il est impossible de bien situer les numéros que l'on a retrouvés des *Nouvelles du tems* (1681), des *Nouvelles solides et choisies* (1683-1689), des *Nouvelles choisies et véritables* (1685) et de l'*Histoire journalière* de Jean-François Du Four (1687).[37]

33. Archives municipales d'Amsterdam, Keurboek Q, f.47, 5 mars 1683, publié dans Sautijn Kluit, 'Bijdrage', p.38 et dans Kleerkooper, t.II, p.1509.

34. Archives municipales d'Amsterdam, Keurboek Q, f.94*v*, 31 juillet 1685, publié dans Sautijn Kluit, 'Bijdrage', p.39, et dans Kleerkooper, t.II, p.1514. Ce texte est abusivement daté par Hatin en 1684 (*Les Gazettes de Hollande*, p.95).

35. Archives municipales d'Amsterdam, Keurboek Q, f.115, 22 juin 1686, publié dans Sautijn Kluit, 'Bijdrage', p.39-40, et dans Kleerkooper, t.II, p.1515-16.

36. Comte d'Avaux, *Négociations de monsieur le comte d'Avaux en Hollande* (Paris 1752-1753), t.V, p.300-302 (14 juin 1686).

37. Pour *Les nouvelles du tems* et les *Nouvelles solides et choisies*, voir le *Dictionnaire des journaux*, n° 1024 et 1059. Un numéro isolé des *Nouvelles choisies et véritables* du 24 avril 1685 se trouve dans la Niedersächsisches Staatsarchiv à Wolfenbüttel. Dans les mêmes archives, des recueils des

En tout cas, pendant cette période d'autres que Van Swoll ont publié des gazettes en langue française à Amsterdam. Ainsi Gabriel de Ceinglen (ou de Saint-Glen) et sa veuve Maria Patoillat sont les responsables des *Nouvelles solides et choisies*. Jean Lucas passe un contrat avec Isaac de Later pour une gazette non spécifiée, le 31 décembre 1685.[38]

Les activités de Van Swoll se terminent définitivement en 1687. Le 11 février de cette année, il est condamné à trois ans d'exil et à une amende de 200 ducats d'argent, selon les peines imposées par le placard du 22 juin 1686. Il meurt peu du temps après; il est enterré le 29 mars 1687 à Amsterdam. Les deux autres courantiers sont également condamnés à la même peine: la veuve Ceinglen le 19 novembre 1686 et Jean François Du Four le 29 avril 1687.[39]

Les précurseurs de la gazette de Tronchin Dubreuil (1688-1691)

Depuis l'interdiction de *La Gazette d'Amsterdam* en septembre 1679 il n'existait plus aucune gazette française qui parût avec l'autorisation des bourgmestres amstellodamois. En mars 1686 Caspar Commelin avait obtenu le monopole d'imprimer des gazettes à Amsterdam, mais à ce moment il ne pouvait être question d'une gazette française.[40] Claude Jordan essaya de combler cette lacune pendant l'automne 1688, au moment où la République des Provinces-Unies entrait de nouveau en guerre avec la France. Depuis son arrivée à Leyde au début de 1686, Jordan avait été le rédacteur principal des *Nouvelles extraordinaires de divers endroits*, dite *Gazette de Leyde*. En novembre 1688 il retourne à Amsterdam où il commence à publier le *Nouveau journal universel*. Il annonce ce nouveau journal comme le successeur de la gazette de Leyde, en essayant d'emmener avec lui le renom du journal et le réseau de ses abonnés.[41] Le *Nouveau journal universel* paraît deux fois par semaine à partir du 18 novembre 1688. Il ne semble pas avoir eu de problèmes avec les autorités. Jordan agit avec précaution, comme en témoigne l'avertissement du numéro du 20 janvier 1689:

Nous ne souhaitons pas de ces esprits satiriques qui ne s'attachent qu'à déchirer les réputations ou chagriner quelque particulier. Nous n'aspirons pas non plus aux nouvelles du cabinet: nous savons que peu de gens y ont accès et que la matière est trop délicate. Nous ne demandons que les nouvelles dont le public peut être informé, et

---

'Nouvelles raisonnées' (1682-1688) contiennent des feuilles anonymes qui pour une partie sont probablement imprimées à Amsterdam (Niedersächsisches Staatsarchiv, Wolfenbüttel, Z Abt 8, n° 1-6). Pour l'*Histoire journalière*, voir le *Dictionnaire des journaux*, n° 611. En 1687, ce journal fut publié à Amsterdam, ensuite à La Haye.

38. Pour Gabriel Ceinglen, sa veuve Maria Patoillat et pour Lucas, voir le *Dictionnaire des journalistes*, p.205-206 et p.660-61. Le contrat entre Lucas et De Later est publié dans Kleerkooper, t.I, p.396-97. De Later s'oblige à fournir la copie pour une gazette française deux fois par semaine, le lundi et le jeudi de bonne heure.

39. Van Eeghen, *Amsterdamse boekhandel*, t.III, p.62 et 101.

40. Voir Sautijn Kluit, 'Amsterdamsche courant', p.240.

41. Pour le *Nouveau journal universel*, voir le *Dictionnaire des journaux*, n° 495, art. 'Gazette d'Amsterdam 2'.

desquelles il peut tirer de la satisfaction et de l'utilité; et, sur toutes choses, qu'on s'attache à la certitude et à la solidité.[42]

Plus tard dans l'année, Caspar Commelin, le courantier officiel de la gazette en langue néerlandaise, considère que le temps est mûr pour demander la permission de publier également une gazette française. Les bourgmestres d'Amsterdam lui donnent cette autorisation le 15 décembre 1689.[43] Il n'est pas certain que Commelin soit passé tout de suite à l'acte. En tout cas au début de 1690 Claude Jordan a apparemment publié pendant une brève période deux gazettes en même temps: le *Nouveau journal universel* et l'*Histoire abrégée de l'Europe*. Pour cette dernière il possède depuis 1686 un privilège des Etats de Hollande.[44] Il s'agit d'abord d'un mensuel, rédigé par Jacques Bernard, rapportant notamment l'actualité politique et sociale. Après une interruption à la fin de l'année 1688 à cause de la guerre, Jordan reprend la publication au début de 1690, comme il l'annonce dans son *Nouveau Journal universel* du 25 décembre 1689: 'On avertit le Public, que l'Auteur du *Journal universel*, va au commencement de l'année 1690 continuer l'*Histoire abrégée de l'Europe*, dans laquelle il fera entrer ses meilleurs Mémoires, et ménagera le format et la grosseur, de manière qu'on puisse l'envoyer par la Poste avec moins d'embarras.'[45]

L'*Histoire abrégée* paraît désormais deux fois par semaine. Nous en connaissons seulement quelques numéros entre le 2 janvier et le 5 février 1690.[46] Peut-être a-t-elle encore continué de paraître jusqu'en mars, mais à ce moment elle a sans doute cédé la place à une nouvelle entreprise.

Le 14 mars 1690, Jean Tronchin Dubreuil demande le consentement des bourgmestres d'Amsterdam à son entreprise de publier une gazette française. Il expose qu'il a été associé par Commelin à la rédaction de la gazette, mais 'que le débit d'icelle a été peu considérable jusqu'à présent à cause des autres gazettes, qui s'impriment'. De ce fait, Commelin et Tronchin Dubreuil se sont mis d'accord avec Claude Jordan, l'éditeur du *Nouveau Journal universel*, pour

---

42. Cité dans Hatin, *Les Gazettes de Hollande*, p.158-59.

43. Van Eeghen, *Amsterdamse boekhandel*, t.III, p.77. Après la rédaction de ce texte, P. Rétat m'a signalé l'existence de neuf numéros de la *Gazette d'Amsterdam* imprimée par Gaspar Commelin, publiés en février et en mars 1690 (collection: Archivio di Stato de Modène). Ces numéros prouvent que Commelin a effectivement utilisé l'autorisation des bourgmestres d'Amsterdam.

44. Archives nationales, La Haye, Derde Afdeling, Etats de Hollande, n° 1638: privilège 10 juillet 1686. Lors de la demande du privilège, Jordan annonça qu'il avait l'intention de publier également une traduction néerlandaise sous le titre *Kort begrijp der Europische historien*. Jusqu'à maintenant aucun numéro d'une telle traduction n'a été retrouvé. Je remercie amicalement Paul G. Hoftijzer (Oegstgeest) pour des renseignements qu'il m'a donnés concernant les registres des privilèges.

45. *Nouveau journal universel*, n° 118, [25] décembre 1689 (exemplaire de la Bibliothèque nationale de la Russie, Saint-Pétersbourg: 16.78.5.1).

46. *Histoire abrégée de l'Europe ou relation exacte de ce qui se passe de considérable dans les Estats, dans les Armées etc.* A la Bibliothèque nationale de la Russie à Saint-Pétersbourg (16.78.5.1) il y a six numéros de 1690, n° [I] (2 janvier), [II] (5 janvier), IV (12 janvier), V (16 janvier), X (1er février) et XI (5 février). Le colophon mentionne: 'A Amsterdam, chez Claude Jordan [...] Avec Privilège de Nosseigneurs les Etats, Et se distribuent chez Pierre Brunel, près de la Bourse'. Pour l'*Histoire abrégée*, voir le *Dictionnaire des journaux*, n° 599.

faire paraître désormais 'une seule gazette Française sous le titre de *Gazette d'Amsterdam*'.[47] Tronchin Dubreuil déclare en même temps 'qu'il ne sera rien inséré dans ladite gazette contre l'intérêt de l'état et de la ville'. Les autorités d'Amsterdam accèdent à sa requête, après avoir reçu l'assurance que Commelin n'avait rien à l'encontre du nouveau journal.

Ainsi Jordan peut annoncer dans le *Nouveau Journal universel* du 20 mars 1690: 'Claude Jordan [...] donne avis au public que, Messeigneurs les Magistrats d'Amsterdam l'ayant autorisé pour faire imprimer, lui seul, la gazette française de leur ville, il commencera la semaine prochaine de donner ses nouvelles au public sous le titre de *Gazette d'Amsterdam*.' Et il y ajoute: 'On avertit en particulier les libraires, imprimeurs et autres personnes particulières de la ville d'Amsterdam, que le bon plaisir de Messieurs les Magistrats est qu'il ne s'imprime ou délivre dans leur ville d'autres nouvelles que celles qui sont autorisées.'

Le premier numéro de cette nouvelle *Gazette d'Amsterdam* paraît effectivement le 27 mars chez Claude Jordan sous la direction de Jean Tronchin Dubreuil.[48] Autorisée par les bourgmestres, elle porte dans le titre les armes de la ville. La *Gazette* est apparemment accompagnée d'un supplément sous le titre *Nouvelles extraordinaires* puis *Suite de la Gazette d'Amsterdam ou Nouvelles extraordinaires*.[49]

Au début de l'année 1691 les autorités d'Amsterdam décident encore une fois d'interdire la gazette.[50] Cette décision est prise en rapport avec la nouvelle résolution des Etats de Hollande du 18 janvier 1691 qui renouvelle l'interdiction de publier et vendre des gazettes, des nouvelles et des lardons français. Neuf jours plus tard, cette prohibition est étendue à toutes les Provinces-Unies par un placard des Etats-Généraux.[51]

En dépit de la résolution des Etats de Hollande Claude Jordan continue ses activités. Il imprime une série des lardons sous le titre *Copie d'une lettre écrite sur les affaires du temps*, au moins jusqu'au 30 avril 1691.[52] Ces feuilles portent pour

47. Archives municipales d'Amsterdam, n° 5023, Groot Memoriaal, VII, f.223*v*; publié dans Sautijn Kluit, 'Bijdrage', p.41-42; Kleerkooper, t.II, p.840-41 (avec la date fautive du 16 mars 1690) et Van Eeghen, *Amsterdamse boekhandel*, t.II, p.38-39. Selon I. H. van Eeghen, la spécialiste par excellence du monde du livre à Amsterdam aux dix-septième et dix-huitième siècles, Jean Tronchin Dubreuil aurait été déjà rédacteur du journal de Jordan dans l'anonymat.

48. Pour la *Gazette d'Amsterdam* (1690), voir le *Dictionnaire des journaux*, n° 495, art. 'Gazette d'Amsterdam 2'.

49. Voir des exemplaires conservés à la Niedersächsisches Staatsarchiv, Wolfenbüttel: *Nouvelles extraordinaires* (3 juillet-31 août 1690) et *Suite de la Gazette d'Amsterdam ou Nouvelles extraordinaires* (2 octobre 1690-15 janvier 1691).

50. La collection de la *Gazette d'Amsterdam* de la BNF prend fin le 25 décembre 1690; celle de la *Suite de la Gazette d'Amsterdam* à la Niedersächsisches Staatsarchiv, Wolfenbüttel continue jusqu'au 15 janvier 1691.

51. Voir *Groot Placaet-boeck*, t.IV ('s-Gravenhage 1705), p.390 (ordonnance des Etats de Hollande du 18 janvier 1691) et p.391-92 (ordonnance des Etats-Généraux du 27 janvier 1691). L'ordonnance des Etats-Généraux est publiée par Kleerkooper, t.II, p.1516-17.

52. De la *Copie d'une lettre ecrite sur les affaires du temps* nous connaissons uniquement des numéros du 5 février jusqu'au 30 avril 1691, conservés à la Niedersächsisches Staatsarchiv,

simple en-tête 'Monsieur'. Le numéro du 5 février, le premier conservé, commence ainsi:

Pour satisfaire à ce que vous voulez exiger de moi, je vous écrirai donc tous les ordinaires, pour vous faire part de ce que j'apprendrai digne de votre curiosité, autant que la bienséance et mon devoir me le permettront: Car si vous souhaitez des nouvelles secrètes, vous pouvez vous adresser ailleurs: pour moi je ne m'attacherai qu'à ce qui concernera l'Histoire, et vous laisserai la liberté entière de faire les réflexions que vous jugerez à propos.

Outre ces lardons Jordan a repris de nouveau la publication de l'*Histoire abrégée de l'Europe*, pour laquelle son privilège de 1686 était toujours valable. Cette gazette peut être considérée comme la suite de sa *Gazette d'Amsterdam*. Le format, la fréquence (deux fois par semaine, le lundi et le jeudi) et le volume (quatre pages) sont les mêmes. Le colophon de l'*Histoire abrégée* mentionne: 'A Amsterdam, chez Claude Jordan, avec Privilège de messieurs les Etats d'Hollande et se vendent sur le Dam chez A. D. Oossaen.'[53]

La situation à Amsterdam est fort ambiguë: la publication des gazettes françaises y est interdite, et dans le même temps l'*Histoire abrégée* y est imprimée avec privilège des Etats de Hollande. Toutefois, en mai 1691, Oossaen et Jordan sont convoqués par le bailli d'Amsterdam, à la demande pressante du pensionnaire et des Etats de Hollande, qui réitèrent de façon impérative leurs interdictions.[54] Jordan est obligé d'arrêter ses activités comme gazetier à Amsterdam; bientôt, il quitte la Hollande pour s'établir en France.

La gazette de Tronchin Dubreuil: privilège et monopole

A partir de ce mois de mai 1691, Amsterdam et d'autres villes de Hollande sont officiellement privées de leurs gazettes en langue française à cause de la fermeté avec laquelle la résolution des Etats de Hollande du mois de janvier de cette année est appliquée.[55] Les autorités elles-mêmes vont créer un moyen d'y échapper. Elles vont en effet autoriser la parution de gazettes, à la condition qu'elles soient composées d'un assemblage d'extraits ou de traductions de journaux hollandais.

Wolfenbüttel. Le colophon mentionne: 'A Amsterdam, chez Claude Jordan, dans le Berg-Straet. Et se vendent sur le Dam, chez A. D. Oossaan.'

53. Nous connaissons seulement quelques numéros de l'*Histoire abrégée* pour l'année 1691. Van Eeghen mentionne le numéro du 5 avril dans la collection de la BNF (Van Eeghen, *Amsterdamse boekhandel*, t.II, p.40) et Bots mentionne six numéros entre le 22 mars et le 16 avril à la Bibliothèque Mazarine (H. Bots, 'La *Gazette d'Amsterdam* entre 1688 et 1699', p.36).

54. Voir *Register van Hollandt en Westvrieslandt*, 12 mai 1691, p.411-12 et Van Eeghen, *Amsterdamse boekhandel*, t.II, p.40.

55. On ne sait pas précisément quels périodiques ont continué à paraître à Amsterdam durant l'année 1691 malgré l'interdiction. En tout cas, la Niedersächsisches Staatsarchiv, Wolfenbüttel possède des numéros de *La Quintessence des nouvelles* de 1691. Jusqu'au bombardement de 1945, la Sächsische Landesbibliothek à Dresde possédait également des numéros de *La Quintessence* de 1691. Voir l'ancien *Sachkatalog* de la Sächsische Landesbibliothek art. Ephemerides historiae. Pour *La Quintessence des nouvelles*, voir le *Dictionnaire des journaux*, n° 1153.

I. L'entreprise de presse

Le 30 juin 1691, Tronchin Dubreuil s'était adressé aux Etats de Hollande pour demander un tel privilège. Il fait observer dans sa supplique qu'il est avantageusement connu du magistrat d'Amsterdam. Les Etats demandent l'avis des députés des villes de Delft, Leyde, Amsterdam, Rotterdam, Alkmaar et Hoorn et décident un mois plus tard d'accorder à Tronchin Dubreuil le privilège 'de résumer les gazettes hollandaises et de faire de ses nouvelles les plus importantes une gazette française' ('*omme de principaelste zaecken uijt de Hollandtsche couranten te mogen extraheeren ende daer van France couranten te mogen composeren*').

En publiant une telle gazette il doit 'prendre soin et veiller à ce que aucun haut personnage de n'importe quelle qualité ou condition et aucune institution, société ou profession, aussi bien séculière que religieuse, ne soient scandalisés d'une façon ou d'une autre' ('*goede sorgen te dragen ende wel toe te sien, dat gene hooge personagien ofte andere van wat staat ofte conditien die souden mogen sijn, noghte oock collegien, societijten ofte professien, het zij geestelijcke ofte wereltlijcke eenige de minste aenstoot en moghe werden gegeve*').

Comme d'habitude, le privilège est accordé pour une période de quinze ans.[56]

A ce moment Tronchin Dubreuil est la seule personne autorisée à publier une gazette française dans la province de Hollande. Quelques semaines plus tard, deux autres courantiers obtiennent le même privilège des Etats de Hollande: Maria Patoillat, veuve de Gabriel de Ceinglen pour la *Gazette de Rotterdam* et Paul Acéré pour une gazette à La Haye, intitulée l'*Histoire journalière de ce qui se passe de plus considérable en Europe*.[57]

Le fait que Tronchin Dubreuil a reçu ce privilège est assez vite une nouvelle qui circule dans la République des Lettres. Pierre Bayle en écrit ainsi de Rotterdam à son correspondant Vincent Minutoli à Genève: 'M. Tronchin Du Breuil qui faisait autrefois les *Lettres sur les matières du tems*, a obtenu le privilège de faire une gazette. S'il était le seul qui eût ce privilège en ce Pays, il y gagnerait beaucoup.'[58]

Tronchin Dubreuil peut annoncer la parution de son journal, ce qu'il fait par exemple dans *La Quintessence des nouvelles*:

Ceux qui aiment les Nouvelles, sont avertis que le S. J. T. Du Breuil, assez connu par les beaux Ecrits qu'il a donnés au Public, pendant plusieurs années, a obtenu un Privilège de Nosseigneurs les Etats de Hollande et de West-Frise, pour imprimer la Gazette en Français, en vertu duquel il a commencé ce jourd'hui d'en faire part au Public; Elles se trouvent chez l'Auteur, et se vendent aussi chez A. D. Ossaan, sur le Dam, à Amsterdam.[59]

---

56. Archives nationales, La Haye, Archives des Etats de Hollande et de West-Frise, n° 1642: privilège du 1er août 1691, publié dans Kleerkooper, t.II, p.841-42 (concept, d.d. 30 juin 1691); t.II, p.1517-18 (privilège, d.d. 1er août 1691).

57. *Ibid.*, privilèges 24 août 1691, publiés dans Kleerkooper, t.II, p.1518-19.

58. Lettre de Pierre Bayle à Vincent Minutoli, 27 août 1691 (P. Bayle, *Œuvres diverses*, t.IV, La Haye 1731, lettre 123).

59. *La Quintessence des nouvelles*, 1691, n° 34 (27 août) (exemplaire de la Niedersächsisches Staatsarchiv, Wolfenbüttel, Z Abt 8, n° 7).

Effectivement, ce 27 août 1691 le premier numéro de la nouvelle gazette d'Amsterdam sort de la presse. L'importance du privilège obtenu ressort bien du titre qui est ainsi conçu: *Avec privilège de nosseigneurs les Etats de Hollande et de West Frise.* En 1703 le titre est élargi à *Amsterdam. Avec privilège de nosseigneurs les Etats de Hollande et de West Frise.*

En Hollande, un privilège avait une autre importance qu'en France. Un libraire n'était point obligé de se procurer un privilège auprès des Etats de Hollande. S'il en demandait un (cela lui coûtait une somme de 40 florins) c'était pour se protéger contre des contrefaçons éventuelles. Le libraire Marc-Michel Rey l'expliquait ainsi au géographe Julien: 'Notre souverain n'examine pas si le livre est répréhensible ou non. C'est au demandeur à le savoir et à répondre des événements. Ainsi le privilège ne porte que pour conserver le propriétaire dans son droit.'[60]

Par son privilège Tronchin Dubreuil était donc protégé contre les contrefaçons de sa gazette et contre l'importation de telles contrefaçons. En plus, le privilège accordait à la gazette un certain statut officiel et il donnait l'impression d'être autorisé par les Etats de Hollande. Il ne s'agissait pas d'un monopole à l'intérieur de la Hollande.[61] Comme on l'a déjà dit, deux autres gazetiers recevaient au même moment des privilèges pour la publication de gazettes à La Haye et à Rotterdam. En 1744 la veuve de Tronchin Dubreuil a encore essayé vainement de monopoliser la publication des gazettes françaises. Elle protestait auprès des autorités contre la parution de la *Gazette de La Haye* par Antoine de Groot, en disant qu'elle et ses enfants disposaient d'un monopole pour publier une gazette en langue française dans la province de Hollande. Le conflit fut porté devant la Cour de Hollande qui débouta finalement la veuve Dubreuil, car son monopole se limitait à la ville d'Amsterdam.[62]

Dès la parution du premier numéro de sa gazette, Tronchin Dubreuil était protégé par son privilège des Etats de Hollande et par la situation de monopole dont il jouissait ainsi à Amsterdam. Après sa mort, dans l'article qu'il a consacré à sa mémoire, Henri de Limiers évoque brièvement le crédit que ce gazetier avait su gagner auprès des régents d'Amsterdam dès son arrivée dans cette ville. Il écrit:

Il vint donc en Hollande, et fixa son séjour à Amsterdam, où son mérite ne tarda guère à lui faire des amis et des Protecteurs. Il y avait alors, comme aujourd'hui, dans cette Ville, des Magistrats habiles, qui connurent tout le prix de cet illustre Réfugié. Ils l'engagèrent à travailler sur les matières de Politique, et lui firent obtenir dans la suite le Privilège de la *Gazette Française.*[63]

60. Lettre de Marc-Michel Rey à Roch-Joseph Julien, 31 octobre 1765 (BNF, Fonds fr. 22130, f.312); publié dans Van Eeghen, *Amsterdamse boekhandel*, t.III, p.21-22.

61. En 1670 un projet a circulé pour nommer un seul gazetier pour toute la province de Hollande qui devrait travailler sous contrôle d'Etat. Le projet s'est brisé sur le particularisme en vigueur. Voir I. Weekhout, *Boekencensuur in de Noordelijke Nederlanden. De vrijheid van drukpers in de zeventiende eeuw* ('s-Gravenhage 1998), p.81.

62. Archives municipales, La Haye, Oud Archief, n° 61, résolution du 30 septembre 1744.

63. H. de Limiers, 'Eloge de M. Tronchin Du Breuil', dans *Journal des sçavans* (édition d'Amsterdam), 1721, t.70, décembre, p.689-96, ici p.692.

En fait, le monopole fourni par les autorités locales était aussi important pour un gazetier que le privilège des Etats de Hollande. Le monopole local offrait en effet une protection directe de la part des autorités de la ville. Il ne faut pas oublier que les Provinces-Unies avaient une structure particulariste dans laquelle les régents des villes jouaient un rôle primordial.

L'attribution du monopole aux gazetiers donnait aux régents un moyen de contrôle et constituait en plus pour eux une source de revenus. Nous avons vu qu'à Amsterdam Caspar Commelin avait obtenu en 1686 le monopole pour la publication de la gazette en langue néerlandaise. Le même phénomène s'est produit dans d'autres villes. A Harlem, Abraham Casteleyn disposait d'un tel monopole depuis 1664. Il appela dès lors son journal *Oprechte Haerlemse courant*, en prenant le mot '*oprecht*' dans le sens de la seule gazette reconnue de Harlem; les armes de la ville figuraient en tête.[64]

En 1702, un placard des Etats de Hollande allait confirmer pour toute la Hollande l'obligation qui était déjà faite dans plusieurs villes à tout courantier de posséder désormais une permission des magistrats de sa ville pour la publication et la vente de n'importe quelle gazette.[65] Par cette ordonnance, les magistrats avaient le pouvoir d'exiger une taxe annuelle (*recognitiegeld*). Cette taxe consistait en une somme considérable prise sur le budget des gazetiers.

La stabilité (1691-1796)

Une fois que la *Gazette d'Amsterdam* commence à paraître, l'histoire de l'entreprise commerciale peut être traitée succinctement. D'ailleurs le manque de sources substantielles contraint à la brièveté. L'historien du *Amsterdamse Courant* dispose au moins des archives sur l'administration de ce journal pour les années 1767-1795[66] et celui du *Oprechte Haerlemse courant* d'une série des sources pour le dix-huitième siècle.[67] De tels documents nous font absolument défaut pour l'entreprise de Tronchin Dubreuil et de ses successeurs.

Nous avons vu que les origines de la gazette d'Amsterdam sont assez troublées. A partir de 1691 au contraire la situation devient calme: pas de concurrents locaux (à l'exception peut-être, dans les premières années, en 1691-1693, du *Recueil des nouvelles*, mais il est possible que ce journal anonyme ait été publié

---

64. Voir W. P. Sautijn Kluit, 'De Haarlemsche courant', p.9-10.

65. Voir *Groot Placaet-boeck*, t.5 ('s-Gravenhage 1725), p.691-92, ordonnance du 9 décembre 1702: '*De Staaten van Hollandt ende West-Vrieslandt* [...] *verbieden geen Couranten, Gazettes, ofte andere Nouvelles, onder wat naam sulcks soude mogen wesen, te drucken, verkoopen ofte divulgeeren, of elders gedruckt zijnde, in te brengen, verkoopen ofte divulgeeren, ten zy daar toe hebben bekomen permissie van de Magistraat van de Plaatse harer residentie*' ('Les Etats de Hollande et de West-Frise [...] interdisent d'imprimer, de vendre ou de distribuer des journaux, gazettes ou autres nouvelles sous n'importe quel nom, et d'importer, de vendre ou de distribuer des gazettes imprimées ailleurs, à moins que le magistrat de la ville concernée en ait donné la permission').

66. Voir I. H. van Eeghen, 'De *Amsterdamse Courant* in de 18de eeuw'.

67. D. H. Couvée, 'The administration of the *Oprechte Haerlemse Courant*, 1738-1742'.

à Paris ou ailleurs), pas d'interdictions. La gazette de Tronchin jouit alors d'une situation monopolistique à Amsterdam.[68]

Le privilège des Etats de Hollande était valable pour une période de 15 ans. Jean Tronchin Dubreuil et ses successeurs ont veillé à en demander toujours à temps la prolongation à la fin de la durée de validité. Jean Tronchin Dubreuil l'obtint sans difficulté en 1704 et en 1715.[69] En 1733, son fils César obtient un nouveau privilège.[70] En 1743 et en 1761, la demande est faite par sa veuve Louise de Roussillon et son fils Jean-Pierre;[71] en 1776, seulement par Jean-Pierre.[72] La dernière demande de prolongation est présentée en 1794 par Nicolas Cotray. Il déclare qu'il a acheté les droits de publication d'Eléonore Tronchin Dubreuil, la sœur de Jean-Pierre, qui a continué la gazette après la mort de son frère en 1789. Selon une pièce jointe à la demande de prolongation, Eléonore a renoncé au privilège le 3 février 1794. Cotray écrit qu'il a travaillé depuis sept ans dans l'entreprise de la gazette.[73]

Ainsi, la gazette est restée dans la famille Tronchin Dubreuil à l'exception des dernières années de son existence. Selon le testament de Jean-Pierre, petit-fils de Jean, du 13 février 1789, sa sœur Eléonore Angélique (mariée avec Léonard Rutgers Davidsz) était la seule héritière. A ce moment Pierre Cotray était l'administrateur de l'entreprise. Dans le testament de Jean-Pierre il fut stipulé que pendant la période où sa sœur Eléonore Angélique continuerait la gazette, elle devait employer J. F. Kuhl comme écrivain du journal (pour un salaire de 1200 florins et une somme de 130 florins comme loyer) et Pierre Cotray comme directeur de l'imprimerie et comme administrateur. Il recevrait un salaire de 800 florins et bénéficierait en plus de la gratuité du logement, du chauffage et de l'éclairage. Le testament détermine également qu'au cas où Pierre Cotray mourrait, son fils Nicolas lui succéderait.[74]

En fait, Pierre Cotray mourra en 1799, survivant ainsi à la *Gazette d'Amsterdam*. Selon la demande de privilège de 1794, il travaillait avec son fils Nicolas. Le 23 mars 1795, la corporation des libraires refuse de le recevoir parmi ses membres, mais on accepte qu'il continue d'imprimer et éditer la *Gazette d'Amsterdam*.

Peu avant, en février 1795, le journal prend enfin le titre dont depuis longtemps on avait coutume de le nommer: *Gazette d'Amsterdam*. On y ajoute la devise courante de ces années: *Liberté, égalité, fraternité*.

---

68. Pour le *Recueil des nouvelles*, voir Van Eeghen, *Amsterdamse boekhandel*, t.II, p.41 et H. Bots, 'La *Gazette d'Amsterdam* entre 1688 et 1699', p.37-38.

69. Archives nationales, La Haye, Archives des Etats de Hollande et de West-Frise, n° 1656, privilège 27 septembre 1704, publié dans Kleerkooper, t.II, p.842; n° 1667, privilège 10 janvier 1715, publié dans Kleerkooper, t.II, p.842-43.

70. N° 1687, privilège 17 septembre 1733, publié dans Kleerkooper, t.II, p.843-45.

71. N° 1697, privilège 17 juillet 1743; et n° 1721, privilège 12 juin 1761.

72. N° 1739, privilège 30 mars 1776.

73. N° 1761, privilège 27 juin 1794.

74. Van Eeghen, *Amsterdamse boekhandel*, t.IV, p.145.

I. *L'entreprise de presse*

Le dernier numéro retrouvé de la gazette est daté du 14 juin 1796 et se trouve aux Archives nationales à Paris. Selon W. P. Sautijn Kluit, l'historien respecté de la presse néerlandaise, la gazette aurait continué jusqu'en décembre 1796. La seule preuve consiste en une note manuscrite ajoutée aux deux premiers numéros de la gazette de 1691 dans la Bibliothèque Universitaire de Leyde. Le collectionneur Wierink y écrit qu'il a prêté le dernier numéro de la gazette de décembre 1796.[75] Ainsi, le fin de la *Gazette d'Amsterdam* reste malheureusement vague. Le journal qui avait eu autrefois une si grande réputation internationale est mort dans l'obscurité.

---

75. W. P. Sautijn Kluit, 'Leidsche couranten', p.188. Voici le texte de la note: '*Mijn Heer! Hier nevens de oudste der Fransche Couranten N° 1 en 2 1691 – maar de laatste van Dec. 1796 heb ik niet wijl ik die enige aan UEd. geleend heb. Wierink*' ('Monsieur! Ci-joint les plus anciens numéros des gazettes françaises, n° 1 et 2 1691 – je ne possède pas le dernier numéro de décembre 1796, parce que je vous l'ai prêté. Wierink'). Il s'agissait d'un numéro provenant de la collection de libraire Schooneveld à Oosterbeek.

2. L'auteur

Le portrait de La Font

PUISQUE cette étude sera surtout une galerie de portraits, commençons par le premier, le vrai. Une estampe très connue figure en effet Jean Alexandre de La Font présentant la première *Gazette ordinaire d'Amsterdam*: de la main gauche, il tient le numéro du lundi 5 décembre 1667 tandis que de la main droite, serrant sa plume d'oie entre le pouce et l'index, il désigne directement le texte. Le titre de cette estampe pourrait être: 'Je suis l'auteur de la *Gazette d'Amsterdam*.' A partir d'ici, en fait, le mystère commence. L'inscription de l'estampe nous dit: '*In effigiem Domini de La Font, Galli;/Festivissimi apud Batavos Ephemeridum Historicarum Scriptoris*', c'est-à-dire: 'Portrait de M. La Font, de France, très spirituel rédacteur de gazettes de Hollande'. Celui qui affirme sa propriété sur la *Gazette ordinaire* en est donc le rédacteur, le *scriptor*, et c'est bien cette activité que commentent la plume et le texte de la feuille, une feuille qu'on pourrait croire manuscrite si elle n'était ornée des deux vignettes du titre: à gauche, les armes d'Amsterdam et à droite une nef portant deux passagers. Le tableau d'origine a été peint par Henri Gascard (1635?-1701), portraitiste estimé qui fit carrière en Angleterre de 1674 à 1679 comme peintre de la bonne société, revint en France et fut reçu à l'Académie en 1680; il se fit connaître alors par une série de portraits; des gravures de ses œuvres répandirent sa réputation, 'et surtout, nous dit l'un de ses rares biographes, son portrait du journaliste d'Amsterdam Nicolas [*sic*] de La Font, 1667, gravé ensuite par P. Lombard. Il passe pour être son chef d'œuvre et fit ensuite partie de la collection Miatleff à Saint-Pétersbourg.'[1] Gascard est-il passé en Hollande avant 1674, ou La Font en Angleterre? Nous n'en savons rien. Le portrait a-t-il été peint en 1667? C'est peu probable: '*Scriptor ephemeridum*', rédacteur de gazettes (au pluriel) en Hollande (et non pas seulement à Amsterdam), La Font ne l'est devenu que dix ans plus tard, après avoir entrepris sa *Traduction libre des gazettes flamandes* et ses *Nouvelles extraordinaires* de Leyde qui en sont la suite. Mais il est vrai que son premier et principal titre de gloire fut d'avoir rédigé la *Gazette ordinaire*. Bayle dira de lui, beaucoup plus tard: 'La Fond, qui a mis les gazettes de Hollande françaises dans la plus haute réputation où elles aient été et qui vivait quelques années avant la guerre de 1672...'.[2] Le portrait fut peut-être peint

---

1. *Dictionnaire de biographie française*, notice de P. S. Curville. Ce 'Nicolas' paraît transcrire un N. (N. de La Font) qui vient d'une mauvaise interprétation de la notice de Lelong, comme le remarquait déjà Hatin dans *Les Gazettes de Hollande*, p.143. Mais à la même page, Hatin parle d'une gravure par 'Lambert': autre erreur, ou autre gravure?

2. Hatin, p.144. Comme on voit, l'ambiguïté demeure: La Font est-il considéré comme auteur de la *Gazette d'Amsterdam* vers 1670, ou auteur de plusieurs gazettes à l'époque de sa gloire, vers 1677? Il est mort en 1685.

IN EFFIGIEM DOMINI DE LA FOND, GALLI,
Festiuissimi apud Batauos Ephemeridum Historicarum Scriptoris,
Distichon.
*Mille oculis videt hic Fondus, mille auribus audit;
Plus audit naso, plus videt ille, suo.*

H. Gascard pinxit.   P. Lombart sculpsit.   Santolius Victorinus.

Portrait de Jean Alexandre de La Font (estampe)
(collection particulière de Jean Sgard)

comme enseigne du bureau de la gazette, mais au moment où son auteur était devenu célèbre. Quant à la gravure, elle fut plutôt destinée à célébrer le talent de Gascard et dut être gravée en 1680; son auteur, Pierre Lombard (1612-1682), après un séjour en Angleterre, venait de s'établir à Paris. Vers 1680 également, Santeuil, chanoine de Saint-Victor (*Santolius Victorinus*), grand auteur d'épigrammes et de devises latines, put rédiger à Paris le distique qui orne la gravure: '*Mille oculis videt hic Fondus, mille auribus audit;/Plus audit naso, plus videt ille, suo*': 'Ce Fond [cet homme de fond] a mille yeux pour voir, mille oreilles pour entendre, mais c'est plus encore par son nez qu'il entend et qu'il voit.' Le 'nez' désigne peut-être le flair, peut-être l'esprit de cet écrivain '*festivissimus*' ou son air finaud, très bien mis en valeur par la gravure et qui désigne d'une certaine manière son génie de journaliste. Mais pourquoi la date du 5 décembre 1667? La *Gazette ordinaire d'Amsterdam* avec vignettes aux armes et à la nef est incontestablement le journal d'Otto Barnard Smient, libraire d'Amsterdam qui avait obtenu un premier privilège en 1655,[3] et qui, à la fin de 1666, passa un accord avec son rival Cornelis van Swoll, accord au terme duquel il publiait la gazette du lundi (*Gazette ordinaire*), tandis que son rival gardait celle du jeudi (*Gazette d'Amsterdam*). Comme à la même époque, Smient s'attache les services de La Font, le portrait (ou l'enseigne) pourrait signifier: 'Je suis La Font, *scriptor* de Smient, légitime possesseur de la gazette du lundi.' Cette précision put avoir son utilité au moment où Smient entra en conflit avec Van Swoll vers 1673. Mais il est plus probable encore que La Font, établi à son propre compte après 1673, s'est fait valoir comme rédacteur de la première gazette d'Amsterdam unifiée (la nef aux deux passagers), paraissant le lundi et le jeudi. Et peut-être était-il déjà considéré comme le premier, le meilleur et le véritable auteur de la gazette bi-hebdomadaire. Cependant, le véritable auteur est-il le *scriptor*, ou le propriétaire et titulaire du privilège? En posant comme écrivain, tenant la plume et montrant son œuvre, en habit de travail (robe de chambre, foulard noué, bonnet fourré comme il convient à celui qui travaille dans son atelier au mois de décembre), La Font semble se présenter en écrivain, fier de son métier et de sa condition: c'est lui qu'on lira, et l'estampe pourrait bien déclarer: 'Je suis le véritable auteur de la Gazette d'Amsterdam, puisque je l'écris.' Ce portrait, peint entre 1673 et 1679, gravé en 1680, serait alors à sa manière un acte fondateur de la première gazette d'Amsterdam, mais aussi du métier de gazetier.

La notion d'auteur

L'*auteur*, à l'époque classique, peut signifier, comme *auctor* en latin, le promoteur, le fondateur, celui qui conçoit le projet et qui en détient l'*auctoritas*; alors que le *scriptor* en est l'exécutant; mais dès qu'il s'agit de littérature, le scripteur sera nommé 'auteur', au sens actuel du terme. Les deux sens du mot coexistent

---

3. *Dictionnaire des journalistes*, notice 795. Désormais la notice ne sera indiquée que par son numéro.

quand il s'agit de journaux ou de gazettes. 'L'auteur' de la gazette, celui qui 'fait la gazette' peut donc désigner tantôt le directeur de publication, tantôt le rédacteur en chef: *l'auctor* et le *scriptor*. D'où toutes sortes de situations imprécises. Vers 1670, Gabriel de Ceinglein est rédacteur de la *Gazette d'Amsterdam*, mais est considéré comme 'domestique' du prince d'Orange et simple exécutant;[4] Chavigny, en 1684, 'fait la Gazette sous le nom de La Font', mais n'est apparemment qu'un scribe de ce dernier, devenu directeur de la publication et trop vieux pour la rédiger.[5] En 1685, Jean Lucas travaille à la *Gazette d'Amsterdam*, et l'ambassadeur de France le considère comme le 'gazetier' de 'Messieurs d'Amsterdam'; il s'agit bien d'un rédacteur appointé. Aucun de ces scripteurs n'a eu part au privilège de la *Gazette*. Jean Tronchin Dubreuil (ou Du Breuil), lui, est avant tout le détenteur du privilège. Bayle écrit: 'Mr. Tronchin Du Breuil qui faisait autrefois les *Lettres sur les matières du tems*, a obtenu le privilège de faire une gazette.'[6] 'Faire', ici, veut bien dire 'publier'. Il est vrai que Tronchin est en même temps rédacteur des journaux qu'il publie. Janiçon, qui travaille à la *Gazette d'Amsterdam* comme écrivain, la quitte pour fonder la *Gazette de Rotterdam*,[7] et le premier Avis en 1719 le nomme 'Auteur de cette Gazette'.[8] Il arrive que l'on possède des contrats dans lesquels les compétences sont clairement fixées. Le contrat signé par Epstein avec les imprimeurs Martin et Vendosme pour les *Nouvelles ordinaires* en 1631 le montre assez bien: Epstein est essentiellement traducteur de dépêches venues des pays étrangers, il les acquiert, il les rend 'traduites et translatées en français', il en surveille l'impression et la correction, il paie un tiers des frais de composition, tandis que les libraires s'engagent à obtenir 'permissions', 'licences' et si possible 'privilège', et paient chacun un tiers des frais.[9] On distingue ici combien la notion d'auteur est variable; le contrat Epstein dit clairement qu'il y a trois auteurs à des titres divers; mais ce genre de précision est rare et peut-être archaïque. L'examen des colophons ne nous mène pas plus loin. Du temps de la première *Gazette d'Amsterdam*, on trouvera une distinction entre ceux *chez* qui la Gazette se fait, et ceux *par* qui elle est faite. La mention 'chez X...' désigne implicitement Swoll ou Smient comme imprimeurs ou marchands-libraires ou détenteurs du privilège, 'A Amsterdam, chez Corneille Janz. Zwoll, marchand libraire...', ou 'chez Otto Barnard Smient imprimeur et libraire...'. Il en ira de même pour Jean Tronchin, fondateur et détenteur du privilège de la seconde gazette: 'A Amsterdam, chez le Sr J. T. Dubreuil...'. Mais dès 1702, la Gazette est faite 'par le Sr Du Breuil', le nom du directeur étant suivi des noms des libraires vendeurs.[10] Après 1721, les fils de Jean Tronchin se limiteront à la

---

4. *Ibid.*, 154.
5. *Ibid.*, 171.
6. Lettre du 14 mars 1690, *ibid.*, 780.
7. *Ibid.*, 410.
8. *Dictionnaire des journaux*, 522.
9. Ce contrat a été retrouvé par G. Jubert et reproduit par G. Feyel dans sa notice d'Epstein (*Dictionnaire des journalistes*, 291).
10. Voir le chapitre 5 sur 'La forme éditoriale'.

simple mention '*Par* le Sr C. du Breuil...', ou C. T. Dubreuil, qui est une sorte de marque de maison.

Il convient d'ajouter que celui qui 'fait la gazette', qui la publie, expression courante au dix-huitième siècle, autrement dit son 'auteur', comme on dit 'l'Auteur de la Gazette' ou 'l'Auteur des *Nouvelles ecclésiastiques*', peut jouer différents rôles que ne connaît pas l'activité purement littéraire: à l'origine, il réunit des courriers, des dépêches venues de l'étranger, il doit donc créer et entretenir un réseau de correspondants, par les consulats, les ambassades ou des fournisseurs appointés; ces dépêches, il doit souvent les traduire, les récrire et en corriger les épreuves, notamment pour les dates et les noms propres; il doit les soumettre au censeur et en reprendre les versions un peu 'dures', donc négocier le contenu, après avoir négocié le privilège; et tout cela s'appelle, 'faire la gazette'. Enfin, il arrive qu'il s'exprime à travers des synthèses de début ou de fin d'année, qu'il oriente les jugements et prenne parti, qu'il fasse preuve d'esprit critique, voire satirique, et en cela, il est auteur, comme peut l'être un historien, un écrivain, un homme d'esprit. Et c'est sans doute ce que fut La Font, et ce que sera Jean Tronchin. En assumant toutes ces fonctions, ils se montrent de grands journalistes. Mais à la fin du dix-septième siècle, on en est encore à l'époque archaïque du journalisme: tirées à peu d'exemplaires, fabriquées dans un seul atelier, les gazettes peuvent être rédigées, imprimées, expédiées par un seul homme, celui qu'on appelle souvent le 'libraire'. Au dix-huitième siècle, il est rare que ces fonctions soient assumées par une seule personne. On se trouvera donc placé devant trois cas de figure: ou le terme d'auteur désigne le responsable de publication; ou il désigne le rédacteur principal, ou (cas de plus en plus rare) les deux ne font qu'un. Les Tronchin seront presque tous directeurs de la *Gazette d'Amsterdam*, détenteurs du privilège, purement gestionnaires; Janiçon, La Varenne, Mustel de Candosse, Kuhl seront des rédacteurs, recrutés et salariés; seul le fondateur, Jean Tronchin, aura réuni les deux qualités, comme naguère La Font.

Le fondateur

Jean Tronchin Dubreuil, un peu comme Théophraste Renaudot pour la *Gazette* de France, est une forte personnalité, et il se trouve amené à assumer très tôt, dans la seconde gazette d'Amsterdam, toutes les responsabilités. Né à Genève en 1641, il a fait toutes ses études en France. De par sa formation, c'est un humaniste; de par ses goûts et son expérience, c'est un historien politique. Son biographe, Henri de Limiers, affirme qu'au terme de ses études, avant l'âge de vingt ans, donc vers 1660, il fut remarqué et employé par Colbert; ayant refusé de se convertir, il quitta Paris vers 1682. En 1683, il se marie à Anne-Marie Bastonnet, dont il a deux fils en 1683 et 1684.[11] Toujours d'après

---

11. Tous ces renseignements nous viennent des archives municipales d'Amsterdam, dépouillées par I. H. van Eeghen dans *De Amsterdamse boekhandel (1680-1715)*, t.IV, et utilisées dans le *Dictionnaire des journalistes*, 780. Eric Briggs, à partir de fonds huguenots, a apporté des renseigne-

Limiers, les magistrats d'Amsterdam lui auraient proposé de reprendre la gazette dès son arrivée; mais il commença par publier les *Lettres sur les matières du tems* de 1688 à 1690. Or ce journal est constitué de lettres émanant d'un protestant évadé des prisons de France après 1685: faut-il leur accorder une valeur autobiographique? Eric Briggs a retrouvé les traces d'un procès opposant Jean Tronchin à deux de ses associés, procès qui entraîna son retour en France et son incarcération à Paris entre 1685 et février 1688. Les *Lettres sur les matières du tems* expriment en tout cas une forte opposition au despotisme louis-quatorzien et de vives convictions protestantes, qu'il devait partager: 'Jugez donc combien je me trouve heureux dans ce lieu de repos où je puis vivre librement et selon les mouvements de ma conscience...'.[12] On sera porté à croire qu'en 1688, Tronchin, relâché en raison de ses anciens états de service, a décidé de s'établir définitivement en Hollande, que la Révocation le scandalise, qu'en 1688 il est partisan déclaré de Guillaume d'Orange, mais il gardera certainement en France de précieux contacts, comme il convient à un marchand d'informations. En véritable homme d'affaires, il a très vite compris que l'important était d'avoir un réseau d'informateurs, et il s'associe, dans cette vue, avec Claude Jordan, le 14 mars 1690, 'afin de profiter en même temps des correspondances qu'il a établies depuis longtemps pour la gazette qu'il fait imprimer'.[13] Or le journal que Jordan faisait imprimer était une *Gazette d'Amsterdam*, née des cendres de la gazette de Van Swoll, celle-ci ayant été interdite par les Etats de Hollande en février 1687. Jordan tentera vainement pendant un an d'obtenir un privilège et devra abandonner la partie en mai 1691. Tronchin, lui, l'obtient le 1er août, sans qu'on sache pourquoi il l'a emporté sur son rival. Hans Bots nous rappelle que les autorités hollandaises avaient réitéré l'interdiction de publier des gazettes françaises en 1680, 1683, 1685, en 1686 et même en janvier 1691.[14] Apparemment, Jean Tronchin sut trouver des arguments ou des appuis convaincants; il était fin diplomate, formé dans les bureaux de Colbert, et en même temps bon protestant, membre de l'église wallonne d'Amsterdam depuis le 7 juillet 1690. Il sut convaincre les autorités qu'il était devenu hollandais. Son coup de génie fut évidemment d'arracher le privilège, et sans partage: Jordan dut repartir en France. Après quoi Tronchin pourra rédiger la nouvelle *Gazette d'Amsterdam* dont il est désormais le seul maître. Ecrivain, historien passionné de politique, fort de ses convictions, mais libéral et objectif, il était à même de le faire; ses *Lettres sur les matières du tems* l'avaient prouvé les années précédentes. Dans la *Gazette*, il se montrera capable de grandes synthèses en fin d'année, et ces

---

ments supplémentaires sur les Tronchin dans 'La famille Tronchin et Jean Tronchin du Breuil, gazetier', article dont nous nous sommes en partie inspiré.

12. *Lettres sur les matières du tems*, Amsterdam, Desbordes, 3 vols, t.I, 1re lettre, p.4. Madeleine Fabre, dans sa notice (*Dictionnaire des journaux*, 837), considère que cette première lettre est autobiographique, et Eric Briggs va dans ce sens dans son article: Jean Tronchin, arrivé en Hollande au début de 1683, est donc reparti en France, a été emprisonné à la fin de 1685, puis aurait été expulsé au début de 1688 (p.90).

13. *Dictionnaire des journalistes*, 420.

14. 'La *Gazette d'Amsterdam* entre 1688 et 1699', p.32. Voir aussi ci-dessus le chapitre 1.

éditoriaux feront sa célébrité: 'Surtout, écrit Limiers, les récapitulations qu'il publiait à la fin de chaque année, où dans une demi-feuille il rappelait d'une manière claire et concise tout ce que l'année avait de plus important, feront à jamais l'admiration du public'.[15] On peut penser que ces qualités de clarté et de raison animèrent aussi son travail d'administrateur: sur les bases qu'il a établies, la *Gazette d'Amsterdam* devait vivre un siècle. Les seules traces qu'on ait de son activité sont de nature diplomatique. Comme tous les responsables de la *Gazette d'Amsterdam*, il lui faudra d'abord rassurer le chargé d'affaires français à Amsterdam et le ministère des Affaires étrangères à Paris, tout en fournissant aux autorités hollandaises des gages de sa loyauté. E. Briggs a publié les rapports confidentiels qu'il fournissait au Grand Pensionnaire en 1709 et en 1713, rapports qui montrent bien son rôle de fournisseur d'informations et de conseiller politique.[16] Il dirigea la *Gazette d'Amsterdam* pendant trente ans. A sa mort, en octobre 1721, elle était sans doute devenue une sorte de journal officiel, et aussi une très grosse affaire.

Les gestionnaires

Aucun de ses successeurs à la tête de la *Gazette d'Amsterdam* ne sera plus un écrivain. Peut-être faute de talent; mais la charge administrative de la gazette était devenue en elle-même si lourde qu'elle exigeait un plein emploi, et sans doute plusieurs. Les deux fils de Jean Tronchin furent des administrateurs: l'aîné, César, né en 1683, avait déjà été associé par son père aux négociations avec la France concernant la gazette. Car tel était le problème essentiel de la gestion: obtenir à la fois la confiance des autorités d'Amsterdam et l'accord des autorités françaises. La *Gazette d'Amsterdam* se vendait assez peu en Hollande, où depuis le début du siècle quatre grandes villes (Amsterdam, Leyde, Utrecht et Rotterdam) se partageaient le petit public des gazettes en langue française; elle avait son principal marché en France, et comme on disait, son 'débit à Paris'. Cette tolérance pouvait cesser du jour au lendemain si la gazette déplaisait au Ministère. Le Ministère pouvait même jouer une autre gazette contre la *Gazette d'Amsterdam*, et cela se produisit notamment en 1719, lorsque Chambéry, chargé d'affaires à La Haye, menaça Tronchin de lui préférer la *Gazette de Rotterdam* s'il prenait trop ouvertement parti contre la Constitution *Unigenitus* ou contre l'Espagne. A cette époque, Jean Tronchin, qui avait près de quatre-vingts ans, avait cédé la responsabilité de la gazette et la signature à son aîné, César; et c'est celui-ci qui va trouver l'ambassadeur de France à La Haye pour

---

15. Cité dans le *Dictionnaire des journalistes*, 780.
16. 'La famille Tronchin', p.94-96. Ces rapports sont peut-être bien, comme le suppose E. Briggs, à la base des travaux payés dès 1694 et 1695 par les Etats de Hollande. I. H. van Eeghen faisait état de versements de 400 et 185 florins, sans indication d'origine. E. Briggs a trouvé les traces d'une pension de 400 florins et d'une gratification de 104 florins payés par les Etats de Hollande pour 'trois mois de nouvelles de France'. Il note au passage que Jean Tronchin a sans doute pris le nom de Du Breuil vers 1685 (p.93).

recevoir ses instructions.[17] A la mort de son père, il hérite, avec son frère cadet, Charles, du privilège, et dès lors le colophon de la *Gazette d'Amsterdam* porte tantôt: 'A Amsterdam; Par le Sr C. T. DU BREUIL...' et tantôt 'Par le Sr C. DU BREUIL...', quasiment en alternance jusqu'en novembre 1727, à la mort de Charles: à dater du 7 novembre, le nom de 'C. T. DU BREUIL' apparaît seul, comme si l'aîné seul était habilité à porter le nom de 'Tronchin Du Breuil', le cadet n'ayant droit qu'à 'Du Breuil'. L'aîné eut sans doute la responsabilité de la publication, le cadet celle de la distribution: à partir de 1725, il est en effet établi comme libraire à Amsterdam.[18] Après 1727, César reste seul 'auteur' de la *Gazette d'Amsterdam*, en qualité de directeur de la publication et d'imprimeur; il le restera jusqu'en 1740. Il eut sans doute plusieurs rédacteurs. Comme on le verra plus loin, cela lui valut des critiques. En fait, la gazette était devenue une maison commerciale dont les propriétaires géraient les intérêts avec rigueur. L'imprimerie, sise Lange Leidse Dwarsstraat au moins depuis 1725 et gérée alors par Charles Tronchin, occupait en 1740 deux maisons. A la mort de César, sa veuve, Louise Tronchin,[19] recueille le privilège qu'elle transmettra à ses enfants. Elle donnera en dot à sa fille, en 1746, 10 000 florins, contre renoncement à ses droits: à supposer que chacun de ses six enfants eût droit à la même somme, l'entreprise pouvait donc être estimée à 60 000 florins au minimum (le florin étant alors compté comme une livre tournois), soit un ordre de grandeur analogue à celui de la *Gazette de France*.[20] Jusqu'à la Révolution, la gazette passa en ligne directe aux héritiers Tronchin sans perdre de son importance, et sans se heurter aux intérêts français. Ce ne fut pas sans mal, comme le montre l'exemple de Louise Tronchin, veuve de César.

Son rôle principal, comme pour ses prédécesseurs, fut de garder simultanément la confiance des Etats de Hollande et celle de la France. Pierre Rétat a montré les difficultés de ses rapports avec les autorités françaises. Au moment où la crise du Parlement secoue le monde politique français, et où la guerre de Sept Ans commence, la *Gazette d'Amsterdam* peut agir sur l'opinion. On rappellera donc à tout moment à la responsable que la fermeture des frontières peut la mener à la ruine. C'est le cas en 1755, en 1757, en 1758. Visiblement, Louise Tronchin connaît depuis longtemps la façon de parer la menace. Comme César en 1719, elle se confondra en excuses, se dira 'mortifiée' d'avoir déplu aux autorités françaises, d'avoir passé 'les bornes d'une réserve convenable' et d'avoir 'péché sans le vouloir ni le savoir'.[21] Elle ira, dit-elle, jusqu'à sacrifier son intérêt au 'bon plaisir de la Cour de France', quitte à susciter les plaintes de

---

17. Voir *Dictionnaire des journalistes*, 778 et J. Sgard, 'Le jansénisme dans les gazettes de Hollande', p.285. La lettre à Chambéry est écrite par Tronchin le père, mais elle est signée C. Dubreuil, qui devait donc déjà avoir la signature. Dans son livre (t.IV, p.143), I. H. van Eeghen nous dit que Jean Tronchin avait cessé de travailler à la *GA* cinq ou six ans avant sa mort.
18. *Ibid.*, 779.
19. *Ibid.*, 782.
20. Ces renseignements viennent tous du livre de I. H. van Eeghen. Pour les revenus de la *Gazette* de France, voir la notice de Renaudot par G. Feyel (*ibid.*, 677).
21. Cité par P. Rétat dans 'Les gazetiers de Hollande et les puissances politiques', p.325-26.

son public; mais elle sait très bien que la Cour de France a besoin de la *Gazette d'Amsterdam* pour sa propre information en temps de guerre, peut-être même pour répondre aux gazettes hollandaises ou anglaises, et qu'on ne cherche pas sa mort.comme César Tronchin naguère, comme Limiers pour la *Gazette d'Utrecht*, Mme Tronchin sait donc courber l'échine, payer la France de bonnes paroles et laisser passer l'orage. C'est bien elle qui est en première ligne. Elle n'est pas l'auteur du texte, mais elle sera tenue responsable des erreurs, des imprudences, des 'insolences' du texte.

Les rédacteurs

Qui donc est l'auteur du texte? Il y a sans doute à la source tous ceux qui, dans l'anonymat total, ont rédigé les dépêches, ou les ont traduites et corrigées. Mais les véritables rédacteurs sont ceux qui juxtaposent, réduisent, augmentent les dépêches pour que le tout fasse 4 pages de 2 colonnes de 60 lignes, deux fois par semaine; ceux-là ont la responsabilité de la rédaction définitive. Jean Tronchin est probablement le seul directeur à avoir assumé cette charge, du moins dans les premières années de la *Gazette d'Amsterdam*. Par la suite, le directeur de la publication engage et rétribue un écrivain. César a recruté La Varenne, auteur du *Glaneur historique*, nommément désigné dans une note manuscrite des *Mémoires pour servir à l'histoire de la Calotte*, édition de 1739:

p.149. *Spicator*, le glaneur, double feuillet, de la façon d'un misérable Bénédictin défroqué, qui se fait appeler la Va... Cet homme est présentement aux gages du Sr. Tr. du B..., imprimeur et éditeur de la Gazette Françoise d'Amst... Les grandes occupations de celui-ci; et par dessus tout une excessive délicatesse de goût, ne lui permettent pas d'en être l'Auteur; et jusqu'à présent il n'a pu que se résoudre à retirer les profits que produit cette Gazette.[22]

Cette petite note anonyme et acrimonieuse a le mérite de nous signaler qu'en 1739 encore, il pouvait paraître choquant qu'un directeur et imprimeur de gazette en confie la rédaction à un mercenaire anonyme. Cet usage était pourtant devenu courant à cette date, en Hollande, en France ou en Angleterre. Vers 1720, à Londres, King passe pour être le premier *editor* non-écrivain de l'*Examineur*. En 1726, Bolingbroke dirige le *Craftsman*, dont la rédaction est assurée par Swift;[23] mais ce qui excitait la jalousie était sans doute le fait que le directeur puisse vivre largement des revenus de la *Gazette d'Amsterdam*, apparemment sans travailler. La Varenne, lui, est l'exemple de ces obscurs écrivains qui 'font des gazettes' et offrent au besoin leurs services à des éditeurs, des libraires ou des directeurs de journaux. Comme écrivain, comme auteur d'un journal personnel, il eut par ailleurs un nom; mais comme gazetier, un

---

22. Cet exemplaire est conservé à la B. U. de Leyde, sous la cote 1058 D46, et m'a été signalé naguère par C. Berkvens-Stevelinck. Un exemplaire de l'édition de 1732 ne comportait que deux lignes sur *Spicator-Le Glaneur*; l'addition est donc bien de 1739, ou antérieure de peu.
23. Voir Georges Weill, *Le Journal*, p.69.

hasard seul peut nous révéler son rôle.[24] Jacques Mustel de Candosse a certainement rédigé la *Gazette d'Amsterdam* pour le compte de Louise Tronchin, qui, dans son testament en 1763, lègue 500 florins à 'l'auteur, Mustel de Candosse'. En 1755, un responsable du ministère des Affaires étrangères à Paris le désigne comme tel, dans une dépêche à l'ambassadeur de France à La Haye:

> Je sais que la De Tronchin a toujours été fort mal intentionnée pour la France, mais on m'assure que le s. Mustel qui est chargé de la rédaction de la gazette d'Amsterdam pense fort différemment. Ne pourriez-vous pas le faire venir à La Haye sous quelque prétexte, et l'engager à vous confier par quel canal la De Tronchin reçoit les pièces et les réflexions qu'elle fait insérer dans sa gazette concernant nos affaires intérieures...[25]

Cette dépêche montre au moins que l'ambassade de France était bien renseignée sur l'auteur de la *Gazette d'Amsterdam*. Mais pas plus pour Mustel que pour La Varenne, nous ne savons quand il est entré à la *Gazette d'Amsterdam*, ni combien de temps il y est resté, ni quel rôle il y a joué. Il la rédigeait encore en 1767, selon un acte notarié retrouvé par I. H. van Eeghen;[26] il a donc été gardé par Jean-Pierre Tronchin, et sans doute jusqu'à un âge avancé: il est mort en 1771. D'une certaine façon, il faisait partie de la maison. C'est sans doute encore le cas de Johannes Fredrick Kuhl; recruté apparemment après le départ de Mustel, donc un peu après 1767, il figure en 1789 sur le testament de Jean-Pierre Tronchin, qui lui lègue 400 florins et stipule qu'il restera attaché à la *Gazette d'Amsterdam*.[27] J. P. Tronchin précise que sa sœur Eléonore Angélique sera seule propriétaire de la *Gazette*, que Kuhl en restera l'auteur et Pierre Cotray l'imprimeur et le comptable. Celui-ci finira par racheter la *Gazette d'Amsterdam* à Eléonore, qui paraît bien être la première Tronchin à ne pas s'intéresser à l'entreprise. La *Gazette d'Amsterdam* a donc été, pendant un siècle, une affaire familiale, dans laquelle chacun tient sa place et son rang. Peu à peu, on peut croire que le rédacteur a acquis un statut d'auteur: dans la seconde moitié du siècle, il n'est plus simplement un écrivain 'aux gages', comme La Varenne, mais un employé régulièrement appointé, qui peut même, comme Mustel de Candosse, avoir des opinions différentes de celles de sa patronne, tout en étant, il est vrai, de la même paroisse. Il est devenu, à part entière, l'auteur de la *Gazette*. Mais ce rôle, qui consistait avant tout à rassembler les dépêches, à les mettre en forme, à couper et coller des textes pour

---

24. C'est précisément pour détecter l'identité et le rôle de ces écrivains sans nom que fut entrepris, il y a fort longtemps, le premier *Dictionnaire des journalistes* (Genève 1976); Marianne Couperus, qui en fut l'une des premières collaboratrices, était une spécialiste de Le Villain de La Varenne, à qui elle a consacré un beau livre, *Un périodique français en Hollande, le 'Glaneur historique' (1731-1733)*.

25. Cité par P. Rétat dans 'Les gazetiers de Hollande et les pouvoirs politiques', p.325. Dans une autre occasion, on voit Mme Tronchin intervenir avec vigueur à propos d'un avis paru dans sa gazette, avis par lequel M. M. Rey réclame restitution d'un exemplaire des *Amours de Zeokinizul*: cette satire, peut-être due à Crébillon, des amours de Louis XV, pouvait compromettre gravement M. M. Rey et Mme Tronchin. Voir J. Sgard, 'La dynastie des Tronchin Dubreuil', p.17-18.

26. *Dictionnaire des journalistes*, 600

27. *Ibid.*, 781.

les faire entrer dans le format de la double feuille, à leur donner une unité de ton, à éviter les tours malsonnants pour les oreilles officielles, s'est sans doute banalisé peu à peu. Jean Tronchin ou La Varenne étaient des écrivains, connus par d'autres œuvres (d'histoire, de philosophie, de littérature). Mustel ou Kuhl ont été des gazetiers anonymes: jamais leur nom n'apparaît dans la *Gazette d'Amsterdam*, dont l'impassibilité marmoréenne semble, d'une certaine façon, exclure la notion d'auteur. C'est pourquoi La Font restera le seul à poser, la plume à la main, devant la postérité, comme un auteur et comme un écrivain, le dernier gazetier-écrivain. Ses successeurs seront de grands professionnels de la presse, mais sans la plume, sans le nom, sans le style.[28]

---

28. A ma connaissance, le seul journaliste qui, par la suite, ait posé la plume à la main, est Desfontaines, mais à titre de journaliste littéraire et personnel, à une époque où est apparu un journalisme d'auteur. Il resterait à analyser le style de la gazette, à voir ce qui différencie La Font ou Jean Tronchin de Mustel, de La Varenne ou de Kuhl, ou plus généralement une époque d'une autre: cela demanderait un autre livre.

3. L'environnement politique: la diplomatie française

Tous les historiens qui étudient les relations entre la France et la Hollande sous l'Ancien Régime arrivent tôt ou tard à Paris au Quai d'Orsay pour consulter les archives du ministère des Affaires étrangères. Groen van Prinsterer est un des premiers historiens néerlandais à avoir été frappé par la richesse des documents dans ces archives. En 1836, il y travaillait pour préparer l'édition des *Archives ou correspondance inédite de la maison d'Orange-Nassau*. Dans son journal de voyage il note que la collection est remarquablement riche.[1] Cinquante ans plus tard, A. Lefèvre-Pontalis, le biographe de Jean de Witt, parle des 'inépuisables richesses' du dépôt des Affaires étrangères.[2] Les chercheurs qui autour de années 1900 devaient inventorier les sources importantes pour l'histoire néerlandaise dans des bibliothèques et archives étrangères, ont également mentionné les trésors du 'Quai d'Orsay'.[3]

L'échange épistolaire entre La Haye et Amsterdam constitue bien sûr une source importante pour la question de l'attitude des autorités françaises en face de la *Gazette d'Amsterdam*. Les recueils conservés sous les cotes 'Correspondance Politique de Hollande' contiennent des documents de tout ordre.[4] En parcourant les volumes, le chercheur est sujet à la sensation décrite par Henri Houssaye dans son allocution au Congrès international d'histoire en 1900:

Ah! Messieurs, la chasse aux documents, les longues journées, toujours trop brèves, passées sur les liasses de vieux papiers et les dossiers poussiéreux, la vie qui surgit toute chaude dans sa saisissante réalité, les bonnes fortunes des découvertes, l'hypothèse qu'une lettre bien authentique vient confirmer, le problème longtemps poursuivi

1. W. H. de Savornin Lohman, 'Groen's reis naar Parijs en Besançon in 1836 ten behoeve der Archives', dans *Bijdragen en mededeelingen van het Historisch Genootschap* 42 (1921), p.1-106, ici p.43: '*Deze verzameling is ontzagchelijk rijk. Alleen over Holland 400 deelen, waarvan elk 150, 200, somtijds over de 300 stukken bevat. Men vindt dáár alle, ook de geheimste dépêches der Fransche Gezanten bij ons*' ('Cette collection est extrêmement riche. Elle comporte uniquement pour la Hollande 400 volumes, dont chacun contient 150, 200, parfois plus de 300 documents. On y trouve toutes les dépêches, même les plus secrètes, des ambassadeurs français chez nous').

2. A. Lefèvre-Pontalis, *Jean de Witt. Grand pensionnaire de Hollande* (Paris 1884), p.3.

3. Voir P. J. Blok, *Verslag aangaande een voorloopig onderzoek te Parijs naar archivalia belangrijk voor de geschiedenis van Nederland* ('s-Gravenhage 1897); G. Busken Huet et J. S. van Veen, *Verslag van onderzoekingen naar archivalia te Parijs, belangrijk voor de geschiedenis van Nederland*, 3 vols ('s-Gravenhage 1899-1901).

4. La plus importante publication concernant les relations diplomatiques entre la France et la République des Provinces-Unies, basée sur les archives du ministère des Affaires étrangères, consiste en les trois volumes *Hollande* dans la série *Recueil des instructions données aux ambassadeurs et ministres de France depuis les traités de Westphalie jusqu'à la Révolution Française*, vols 21-23 (Paris 1922-1924).

dont la solution s'impose soudain à l'esprit par une page, par une ligne, par un mot, vous connaissez ces captivantes recherches, ces joies souveraines.[5]

Dans le rapport sur ses travaux aux archives du ministère des Affaires étrangères l'historien néerlandais Blok signalait en 1897 que la correspondance politique était assez difficile à consulter par manque d'un bon index. En fait, cent ans plus tard, la situation n'a pas beaucoup changé. Les dossiers sont classés chronologiquement: 649 volumes 'Hollande', de 1566 à 1848. L'inventaire comporte pour chaque volume, avec les dates extrêmes des pièces, l'indication brève des agents ou correspondants qui y figurent.[6] Les dossiers ne sont donc pas accessibles par matières. Le seul moyen auxiliaire consiste dans des tables contemporaines. Ces tables donnent un aperçu chronologique des pièces qui sont jointes à la correspondance et pour la période ultérieure également de la correspondance elle-même. Avec l'aide de ces tables, j'ai consulté les dossiers où il pouvait être question de la *Gazette d'Amsterdam*. J'ai utilisé en outre des travaux antérieurs qui sont basés sur la correspondance politique de Hollande, notamment ceux de Gilles Feyel, Pierre Rétat, Jean Sgard et Jeroom Vercruysse.[7]

Dès le début de leur parution, les gazettes françaises publiées en Hollande furent destinées à la diffusion en France elle-même. Comme l'écrit Hatin, ces gazettes étaient dues à l'esprit commercial des Hollandais: 'Eminemment doués, comme c'est le propre des Hollandais, de l'esprit des affaires, ils avaient bien vite compris quel excellent article d'exportation ce pouvait être que ces feuilles de nouvelles dont le public se montrait si avide, mais à la condition d'être écrites dans une langue plus universellement entendue que le hollandais.'[8]

Le débit des gazettes en langue française se faisait surtout en France et dans les milieux francophones ailleurs en Europe. A l'intérieur de la Hollande, les gazettes françaises étaient peu lues. En 1685, Pierre Bayle s'exprime ainsi dans une lettre à Charles Drelincourt: 'A l'égard des gazettes raisonnées, je vous dirai qu'il y a trois personnes qui passent pour en faire, et qui, ni les uns ni les autres, ne distribuent ici qu'à très peu de gens leur écrit. Ils ne le destinent

---

5. Henri Houssaye, 'Allocution', dans *Annales internationales d'histoire. Congrès de Paris 1900. 1ʳᵉ section. Histoire générale et diplomatique* (Paris 1901), p.5-8, ici p.6. Un seul exemple d'un document émouvant de ce genre, retrouvé par hasard dans une des liasses au Quai d'Orsay, est une lettre du journaliste Jean-Baptiste Le Villain de La Varenne; voir Otto S. Lankhorst, 'Jean-Baptiste Le Villain de La Varenne, journaliste du *Glaneur* et sa requête de 1732 pour rentrer en France', dans *Lias* 20 (1993), p.251-68.

6. *Etat numérique des fonds de la Correspondance Politique de l'origine à 1871* (Paris 1936), p.175-93: Hollande.

7. A.-M. Enaux, P. Rétat, 'La *Gazette d'Amsterdam*'; G. Feyel, *L'Annonce et la nouvelle*; P. Rétat, 'Les gazetiers de Hollande'; J. Sgard, 'Le jansénisme dans les gazettes françaises de Hollande'; J. Vercruysse, 'La réception politique des journaux'.

8. Hatin, *Les Gazettes de Hollande*, p.55.

presque qu'aux pays étrangers, et ainsi cela ne fait guère de bruit en Hollande, si ce n'est quand l'ambassadeur de France s'en plaint quelquefois.'[9]

L'importance que les courantiers attachaient au débit de leurs gazettes en France apparaît dans une clause du contrat entre les libraires Smient et Van Swoll en 1673. Ils conviennent que désormais Van Swoll sera le seul éditeur de *La Gazette d'Amsterdam*, mais qu'il sera exempté du versement annuel de 200 florins à Smient pour le cas où sa gazette serait interdite, par les bourgmestres d'Amsterdam ou bien par les autorités françaises.

En fait, pour autant que les sources en portent trace, les courantiers de la *Gazette d'Amsterdam*, ni Jean Tronchin Dubreuil et sa famille, ni ses précurseurs, n'ont jamais été frappés par une interdiction systématique en France. A Paris, la distribution des gazettes étrangères avait lieu par un bureau installé Quai des Augustins.[10] Certes un numéro isolé pouvait être parfois censuré par le gouvernement français s'il contenait des nouvelles qui lui déplaisaient.[11] Il n'y a pas eu d'interdiction officielle en France, mais notamment *La Gazette d'Amsterdam* de Van Swoll, le précurseur de celle de Tronchin Dubreuil, a été interdite par la ville d'Amsterdam et les Etats-Généraux à cause des protestations des diplomates français. Par exemple, en 1669 la gazette est interdite par la justice à Amsterdam pour une période de quatre semaines après la protestation de Hugues de Lionne, secrétaire d'Etat aux Affaires étrangères, auprès de Jean de Witt, le grand pensionnaire de Hollande.[12]

Comme l'indique G. Feyel, les diplomates français ne portent qu'un petit nombre de plaintes contre la *Gazette d'Amsterdam* à partir de 1672, quand le marquis de Louvois succède à Lionne comme secrétaire d'Etat aux Affaires étrangères et surintendant général des postes.[13] Les plaintes se rapportent surtout aux pamphlets, aux lardons, aux ouvrages contre la France, contre le roi et la politique intérieure française. Elles concernent parfois des informations incorporées dans la gazette d'Amsterdam.

Les plaintes des diplomates français ne peuvent faire ici l'objet d'un traitement exhaustif. Il y en a qui concernent des fausses nouvelles insérées dans des gazettes. En novembre 1714 par exemple Châteauneuf s'exprime ainsi en portant plainte auprès du député Goslinga: 'Quant aux Vaisseaux venant de la Mer du Sud je lui [Goslinga] dis que c'était une de ces suppositions

---

9. Lettre de Pierre Bayle à Charles Drelincourt, 18 janvier 1685 (E. Gigas, éd., *Choix de la correspondance inédite de Pierre Bayle*, Copenhague 1890, p.235-36).

10. G. Feyel, *L'Annonce et la nouvelle*, p.506. Dans la *Gazette d'Amsterdam* on trouve parfois des mentions concernant les endroits à Paris où il faut s'adresser pour déposer des annonces en 1720: le Sr Roch, demeurant chez l'Auteur du Mercure de Paris, Cloître St. Germain l'Auxerrois (*GA*, 9 février 1720); en 1724: le Sr Le Roy, demeurant dans la Maison de Mr. Du Hamel, Conseiller Secrétaire du Roi, Rue Plâtriere, à Paris (1er août 1724); en 1725: le Sr Menier, Libraire au Palais, demeurant Rue St. Séverin, au Soleil d'Or à Paris (19 octobre 1725); en 1750: le Sr Michel-Etienne David, Libraire à Paris (9 janvier 1750).

11. G. Feyel, *L'Annonce et la nouvelle*, p.525.

12. C. P. Hollande, vol. 88, f.313 (20 décembre 1668; cité par G. Feyel, *L'Annonce et la nouvelle*, p.507).

13. G. Feyel, *L'Annonce et la nouvelle*, p.511.

ordinaires aux Gazettes de Hollande à qui l'impunité fait tout oser et tout imprimer.'[14] Les diplomates français sont surtout très attentifs à suivre ce que les gazettes de Hollande écrivent sur la situation intérieure du Royaume. P. Rétat a bien montré cette vigilance pour les années 1755-1758. Antoine-Louis Rouillé, le secrétaire d'Etat aux Affaires étrangères, écrit par exemple en janvier 1757 au comte d'Affry, le ministre plénipotentiaire à La Haye, que 'nous ne pouvons qu'être extrêmement indigné de l'impudence avec laquelle la gazette française d'Amsterdam s'explique sur nos affaires intérieures'.[15]

La France n'est point une exception. D'autres pays protestent également quand des gazettes publient des nouvelles au sujet de leurs propres affaires politiques.[16] L'ambassadeur français à La Haye tient son gouvernement à Paris toujours bien au courant de ces plaintes. Par exemple en 1744, Otto Christoph von Podewils, envoyé extraordinaire du roi de Prusse à La Haye, exige satisfaction de l'insolence avec laquelle quelques gazetiers et auteurs de brochures périodiques néerlandais se sont émancipés de parler des actions du roi de Prusse.[17] A cette occasion l'ambassadeur français, Jean-Ignace de La Ville, commente ainsi la situation:

Il est certain que la licence de la presse est poussée en ce pays-ci depuis trois ans jusqu'aux excès les plus scandaleux; mais tous les écrits indécents dont on ne cesse d'inonder le public ne sont, au moins quant au fonds des principes et des sentiments qu'ils professent que l'écho du gouvernement; quatorze ans de séjour en Hollande et mes réflexions sur l'histoire des Provinces-Unies, m'ont appris que l'esprit qui règne dans ces sortes de brochures, est presque toujours une indication certaine de l'inclination de ceux qui ont en main l'administration des affaires de la République.[18]

La République des Provinces-Unies elle-même essaye aussi d'éviter toute publication concernant ses propres autorités et ses régents. Nombreux sont les placards rédigés par les Etats-Généraux, les Etats-Provinciaux et les municipalités qui défendent l'impression et la diffusion de tout écrit sur les affaires d'Etat. En fait, les autorités néerlandaises ont exercé des pressions permanentes sur les courantiers pour les inciter à ne pas offenser les souverains d'autres pays. Par exemple, en 1678, le gazetier Van Swoll à Amsterdam reçoit la permission de recommencer sa gazette française à la condition 'de ne rien mettre de scandaleux dans son journal qui pût blesser des princes, puissances ou personnes de condition'.[19] Cette même attitude est répétée dans des résolutions des Etats de Hollande et des Etats-Généraux. En 1723, une résolution invite

14. C. P. Hollande, vol. 270, f.24v (13 novembre 1714).
15. C. P. Hollande, vol. 493, f.310v (15 janvier 1757; voir P. Rétat, 'Les gazetiers de Hollande').
16. Voir Hatin, Les Gazettes de Hollande, p.93-101, pour une vingtaine des plaintes des gouvernements européens.
17. C. P. Hollande, vol. 452, f.264 (23 novembre 1744).
18. C. P. Hollande, vol. 452, f.271 (24 novembre 1744).
19. Voir Kleerkooper, t.I, p.729: 'dat niet aenstotelyx in sijnen courant sal doen influeren 't gene aenstoot soude kunnen geven aen eenige Princen, Staten ofte hoge Stande personen'.

'à veiller à ce qu'ils n'insèrent aucune expression qui puisse offenser des personnes à l'extérieur ou à l'intérieur du pays'.[20]

Les plaintes de la France se rapportent moins aux gazettes 'officielles', mais plutôt aux lardons, aux nouvelles manuscrites, aux pamphlets: par exemple, aux fausses nouvelles diffusées par le nouvelliste Schnitzler,[21] aux 'billets insolents qui s'impriment toutes les semaines à Amsterdam',[22] à 'la feuille écrite à la main que fait distribuer un nouvelliste à Amsterdam [...] qui blesse si indignement la personne du Prince Royal de Prusse, et le respect dû aux souverains'.[23] Le nombre des plaintes contre des gazettes 'officielles' augmente cependant dans la deuxième moitié du dix-huitième siècle, comme l'a montré Jeroom Vercruysse.[24] Pour la période 1765-1780 il en a compté une trentaine, dont une seule concerne la *Gazette d'Amsterdam*.

Tous ceux qui protestent contre l'insolence des courantiers hollandais savent cependant à l'avance que leurs protestations n'auront pas de résultat direct: la structure particulariste de la République gêne une action efficace.

Les ambassadeurs s'adressent au grand pensionnaire pour transmettre leurs plaintes. Ce '*raadspensionaris*' sert d'interlocuteur aux ambassadeurs pour discuter les affaires internationales et bilatérales, pour échanger des informations secrètes, pour lancer des propositions officielles et pour entamer des pourparlers en sous-main.[25] Les ambassadeurs français à La Haye mentionnent fréquemment de tels entretiens dans leurs correspondances hebdomadaires envoyées au secrétaire d'Etat aux Affaires étrangères. Par exemple, en 1684 d'Avaux écrit qu'il a parlé avec le pensionnaire d'Amsterdam Hop de plaintes sur des 'billets très insolents' publiés à Amsterdam: 'Comme j'ai cru présentement la conjoncture plus propre qu'elle n'était ci-devant, j'ai pris occasion d'en parler au Pensio[nnai]re Hop.'[26]

Le pensionnaire lui-même ne peut cependant pas faire grand chose contre les gazetiers, ni les Etats-Généraux. Il dépend des magistrats des villes. Dans une lettre à Louis XIV de juin 1666, le comte d'Estrades explique les procédures suivies en Hollande concernant un gazetier d'Amsterdam qui écrit 'contre les intérêts de Votre Majesté et contre sa personne': 'l'ordre étant, qu'après une plainte le Magistrat ordonne à celui qu'on accuse de comparaître dans la Maison de Ville, on lui expose la plainte qu'on fait de lui, et s'il ne se justifie

---

20. *Resolutien van de Heeren Staaten van Holland en Westvriesland*, 16 octobre 1723: '*En voorts generalyk sig te wagten van in haare Couranten of Nouvelles eenige saaken te brengen of expressien te gebruiken, die offensie buiten of binnen 's Lands souden mogen geeven*.' Cette même résolution est répétée à plusieurs reprises au cours du dix-huitième siècle.

21. En 1681, le comte d'Avaux porte plainte contre le nouvelliste Schnitzler à La Haye, qui a eu l'insolence de débiter des 'nouvelles si absolument fausses et si contraires aux sentiments de sa majesté très chrétienne', C. P. Hollande, vol. 129, f.161 (25 novembre 1681).

22. C. P. Hollande, vol. 139, f.82 (20 juillet 1684).

23. C. P. Hollande, vol. 435, f.255*v* (19 avril 1740).

24. J. Vercruysse, 'La réception politique des journaux'.

25. Pour le rôle du grand pensionnaire dans le régime de la République des Provinces-Unies, voir G. de Bruin, *Geheimhouding en verraad. De geheimhouding van staatszaken ten tijde van de Republiek (1600-1750)* ('s-Gravenhage 1991), p.331.

26. C. P. Hollande, vol. 139, fol.79*v* (20 juillet 1684).

pas, on le condamne par une Sentence. Ce sont les Privilèges des Villes; car les Etats Généraux sur un tel fait ne peuvent qu'écrire au Magistrat d'Amsterdam de faire justice d'un tel sur une telle plainte.'[27]

En 1699 l'ambassadeur de Bonrepaux se plaint auprès du pensionnaire à propos de la publication en Hollande du *Traité historique contenant le jugement d'un Protestant sur la Théologie mystique* [...] de Pierre Jurieu. Selon de Bonrepaux, Jurieu écrit dans la préface de ce livre 'des choses scandaleuses de la Cour de France en général'. L'ambassadeur doit rapporter à son ministre à Paris: 'J'en ai dit un mot au Pensionnaire qui est très fâché de la licence que ces auteurs se donnent. Il fait renouveler tous les mois la défense que les Etats Généraux ont faite à tous les libraires d'en imprimer mais ce dernier fait bien voir ou qu'ils ne sont pas les maîtres de l'empêcher ou que ces défenses ne se font pour ainsi dire que par manière d'acquit.'[28]

Le pensionnaire dit souvent qu'il est d'accord avec les plaintes des ambassadeurs et que sa bonne volonté est entière. Quand le marquis de Châteauneuf porte plainte en 1717 au pensionnaire Antonius Heinsius à propos de la *Gazette de Rotterdam*, il écrit à Paris: 'Mr. le Pensionnaire m'a paru fort offensé contre le Gazetier et il m'a promis qu'il parlerait à Mrs de Rotterdam pour les engager à le punir.'[29]

Au cours du dix-huitième siècle les magistrats des villes de Hollande deviennent encore moins disposés par intérêt personnel à agir contre les gazetiers. En 1702 une résolution des Etats de Hollande avait ordonné que les courantiers devaient payer une taxe annuelle pour la permission de publier et de vendre une gazette. Cette taxe profitait directement aux magistrats. L'ambassadeur La Ville se rendait compte de cette circonstance dans son rapport diplomatique au secrétaire d'Etat aux Affaires étrangères. Ecrivant en 1740 à propos d'une nouvelle résolution des Etats de Hollande qui interdit à tous les gazetiers et distributeurs de nouvelles tant imprimées que manuscrites 'de rien insérer dans leurs écrits qui s'écarte des principes convenables de sagesse et de retenue', il ajoute:

mais il sera bien difficile de remédier au désordre, les principaux magistrats des villes se trouvent presque toujours intéressés au produit des gazettes, qui en ce pays-ci est un objet assez considérable. A Amsterdam par exemple, c'est le fils d'un Bourguemaître qui a le privilège de la gazette hollandaise. Comment consentira-t-il à en faire supprimer les nouvelles hasardées ou les réflexions malignes, qui plus que le reste en accréditent le débit?[30]

27. *Lettres, mémoires et négociations de monsieur le comte d'Estrades*, t.IV (Londres 1743), p.305: 'Lettre du comte d'Estrades au Roi, le 3 juin 1666'. Voir ce que Abraham de Wicquefort écrit trois ans plus tard de La Haye au ministère des Affaires étrangères à propos de l'interdiction de *La Gazette d'Amsterdam* de Van Swoll: 'les Etats des provinces sont souverains chez eux: tellement qu'il n'est pas au pouvoir des Etats généraux de faire arrêter ou punir un homme ici à La Haye, et même les Etats d'Hollande sont obligés de laisser aux magistrats de villes la connaissance de tous les crimes qui se commettent par un bourgeois, pour être jugés en dernier ressort et sans appel', C. P. Hollande, vol. 89, f.19 (1699, cité par G. Feyel, *L'Annonce et la nouvelle*, p.508).

28. C. P. Hollande, vol. 182, f.204v (1er septembre 1699).

29. C. P. Hollande, vol. 317, f.36v (16 septembre 1717).

30. C. P. Hollande, vol. 435, f.78v (29 janvier 1740).

I. L'entreprise de presse

A l'égard des plaintes françaises concernant l'insolence de la presse en Hollande, le grand pensionnaire se défend régulièrement en disant qu'il n'a pas suffisamment de pouvoir sur les magistrats des villes pour les contraindre à agir contre les gazetiers 'officieux'. Et il se déclare encore plus impuissant contre les publications anonymes. L'ambassadeur La Ville fait ainsi le compte rendu d'une conversation sur ce sujet avec le pensionnaire Antonius van der Heim:

il [van der Heim] m'a objecté l'impossibilité morale dont il est, à ce qu'il prétend, de découvrir en ce pays-ci les auteurs de pareilles nouvelles [écrites à la main], qui ont grand soin d'éviter tout ce qui pourrait les faire connaître, et qui par cette raison prennent la précaution de ne point distribuer leurs feuilles en Hollande et de les envoyer seulement dans les pays étrangers. D'ailleurs la méthode, que d'autres gouvernements pratiquent quelquefois avec utilité, d'ouvrir les lettres aux bureaux des postes, n'est point en usage ici, surtout dans les villes commerçantes.[31]

Quatre ans plus tard, le pensionnaire van der Heim assure encore une fois à La Ville qu'il condamne plus que personne la licence des gazetiers et qu'une nouvelle résolution des Etats de Hollande doit réprimer cette licence.[32] La Ville avance clairement son opinion sur le respect de l'autorité en Hollande: 'M. van der Heim m'assura qu'il condamnait plus que personne ce désordre, mais qu'il espérait que la Résolution qu'on venait de prendre serait exécutée. Je lui dis qu'elle le serait infailliblement, si l'on voulait qu'elle le fût; l'autorité n'étant nulle part plus respectée qu'ici lorsqu'elle veut l'être.'[33]

Deux circonstances particulières ont joué un rôle déterminant dans la tolérance dont la *Gazette d'Amsterdam* a constamment joui en France: le personnage de Jean Tronchin Dubreuil et surtout l'intérêt qu'avaient les autorités françaises à accepter sa parution.

Jean Tronchin Dubreuil, le gazetier de la *Gazette d'Amsterdam*, comprenait très bien qu'il était de son intérêt de ne pas trop offenser les autorités françaises. Il suivait en cela ses précurseurs comme Cornelis Jansz van Swoll, qui écrivait en 1669 dans *La Gazette d'Amsterdam*: 'Nous avons quelquefois des expressions que quelques-uns trouvent dures, mais si elles choquent des oreilles un peu trop délicates, nous protestons que c'est contre notre dessein, et qu'à l'avenir nous aurons soin de les mieux adoucir.'[34]

Le gazetier de Rotterdam se conduisait également assez sagement, selon l'opinion de Pierre Bayle. Celui-ci écrit en 1683 à son frère: 'Pour ce qui est de notre gazetier on l'a prié de divers endroits de France de ne parler de nos affaires, ni en bien, ni en mal. Il est donc devenu si complaisant pour la France qu'il

---

31. C. P. Hollande, vol. 435, f.255r-256v (19 avril 1740).
32. Il s'agit de la résolution des Etats de Hollande et de Westvriesland du 5 juin 1744, dans laquelle est ordonné qu'une permission officielle est nécessaire pour chaque gazette (*Couranten, Gazettes*, ou autres *Nouvelles*) et qu'il est interdit d'offenser en quelque façon des rois et des personnes étrangères de n'importe quel rang ou condition. Voir *Resolutien van de Heeren Staaten van Holland en Westvriesland*, 1744, 5 juin.
33. C. P. Hollande, vol. 451, f.79r (12 juin 1744).
34. 26 décembre 1669.

supprime presque tout ce qui pourrait déplaire à M. d'Avaux, ambassadeur de cette couronne à la Haye.'[35]

Jean Tronchin Dubreuil a montré à plusieurs reprises sa bonne volonté envers la France. En plus, par son séjour à Paris, il était connu et respecté des autorités françaises, notamment de Colbert et de Bossuet.[36] Installé à Amsterdam, il entretenait également de bonnes relations avec le gouvernement hollandais. Son bureau fonctionnait comme un centre de documentation, auquel les autorités pouvaient faire appel. Par exemple, quand Willem Buys, ambassadeur extraordinaire aux délibérations de la Paix d'Utrecht, cherche en 1713 l'acte de cession des Pays-Bas Espagnols à l'Electeur de Bavière, le grand pensionnaire Heinsius lui conseille d'aller le voir chez Tronchin Dubreuil.[37] Plus important, il fournissait des renseignements comme il est prouvé par un grand nombre de lettres contenant des nouvelles de France qui se trouvent dans les archives du pensionnaire Heinsius.[38]

Les deux fils de Jean Tronchin Dubreuil, César et Charles, ont pris la suite comme courantiers de la *Gazette d'Amsterdam* après la mort de leur père et ils ont essayé de suivre la même politique modérée envers les puissances politiques en France. Charles s'adresse aussitôt à Guillaume Dubois, le nouveau surintendant général des postes, pour lui montrer sa bonne volonté: 'La perte que j'ai faite de mon père et une fièvre continue, dont je ne suis pas encore delivré m'a empêché d'avoir l'honneur de féliciter plutôt Votre Eminence sur sa nouvelle charge de surintendant général des postes.'

Il lui demande de lui accorder la continuation de sa protection et des conseils pour ne pas vexer les autorités françaises: 'Et comme je serais au désespoir si par inadvertance il se glissait quelque chose dans les gazettes dont V. E. n'eût pas lieu d'être contente, je la supplie très humblement pour éviter ce malheur de vouloir ordonner qu'on me fasse savoir ses volontés ainsi que V. E. a eu la bonté de me le faire espérer. Je les exécuterai avec toute l'exactitude possible.'[39]

Sans doute la plus décisive des raisons pour lesquelles la *Gazette d'Amsterdam* a pu paraître en France tout au long de son existence est le fait que les autorités françaises n'étaient pas absolument contre la parution d'une gazette en langue française à côté de la *Gazette* de Renaudot. G. Feyel a désigné ce phénomène comme 'le double marché de l'information' dans son œuvre magistrale *L'Annonce et la nouvelle. La presse d'information en France sous l'Ancien Régime (1630-*

35. Lettre de Pierre Bayle à son frère [Joseph ou Jacob], 12 août 1683 (P. Bayle, *Œuvres diverses*, Seconde édition, t.IB: *Lettres de Mr. Bayle à sa famille*, Trévoux 1737, lettre 93).

36. Voir le *Dictionnaire des journalistes*, p.964.

37. A. J. Veenendaal jr (éd.), *De briefwisseling van Anthonie Heinsius 1702-1720*, vol. 14: 1 september 1712 – 30 april 1713 ('s-Gravenhage 1995), p.573 et 583.

38. *Ibid.*, vol. 7: 1 januari – 30 september 1708 ('s-Gravenhage 1985), p.315. Voir aussi: lettre de Tronchin Dubreuil à A. Heinsius, 15 juin 1708: 'Je joins à cette lettre le peu qui m'a été communiqué des nouvelles de France venues aujourd'hui.'

39. C. P. Hollande, vol. 346, f.182r (6 novembre 1721).

1788).[40] La *Gazette* de Renaudot devait se limiter dans ses informations sur la France et s'abstenir de tout commentaire et de toute réflexion. Au contraire, le pouvoir royal tolérait la liberté plus grande avec laquelle les gazettes de Hollande informaient le public. La tolérance royale prenait même parfois la forme d'une certaine protection. G. Feyel donne l'exemple du comte d'Avaux, ambassadeur à La Haye, qui essaie d'obtenir en 1679 la levée de l'interdiction de *La Gazette d'Amsterdam* par les autorités d'Amsterdam.[41] Trois ans plus tard, Jean-Baptiste Colbert, le secrétaire d'Etat à la marine, estime qu'il ne faut pas porter trop d'attention à la *Gazette d'Amsterdam*. Il écrit au lieutenant général de police La Reynie: 'A l'égard de la Gazette qu'on fait imprimer en Hollande, je crois qu'il ne faut pas relever cela.'[42]

L'ambassadeur à La Haye tient compte de l'attitude tolérante du roi envers la *Gazette d'Amsterdam* et il préfère attendre les ordres du roi avant de réagir de son propre chef. En 1699, l'ambassadeur d'alors, de Bonrepaux, écrit à Paris à propos de la publication récente d'un livre de Pierre Jurieu: 'Je n'ai point fait de plaintes en forme sur ce dernier livre de Jurieu, j'attendrai sur cela les ordres que le Roi me fera l'honneur de me donner après que vous l'aurez lu.'[43]

Le prévôt de Paris, le marquis d'Argenson, se voit également rappelé à l'ordre, quand il saisit en 1703 la *Gazette d'Amsterdam* chez le libraire Pierre Ribou sur le quai des Augustins. Selon d'Argenson 'la gazette d'Hollande' est 'souvent remplie d'impertinences, dont il est assez inutile que le public soit informé'. Ses supérieurs ne sont pas d'accord et d'Argenson répond sagement: 'Il me suffit que vous trouviez qu'il n'y a aucun inconvénient dans la distribution de la Gazette de Hollande qui arrive au Bureau de la Poste, pour lever tous les scrupules que j'en avais conçus; ainsi je ferai rendre incessamment les feuilles qui avaient été saisies sur différents libraires à qui le nommé Ribou les avait vendues pour les donner à lire.'[44]

Une des raisons pour lesquelles les autorités françaises tolèrent la *Gazette d'Amsterdam* tient à son importance comme source d'information, aussi bien pour le gouvernement que pour tous les Français. Nombreux sont les numéros qui se trouvent dans les volumes de la Correspondance Politique de Hollande, envoyés par l'ambassadeur à La Haye comme supplément à ses lettres. N'en donnons qu'un exemple: en 1715, l'ambassadeur, le marquis de Châteauneuf, écrit à Paris: 'Je vous envoie, Monsieur, la *Gazette* et la *Suite des nouvelles d'Amsterdam* où vous trouverez le Traité de l'Espagne avec le Portugal [...] et les Harangues de Mr. Duyvenvoorde au Prince et à la Princesse de Galles.'[45]

---

40. Voir notamment chapitre 9: 'Le double marché de l'information: les gazettes périphériques'.

41. *Ibid.*, p.512.

42. Cité par F. Brunot, *Histoire de la langue française des origines à 1900* (Paris 1896-1899), vol. V, *Le Français en France et hors de France au XVIIe siècle*, p.273, note 3.

43. C. P. Hollande, vol. 182, f.204v (1er septembre 1699).

44. C. P. Hollande, vol. 200, f.107, 117, 137 (16 septembre, 29 septembre, 4 octobre 1703).

45. C. P. Hollande, vol. 293, f.177 (5 avril 1715).

En plus, le gouvernement français utilise de temps en temps la *Gazette d'Amsterdam* pour y faire insérer des informations qu'il veut rendre publiques. Par exemple, en 1727, l'ambassadeur, le marquis de La Mothe-Fénelon, est prié de faire insérer dans les gazettes de Hollande un article concernant ce qui s'est passé à Ratisbonne. L'année suivante, il s'agit d'un article pour demander satisfaction de l'insulte faite publiquement à l'abbé de Guyon, que le chargé d'affaires, Jean-Baptiste de La Baune, doit faire insérer.[46]

La Baune était fort content de la bonne volonté du gazetier de ce temps-là, César Tronchin Dubreuil, comme il le manifeste en 1729 dans une lettre au secrétaire d'Etat des Affaires étrangères: 'je dois la justice au Sr Tronchin que depuis que je suis en Hollande, je l'ai toujours trouvé bien intentionné, qu'il s'est chargé avec plaisir de tout ce que j'ai souhaité qu'il insérât par l'utilité de la Religion, qu'il a rebuté au contraire tout ce qu'on lui a adressé de mémoires suspects'.[47]

Comme on l'a vu plus haut, l'entrée de la *Gazette d'Amsterdam* n'a jamais été interdite en France. Il est vrai que l'on use parfois de cette interdiction pour intimider le gazetier et modérer ainsi son audace. En 1719, la diffusion de la *Gazette de Rotterdam* est interdite en France. Charles Tronchin Dubreuil, le gazetier de la *Gazette d'Amsterdam* à ce moment, craint que son journal ne soit frappé par la même mesure et il se hâte d'écrire à l'ambassade française à La Haye pour assurer de sa bonne volonté et de son désir de corriger l'attitude de sa gazette, jugée par Paris comme trop partiale en faveur des jansénistes. Tronchin Dubreuil demande modestement des conseils pour ne plus risquer à l'avenir de déplaire au gouvernement français: 'je serai infiniment obligé à Votre Excellence, si Elle a la Bonté de m'honorer de ses ordres et de ses instructions. Je ne souhaite rien tant, en travaillant selon mon devoir que de pouvoir marquer à V[otre] Exc[ellence] l'attention que j'aurai toujours à lui plaire et à lui faire connaître qu'on ne peut être avec plus de reconnoissance, de respect et de vénération que je suis...'[48].

Après l'interdiction de la *Gazette de Rotterdam* en 1719, la *Gazette d'Amsterdam* est la seule gazette de Hollande dont l'entrée en France soit tolérée. Cette situation change en 1739, quand la *Gazette d'Utrecht* obtient également ce privilège, grâce à l'intercession du marquis de La Mothe-Fénelon, l'ambassadeur de France à La Haye. Celui-ci avait déjà écrit en 1736 au secrétaire d'Etat des Affaires étrangères, Chauvelin:

je sais d'ailleurs que l'auteur [de la *Gazette d'Utrecht*] a personnellement des sentiments qui méritent quelque considération. Je ne voudrais point en dire autant en faveur de la Gazette française d'Amsterdam et surtout de son auteur, que nous privilégions cependant, en l'admettant la seule en France. Il me semble qu'une semblable facilité pour celle d'Utrecht, en la faisant participer à la libre introduction dans le Royaume, ne

---

46. C. P. Hollande, vol. 368, f.92-93 (20 mars 1727) et vol. 375, f.108 (26 août 1728).
47. C. P. Hollande, vol. 378, f.263 (20 décembre 1729).
48. C. P. Hollande, vol. 337, f.148-49 (6 février 1719). Voir aussi J. Sgard, 'Le jansénisme dans les gazettes françaises de Hollande'.

pourrait que faire un fort bon effet, et exciter l'émulation des deux Gazetiers pour le choix de leurs nouvelles.[49]

En 1739, le gouvernement français se décide effectivement à laisser entrer la *Gazette d'Utrecht* malgré le risque possible d'une concurrence néfaste:

> Il reste à examiner s'il n'y aurait point à craindre que ces gazetiers à l'envi l'un de l'autre et dans la vue de se procurer un plus grand débit ne s'émancipassent et ne se donnassent trop de liberté. C'est sans doute sur ce motif que la Cour s'est déterminée à ne recevoir jusque ici qu'une seule gazette. Il peut arriver des circonstances où la Cour croira devoir faire insérer dans la Gazette d'Hollande des faits dont elle ne veut pas que traite le gazetier de France. Sur ce point il est question, d'examiner si la confiance sera partagée, et si le ministre jugera qu'il peut être bien sûr des deux gazetiers étrangers qui lui seront peut être moins attachés quand ils se verront également favorisés.[50]

En 1755 la *Gazette d'Amsterdam* risque d'être interdite en France, parce qu'elle 'entre dans des détails trop circonstanciés sur les divisions entre le clergé et les Parlements du Royaume'.[51] La veuve Tronchin Dubreuil, qui en est alors responsable, commence sa réponse à l'ambassadeur Bonnac en disant qu'elle a reçu l'avis concernant les plaintes 'avec autant de reconnaissance que de docilité'. Bien sûr, elle promet de se corriger et de ne plus rien publier 'qui puisse déplaire à Votre Cour.'[52] En 1757, la veuve Tronchin Dubreuil risque de nouveau une interdiction de sa gazette. Le comte d'Affry écrit à Paris: 'Je vais écrire à Mad. Tronchin une lettre telle qu'elle la mérite pour l'impertinence de l'article de Paris de sa gazette d'aujourd'hui, et si cela ne la corrige pas, je crois qu'il serait à propos d'interdire totalement sa gazette au Royaume.'[53]

La veuve Tronchin Dubreuil parvient à échapper à l'interdiction et sa gazette continue à être tolérée en France jusqu'à la fin de l'Ancien Régime. Elle perd cependant son influence comme gazette internationale au cours de la deuxième moitié du dix-huitième siècle. La *Gazette de Leyde* prend sa place. Les diplomates français surveillent désormais plutôt la gazette de Leyde que celle d'Amsterdam. La plupart de leurs plaintes pendant les années 1765-1780 concernent des nouvelles diffusées de Leyde comme l'a montré J. Vercruysse.[54] Le rôle de la *Gazette d'Amsterdam* est terminé.

---

49. C. P. Hollande, vol. 417, f.213-15 (9 mars 1736). En 1739, Fénelon réaffirme sa confiance en la personne de Limiers au nouveau secrétaire d'Etat des Affaires étrangères, Amelot de Chaillou: 'Je connais depuis longtemps les intentions de celui [Limiers] qui en est l'auteur, et elles sont telles que nous pouvons les souhaiter dans un homme de sa profession. Les liaisons et les inclinations du Gazetier d'Amsterdam sont absolument différentes, et je crois qu'on doit autant se défier de lui, qu'on peut compter sur l'attachement du Gazetier d'Utrecht', C. P. Hollande, vol. 434, f.62-64 (13 octobre 1739).

50. C. P. Hollande, vol. 433, f.441 (8 octobre 1739).

51. Voir P. Rétat, 'Les gazetiers de Hollande', C. P. Hollande, vol. 488, f.19r (16 janvier 1755).

52. C. P. Hollande, vol. 488, f.39 (24 janvier 1755). Voir P. Rétat, 'Les gazetiers de Hollande' pour une présentation plus ample de cet épisode.

53. C. P. Hollande, vol. 494 (18 avril 1757).

54. J. Vercruysse, 'La réception politique des journaux'.

4. L'environnement politique: le consulat de France

L E gazetier d'Amsterdam a un interlocuteur immédiat en la personne du commissaire de la marine et du commerce de France présent dans la grande cité hollandaise. Remplissant la fonction de consul, les commissaires sont rattachés au secrétariat d'Etat de la marine depuis Colbert. C'est donc avec ce ministère qu'ils sont en relation constante: ils lui transmettent principalement des informations sur le mouvement maritime et commercial, le cours des marchandises et des effets publics, les emprunts; d'après les instructions que reçoit celui d'Amsterdam, il doit se faire agréer des Etats-Généraux, des collèges d'Amirauté et autres magistrats, veiller aux moyens de renforcer le commerce français en Hollande et de diminuer l'avantage relatif des Hollandais sur les Français à cet égard, communiquer tous les renseignements sur la marine des puissances étrangères, se mettre en estime et considération dans la ville, user de prudence et de ménagements.[1] Mais ces instructions ne sont pas limitatives: le commissaire peut être amené par exemple à remplir des missions d'information et à rendre des services bibliographiques. C'est ainsi que dans les années 1728-1730 l'abbé Bignon, bibliothécaire du roi, demande à Laugier de Tassy, commissaire à Amsterdam depuis 1720, de lui servir d'intermédiaire auprès de libraires hollandais pour l'achat de livres, de dépouiller leurs catalogues, enfin d'acquérir les principales gazettes françaises, celles d'Amsterdam et d'Utrecht, et les gazettes de langue hollandaise, et d'en faire parvenir des collections complètes pour les années 1725-1728. Françoise Bléchet et Hans Bots ont publié les lettres échangées alors entre Bignon et Laugier de Tassy, remplies de renseignements du plus grand intérêt sur la politique d'acquisition, les prix, les moyens d'acheminement.[2] La correspondance s'interrompt en 1730, et d'autres agents et moyens d'acquisition sont alors mis en œuvre.[3]

Dans certaines circonstances, le commissaire de la marine joue un rôle très différent, et de nature politique. L'ambassadeur de France à La Haye le charge

---

1. Instructions du ministre Rouillé à J.-B. Decury de Saint-Sauveur, commissaire de 1749 à 1757, Archives du ministère des Affaires étrangères, Personnel, 1re série, vol. 62, f.326-28.

2. 'Le commerce du livre entre la Hollande et la Bibliothèque du Roi (1694-1730)'; on y apprend qu'une année de la *Gazette d'Amsterdam* (comme de celle d'Utrecht) coûte sur place 13 florins, soit 30 livres (p.42), mais Laugier parlait auparavant de 10 florins environ 'supposé que les gazetiers se contentent du prix ordinaire' (p.40); à la voie de terre, trop coûteuse, Bignon préfère la voie maritime, par Rouen.

3. Pour les années 1731-1737, voir, des mêmes auteurs, 'La librairie hollandaise et ses rapports avec la Bibliothèque du Roi (1731-1752)'; l'acquisition de la *Gazette d'Amsterdam* (années 1731-1732, 1734-1735) se fait alors par l'intermédiaire du banquier Thélusson et de Lesfilles; en septembre 1731 encore Bignon demande à Thélusson de remettre les années 1729-1730 à Laugier de Tassy pour un envoi par Rouen (p.117).

en 1755 de réprimander la veuve Tronchin; inversement cette dernière lui demande en 1758 de faire état auprès de l'ambassadeur de preuves évidentes de sa bonne volonté; le commissaire intercède en sa faveur en une autre occasion: la Correspondance Politique pour la Hollande au ministère des Affaires étrangères nous livre à cet égard quelques témoignages curieux et instructifs.[4]

C'est en fait, comme on peut s'y attendre, dans les archives de la marine que l'on trouve les informations les plus nombreuses et les plus riches sur l'activité du commissaire. L'original en est conservé maintenant aux Archives nationales, et une copie fidèle dans les archives consulaires à Nantes.[5] Sauf l'exception de pièces jointes qui ne figurent pas dans la copie, c'est toujours la seconde source qui sera citée.

Le commissaire s'intéresse particulièrement à la *Gazette d'Amsterdam* au moment où la guerre de Sept Ans fait des Provinces-Unies un lieu très sensible où s'exercent les influences contraires des puissances en conflit, où les tensions intérieures s'avivent entre la bourgeoisie commerçante favorable à la neutralité et le peuple passionnément acquis à la cause de la Prusse et de l'Angleterre. Le commissaire de la marine se trouve donc dans une position délicate et souvent difficile,[6] il observe avec attention l'état de l'opinion et rend souvent compte de réactions populaires très hostiles à la France.

Les gazettes hollandaises, et d'abord celle d'Amsterdam, deviennent alors, plus que jamais, une source d'information importante, dont le commissaire est chargé de fournir le ministre et ses commis; étant aussi un des principaux moyens d'une guerre européenne de l'information, elles sont soumises à une inspection constante, dont se charge l'ambassade de La Haye, mais à laquelle sa position voue particulièrement le commissaire en poste à Amsterdam.

La quête de l'information

Dès son entrée en fonction en juin 1758, le secrétaire d'Etat Massiac[7] demande des éclaircissements sur les dispositions prises auparavant en matière de gazettes. Jacques Astier, commissaire de la marine à Amsterdam depuis l'année précédente (il le restera jusqu'en 1767), répond que ses 'prédécesseurs étaient en usage d'envoyer celles d'Utrecht et d'Amsterdam à chacun de Mrs les premiers commis qui en faisaient et en font encore eux-mêmes la dépense, ce qui ne paraît pas naturel, surtout au Bureau du commerce, où il est essentiel d'être exactement et régulièrement instruit de tout ce qui se passe de particulier chez

---

4. Voir P. Rétat, 'Les gazetiers de Hollande et les puissances politiques', p.325, 328-29.

5. Pour les années qui nous intéressent ici, voir Archives nationales, Lettres de M. Astier, 1758-1762, B⁷ 411-416; copie dans Archives consulaires (Nantes), Correspondance arrivée, Dépêches de la Cour, vols 10-12, janvier 1749-décembre 1763 (microfilm 2MI 120); Correspondance départ, Lettres de Laugier, Saint-Sauveur, Astier, vol. 18-29, janvier 1730-8 décembre 1763 (microfilm 2MI 122).

6. Une de ses grandes préoccupations est le passage des déserteurs, des corsaires libérés, d'aventuriers; on lui demande d'empêcher 'qu'on ne débauche nos gens de mer'.

7. Claude-Louis d'Espinchal, marquis de Massiac (1er juin-31 octobre 1758).

l'étranger, dont les officiers de Sa Majesté ne peuvent pas toujours avoir connaissance'.[8] Le ministre fixe les dispositions qu'Astier doit observer pour l'envoi des gazettes, au ministre 'pour [s]on usage', au premier commis Le Normand de Mézy, et aux bureaux du commerce et des colonies.[9] Lorsque Berryer succède à Massiac en novembre 1758, il réitère cette demande dans des termes semblables.[10]

Le service des gazettes pour les bureaux de la marine confirme la position prédominante des gazettes d'Amsterdam et d'Utrecht dans le système d'information de l'administration d'Ancien Régime. Le ministre des Affaires étrangères, Bernis, écrit le 18 décembre 1757 à l'intendant général des postes Jannel: 'Vous savez, Mr, que les gazettes françaises d'Amsterdam et d'Utrecht parviennent exactement tous les lundis et les vendredis par le canal des fermiers généraux des postes à Mrs les ministres et les secrétaires d'Etat du Roi. Tous mes prédécesseurs les ont reçues fort régulièrement.'[11] Cependant, contrairement aux bureaux des Affaires étrangères, où parvenaient aussi, quoiqu'en bien moins grand nombre, les gazettes de La Haye, de Cologne et de Leyde,[12] ceux de la marine considèrent apparemment celles d'Amsterdam et d'Utrecht comme les sources les plus complètes et les seules nécessaires dans leur genre.

En revanche, ils attendent du commissaire de la marine, et lui demandent avec une insistance peut-être plus grande encore, les 'gazettes anglaises', ce qui s'explique aisément en ce moment de guerre maritime. Moras souhaite les recevoir 'courrier par courrier le plus promptement qu'il se pourra', soit qu'Astier les lui fasse adresser 'en droiture de Londres, soit qu'il les fasse parvenir immédiatement après les avoir reçues'.[13] A Massiac, qui lui adresse la même demande, Astier fait part de 'l'arrangement' suivant:

A l'égard des papiers anglais ce n'est que sous le ministère de Mgr le garde des sceaux qu'ils ont été adressés à Mr Accaron. Mr de St Sauveur s'arrangea à cet effet avec

8. 13 juillet 1758, vol. 22, f.36v; il ajoute le prix: *Utrecht*, 12 florins par an, *Amsterdam*, 13 florins, ce qui prouve que le prix n'avait pas changé depuis 1729 (voir plus haut).

9. 31 juillet, vol. 10, f.84. Les premiers commis de ces bureaux sont Le Guay et Accaron; il semble que Gaudin, au bureau des officiers militaires, le reçoit aussi; d'après la lettre du ministre du 12 juin, les gazettes font l'objet d'un remboursement séparé au commissaire sur les 'fonds des dépenses secrètes' (vol. 10, f.74). Sur ces commis, on peut voir G. Dagnaud, *L'Administration centrale de la marine sous l'Ancien Régime* (Paris-Nancy 1912, extrait de la *Revue maritime*), p.26-29.

10. 26 février 1759, vol. 10, f.129. Pellerin a remplacé Le Normand de Mézy. Nicolas-René Berryer, ministre d'Etat, secrétaire d'Etat de la marine du 1er novembre 1758 au 12 octobre 1761. Le service des gazettes est pour le commissaire l'occasion de situations épineuses, lorsque des personnes qui n'ont plus droit à la gratuité ou des retraités refusent de payer les gazettes qu'on a continué de leur envoyer: voir 20 avril 1758, vol. 22, f.27v; 1759, 5 février, vol. 23, f.21; 19 mars, vol. 10, f.133v; 29 octobre, vol. 24, f.18; 12 novembre, vol. 10, f.178v.

11. C. P. Hollande 496, f.156.

12. Voir A.-M. Enaux et P. Rétat, 'La *Gazette d'Amsterdam*, journal de référence: la collection du ministère des Affaires étrangères', p.159.

13. 19 avril 1758, vol. 10, f.62; Moras y comprend les gazettes de la Nouvelle Angleterre; Astier propose la voie d'Anvers (1er mai, vol. 22, f.29; réponse du ministre, 9 mai, vol. 10, f.62v). François Marie Peyrenc de Moras, ministre d'Etat, secrétaire d'Etat de la marine du 8 février 1757 au 1er juin 1758.

Mad^e Tronchin qui les recevait directement; elle s'en servait pour la composition de sa gazette et les remettait ensuite au commissaire de la marine pour les faire parvenir à sa destination, elle en payait par conséquent la moitié, l'autre moitié devant être employée dans l'état des avances pour le service du Roi avec le montant des gazettes françaises de Mr Accaron [...]. Cet arrangement a subsisté jusqu'à ce que l'*Evening advertiser* ait été supprimé par ordre du gouvernement Britannique. Mr de Moras me fit alors l'honneur de me marquer de lui procurer les autres papiers anglais les plus estimés et de me servir d'une autre voie.[14]

Il apparaît donc que de 1750 environ à 1758, par l'intermédiaire du commissaire, la propriétaire de la *Gazette d'Amsterdam* partageait à l'amiable l'information venue d'Angleterre avec le ministère français de la marine. Cet 'arrangement', qui n'est qu'une des formes de la collaboration obscure entre les gazettes et les gouvernements, a cessé avec le développement de la guerre maritime, et la nécessité d'obtenir plus rapidement et directement les nouvelles d'Angleterre.

Les 'correspondances secrètes' n'auraient pas à être évoquées si elles ne complétaient le dispositif d'information du ministère et ne devaient nous intéresser à cet égard. Il en est souvent question, et Astier prend même la 'liberté' de se plaindre au ministre de 'ces agents obscurs et subalternes qui sont quelquefois employés en Pays étrangers à l'insu des officiers de Sa Majesté', et qui 'coûtent plus qu'ils ne valent'.[15] Ces réseaux parallèles, qui doublent et traversent sa propre activité, lui causent de fréquentes difficultés.[16]

Autour de l'activité consulaire, les trois composantes fondamentales de l'information à cette époque, gazettes, papiers anglais, nouvelles manuscrites,[17] se réunissent et se nouent à Amsterdam, elle-même nœud de communication et d'influences. On comprend donc que la *Gazette d'Amsterdam* y ait été l'objet d'une attention et de soins particuliers.

Relations avec le gazetier

Le personnage de Jacques Mustel, rédacteur de la *Gazette d'Amsterdam* de 1757 à 1767 au moins, a déjà été évoqué au chapitre 2.[18] Nous l'avions rencontré dans

---

14. 13 juillet, vol. 22, f.36*v*. Le chancelier est Guillaume de Lamoignon; Astier avait écrit le 1er mai: 'L'*Evening advertiser* vient d'être supprimé par ordre du gouvernement' (vol. 22, f.29).

15. 25 janvier 1759, vol. 23, f.19-20.

16. Il est surtout question d'un certain Comte ou Le Comte, ancien informateur licencié qui persécute Astier pour obtenir une gratification, et d'un certain Shamphlour, moine défroqué, qui de Londres a coûté cher au ministre de la marine avant de le tromper (9 octobre 1758, vol. 10, f.101*v*, 25 janvier 1759, vol. 23, f.19-20). Comte apparaît aussi dans C. P. Hollande 494, f.330 et suiv., au moment de l'attentat de Damiens, où il dénonce Maubert de Gouvest, lequel se justifie en déclarant avoir été, sous le nom de Botinau, le correspondant à Londres de l'ambassadeur de France à La Haye.

17. Sur les papiers anglais, voir la contribution essentielle de Madeleine Fabre, ses articles du *Dictionnaire des journaux* et 'L'indépendance américaine: des gazettes américaines aux *Affaires de l'Angleterre et de l'Amérique*'; sur les nouvelles manuscrites et le système de l'information, la Préface très savante de François Moureau, *Répertoire des nouvelles à la main*, et, du même auteur, 'Réflexions sur la communication manuscrite: nouvelles à la main et gazettes imprimées'.

18. Voir aussi l'article que lui a consacré J. Vercruysse dans le *Dictionnaire des journalistes*.

la Correspondance Politique de Hollande, lorsqu'en 1757 le ministère des Affaires étrangères demandait au comte d'Affry, ministre plénipotentiaire à La Haye, de l'acheter s'il était possible et de lui faire révéler l'origine des nouvelles que la veuve Tronchin publiait alors sur les affaires intérieures françaises. On apprenait ainsi que cette dernière était 'mal intentionnée', mais que Mustel pensait 'fort différemment'.[19] Les lettres d'Astier, complétées par certaines dépêches de la Correspondance Politique, livrent sur lui d'autres témoignages, d'un grand intérêt lorsqu'on veut situer la *Gazette d'Amsterdam* dans le jeu politique local et international à cette époque.

Astier envoie au ministère, le 2 octobre 1760, une lettre anonyme adressée à Mustel, qui 'l'intrigue et l'afflige beaucoup'. Elle mérite d'être transcrite ici fidèlement, car elle témoigne de ce qu'un gazetier est susceptible de recevoir dans l'exercice de ses fonctions.

a M. Tronchin du Breuil   a la Rochelle le 20 7bre 1760
à Amsterdam
Monsieur

Les menterie que vous mettes tous les jours dans vos gazette m'engage a vous ecrire, que si le Roy de Prusse faissoit bien Il vous feroit plus que loüis quatorze ne fit a votre predecesseur car il vous feroit pendre tout le monde sait bien que le Roy de france vous donne 6000£ de rente pour mentir mes tous cela ne vous engage pas a le calomnier par des menteries car moi qui sest comme cela est en Prusse y aient este un officier considerable dans larmee Royalle vois que vous nestes qu'un coquin, et que si vous ne vous retractes pas de toutes les menteries que vous mettés dans votre gazette comme je passe à amsterdam Je vous rourée de cous de battons Il est inutile de vous redire les menteries que vous y aves mis vous les saves asses

Emoi je suis le Chevalier
De, L, S,.[20]

Astier ajoute:

Je crois devoir la joindre ici en original pour faire voir à V. E. jusqu'où peut aller la licence et le fanatisme des partisans de nos ennemis dont le Royaume n'est malheureusement que trop plein, d'ailleurs comme ce gazetier nous est bien attaché, qu'on ne peut lui reprocher à notre égard que quelques traits d'un zèle indiscret, et qu'il n'est certainement pas notre pensionnaire, il mérite du moins la protection du ministère; et si V. E. juge à propos de me répondre un mot obligeant là-dessus, le Sr Mustel n'en sera que plus porté à continuer d'écrire avec la liberté qu'on ne lui reproche que parce qu'elle peut en effet nuire à nos Ennemis.[21]

Cette affaire, par ses prolongements, révèle très clairement l'intérêt que le personnel diplomatique français porte à la *Gazette d'Amsterdam*, et les liens privilégiés qui se sont alors noués entre la gazette et la politique française. Astier

19. Voir P. Rétat, 'Les gazetiers de Hollande et les puissances politiques', p.325-26.
20. AN B7 415, copie insérée dans la lettre d'Astier du 2 octobre 1760; on a ajouté en haut de la lettre: 'R[épondre] Envoyer la lettre anonyme à M. Baillou et en garder copie'; au verso, la mention de l'exécution de cet ordre, le 20 octobre, et 'Voir la réponse de M. Baillou du 25 octobre et 9 novembre 1760'.
21. 2 octobre 1760, vol. 25, f.7.

envoie en effet une copie de la lettre au comte d'Affry, qui la joint dans sa dépêche du 3 octobre à Versailles.[22] D'Affry ne comprend pas qu'un officier prussien ait eu 'l'impudence' d'écrire de La Rochelle une telle lettre, mais pense qu'il importerait de percer l'anonymat; le ministère des Affaires étrangères ne considère pourtant pas que la lettre 'mérite beaucoup d'attention'.[23] Celui de la marine s'y intéresse davantage. Berryer reconnaît que l'orthographe trahit 'un homme de bas lieu', et que Mustel 'ne doit point prendre d'inquiétude d'une menace qui ne peut venir que d'un aventurier qui a voulu l'embarrasser'; il décide pourtant de demander qu'on fasse des recherches à La Rochelle, et prend même la peine d'écrire une lettre à Mustel pour lui en faire part et dissiper ses craintes.[24] Un mois après on lui donnera encore l'assurance 'qu'on n'a rien négligé pour avoir les éclaircissements qu'il désirait', ultime consolation qu'Astier est chargé de lui porter.[25]

C'est en général le rôle de l'ambassadeur de surveiller les gazettes (ou de répondre aux plaintes du ministère) et d'y faire paraître des nouvelles, des témoignages ou des mémoires que l'on juge favorables à la cause française. Mais le commissaire peut intervenir directement pour ce qui concerne la marine. Ainsi, en septembre 1761, à la demande du ministre, il obtient l'insertion intégrale dans la *Gazette d'Amsterdam* d'une ordonnance d'amnistie en faveur de déserteurs; 'je tâcherai, dit-il, qu'il en soit aussi fait mention dans les Papiers que le peuple lit avec d'autant plus de plaisir que nous y sommes moins ménagés'. Les bons sentiments de Mustel éclatent encore au même moment:

Les Anglais à leur ordinaire ayant entièrement défiguré la relation du Combat de Mr le Chevalier de Modène, le Sr. Mustel plein de zèle pour nous et d'amour pour la vérité a voulu le manifester avec la lettre de Cadix où cette affaire est détaillée, et je n'ai pas cru devoir faire aucune instance pour l'en empêcher; j'ai fait supprimer seulement les choses qui pouvaient trop blesser les Anglais.[26]

Le ministre approuve Astier d'avoir ainsi 'laissé agir le zèle du Sr Mustel à rendre publiques les véritables circonstances' de ce combat.[27]

Il s'agit donc à la fois de laisser faire un si bon gazetier, et de le modérer, car la prudence exige la retenue même avec ses ennemis. Quelque temps auparavant Astier avait déjà tenté d'arrêter un texte pour en référer au ministre:

Il s'est passé depuis peu à la Martinique une affaire fort singulière dont Mr Cramer négociant d'Amsterdam a reçu le détail avec ordre de le faire insérer dans les gazettes.

22. Nous en trouvons donc une autre copie, très proche de celle qui vient d'être citée, dans C. P. Hollande 505, f.29.

23. *Ibid.*, f.56*v*-57, 65.

24. 20 octobre, vol. 11, f.45; la lettre à Mustel ne nous est pas parvenue, mais Astier dit la lui avoir communiquée (6 novembre, vol. 25, f.11). Des recherches ont été effectivement faites, puisque d'après la dépêche de la Cour du 24 novembre, l'intendant de La Rochelle a renvoyé la lettre après des perquisitions inutiles.

25. 24 novembre, vol. 11, f.52.

26. 27 août 1761, vol. 25, f.45*v*. Voir effectivement *GA*, 28 août 1761.

27. *Ibid.*, f.46, et 14 septembre, vol. 11, f.97; voir *GA*, 28 août, *Suite*.

Cette pièce m'ayant été communiquée, j'ai jugé que sa publication pourrait nous être utile en apprenant au public l'odieuse conduite que les Anglais tiennent avec nous en Amérique. Mais dans l'incertitude où je suis que ladite pièce soit déjà parvenue à V. E. je n'ai pas voulu permettre qu'on la publiât avant lundi prochain et j'en ai fait tirer une copie que j'ai l'honneur de joindre ici.[28]

On trouve effectivement cette 'Copie d'une lettre de Mr *** à Mr ***' envoyée de la Martinique et datée du 1er mai, où une perfidie anglaise est narrée dans le plus grand détail, dans le numéro de la gazette du 11 août 1761, et non seulement elle y est publiée en première place avec un titre en pleine page, mais elle y occupe les trois quarts de l'ordinaire, ce qui est très rare. Le ministre est 'fâché' que la relation ait paru avant que de bonnes preuves l'aient authentifiée, et il demande d'arrêter si possible l'impression dans des cas semblables jusqu'à ce qu'il ait donné son avis.[29]

Epreuve inverse: le gazetier passe sous silence une nouvelle qui risque de nuire à l'image de la France dans l'opinion. En avril 1762 un arrêt du parlement de Toulouse du 18 février qui condamnait un ministre réformé et cinq fidèles à la pendaison paraît dans 'la plupart des gazettes hollandaises' et 'fait beaucoup crier contre nous le peuple et même les gens d'un certain ordre'. Nous ne l'avons trouvé nulle part dans la *Gazette d'Amsterdam*. Astier avait fait circuler dans Amsterdam un texte de justification à la demande du ministre des Affaires étrangères.[30]

La pratique que doit suivre le commissaire de la marine change à partir d'octobre 1761. Quittant les Affaires étrangères le duc de Choiseul devient secrétaire d'Etat de la marine (13 octobre 1761-10 avril 1766) comme il l'était déjà de la guerre (27 janvier 1761-24 décembre 1770), et son cousin le comte de Choiseul (duc de Praslin en novembre 1762) devient ministre des Affaires étrangères (12 octobre 1761-10 avril 1766). Les correspondances qui dépendaient du secrétaire d'Etat de la marine sont alors réunies à celles des affaires étrangères, et le commissaire est invité à écrire au duc pour les affaires proprement maritimes et au comte pour les 'nouvelles et avis'.

A partir de mai 1762 la grande et seule préoccupation en matière de presse est la rénovation de la *Gazette de France*, dont le privilège vient d'être annexé par les Affaires étrangères, puis la création de sa petite sœur la *Gazette littéraire*. La correspondance entre le comte de Choiseul, puis duc de Praslin, et Astier montre simplement que la campagne menée en France auprès des intendants pour alimenter la gazette en informations et pour 'faire tomber' les gazettes étrangères a été menée tout autant dans l'ensemble du réseau des représentants de la France à l'étranger.[31] Cette quête de nouvelles de toute sorte, y

28. 23 juillet 1761, vol. 25, f.38*v*.

29. 11 août 1761, vol. 11, f.92.

30. Voir 1er avril, vol. 26, f.20*v*; réponse du comte de Choiseul, 12 avril, vol. 11, f.183; réponse d'Astier, 13 mai, vol. 26, f.24; satisfaction du ministre, 31 mai, vol. 11, f.184.

31. Sur cette question, voir G. Feyel, *L'Annonce et la nouvelle*, p.744-59, et Françoise Weil, 'Un épisode de la guerre entre la *Gazette de France* et les gazettes hollandaises'.

compris littéraires, s'avère vite décevante, et le commissaire se plaint beaucoup de la difficulté de sa tâche.

On comprend donc que la *Gazette d'Amsterdam* soit alors oubliée. La guerre d'information qui double celle des armes cesse alors dans les Provinces-Unies et il n'est plus aussi nécessaire d'y surveiller ou d'y inspirer les nouvelles publiques au moment où l'on prétend en France opposer à leurs gazettes une concurrence victorieuse. En tout cas les quelques années où nous avons fait une récolte relativement abondante de renseignements dans les archives consulaires paraissent décisives pour l'étude de la *Gazette d'Amsterdam*: elles en dévoilent la position politique dans un contexte à la fois local et européen, elles marquent sans doute aussi la rupture d'un certain équilibre qu'elle avait su maintenir dans sa politique rédactionnelle, et par voie de conséquence le début d'une altération de son image dans l'opinion.

L'épisode de la lettre anonyme de La Rochelle est plein d'enseignement. L'auteur se pose en vengeur du roi de Prusse. Il exprime ainsi l'opinion populaire dans les Provinces-Unies, où la prévention en faveur de la Prusse est extrême. Le comte d'Affry écrit dans sa dépêche à la Cour du 1er juillet 1757: 'Le Peuple de la plupart des villes de Hollande, et surtout à La Haye est partisan si outré du Roi de Prusse, qu'on a été obligé de lui annoncer le défaite de ce Prince par degré, et en faisant imprimer des mensonges qui le consolent.'[32] Astier déplore très souvent 'l'aversion', la 'haine' du peuple à l'égard de la France. Soumis comme les autres gazetiers français de Hollande aux pressions des différentes puissances, celui d'Amsterdam déplaît parfois à la Cour de Versailles; mais il adopte pendant la guerre de Sept Ans une attitude qui n'est nullement défavorable à la France, se différenciant ainsi radicalement des gazetiers de langue hollandaise et s'attirant des haines profondes. De là l'imputation d'être pensionné par la France, dont la lettre anonyme fait état. Et l'on comprend aussi qu'un ministre du roi de France se soit employé à rassurer le gazetier Mustel avec une sollicitude marquée. A la fin de 1757 déjà le comte d'Affry et Astier avaient intercédé au ministère en faveur de Mme Tronchin, en dépit de ses fautes passées et encore récentes (mais elle avait su donner aussi des gages de bonne volonté), et Affry à cette occasion laissait échapper cette remarque: 'On soupçonne beaucoup de gens de crédit d'Amsterdam d'être intéressés dans l'impression de cette gazette.'[33]

Nous ignorons s'il s'agit d'intérêts purement commerciaux, ou même capitalistes. Il est certain en tout cas que la gazette française d'Amsterdam évolue dans la sphère d'une bourgeoisie hollandaise que ses opinions et ses intérêts inclinent à une position totalement opposée à celle du peuple. Entre la révolution orangiste manquée de 1747 et la révolution réussie de 1787, les régents parviennent à imposer une neutralité favorable au commerce. Cette 'recherche obstinée de la neutralité', selon la formule d'un historien des

---

32. C. P. Hollande 495, f.2.
33. C. P. Hollande 496, f.306, 19 janvier 1758; voir P. Rétat, 'Les gazetiers de Hollande et les puissances politiques', p.329.

Pays-Bas,[34] déçue lors de la guerre de Succession d'Autriche, couronnée de succès lors de la guerre de Sept Ans, tentera encore de s'imposer, mais en vain, lors de la guerre d'Indépendance de l'Amérique. Un publiciste justifiant la conduite de la régence d'Amsterdam à l'égard des Insurgents, contre ceux qui veulent la rendre 'odieuse et suspecte de menées illicites avec l'ennemie naturelle de l'Angleterre', écrit alors: 'Le véritable et unique système politique d'Amsterdam a été et sera toujours de maintenir la bonne intelligence et l'amitié avec la France, aussi bien que celle de l'Angleterre, et d'en resserrer de plus en plus les liens, sans cependant sacrifier la liberté et l'indépendance de l'Etat aux vues particulières de l'un ou l'autre royaume.'[35]

Les propriétaires de la *Gazette d'Amsterdam* ont un intérêt immédiat et vital à conserver le marché français. Ils sont ainsi solidaires de la bourgeoisie commerçante installée dans les magistratures de la ville. Une même contrainte leur dicte une conduite politique que l'Angleterre et l'opinion populaire dans les Provinces-Unies considèrent comme une trahison. C'est sur ce fond que se dessine et se comprend la position du consul de France. Rien de plus révélateur par exemple que la plainte de 'quelques négociants' d'Amsterdam dont il se fait l'interprète auprès du ministre en 1762. La *Gazette de France* (suivie par toutes les autres) avait annoncé la livraison à Nantes, par un navire d'Amsterdam, d'une cargaison de mâts pour les arsenaux français: les négociants 'pensent qu'il est de leur intérêt et peut-être du nôtre de tenir ces sortes d'expéditions aussi secrètes qu'il est possible.'[36] La *Gazette d'Amsterdam* n'est pas elle-même une exportation que nous appellerions 'stratégique'. Mais elle fait partie d'un système de neutralité impossible qui attire nécessairement le soupçon de compromission ou de trahison.

Et il semble bien que c'est dans cette période, si difficile pour elle, de la guerre de Sept Ans qu'elle a plus ou moins abdiqué la liberté critique qu'elle avait su conserver (dans les limites que l'on connaît) à l'égard de la France, ou qu'elle a pris du moins en sa faveur des positions qui la marquaient trop clairement. Ce tournant politique était particulièrement dangereux au moment où la *Gazette de Leyde* acquérait, sans doute à ses dépens, une dimension européenne majeure, où un journalisme politique nouveau allait éclore un peu partout. Le progressif déclin de la *Gazette d'Amsterdam* a sans doute pris naissance dans l'affaiblissement du système politique où elle faisait corps avec la ville d'Amsterdam, ses intérêts et sa puissance commerciale. Cette solidarité était lisible dans son titre même.

---

34. Christophe de Voogd, *Histoire des Pays-Bas* (Paris 1992), p.138.
35. Niklas Calkoen, *Système politique de la Régence d'Amsterdam, exposé dans un vrai jour* [...] Traduit du hollandais sur la troisième édition (Amsterdam, Jean Doll, 1781), p.6.
36. 1er février 1762, vol. 26, f.16v. Le ministre promet de faire usage de cet avis dans la rédaction de la gazette (1er mars, vol. 11, f.156).

II

L'objet gazette

5. La forme éditoriale

L'ÉTUDE de la gazette du point de vue de la bibliographie matérielle a été jusqu'à présent très négligée. Lorsque nous avons publié en 1990, sous le titre *Textologie du journal*, une série d'enquêtes allant des gazettes ecclésiastiques du dix-huitième siècle à nos quotidiens actuels, nous affirmions la nécessité de soumettre aux mêmes procédures d'analyse le journal ancien et le journal moderne, en dépit des énormes différences qui les séparent, de cesser par conséquent de considérer le premier comme une simple variante du livre (d'ailleurs peu fréquentée par les historiens du livre), et de procéder à un inventaire des formes, à une analyse des éléments typographiques de la page, bref de tout ce qui se donne à la vue du lecteur de presse, attachant ainsi à l'objet un mode de visibilité propre qui le distingue du reste de l'imprimé.[1]

Lorsque l'on entreprend d'aborder sous cet aspect une grande gazette comme celle d'Amsterdam, on se heurte à plusieurs difficultés. On ne dispose dans ce domaine d'aucune étude de référence, qui permettrait de situer les phénomènes observés dans un ensemble susceptible de les éclairer. G. Feyel sur la *Gazette* et ses réimpressions, J. Popkin sur la *Gazette de Leyde*, ont apporté des informations extrêmement précieuses, mais limitées à un objet ou à une période. L'absence d'outils comparatifs et de synthèse méthodique livre l'observateur, surtout lorsqu'il est privé de certaines compétences techniques et de données documentaires (concernant l'atelier, l'impression, les tirages, par exemple), aux risques de l'amateurisme et de l'erreur. Ajoutons-y la faible spécificité apparente de la gazette, qui exige une sorte d'accommodation de l'œil à cette forme d'imprimé; enfin l'énormité d'une collection de quelque 105 années, qui défie la minutie nécessaire à ce type d'analyse.

La gazette d'Amsterdam a fixé une certaine forme de gazette, devenue par excellence la 'gazette d'Hollande'. On ne peut pas la séparer de ses sœurs hollandaises nées avant elle et dont elle adopte les caractères essentiels; mais elle n'est pas non plus totalement réductible à un type commun, pas plus que, ayant aménagé celui dont elle est issue, elle n'est restée ensuite dans l'immobilité où on a tendance à la fixer.

Forme à la fois exemplaire et particulière, elle doit être située parmi les formes antérieures et contemporaines, si l'on veut en définir l'originalité et en préciser la place parmi ses concurrentes, aux différentes étapes de sa longue carrière, mais surtout au moment où elle impose, du moins en France, sa domination de grand périodique d'information politique internationale. A la fois stable par ses traits fondamentaux et évolutive par de multiples innovations, elle doit être abordée comme un ensemble d'éléments en mouvement

1. Voir *Textologie du journal*, p.3-6.

(mouvement plus décisif à certains moments, assez souvent presque impercep-tible) qui attestent un souci et une conscience typographiques et, on doit le supposer, du même coup journalistiques. On aimerait dessiner ainsi, en rela-tion avec l'histoire de la gazette, de ses entrepreneurs et de ses gazetiers, le devenir d'une véritable politique éditoriale.

A une étude diachronique des traits distinctifs, qui en envisagerait les modi-fications dans leur succession et les mêlerait ainsi au gré de leur apparition, nous préférons une démarche analytique qui distingue les principaux points de vue sous lesquels on peut aborder la forme de la gazette.

Structure, mise en page, volume

Chacune des deux livraisons hebdomadaires se compose d'un 'ordinaire' et d'un supplément. Cette structure bipartite est un trait général et permanent des gazettes anciennes, qui apparaît très tôt dans les différentes parties dont se compose la *Gazette* de Renaudot,[2] mais qui semble avoir trouvé sa forme propre dans les gazettes françaises de Hollande au moment où naît celle d'Amsterdam, comme le prouvent quelques numéros qui nous sont parvenus de celle de Claude Jordan en 1690 et de celles de Rotterdam et de Leyde.[3] Mais ce qui prouve que la gazette adopte un usage très récent (et non sans quelques tâtonnements au début, nous le verrons), c'est que les gazettes françaises publiées à Amsterdam depuis les années 1660, et jusqu'à celle qui précède immédiatement la nôtre, n'en portent encore aucune trace.

Comment expliquer cet usage? Il est possible que les privilèges aient stipulé le format de la gazette, l'ordinaire devant tenir dans l'espace optimal offert par le mode d'impression et qui lui était traditionnellement alloué.[4] Il est donc enfermé dans les quatre pages de nos gazettes, et tout ce qui déborde ce cadre devient une partie séparée, quelque nom qu'on lui donne ('supplément', 'nou-velles extraordinaires', 'suite'). Cette contrainte de l'impression et de la tradi-tion donne en fait une grande liberté: elle permet de moduler et de répartir, sur deux supports indépendants et unis à la fois, les informations et les textes documentaires en fonction de leur fraîcheur, de leur nature ou de leur volume. C'est ainsi que très souvent le supplément contient des nouvelles qui s'ajoutent à celles qu'on trouve déjà imprimées sous les grandes rubriques de l'ordinaire, ou qui sont d'origines très diverses, ou des textes importants qui trouvent là un

2. La *Gazette* et les *Nouvelles ordinaires* (et en outre les *Extraordinaires*): sur l'évolution de ce système dans les années 1631-1680, voir G. Feyel, art. 'Gazette de France' du *Dictionnaire des jour-naux*, t.I, p.492.

3. La *Gazette d'Amsterdam* de Cl. Jordan comportait des *Nouvelles extraordinaires* en juillet-août 1690, et une *Suite de la Gazette d'Amsterdam ou Nouvelles extraordinaires* d'octobre 1690 à janvier 1691 (exemplaire découvert par O. Lankhorst à Wolfenbüttel). La BL Colindale conserve des supplé-ments de novembre-décembre 1691 de la *Gazette de Rotterdam*, les Archives d'actes anciens de Moscou ceux de quelques numéros de la gazette de Leyde de 1701.

4. Cette hypothèse est de G. Feyel; nous reviendrons plus loin sur ce sujet, à propos de la fabri-cation de la gazette.

lieu propre de publication. Pour l'envoi par la poste, le supplément est encarté dans l'ordinaire.

Examinons d'abord comment se présente ce dernier dans la gazette d'Amsterdam. Le texte y est composé, dans un format in-4°, sur deux colonnes, en caractères romains ou italiques de grosseur diverse. La justification, le nombre de lignes par colonne et de signes ou espaces par ligne varient d'un numéro et d'une période à l'autre; toutefois la page de la gazette reste relativement identique de la fin du dix-septième siècle à la fin du dix-huitième, et reflète une remarquable stabilité des usages typographiques.[5]

Ce format et cette mise en page distinguent la gazette d'Amsterdam et en général les gazettes françaises de Hollande des *Relations véritables* de Bruxelles, de format in-8°, et de la *Gazette* de France, de format in-4° (12 p.), toutes deux avec une impression en pleine page et en plus gros caractères. G. Feyel a montré comment certains fermiers provinciaux qui réimprimaient la seconde ont accéléré l'impression et réduit les coûts en adoptant le format des gazettes hollandaises,[6] qui, au moment où est fondée celle d'Amsterdam, est à peu près définitivement fixé. Mais ces dernières se distinguent également de leurs sœurs de langue hollandaise, de format in-folio et imprimées sur deux colonnes en très petits caractères.[7]

Le modèle de la gazette d'Amsterdam connaît pourtant quelques aménagements qui vont tous dans le sens d'une aération et d'une meilleure lisibilité. Les colonnes, les alinéas, les pages perdent de leur massivité initiale grâce aux caractères employés, à l'augmentation de l'espace du titre (sur laquelle nous reviendrons plus loin), à la mise en vedette des rubriques, améliorations rendues possibles sans doute par le gain d'espace imprimé offert par le supplément. Ce que nous savons de l'achat, par les propriétaires de la gazette, des types de la fonderie Enschedé de Harlem à partir de 1745[8] prouve qu'ils ont veillé non seulement au renouvellement du matériel typographique, mais à sa qualité. Ce qui ne signifie pas que dans une aussi longue histoire il n'y ait pas eu des périodes moins favorisées que d'autres: à partir de 1760 environ la chute de la qualité est évidente, on trouve de longues séries où des caractères usés et un papier fin et jauni rendent la lecture difficile.[9]

---

5. Nombre de lignes par colonne: 35/45, le plus souvent 38 (p.1), 53/60, souvent 58 (p.2-4); nombre de signes par ligne: 40/60, le plus souvent 40/45. L'ordinaire compte donc de 17 000 à 20 000 signes, le plus souvent de 18 à 19 000.

6. Voir La *'Gazette' en province*, p.67-90; en 1677 l'imprimeur lyonnais de la *Gazette* adopte ce modèle (p.78).

7. Voir *Amsterdamse Courant*, 1725 (BNF, M 1636): chaque numéro est formé d'une seule feuille recto-verso, mais le courant est trihebdomadaire.

8. Nous en parlons plus amplement à la fin de ce chapitre.

9. Ces défauts apparaissent, dans la collection de la BNF, en 1762-1763, du 18 juin 1776 jusqu'en 1779, de la fin mai à décembre 1780, du 7 août à la fin de 1787. En 1761, les numéros ajoutés tardivement à la collection du ministère des Affaires étrangères (on le voit à ce qu'ils ne sont pas paginés) sont d'un papier différent de celui des autres, très jauni; des papiers de qualités diverses semblent donc avoir été utilisés alors, et jusqu'à la fin de la gazette, ce que l'on ne constate pas auparavant.

Au début, seul le pays d'origine des nouvelles forme rubrique en petites capitales romaines, le nom de la ville et la date du bulletin étant en petits italiques en début d'alinéa. A partir du 4 janvier 1707, les noms des villes sont également centrés dans la colonne en capitales romaines (de taille moindre que celle du pays), et suivis de la date en petits italiques. Ce mode de rubriquage reste ensuite inchangé jusqu'à la fin. Il apparaissait déjà dans des gazettes antérieures,[10] mais il ne semble pas s'être généralisé rapidement après son adoption par la gazette d'Amsterdam.[11]

Un autre usage, qui sert de guide de lecture important dans une gazette, est la composition des noms de lieu en italiques; il est à peu près établi dans celle d'Amsterdam vers 1710, mais elle ne l'a jamais étendu aux noms de personnes, comme celle de Leyde.

La dernière page de l'ordinaire est occupée plus ou moins largement par les annonces. Un filet long les sépare, d'un côté des derniers bulletins d'information, de l'autre du colophon, lorsqu'il existe, ou simplement du bas de la page. Composées en longues lignes et en italiques de divers corps,[12] elles occupent une place très variable, tantôt réduites à quelques lignes, tantôt, et cela est de plus en plus sensible avec le temps, lorsque la gazette devient un support important de publicités à la fois hollandaises et françaises, remplissant la dernière page et commençant même parfois dès le bas de la troisième. A partir de 1761 elles sont séparées entre elles par un filet long.[13]

Le colophon, qui clôt l'ordinaire, n'apparaît pas de façon régulière. Il comporte d'abord le nom 'J. T. Dubreuil' (puis, à partir de juillet 1700, Du Breuil), suivi d'une liste assez longue et changeante de libraires jusqu'en 1722; 'C. T. Du Breuil' lui succède à partir du 24 octobre 1721, mais apparaît souvent de façon très épisodique; puis, à partir de 1767, 'J. P. Tronchin Du Breuil', soit régulièrement (en 1767-1769 ou en 1785-1788), soit de façon sporadique et même avec de longues absences (en 1770-1778, et après février 1789). Le dernier propriétaire du privilège dont le nom est mentionné est Nicolas Cotray, de 1795 jusqu'à la fin, le 14 juin 1796.

Le supplément, devenu ensuite un élément inséparable de l'ordinaire, ne l'était pas encore dans les années 1680, et la gazette d'Amsterdam nous le montre s'installant sous des noms et des formes divers. Les premières *Nouvelles extraordinaires* sont publiées à la suite du numéro XLIV du 2 juin 1692. Le numéro suivant du 5 juin affirme leur vocation à la durée: 'On continuera de donner tous les Lundis et Jeudis au soir, un Feuillet séparé de Nouvelles extraordinaires.'[14] Il n'est numéroté qu'à partir du numéro III, et la discordance de

---

10. Ainsi dans le *Journal universel*, dès le n° I, mars 1690.

11. La première gazette de Rotterdam (1689-1717) ne le pratique jamais; dans celle qui lui succède en 1718, puis dans celle d'Utrecht qui commence en 1720, il va de pair avec une recherche évidente de la qualité et de la beauté de la gazette.

12. Environ 95/105 signes à la ligne.

13. Voir plus loin le chapitre sur les annonces.

14. D'après l'Avertissement du n° XCI [?], lundi 12 novembre 1703, l'extraordinaire paraîtra avec l'ordinaire à partir du 13 novembre les mardi et vendredi matin.

numérotation entre l'ordinaire et le supplément est, jusqu'à la fin de l'année, la source de nombreuses erreurs;[15] ce dernier n'entre pas non plus dans la pagination annuelle de la gazette, et présente encore l'inconvénient d'un format différent, celui du 'lardon', bande de papier de hauteur très variable et toujours supérieure, et parfois de beaucoup, à celle de la gazette; mais, imprimé en longues lignes et presque toujours en simple recto, il offre à l'imprimeur l'avantage d'une composition et d'un tirage rapides.[16]

On comprend donc que cette pratique ait duré plusieurs années. Mais, en rupture avec les autres gazettes,[17] celle d'Amsterdam inaugure au début de 1705 une nouvelle formule de supplément, annoncée ainsi: 'On a changé la forme de l'Extraordinaire, pour la satisfaction de ceux qui les [*sic*] veulent relier avec les autres nouvelles' (n° I, 2 janvier 1705). Le titre, qui restera inchangé jusqu'à la fin, devient *Suite des Nouvelles d'Amsterdam. Du...*, le format est aligné sur celui de l'ordinaire, la seule différence étant l'impression en pleine page, sauf les cas exceptionnels où un texte long et important exige une impression serrée en deux colonnes. Les *Suites* sont composées généralement d'un feuillet recto-verso de 2 pages, parfois de deux feuillets (4 pages), et suivies exceptionnellement d'une *Seconde suite*.[18] Grâce à cette innovation, la gazette d'Amsterdam a offert la première à ses lecteurs une forme journalistique beaucoup plus régulière, destinée à favoriser la mise en recueil et la consultation documentaire.[19] Pendant de longues années la *Suite* de 2 pages complète toujours l'ordinaire, et forme avec lui, aussi bien par l'identité que par les écarts typographiques, une alternance harmonique, et produit d'une année à l'autre un équilibre à peu près parfait des volumes annuels.

Le rapport des composantes se modifie au moment de l'indépendance américaine, la *Suite* passant régulièrement à 4 pages à partir de juillet 1777; elle est même imprimée en très petits caractères sur deux colonnes à partir du 9 août 1782, la présentation des rubriques devenant semblable à celle de l'ordinaire à partir du 16 août. Le volume total de la livraison peut dès lors dépasser 40 000

15. Les premiers numéros ne se trouvent que dans la collection des Archives nationales (Y II 15); les dernières *Nouvelles extraordinaires* de 1692 portent le n° LXII, et vont avec le n° CIV de l'ordinaire.

16. La typographie, y compris du titre, et le volume sont très variables. La ligne comporte souvent de 60 à 95 signes; le nombre de lignes varie de 60 à 100 environ, souvent autour de 80. Le nombre de signes est souvent de 5000 environ, mais peut atteindre plus de 9000. Nous en reparlerons dans la dernière partie.

17. Celle de Rotterdam ne l'imite qu'à partir du 31 juillet 1719, c'est-à-dire du moment où M. Janiçon la dirige; depuis mars 1718 elle avait été très renouvelée en prenant celle d'Amsterdam pour modèle.

18. Exemples de *Suite* en deux colonnes: 2 mars 1714, arrêt du Parlement pour l'enregistrement de la bulle *Unigenitus* (2 p.); 6 mars 1714, texte de la bulle (4 p. en très petits caractères); 13 septembre 1715, mort du roi (4 p. en longues lignes); 24 septembre 1715, ouverture du testament du roi (4 p. en deux colonnes); de *Seconde suite*: n° 100 et 101 de 1716 (4 p.), 17 février 1795 (4 p.), 8 novembre 1795 (2 p.).

19. Sur les inconvénients du format lardon, voir l'Avertissement des 1er et 15 décembre 1727 de la *Quintessence* cité par A. Sokalski dans sa notice du *Dictionnaire des journaux*, n° 1153.

signes, alors qu'elle en comptait à peine 30 000 auparavant.[20] Un peu tardivement, car la gazette de Leyde avait un supplément de 4 pages depuis 1752,
celle d'Amsterdam répond à la pression d'une vive demande d'information.
Au même moment des tables annuelles fournies aux souscripteurs ont pour
but de faciliter la consultation de la gazette, mais cette tentative est restée
éphémère.[21] Du moins ne revient-elle pas au module antérieur, et continue-
t-elle de participer à la croissance généralisée de l'information politique.
Mais, même si elle obtient du format in-4° à peu près le rendement
maximum en signes, elle atteint comme les autres gazettes traditionnelles les
limites extrêmes permises par sa périodicité, au moment où les journaux que
la Révolution fait naître en France sont presque tous quotidiens.[22]

Du début à la fin de la gazette le volume annuel croît en tout cas d'une façon
considérable. Les toutes premières années étaient paginées, et comptaient un
peu plus de 400 pages, les *Nouvelles extraordinaires* n'y étant pas comprises.[23] La
pagination s'interrompt à la page 289 de l'année 1695, première page du
numéro du 12 septembre; ce brusque abandon, comme celui des signatures
typographiques au début de 1694,[24] répond sans doute à une simple commodité du travail d'impression, mais n'est-ce pas aussi pour nous un signe parmi
d'autres d'une progressive affirmation du caractère propre d'un périodique
politique? Attaché à la succession aveugle des 'affaires du temps', il s'enferme
en quelque sorte sur lui-même à chaque livraison et ne saurait aspirer à une
unité supérieure comme le livre ou le journal savant.

Les recueils annuels, à raison de 104 ou 105 livraisons,[25] forment des
volumes de 624 à 630 pages, lorsque la *Suite* est de 2 pages. C'est souvent le
cas à partir des années 1730, où la gazette semble avoir trouvé le fonctionnement le plus régulier, dû sans doute à la diffusion la plus large et la plus pai-
sible sur le marché français. Il n'en allait pas toujours ainsi auparavant, en
particulier dans les années 1714-1723, où le nombre parfois important de
Suites exceptionnelles, de 4, 6, 8 ou même 10 pages[26] atteste la volonté de
prendre en compte une actualité politique et religieuse elle-même exceptionnelle. Cet indice, comme d'autres, confirme le rôle important que veut
jouer la gazette dans cette conjoncture des affaires intérieures françaises, et il
n'est pas étonnant que les gazettes ecclésiastiques anti-jansénistes qui se créent
alors prennent le titre de *Supplément à la gazette d'Hollande* et mènent leur guerre

---

20. Remarquons que l'*Amsterdamse Courant*, en 1725, sur une seule feuille et grâce à une impression très fine et serrée, atteint environ 25 000 signes par livraison, soit 75 000 signes par semaine.

21. Voir le chapitre 10 sur les tables.

22. Voir Cl. Labrosse et P. Rétat, *Naissance du journal révolutionnaire*, p.35-36: les journaux parisiens in-4° ont un rendement à la feuille d'impression à peu près semblable à celui des gazettes de
Hollande, ce qui se comprend parfaitement, mais la périodicité change tout.

23. L'année 1691, qui commence le 27 août, en compte 144; 1692, 446 p.; 1693, 418 p.; 1694,
414 p.

24. Les gazettes antérieures et contemporaines en portent généralement.

25. Il y a en moyenne 2 années à 104 n° sur 3.

26. Voir en 1714 (4), 1716 (5 dont 2 de 10 p.), 1718 (4, dont 1 de 10 p.), 1719 (3), 1720 (3), 1721 (5),
1723 (8).

WEST-INDIEN.

St. Cruz de Teneriffe den 31 Oktober. Heeden is hier gebragt het schip de Elizabeth, gevoert geweest door Capt. Pieter Broeder van Amsterdam na Lisbon moetende, 't welk in het begin van de maend September voor het Canael door een Algierse rover was genomen, en met 3 Renegaten nevens eenige andere Turken bemant om het zelve na Algiers op te brengen, maer door contrary winden tot op deeze hoogte gedreeven zynde, noodzaekten de Renegaten de andere manschap om het eyland Langeuotte aen te doen, om daer versch water en provisie op te doen, tot welken eynde de eerstgemelde na land gingen; maer quamen met eenige Spaense soldaten te rug, en maekten sig meetier van het schip, en zyn daer meede hier gekomen: De Turken zyn hier tot slaven gemaekt.

PORTUGAL.

Lisbon den 8 December. Men heeft nog de volgende particulariteyten wegens de storm van den 19 November, zynde de volgende Portugeese scheepen verongelukt de Fluyt de St. Anna, Pedro Dossantos Rodriges, St. Antonio e Almas, Theodosio Rodrigues de Faria, reeds geladen; St. Antonio de Padua, Antonio Antimes d'Araye, St. Gonsales de Amarante, Manoel Alves de Souza; Bom Jesu en St. Bartholomeu Alferes, Domingos Bernandes; Sta. Quittera, Gaspar de Queyros, ten deele geladen; N. S. da Conceycao, Antonio de Almayda Souza, geladen; alle na de Bahia gedestineerd; N. S. do Monte Carmelo e St. Elias, Gaspar dos Sanctos Negueyros, na Rio de Janairo moetende; N. S. da Conceycao da Rua Nova, Cosmo de Oliveiro Guimarins; N. S. do Lampadseda Luis Ferteira Salgado; N. S. do Paraiso e Todos os Santos, Francisco Alvares Monis; N. S. do Monte do Carmo e e St. Theresia Manoel Alfonsio Negueyro, na Phernabou willende; N. S. do Pilar e St. Antonio, Manuel da Luz na Angola; St. Antonio e Almas, Fernando da Costa Silva, na de kust van de Mynen, nevens de Chataiina Maria Clemente dos Reis; en N. S. da Diligenca, Domingos Ferreyra na Port na Indiye leggende; zynde in 't geheel 16 scheepen, met schip St. Protnosa, Francisco Luis na Rio de Janairo zeilende zeylen, en ten deele geladen, heeft zeer veel geleeden; maer men hoopt dat het nog zal konnen hersteld werden. Van de Engelse scheepen zyn 34, eenige veel en andere weynig beschadigt, 3 geheel verongelukt, het oorloghschip de Lime en 11 koopvaarders van dezelve natie zyn onbeschadigt gebleeven. De Franse scheepen van de Capts. Jean Batista Nicou, Toussaint Bertin, en Authoine Nicolle, hebben ook eenige schade bekomen.

SPANIEN.

Madrid den 12 December. De Maerschalk van Tesse zal niet na Vrankryk keeren voor dat de Jooge Koninginne Weduwe derwaerda gae, 't welk niet voor de zomer zal zyn. Die Princesse leeft zeer afgezonderd, ziende alleenlyk hare Hofdames. De regeeringe Koninginne laet om den 19en dag na hate gezondheyd verneemen: Eenige hebben getragt haer te beweegen 't klooster leeven te verkieren; dog te vergeefs. Men verzekert nog dat de Maerschalk van Berwyk tegen de zomer een keer herwaerds zal doen, uyt zucht om den Hertog van Leria zyn zoon, en zyn familie te zien. Alle de Staten of Cortes zyn thans na huys gekeert, na dat onze Grooten en Ministers ieder op hun beurt hun onthaelt hebben; Zy vertrokken zeer voldaen over de goede receptie die de Koning hen heeft laten doen. Onze Ambassadeur aen het Portugeese Hof, heeft een wydlopig verhael van de groote schaden door de laetste Orkaen in Portugael, en voornamentlyk te Lisbon veroorsaekt, om het door den Ordieser: hy zelfs heeft groot gevaer geloopen van zyn leeven te verliezen, door zyn lever om de Inwoonders aen te moedigen van den brand te blussen, die in verscheyde quartieren van de gemelde stad, geduurende de Orkaen ontstaen was. De Ridder de Confians, die door den Hertog van Orleans hier gevonden is, heeft by zyn Catholyke Majt. verlof gehad, om hem uyt name van de Hertoginne Wed. van Orleans, en de Hertog en Hertoginne hare kinderen, over de dood van wylen den Koning, den rouw te beklagen, en met eene over zyn wederkomste tot de Throon, geluk te wenschen.

GROOT BRITTANNIEN.

Landen den 24 December. Saturdag lazen de van 't Hogerhuys voor d'eerstemael de Land-tax bill. Gisteren hoorden zy het appel van Collonel Corsby teegen Mr. Pækenham, omtrent een Zuydzee Contract: In 't vervolg lazen zy de Land-tax bill voor de tweedemael. Heeden viel in dat Huys niets van belang voor. De Gemeenten lazen Saturdag voor d'eerstemael de bill, om alle gewelddenityen in de nieuwe Mint van Whapping, en andere plaetsen van 't Koningryk, onder voorwendzel van een vryplaets, voor schulden of vervolgingen van de Wet voor te komen: 't Huys zig In 't vervolg in een Committe gekeert hebbende over de bill van echtscheyding, ten behoeve van den Heer Yong, hoorde d'Advokaten, en onderzwraegde de getuygen voor de Bill, en niemand verschenen zynde tegen de bill, meekte men een eynde van het onderzoek, na volle verandering in te maken. Gisteren wierd die bill voor de derdemael gelezen, na dat men die tegen de vlnchtelingen in de nieuwe Mint van Whapping &c., voor de tweed'mael geleezen had. Heden passeerden de Gemeenten de Corporatie-bill, en zonden die na de Lords. De Koning werd morgen in 't Parlement verwagt om zyn Koningl. toestemming tot de bills die gereed zyn, te geeven. De Gouverneurs der liefdadigheyd van wylen Koninginne Anna, om te vermeerderen het onderhoud dat armen Clergie, hebben onlangs besloten 35 arme pro-

ven tot 200 liv. ieder jaer te verhoogen. Het regiment ruytery van den Major Generael Wade is order dreven in de vlakte van Hounslouw gemonstert. Men spreekt, nog zonder grond, dat 'er een alliantie tusschen de Hoven van Gr. Britt., Vrankryk en Spanjen, op 't tapyt is; maer in onder andere de 2 laetsgemelde Hoven zig zouden verbinden de belangen van den Pretendent te verlaten, en zelfs geen aenhangers in hunne Staten niet te dulden. Men scheynt hier niet wel vergenoegt te weezen, dat de religie-betwaernissen in het R. Ryk so lang sleepende werden gehouden, als meede dat 'er so veele swarigheden omtrent de bedienung der Hertogdommen van Bremen en Vreeden ontstaen. De Aktien van de Bank doen 132, die van de O. I. Comp. 152, die van de Zuydzee 121 en 1 quart, en deszelfs Annuiteyten 103 en 3 quart.

SWITSERLAND.

Schafhuysen den 24 December. Daer loopt weder een gerugt dat de Marquis d'Avaray Ambassadeur van Vrankryk, een 't Canton Bern, de vernieuwing van de Alliantie met de Protestantse Cantons, heeft voorgesteld.

Duytsland en de aengrenzende Ryken.

Weenen den 16 Dec. De Russise Resident heeft op ordre van zyn Hof nogmaels een voorstel gedaen, om d'Execute troupen uyt het Mecklemburgse te rug te roepen, op dat de onschuldige onderdanen niet 't eenemael genmoeert werden. De Jesuiten alhier zyn nu zeer beschryden en moderaet in hunne Predikatien, dewyl hen geswoegen op Paußelyk bevel, door den Nuntius alhier, een scherpe les gegeven is. De Graef van Wratislaus onze Minister op de laetste Ryksdag, zal in 't kort de reyze na Saxen aenneemen. De Keurpfaltsise Gezant houd zich aen om op zyne Memorie onlangs overgegeeven, een spoedige resolutie te erlangen, wyl zyn hooge Principael veel daer aen geleegen is. De Baron van Kirchner Keyzerl. Meede-Commissaris op den Ryksdag, heeft zyn vertrek na Regensburg eenige dagen uytgesteld, wyl men tyding heeft dat de Kardinael van Saxen Seytz, den 12 December is, voor den Baron wierd een zieke van Keyzerl. Raed te Prag, opgemaekt. De Hollseynse Gottropse Ministers van Brackdoff die hier gekomen is, om de Leeuwerheffing te ontfangen, en ten eersten van hier te rug reyzen, maer tegen Maert weder hier komen, wyl de Investituer tot die tyd verschooven is. Voorts heeft men voor eenige maenden meldinge van a Pretendenten tot Konstantin. Successiens gedaen, zynde d'eene Lasfarius sive Lasfaris, als Palaelogus, en Groot-Meester van de Ridder Orde van St. Joris, het zyne gedrukte Geslachtrekening op de Ryksdag te Regensburg voor 3 jaren verscheenen, dewelke door krachtige insloutien voor eenige maenden een andere Pretendent Palaelogus Johannes samen Romanus Vindimilie, onder den titul Angelus Lasfarinus Imperatorum Romano Orientalium Legitimus, Haeres & Successfor, in arrest heeft doen zetten; maer de gedetineerde heeft zig in dnk voor den Keyzer verdeedigt. Nu is men zeer begeerig te weeten hoe die zaek weder afloopen zal. De Heer Weslar heeft nu dat de Magistraet alhier, de Paußelyke Bulle wegens het algemeene Jubile vatieent, door 2 dienaren van de Justitie, en eenige soldaten, van de groote deur der Stifts kerk had laten afscheuren.

Weenen den 20 December. Eergisteren wierd in tegenwoordigheyd de Keyzers, over de zaek van den Graef van Bonaeval, geheymen raed gehouden, wyl de Krygsraed over die zaek die malen gezeten, en zen zyn Keyzerl. Majt. verslag gedaen had. Als de gemelde Graef van Bonaeval voor 4 dagen te Niesdorp, een uure van hier aenquam, wierd by van een Luyt., en en onder Officier met 40 man van de burgerusche dragonders, van daer afgehaeld, en volgens een Keyzerlyk decreet na Weissen Roos gebragt, alwaer 2 dragonders in zyn kamer, en 4 voor de kamer, met de bajonet op de snaphaen, gesteld wierden. Gisteren middag wierd hy met dezelve manschap na de Spielberg gebragt. Ondertusschen heeft de Oostenrykse Nederlandse Raed van deeze Keyzerlyke declaratie aen den Marquis de Prie kennisse gegeeven. Gisteren quam hier een expresse uyt Polen, met tyding dat de execute te Thorn, niet tegenstaende de Koning zelfs, als meede de Keyzerl. Gezant de Graef van Wratislaus, voor die tyd dood verweeze Protestanten geinterceedeert hadden, voltrokken was.

Regensburg den 25 December. In de laetste Raedsvergadering zyn de Ryksdags deliberatien tot na de Feestdagen verschoven. Het Keur-Mentzise Directorium is mondelyk versogt de gewoonlyke Nieuwjaers complimenten aen den Kardinael van Saxenzeyts Keyzerlyke Opper-Commissaris, af te leggen. Syn Emin. is sen de betreende hand, en krygt weder gevoel in zyn voeten en rechterhand, die als Jam waren. De Baron van Kirchner Keyzerl. Meede-Commissaris, werd in het begin van 't Nieuwejaer de de Keyzerl. laetste resolutie nopens de religie-zaken, van Weenen te rug verwacht. Het Evangelische Corps heeft het Keur Saxise Directorium opgegeven, wegens de arme Protestantse Remenhalsten ons andere voorstel voor de Keyzerl. Ministers alhier te ontwerpen, ten eynde dat die lieden het genot van hunne verlatene goederen mogen genieten. Men spreekt nopens de steik van eene verzeniging onder beyde de Protestanten, om eikanderen in alle verdrukkingen, zooden en swarigheden, teegens hunne weederpartye te hulpe te komen, om teenen lyn te trekken. Ondertusschen gaet 't ook een geschrift uit, waerin de Auteur bedoelt het goet verstand tusschen de Lutherie en Gereformeerden niet alleen te breken, maer ook om den een tegen den anderen op te hitsen. Hier is een gerugt als of eenige Keur Beyerse troupen ordre zouden hebben, om zig na Italien marschvaerdig te maken.

Heydelberg den 27 December. De Keurvorstin begeert dat de dood hem benoemde Hofraad, schoon by het regt van Ingaboorne niet heeft, zitting en stem in de Gollische en Bergis Hofraad zal heb-

Amsterdamse Courant, 1725, n° 1
(Bibliothèque nationale de France)

sur ce mode et sur ce front de l'information périodique.[27] Mais un peu plus tard, dans un moment où la gazette a pris une nette distance par rapport au mouvement janséniste, l'année 1727 se caractérise par un nombre jamais atteint jusque là de *Suites* longues, qui rendent compte de la tension internationale, du sacre, du concile d'Embrun, de l'agitation des curés de Paris.[28] Un écart de ce genre ne se remarquera plus, même dans les années de guerre.[29] Ces observations nous font saisir, mais ne rendent pas toujours explicable, une politique de régulation des nouvelles dans la gazette.

A partir de 1778, les volumes annuels comptent régulièrement de 832 à 840 pages.

Titre et ornements

Bien que le titre soit destiné à être vu le premier, nous en avons isolé et jusqu'ici réservé l'étude à cause de l'importance et de la complexité des phénomènes éditoriaux qui y sont en jeu. Et c'est sur ce point que nous manquent le plus les enquêtes générales qui permettraient de situer les composantes typographiques et ornementales dans une grille de types où entreraient par exemple non seulement les gazettes françaises de Hollande mais leurs sœurs de langue hollandaise souvent imprimées dans les mêmes ateliers. On pardonnera donc à l'analyse qui suit ses limites et ses incertitudes.

L'état premier de la gazette d'Amsterdam offre en quelque sorte le degré zéro du titre, simple énoncé d'un privilège:

I [*centré*] Pag 1 [*bord droit*] / AVEC PRIVILEGE [*armes*] de NOSSEIGNEURS / *Les Etats de Hollande et de West-Frise.* / Du Lundi 27 Aoust 1691 /

La typographie est tout aussi simple: capitales de grosseur moyenne et petits italiques. A partir du 3 juin 1697 'Avec privilège de Nos-Seigneurs' est même composé en romains bas de casse, et *Les Etats* [...] en italiques plus petits encore qu'auparavant.

Le titre sous sa forme à peu près définitive apparaît le 13 novembre 1703, correspondant à un changement des jours de publication, les mardi et vendredi matin au lieu des lundi et jeudi:[30]

XCII [*centré*] / AMSTERDAM. / AVEC PRIVILEGE [*armes*] DE NOS-SEIG. LES / ETATS DE HOLLANDE [*armes*] ET DE WEST-FRISE. / DU MARDI 13 novembre 1703. /

27. Voir J. Sgard, 'La presse militante au XVIIIe siècle, les gazettes ecclésiastiques', et les articles consacrés à ces périodiques dans le *Dictionnaire des journaux*.

28. 61 *Suites* de 8 p. pour 104 n°.

29. L'année 1733 ne présente que 4 *Suites* de 4 p. En 1748, le n° du 12 novembre contient, avec un titre très serré sans vignette, le texte du traité de paix, la *Suite* de 4 p. en donne la fin et quelques nouvelles.

30. Voir l'Avertissement du n° 91, lundi 12 novembre 1703, où ce changement est expliqué par la volonté d'"insérer des Nouvelles plus fraîches d'Allemagne, d'Italie et du Piémont'. La gazette de Leyde paraît les mardi et jeudi en 1705, les mardi et vendredi en 1709; celle de Rotterdam, comme l'*Histoire journalière* de La Haye, paraît les lundi et jeudi (jusqu'en 1717); celle d'Utrecht a commencé ainsi, mais semble avoir beaucoup varié par la suite.

AMSTERDAM.

AVEC PRIVILEGE *DE NOS - SEIG. · LES*

ETATS DE HOLLANDE *ET DE WEST-FRISE.*

DU MARDI 13. Novembre 1703.

PAIS-NEUTRES.

DEs Frontiéres de Suisse le 3. Novembre. On mande de Toulon du 21. du passé, qu'une Tartane dépêchée de Livorne y avoit aporté le 18. la premiere nouvelle du départ de l'Armée Navale des Alliez ; ce qui avoit été depuis confirmé par un Bâtiment qui l'avoit suivie jusqu'au Cap de Corse, tirant vers le Détroit. Dans l'incertitude où l'on étoit à Toulon du dessein de cette Flote, Mr. le Comte de Toulouze avoit fait enfermer ses Vaisseaux dans le Port, par une très-forte Estacade, défenduë par des Bateries de Canons, & par des Mortiers. Tous les Equipages, tant Officiers que Soldats, étoient obligez à coucher sur leur bord, & chaque jour on envoyoit des Barques longues à la découverte. Ces précautions ne seront plus nécessaires, s'il est vrai comme on le dit, que cette Armée Navale retourne à Lisbonne. On mande de Paris, que le Comte de Vernon Ambassadeur de Savoye se tient prêt à partir, dès qu'il en aura obtenu la permission, pour être échangé avec Mr. de Phelypeaux Ambassadeur de France à la Cour de Turin. La derniere fois que ce Ministre vit Madame la Duchesse de Bourgogne, on remarqua qu'il sortit de l'apartement de cette Princesse, les larmes aux yeux, ce qui fait présumer qu'il en avoit pris congé. On ajoûte que l'Electeur de Baviere & le Maréchal de Villars n'ayant pû convenir entr'eux touchant les quartiers d'hiver, que le Maréchal de Villars vouloit prendre en Baviere, & S. A. Electorale vouloit qu'on les prît en Suabe, le Roy en a décidé, & à prié ce Prince de les souffrir, en cas qu'on ne puisse mieux faire, moyennant quoi S. A. Electorale donnera seulement le couvert, & les Troupes payeront leurs dépenses. On dit que cet expédient a été ainsi reglé, à cause du peu de seureté qu'il y auroit à prendre des quartiers ailleurs, pendant que les Postes voisins de la Baviere seront occu-

pez par les Imperiaux. Le Duc de Vendôme a reçû une Lettre du Marquis de Barbezieres, écrite de Gratz en Stirie, pour donner avis qu'il étoit en liberté, & qu'il en devoit partir pour l'Armée Imperiale , d'où il esperoit qu'on le conduiroit à l'Armée de France, si-tôt qu'on auroit eu avis du relâchement du Comte de Wallenstein, avec lequel on est convenu de l'échanger.

De Turin le 28. Octobre. Les Imperiaux sont arrivez sur nos frontiéres de l'Astesan, avec 3000. chevaux, & 3000. fantassins. Son Altesse Royale part pour aller leur en faciliter l'entrée. Elle emmene d'ici un Bataillon & 1500. chevaux ; & avec les 5. Bataillons qu'Elle prendra à Asti, Elle se trouvera à la tête de 8000. hommes, & pourra mettre le Duc de Vendôme entre deux feux, ce qu'on ne croit pas que ce General attende. C'est le Prince Thomas de Vaudemont qui a amené cette Cavalerie, avec les fantassins en croupe. Peu s'en est falu qu'ils n'ayent donné dans le Corps du Duc de Vendôme, mais par un détour de deux heures il a évité un choc si inégal. Nous attendons avec impatience l'heureuse nouvelle de sa jonction avec nos Troupes.

De Lion le 30. Octobre. Le Courier qui avoit été dépêché par l'Ambassadeur de Savoye au Duc son Maître, a repassé ici, & il semble que les choses sont tellement disposées, qu'il n'est plus question que de l'échanger avec l'Ambassadeur de France à Turin. Par un Courier qui arriva hier de l'Armée d'Italie, on aprend que le Duc de Vendôme attendoit à Casal le retour du Courier qu'il a envoyé en Cour, avant de s'avancer d'avantage pour entrer sur les Terres du Duc de Savoye ; & l'on mande de San Benedetto, que les Imperiaux faisoient défiler 1500. chevaux vers le Piémont.

Voici ce qu'on nous mande du Camp devant Landau le 23. de ce mois.

Le titre occupe donc maintenant quatre étages linéaires (si l'on exclut le numéro, ce que nous ferons dans la suite), dont deux de part et d'autre de l'écusson; tout y est en capitales, sauf la date, les deux étages d'italiques de grosseur différente étant au milieu. A partir du 1ᵉʳ janvier 1704 les capitales sont grossies, et AMSTERDAM devient plus visible en haut de page.

Ce nom de ville, qui s'impose par sa place et ses dimensions, et son étonnante unicité, forme le titre le plus court qui soit, très rarement imité par la suite.[31] Parmi les *Gazette de ...*, *Nouvelles...*, *Histoire...*, *Journal...*, *Recueil...*, *Mercure...* (pour ne prendre que les mots initiaux de titres de gazettes antérieures à 1703), *Amsterdam* écarte tous les signes lexicaux de son type journalistique pour ne mettre en avant qu'une ville, devenue son étendard et sa caution. On ne peut douter qu'il n'y ait dans cette identification de la gazette et de la ville une intention, profonde, d'affirmer à travers la première la vocation internationale de la seconde, de faire se confirmer et s'autoriser réciproquement la gazette de langue française et la grande cité commerçante.

Le premier alinéa de l'ordinaire s'ouvre au début sur une simple capitale grasse, puis sur des lettres ornées de petite dimension. En janvier 1706 apparaissent des passe-partout plus élaborés au début du texte de l'ordinaire et de la *Suite*, et, en haut de la première page de cette dernière, un filet d'ornements.[32]

Un changement important de l'aspect visuel du titre se produit le 6 juillet 1717, où le simple écusson au lion couronné est remplacé par une vignette de dimensions très supérieures, le lion dans un ovale couronné étant encadré de rinceaux exubérants. Le titre, entièrement en capitales romaines (sauf toujours la date à la fin), occupe maintenant cinq étages, dont trois de part et d'autre de la vignette.

Peu après, le 1ᵉʳ août 1717, la *Suite* s'orne d'un curieux bandeau à tête de Mercure et caducées croisés, qui revient irrégulièrement mais disparaît assez vite; le plus souvent, en effet, le titre de la *Suite* est serré en haut de page sans ornement. Toutes ces innovations attestent une recherche de la qualité éditoriale, unique dans les gazettes étrangères de langue française contemporaines, mais qui est rapidement imitée par Janiçon dans la seconde gazette de Rotterdam à laquelle succède celle d'Utrecht.

Avec des variantes mineures dans la grosseur des capitales, en particulier dans celles de AMSTERDAM, le titre est dès lors fixé, le seul changement, mais très important, affectant la vignette centrale, dont l'exécution à partir de 1728 est confiée au célèbre graveur de bois parisien Jean-Michel Papillon.[33]

---

31. Les seuls exemples analogues sont *Copenhague. Avec Privilège de Sa Majesté le roi de Danemarck et de Norvègue* (octobre-décembre 1719), gazette rarissime dont il ne reste qu'une collection; l'*Elite des nouvelles,* dont ne subsistent que de rares fragments, qui devient en 1729 *Liège. Elite des nouvelles* ou *Liège. Recueil de nouvelles*; *Stockholm. Avec Privilège. Gazette,* puis *Stockholm. Gazette* (1742-1758); *Mannheim. Gazette d'Allemagne* (1771).

32. Dimensions du passe-partout: 26,5 × 26,5mm; nouveau passe-partout à partir du n° 53 de juillet 1717 (une renommée, 33 × 33mm).

33. Paris, 1698-1768. Voir Marius Audin, *Essai sur les graveurs de bois en France au dix-huitième siècle* (Paris 1925), p.123-39, qui évoque son œuvre considérable. On trouve au tome III de

AMSTERDAM.

AVEC PRIVILEGE DE LES ETATS DE ET DE WEST-

NOS - SEIGNEURS HOLLANDE FRISE.

Du VENDREDI 25. Octobre 1720.

ITALIE.
De ROME *le* 5. *Octobre.*

Imanche, Fête de S^t. Michel Archange, la Garnifon du Château S^t. *Ange* fe rendit à la place du Quirinal, où elle reçût de la Loge la bénédiction du Pape, en la maniere accoûtumée ; ce qui fut fuivi des décharges de l'Artillérie & de la Moufqueterie. Le foir, il arriva un Courier de *Naples*, avec des dépêches de la Cour de *Vienne* pour le Cardinal d'Althan. Lundi au matin, le Pape tint Confiftoire fecret, dans lequel il fit un Difcours fur les Maladies contagieufes, qui regnent en divers Lieux ; & pour détourner ce fleau de la colère Divine, il ordonna des Indulgences, avec des Proceffions folemnelles, qui commenceront Dimanche prochain, & continueront pendant toute la femaine. On fit enfuite la propofition de plufieurs Eglifes, après laquelle le S^t. Pere publia la Promotion de M^r. Gio Francefco Barbarigo, Venitien, Evêque de *Brefeia*, à la Dignité de Cardinal, de l'Ordre des Prêtres, qui avoit été refervée *in petto*, dans la Promotion du 29. Novembre 1719. : Et créa deux autres Cardinaux, auffi de l'Ordre des Prêtres ; favoir, M^r. Carlo Borgia, Efpagnol, Patriarche des *Indes*, & le Pere Alvaro Cinfuego, Efpagnol, Jéfuite, qui eft auprès de l'Empereur, & à fa nomination. On a fait à cette occafion pendant 2. foirs confécutifs, des feux & autres réjouïffances accoûtumées ; & divers Couriers ont été dépêchez, avec des Lettres d'avis aux nouveaux Cardinaux, tant par les Secretaires d'Etat, que par les Cardinaux d'Althan & Acquaviva, & par l'Ambaffadeur de *Venife*. On dit que M^r. Buffi portera le Bonnet au Cardinal Cinfuego à *Vienne*, M^r. Bianchini au Cardinal Barbarigo, & l'Abbé Caudi au Cardinal Borgia en *Efpagne*. Mardi au foir, il arriva un Courier de *Milan*, avec les Lettres de deux femaines qu'on avoit retenuës à *Aquapendente*, pour y être parfumées, fuivant les ordres qui avoient été donnez. Mécredi, le Pape donna audience à l'Ambaffadeur de *Portugal* ; & ce jour-là, deux Auditeurs de *Rote* firent l'ouverture de leur Tribunal avec les céremonies accoûtumées. Le même jour, le Prince Borghefe donna dans fa Maifon de Campagne, le divertiffement de la Chaffe au Cardinal d'Althan, & à divers Seigneurs Allemans & Italiens. Le Duc de Maffa de Carrara arriva ici Jeudi, avec un nombreux cortège, & fut reçû hors de la Porte par M^r. Cibo fon Frere, chez lequel il eft logé.

ALLEMAGNE.
De VIENNE *le* 12. *Octobre.*

Le Confeil de Guerre a réïteré fes ordres, pour rendre inceffamment tous les Régimens complets. Le Gouvernement de *Bude* a été conferé au Comte Jofeph de Taun, celui de *Temefwar* au Géneral Comte de Merci, & celui de *Luxembourg* avec le Régiment de Wachtendonk au Comte de Conigfek, ci-devant Ambaffadeur à la Cour de *France* : Le Comte de Virmont a auffi obtenu un Gouvernement en *Sclavonie*. Le Baron de Sickingen, Envoyé de l'Electeur Palatin, a eu fon audience de congé de l'Empereur, & eft retourné à *Schwetzingen*. On dit que pendant le dernier féjour du Cardinal de *Saxe-Zeitz* en *Hongrie*, il a engagé un grand nombre de Ratziens, de l'Eglife Greque, à embraffer la Religion Ro-

La collaboration de ce dernier avec la gazette d'Amsterdam a duré jusqu'à sa mort, et les bois qui gardent sa signature sont utilisés bien au delà, jusqu'en 1782. On trouvera en appendice le tableau (pour autant qu'on puisse exactement le dresser) des vignettes successives et de leurs variantes.

Ce sont autant de compositions libres et parfois foisonnantes autour de l'élément central et primitif, mais qui finit par devenir presque accessoire, l'écu (devenu ovale) au lion surmonté d'une couronne. Des angelots en lévitation l'entourent et le soutiennent, puis, motif qui subsistera le plus longtemps et accompagnera la gazette jusqu'à la fin, une femme assise sur un lion (le lion des Nassau devenu une bonne bête à tête placide), lui-même mollement couché sur une nuée, et tenant dans une patte le faisceau de flèches qui figure traditionnellement l'union des Provinces.[34] Papillon a même conservé, dans la collection de ses œuvres, l'épreuve d'une vignette qui ne fut jamais utilisée, datée de 1735, où un Mercure apporte à la femme au lion des lettres, dont certaines tombent et s'éparpillent, tandis qu'une renommée à longue trompette vole à l'arrière-plan en sens inverse.[35]

Angelots, plumes et feuillages, femme assise sur un lion, nuées, écharpes volantes, voilà d'étonnantes enseignes pour une gazette très sérieuse et accréditée, qui n'ont de comparable que la femme nue à la plume coruscante de la *Gazette d'Utrecht* à la même époque, et due au même Papillon.[36] En 1728, la vignette à anges et plumes, avec le passe-partout à la renommée qui ouvre le texte à partir du 13 juillet, déjà de Papillon, forme un joli décor qu'on serait tenté d'appeler rococo.

A partir de 1761 le nom d'autres graveurs apparaît, qui se contentent d'ailleurs d'imiter la composition de Papillon. Il s'agit d'abord de Grem, graveur piémontais ou savoyard qui travaillait à Turin dès 1736. Papillon écrit dans

l'*Œuvre de Jean-Michel Papillon, graveur en bois et de la Société des Arts, contenant la collection des Frontispices, Vignettes, Fleurons, Ecussons, Culs-de-lampe, et autres sujets qu'il a gravés depuis l'Année 1712 jusqu'à l'Année 1760 et suivantes* (Paris, P.-G. Simon, 1760), les épreuves des passe-partout de la gazette d'Amsterdam (f.18-19) et des vignettes de titre (f.48).

34. Ce faisceau de flèches figurait depuis 1550 environ dans le sceau des Etats généraux des Pays-Bas. Il rappelait la légende du vieux roi scythe qui, sur son lit de mort, demande à son fils de briser un faisceau de flèches, afin de lui faire comprendre la force de l'union. Les sept flèches des Provinces-Unies sont clairement visibles dans l'état D8a de la vignette; on en compte un nombre moindre dans les autres états. Les renseignements sur les armoiries des Pays-Bas viennent du site de leur ambassade à Paris.

35. *Œuvre de Jean-Michel Papillon*, t.III, f.48; nous la reproduisons dans l'appendice consacré aux vignettes.

36. Cette vignette porte la signature 'Papillon 1732' dans la *Gazette d'Utrecht* de 1734; les dimensions en sont impressionnantes, 58 × 55mm. Mais l'épreuve n'en a pas été recueillie dans son *Œuvre*. Le n° du 23 février 1731 (un des rares vestiges de ces années, et qui se trouve aux Archives nationales) présente déjà la même vignette, mais très indistincte; elle n'est en tout cas pas utilisée au delà du 30 avril 1736, la gazette d'Utrecht revenant alors à l'écusson aux lions de ses débuts. Dans son *Traité historique et pratique de la gravure en bois*, Paris, P.-G. Simon, 1766, t.I, p.425, Papillon date de 1729 son travail pour les gazettes d'Amsterdam et d'Utrecht; nous citerons plus loin et discuterons ce texte; nous remercions très vivement Henriette Pommier, de l'Institut d'histoire de l'art de Lyon 2, UMR 5049 du CNRS, de nous l'avoir signalé. La *GA* annonce le *Traité* le 6 décembre 1768 'pour le début de l'année prochaine'.

son *Traité historique et pratique de la gravure en bois* qu'il a vu de lui quelques gravures 'bien coupées', entre autres une 'grande Arme du Roi de Sardaigne' pour la loterie de Turin:

Je viens de voir présentement en Juin 1761, les Armes de la Gazette d'Amsterdam, copiées d'après celles que j'ai fait pour cette Gazette il y a quelques années, où le nom de Grem est gravé avec l'année 1761; mais je ne puis croire que ce soit le même Graveur de la Loterie de Turin, car cette copie est totalement mal faite, de même que celle de deux lettres grises de la même Gazette, peut-être est-ce un fils ou un parent du premier, à moins qu'il n'ait dégénéré de ce que j'ai vu autrefois de lui.[37]

On retrouvera ensuite des vignettes signées 'Papillon', mais, à partir de 1783, la signature de Numan s'y substitue, sans que nous sachions duquel des deux graveurs connus sous ce nom il s'agit.[38]

Nous verrons, dans le chapitre consacré à la diffusion et aux contrefaçons, que les contrefacteurs ont essayé d'imiter ces vignettes, et d'en suivre les changements avec plus ou moins de rapidité. Elles étaient donc inséparables de l'image de la 'gazette d'Hollande'. Leur caractère original dans la production périodique de l'époque en faisait un signe de reconnaissance, une marque propre qui paraît révéler un sens aigu de ce qui favorise la relation élective entre un public et son journal.

La force de ce signe distinctif ne réside pas seulement dans sa particularité, mais dans les variations dont il est susceptible, qui sont sensibles jusqu'à la fin des années 1740. Par la suite, à l'exception de détails infimes, la vignette et l'apparence générale de la gazette ne changent plus, et les ornements manifestent parfois sur de longues périodes un état d'usure avancé. La décadence progressive de la gazette se lit dans la cessation de l'innovation formelle qu'elle avait si longtemps manifestée.

Essayons pour conclure de définir le style du titre de la gazette d'Amsterdam. Il paraît relativement aéré et préfère l'espace à une visibilité purement typographique et à la grosseur et l'épaisseur des caractères. En effet la gazette est parmi celles qui lui accordent la plus grande place dans la page,[39] avec un étagement important de ses composantes autour de la vignette centrale. A cet égard une comparaison avec la gazette de Leyde fait voir que si cette dernière accorde autant d'espace au titre, elle le remplit d'une façon très différente, puisque l'écusson, à partir du moment où il apparaît (1700 environ), est

---

37. t.I, p.307. Sur Grem, voir *Allgemeines Lexikon der Bildenden Künstler* (Leipzig 1921). Nous devons ces informations, de même que celles sur Numan, à H. Pommier.

38. Hendrik Numan (1728-1788) et Hermanus Numan (1744-1820) ont travaillé tous les deux à Haarlem; ils sont présents dans l'*Allgemeines Lexikon der bildenden Künstler*, mais non dans l'Inventaire du Fonds Français de la Bibliothèque nationale; il en est de même pour Grem.

39. Nous définissons cet espace par la ligne la plus large et en hauteur par la distance entre le haut de la page et la dernière ligne du titre, portant la date du numéro: 120 × 47mm en 1691; 123 × 58 en novembre 1703; 125 × 72 en 1717; 125 × 65 en 1728; 127 × 75 en 1757; 135 × 82 en 1783. Nous ne tenons pas compte de variations minimes et une certaine approximation tient à la rognure des pages. Le mot *Amsterdam* occupe en largeur 70mm (novembre 1703), 85 (juillet 1717), 103 (mars 1757), 108 (janvier 1783).

maintenu invariablement au-dessus des trois niveaux du titre.[40] La gazette d'Amsterdam semble avoir voulu en outre, dès le début, éviter les capitales de grandes dimensions qui caractérisent les titres de nombreuses gazettes antérieures,[41] et leur a toujours préféré un jeu de corps moyens à faible contraste, mais disposé autour d'une vignette recherchée: une alliance équilibrée de l'ornementation et de la typographie.

Impression, tirage, caractères

Nous ne disposons pas, du moins dans l'état actuel des recherches, de documents qui nous renseignent sur les conditions exactes de la fabrication de la gazette, ni sur le nombre d'exemplaires sortis des presses aux différents moments de sa longue histoire.[42] Du moins le texte matériel de la gazette est-il en lui-même un témoin suffisant du mode d'impression, et certains indices externes suggèrent-ils des hypothèses sur le tirage.

Nous connaissons, grâce aux spécialistes de la bibliographie matérielle, les méthodes d'impression du livre ancien, et G. Feyel, pour les gazettes et journaux, nous a donné des analyses admirables par la nouveauté et la sûreté de l'information historique et technique.[43] Pour la compréhension de ce qui suit, on peut éventuellement recourir à ces études.

L'ordinaire est imprimé dans le format in-4° en demi-feuille, comme le prouve le papier dont les pontuseaux sont horizontaux. De rares exemplaires de la gazette non rognée par le relieur nous indiquent les dimensions approximatives de la feuille d'impression, 310 × 440 mm.[44] C'est sur cette feuille que l'on tirait à partir de la forme comprenant les quatre pages disposées tête-bêche; on procédait ensuite au 'retirage' pour imprimer le verso de la feuille, que l'on retournait. Il ne restait plus qu'à couper en deux dans le sens de la largeur la feuille imprimée recto et verso pour avoir deux exemplaires. Sur la presse 'à deux coups', on tirait 300 exemplaires à l'heure.

---

40. D'après les collections lacunaires consultées, l'écusson apparaît entre 1699 et 1701. Un quatrième niveau de titre est ajouté beaucoup plus tard ('Numéro...' sous l'écusson); espace occupé par le titre: 115 × 50/65 (1699), 124 × 65/75 (1701); les caractères ont alors 4 et 6mm de hauteur.

41. *Amsterdam* est en capitales de 5mm (1703), 6 (1717), 5,5 (1757), 5 (1783). Pour les gazettes qui suivent, nous indiquons entre parenthèses après le mot du titre la taille des capitales: *Nouvelles solides | et | choisies* (13) (1684), *Histoire journalière | et | véritable* (8) (1687), *Nouveau journal | universel* (10) (1688), *Journal historique | et | véritable* (8) (1689), *Histoire abrégée* (6,5) | *de | l'Europe* (12) (1691), *Le Mercure* (8) | *Universel* (10) (1691), *Recueil* (7) | *des | Nouvelles* (8) (1693).

42. J. Popkin, pour la gazette de Leyde, a pu exploiter les archives de la famille Luzac, et en tirer des conclusions très précises.

43. Voir, pour un exposé aisément disponible, l'*Introduction à la textologie* de R. Laufer (Paris 1972), p.105-17; de G. Feyel, *La 'Gazette' en province*, p.99-101, 117-22; 'Les frais d'impression et de diffusion de la presse parisienne entre 1789 et 1792' dans *La Révolution du journal 1788-1794*, p.77-99; 'Contrainte et innovation: la loi du timbre de 1797 et ses effets sur le format des quotidiens parisiens', à paraître.

44. Dimensions des exemplaires rognés: 145/150 × 200/215

Une seconde presse était occupée à l'impression du supplément. Le papier des *Nouvelles extraordinaires*, qui ont la forme du 'lardon', présente les pontuseaux dans le sens vertical; il s'agit donc d'une variante du format petit folio, dans lequel le texte est composé de façon à occuper la moitié de la feuille dans le sens de la longueur (c'était celui des courants ou corantos hollandais du milieu du dix-septième siècle et encore au début du dix-huitième):[45] en effet le lardon est une bande de papier assez étroite qui occupe moins de la moitié de la feuille sur laquelle est tiré l'ordinaire; deux compositions parallèles pouvaient être placées côte à côte et on les remplissait en hauteur autant que la matière le requérait. Lorsqu'un recto suffisait, le tirage à partir de deux compositions durait deux fois moins longtemps que celui de l'ordinaire.

Le format lardon offrait donc l'avantage d'une grande commodité d'impression, même si d'autres raisons ont pu d'abord le faire adopter; c'est pourquoi la *Gazette de Rotterdam* y est restée fidèle jusqu'en 1717, et celle de Leyde bien plus longtemps encore, jusqu'au 20 juin 1752, le *Supplément* passant à 4 pages à partir du 23 juin.

Lorsque le format de la *Suite* est aligné sur celui de l'ordinaire, elle est imprimée sur un quart de feuille si elle a 2 pages: une demi-forme suffit alors, qui en comprend la double composition; le tirage achevé, on coupe la demi-feuille pour obtenir les deux exemplaires. Si la *Suite* a 4 pages, l'impression est semblable à celle de l'ordinaire.

Combien tirait-on d'exemplaires sur les deux presses travaillant en parallèle et nécessaires à l'impression de l'ordinaire et de son supplément? La quantité a varié avec le temps, et, comme toujours, augmenté en période de guerre. Les rares données dont on dispose sur la diffusion de la gazette en France, son principal marché, nous renseignent pourtant mal sur le tirage, qui dépend aussi de la vente dans les Provinces-Unies et dans le reste de l'Europe. Aussi le témoignage de J.-M. Papillon, dans son *Traité historique et pratique de la gravure en bois* (1766), paraît-il particulièrement précieux:

J'ai gravé en 1729 pour les Gazettes Françaises, d'Amsterdam et d'Utrecht des armes et des passe-partout très finis, qui ont toujours tiré depuis cette année-là, jusqu'en 1734, deux mille cinq cents par semaine, et par an cent trente mille ou environ, et ainsi ont fourni au moins six cent cinquante mille épreuves. Faits très aisés à prouver par toutes les Gazettes de ces années indiquées; que si fort souvent les épreuves paraissent usées, pâtées ou grises, ce n'est qu'un défaut d'impression par la célérité avec laquelle ces sortes d'ouvrages se font, les planches restant toujours en forme. Depuis 1729, c'est toujours moi qui ai fait de nouvelles planches, particulièrement de celle d'Amsterdam qui se renouvelle tous les six ou sept ans: et je puis assurer que quand les épreuves de ces armes et passe-partout ne paraissent pas très nettes, ce n'est que par la promptitude

45. Leurs dimensions au dix-septième siècle sont différentes de celles de la gazette: 150/170 × 250/280 mm; celles de l'*Amsterdamse Courant* en 1725 sont de 213 × 246. Celles des *Nouvelles extraordinaires* sont de 115/125 en largeur (rarement plus), mais très variables en longueur, pouvant aller jusqu'à 370 mm.

extraordinaire avec laquelle, comme j'ai déjà dit, l'on tire, qui empêche d'y apporter toute l'attention nécessaire.[46]

Nous sommes invités à conclure que le tirage d'un numéro s'élève à 1250, entre 1729 et 1733, période de paix qui se termine par la guerre de Succession de Pologne. La validité de cette estimation semble pourtant très problématique. Pour démontrer l'extrême solidité de ses ouvrages, Papillon suppose une utilisation continue du même bois, toujours présent dans la forme, pendant cinq ou six ans; or l'examen de la gazette révèle une situation beaucoup moins claire, le premier bois signé Papillon ne se trouvant que du 8 octobre au 23 novembre 1728, le second (depuis novembre 1728) et le troisième (depuis août 1729) apparaissant en alternance jusqu'à la fin de 1733, et par la suite les états et variantes de la vignette offrent une succession difficile à suivre.[47]

Supposons que les chiffres avancés par Papillon, même s'il simplifie la réalité de la gazette elle-même, soient fondés sur des déclarations du gazetier. Ce que, grâce aux découvertes de G. Feyel, nous connaissons des entrées en France par la voie postale, au moment de la guerre de Succession d'Autriche de 1743 à 1746, rend plausible le tirage de 1250 exemplaires au numéro, mais précisément à condition que l'on se situe en période de guerre. Si l'on compte en effet qu'environ 750 exemplaires sont alors distribués à Paris ou à Lille et à partir de Lille, et que la diffusion en Hollande et dans le reste de l'Europe peut atteindre 500 exemplaires (supposition plausible), on parvient aux chiffres de Papillon, mais pour une autre période que celle dont il parle.[48]

Son témoignage, même si l'on doit ne l'accepter qu'avec d'infinies précautions, n'en est pas moins digne d'intérêt: il fournit une mesure par rapport à laquelle on peut essayer de situer le tirage de la gazette d'Amsterdam. Il est assurément, dans cette première moitié du dix-huitième siècle, le plus élevé que puisse atteindre une gazette de ce genre, puisque celle d'Amsterdam domine très largement le marché français, le plus important de tous. Il n'en sera plus de même dans la seconde moitié du siècle, surtout après 1770, où l'on peut supposer que le tirage est resté au mieux stable, pendant que celle de Leyde atteignait des sommets.[49] Mais, outre des raisons sans doute propres à l'histoire éditoriale de ces gazettes, la conjoncture générale avait alors profondément changé, et la gazette d'Amsterdam n'avait pas su ou pu la saisir.

---

46. t.I, p.425-26; Papillon renvoie aux épreuves recueillies dans son *Œuvre*, et dont on a parlé plus haut; il donne d'autres exemples de la solidité de ses vignettes (*Petites Affiches*, *Gazette de France*, etc.).

47. Plusieurs collections étudiées présentent exactement les mêmes vignettes au même moment. G. Feyel fait remarquer que l'usage alterné de plusieurs vignettes est normal, puisque l'on composait le numéro du vendredi alors que la composition de celui du mardi était à peine démontée. Sur la succession des vignettes, voir le tableau en appendice 1.

48. Nous devons cette dernière réflexion à G. Feyel; voir, de lui, 'La diffusion des gazettes étrangères en France et la révolution postale des années 1750', p.86-88.

49. Voir J. Popkin, *News and politics*, p.120-21 (diffusion de 5000 à 7000 exemplaires à la fin des années 1780).

En ce qui concerne les caractères utilisés, nous savons par les 'livres de fonderie' conservés au Museum Enschedé d'Harlem que la veuve Tronchin Dubreuil commande en 1745, 1752 et 1757 une grande quantité de types, et encore J.-P. Dubreuil en 1779.[50] Plusieurs annonces de l'*Epreuve des caractères*, publiée par la fonderie Enschedé précisément dans les années où la veuve Tronchin renouvelle son matériel, paraissent dans la gazette. La première, dans le numéro du 2 novembre 1745, informe de l'achat, par Isaac et Jean Enschedé, du matériel de Rudolph Wetstein après son décès, vante la réputation européenne des caractères sortis de leur fonderie, et propose l'envoi de l'épreuve; elle ajoute: 'On en peut aussi voir un Echantillon dans l'Impression de cette Gazette. La forme des Caractères flatte la vue, et le Métal en est extrêmement fort et en état de soutenir doublement la Presse.'[51] La gazette d'Amsterdam ne sert donc pas seulement de support de publicité, elle est elle-même une 'épreuve' qui permet au public de juger de la beauté et de la solidité des caractères employés.

Les modifications successives qui affectent l'aspect de la gazette d'Amsterdam manifestent une recherche formelle évidente; nous avons vu s'inventer les aménagements du supplément, des rubriques, du titre, des ornements, qui construisent progressivement ce qui fut le modèle le plus représentatif de la gazette internationale au début et au moins jusqu'à la moitié du dix-huitième siècle. Autour des années 1720 on voit clairement d'autres gazettes imiter ce modèle. Puis, vers 1728, les deux gazettes qui dominent le marché, celles d'Amsterdam et d'Utrecht, recherchent le concours d'un graveur français très connu. La signature de Papillon est le témoin et le symbole de la place très particulière qu'elles occupent dans le monde politique de l'époque: à la fois hollandaises et françaises, réputées 'étrangères' en France, mais parfaitement admises et y remplissant une fonction d'information ordinaire à côté de la *Gazette* officielle, quelles que soient les difficultés occasionnelles qu'elles rencontrent. On peut donc penser que le soin de la présentation formelle, compatible avec une impression faite dans la hâte et un débit rapide et constant, fait partie d'une politique éditoriale qui tient elle-même à leur situation générale. Nous évoquons ailleurs le changement de la conjoncture qui provoque le recul de la gazette d'Amsterdam, dont nous avons tant de preuves

50. Johan de Zoete, du Museum Enschedé, que nous remercions vivement, nous a communiqué ces renseignements; les 'livres de fonderie' qu'il a examinés jusqu'en 1796 n'ont pas révélé de commande postérieure à 1779, mais plusieurs autres achats en petite quantité pour réparer des manques. Sur les types taillés en 1757 par Fleischman et utilisés aussi dans la *Gazette de Cologne*, voir Charles Enschedé, *Type foundries in the Netherlands from the fifteenth to the nineteenth century* (Haarlem, Stichting Museum Enschedé, 1978), p.203, 234-35. Nous remercions également ment Alan Marshal, de l'ENSSIB, des informations qu'il nous a données.

51. Formulation presque semblable dans le n° du 5 janvier 1753. Dans celui du 8 mars 1757, l'annonce est plus brève, et ne contient plus que la fin de celle qui vient d'être citée; elle est en caractères 'Finance'. Selon J. de Zoete, les 'livres de fonderie' portent la trace du paiement des annonces à la veuve Tronchin (2 mars 1746, pour deux annonces, de même en 1753, sans date précise). G. Feyel nous a signalé les deux premières annonces.

après 1760. Sans doute a-t-elle cessé de se renouveler, peut-être parce qu'elle est prisonnière d'un marché, d'une fonction et d'une image habituelles, et d'une sorte d'allégeance. Mais les raisons de la concurrence dont elle est alors victime ne sont nullement en rapport avec la forme éditoriale. La gazette de Leyde, de ce point de vue, reste du début du siècle à la fin d'une sobriété extrême et immuable. L'usage des grands bandeaux initiaux, des encadrements de titre et des filets multiples qui se répand dans les gazettes surtout après 1760 (usage qui n'est pas général, comme le prouve le *Courier du Bas-Rhin*) ne paraît pas avoir joué un rôle déterminant dans leurs performances commerciales. La gazette d'Amsterdam reste alors fidèle à une formule un peu usée. Mais, à une époque de longues habitudes et de lentes mutations, où l'on n'est pas tenu de changer souvent de 'maquette', les raisons de sa décadence sont ailleurs.

6. Annonces et annonceurs

La *Gazette d'Amsterdam* et ses consœurs néerlandaises ont eu, dès l'origine, une fonction marchande. Aussi ont-elles été fort accueillantes aux annonces.[1] La *Gazette d'Amsterdam* devint rapidement un véritable 'support mixte', ainsi que le prouvent l'augmentation du nombre des numéros porteurs d'annonces et l'accroissement de la surface publicitaire:[2] 32% des numéros en 1667, 41% en 1676 (1,2% de surface publicitaire), 60% en 1702 (3,8%). Dans le même temps, la *Gazette d'Amsterdam* affirma sa vocation internationale de gazette 'périphérique', puisque beaucoup de ces annonces, d'origine parisienne, n'étaient pas uniquement insérées pour être lues par les élites néerlandaises, les réfugiés protestants français établis dans les Provinces-Unies ou par les petites Cours princières allemandes: elles l'étaient aussi pour être lues en France, surtout à Paris. Si en 1667, la totalité des annonces provenait de la seule ville d'Amsterdam, il n'en fut plus de même par la suite. Dès 1676, s'imposa une première hégémonie parisienne: 78% des annonces vinrent alors de la capitale française, soit 46% de la surface publicitaire, les autres provenant d'Amsterdam. En 1702, la guerre de Succession d'Espagne força la *Gazette d'Amsterdam* à se replier sur le marché néerlandais. Les principales villes-origines furent alors Amsterdam (61%), Langedarck (16%), Utrecht (8%), Paris (5%) et Londres (2%). Il est vrai qu'en cette même année, la *Gazette de Rotterdam/Journal historique* était beaucoup plus 'parisienne': Paris (73%), Amsterdam (10%), Rotterdam (7%), Tregau (3%), Langedarck (3%), La Haye (2%), Monnikendamm (2%).

De nombreuses annonces d'origine française se sont donc efforcées de pénétrer les gazettes 'périphériques', faute de pouvoir être insérées dans la *Gazette de France*, prisonnière de sa fonction cérémonielle de porte-parole de la voix du roi. Comment imaginer que la nouvelle ait pu y côtoyer l'annonce? Comment admettre que la parole royale et l'honneur de la noblesse aient pu y frayer avec le monde marchand? Qu'en fut-il par la suite? La *Gazette d'Amsterdam* resta-t-elle le 'support mixte' qui manquait aux annonceurs français? Développa-t-elle cette fonction internationale? Une étude exhaustive de son contenu publicitaire au dix-huitième siècle devrait permettre d'en juger.

1. Sur les annonces, lire C. Todd, 'French advertising in the eighteenth century', *SVEC* 266 (1989), p.513-47; C. Jones, 'The Great Chain of Buying: medical advertisement, the bourgeois public sphere, and the origins of the French Revolution', *The American historical review* (février 1996), p.13-40; R. Jomand-Baudry, 'Images du destinataire dans les annonces publicitaires'; G. Feyel, *L'Annonce et la nouvelle*, p.309-601, 605-66, 931-1188.
2. G. Feyel, *L'Annonce et la nouvelle*, p.570. La surface publicitaire et la surface imprimée ont été mesurées en lignes. Tous les chiffres de ce paragraphe ont été calculés par notre étudiante L. Harinck, *Les Gazettes françaises de Hollande au XVIIe siècle*, mémoire de maîtrise, Université de Paris IV, 1991-1992.

Types, fréquences

L'emploi du cédérom *Gazette d'Amsterdam* produit par le Centre d'Etude du dix-huitième siècle de l'Université de Lyon 2, a permis d'analyser systématiquement trois périodes: la Régence (1715-1725), le milieu du siècle (1745-1755), la fin du règne de Louis XV (1765-1771). Pour chacune d'entre elles, une année sur deux a été dépouillée, soit un total de seize années. Dans chaque numéro, la surface des annonces affichée à l'écran a été prélevée par un coupé/collé pour être transportée dans un fichier annexe. A la fin de ce long travail, il était facile de faire sortir sur papier chacun des seize fichiers annuels, dans lesquels les fiches/numéros se succédaient par ordre chronologique. A partir de tels fichiers, tout devenait possible: étude statistique chronologique, analyse catégorielle des types d'annonceurs et d'annonces, origine géographique des annonces, croisement éventuel de ces deux classements catégoriels, étude plus particulière de tel ou tel annonceur.

Dans les numéros ordinaires, les annonces sont généralement insérées à la fin, en longues lignes sur toute la largeur de la page, alors que les nouvelles sont présentées sur deux colonnes; elles sont imprimées en caractères italiques, alors que les nouvelles le sont en romains; enfin elles sont séparées des nouvelles par un long filet horizontal. Jusqu'en 1755, elles se suivent, tout juste individualisées par un retrait au début de chacune d'entre elles. Entre 1765 et 1771, elles sont nettement individualisées, séparées les unes des autres par un large interligne, occupé par un long filet horizontal (usage qui apparaît en 1761). Cette disposition permet de distinguer aisément surface publicitaire et surface rédactionnelle.[3] Une disposition qui n'allait pas de soi, ainsi que le prouve la gazette de l'éditeur Zwoll en 1667 et 1676: les annonces étaient alors intégrées dans la surface rédactionnelle, juste après la nouvelle de la ville dont elles provenaient, sans autre signe de reconnaissance qu'une composition en plus petits caractères. En 1702, il n'en est plus de même, et les annonces sont désormais imprimées en longues lignes, en fin de numéro. Cela n'empêche pas l'une d'entre elles, une annonce venue de Londres, de figurer après la nouvelle anglaise, dans les colonnes rédactionnelles.[4] Il en est ainsi pendant tout le dix-huitième siècle. Le phénomène est encore rare entre 1715 et 1723. Il l'est déjà moins en 1725. Il devient fréquent au milieu du siècle. Ces annonces sont alors aisément reconnaissables, parce qu'elles sont en général signalées par un astérisque, puis trois, imprimés en pyramide renversée dans les années 1760. Certaines d'entre elles sont parfois imprimées en italiques. Il est clair que ces 'annonces-colonnes' – ainsi faut-il les appeler pour les distinguer des autres – ont une fonction différente qu'il faudra essayer de découvrir. Il arrive enfin, mais cela est très rare, que les *Suites des Nouvelles* proposent elles aussi en fin de deuxième page une annonce. Cela est si exceptionnel, qu'il ne

---

3. Bien sûr, des numéros n'ont pas d'annonces; ils sont de moins en moins nombreux lorsqu'on s'avance dans le siècle: de 13 à 25 par an entre 1715 et 1725, de 1 à 17 entre 1745 et 1749, de 1 à 6 entre 1765 et 1771.
4. G. Feyel, *L'Annonce et la nouvelle*, p.568-69.

faut pas y voir une intention bien définie de valoriser plus particulièrement tel ou tel message.[5]

De 1715 à 1771, l'annonce n'a cessé de progresser dans la *Gazette d'Amsterdam*. Le tableau 1 différencie soigneusement les annonces de fin de numéro – les 'annonces' – et les 'annonces-colonnes'. Ces dernières dépassent rarement les 10% du total: 1745 (12,3%), 1747 et 1749 (14,2% chacune de ces deux années), 1767 (29,1%, un maximum exceptionnel facilement explicable). En ce qui concerne les 'annonces', les années de la Régence les voient croître au-delà de 200 par an, à partir de 1719, avec un premier maximum en 1723 (275). Au milieu du siècle, la guerre de Succession d'Autriche ne semble pas avoir gêné l'évolution, puisque les trois premières années du corpus sont des moments de haut niveau (235 à 301 annonces). Les années suivantes proposent deux minima (227 et 228) entourant l'année 1753 (243). Au total, ces années du milieu du siècle apparaissent comme un palier avant les maxima de la fin du règne de Louis XV: 300 et au-delà. Comme le prouvent les chiffres trimestriels, il n'existe pas de mouvement saisonnier: les minima et les maxima trimestriels ne sont pas les mêmes d'une année sur l'autre.

Cette statistique est bien suffisante pour donner une idée précise de l'évolution. Mesurer les surfaces en nombre de lignes aurait permis tout au plus d'accroître l'écart entre l'époque de la Régence et les deux périodes suivantes. A partir des années 1740, en effet, certains annonceurs, notamment les médecins, empiriques et charlatans, devinrent plus prolixes. Leurs annonces furent parfois si longues, atteignant ou dépassant 20 lignes, qu'il devint nécessaire de les composer en petits caractères romains.[6]

Au-delà de ces premiers chiffres, il fallut réduire encore le corpus afin d'effectuer les tris catégoriels en fonction des annonceurs, des contenus ou de l'origine géographique. Huit années ont été retenues, 1715, 1719 et 1723 pour la Régence, 1745, 1749 et 1753 pour le milieu du siècle, enfin 1765 et 1769 pour la fin du règne de Louis XV. Chaque fiche/numéro a été découpée pour rendre les annonces autonomes. Bien datées, ces dernières ont été regroupées par fiche/annonceur. Après ces longues manipulations, tout devenait possible. Selon leur contenu, les 'annonces' ont été réparties entre les 'annonces marchandes' dans lesquelles l'annonceur, quel qu'il soit, propose au lecteur un produit ou un service, et les 'avis' où l'annonceur informe, sans aucune préoccupation marchande. Il n'est pas surprenant de découvrir au premier rang des 'annonces marchandes' la librairie et la médecine plus ou moins charlatanesque.[7] Avec le théâtre, ces deux activités sont à l'origine de la publicité. Les annonces de librairie présentent des nouveautés d'édition, de la musique, des

5. Onze cas seulement dans tout notre corpus: 1717 (5 novembre), 1719 (13 octobre), 1749 (26 août), 1753 (22 et 27 février, 23 octobre), 1755 (7 et 11 février), 1767 (27 février), 1771 (22 mars, 14 mai).

6. Certaines gazettes sont si riches en annonces, ou ces dernières deviennent si longues, que les annonces débordent de la 4ᵉ page pour s'installer en troisième, par deux fois en 1769, par huit fois en 1771. Le phénomène devient plus fréquent par la suite.

7. G. Feyel, *L'Annonce et la nouvelle*, chap. 6 et 7, p.311-434.

Tableau 1. Evolution du nombre des 'annonces' et des 'annonces-colonnes' dans la *Gazette d'Amsterdam* au XVIIIe siècle

	1715	17	19	21	23	25	1745	47	49	51	53	55	1765	67	69	71
'Annonces'																
1er trimestre	32	50	58	61	100	48	51	62	61	70	53	46	69	66	90	100
2e trimestre	37	56	54	35	51	53	72	81	71	34	69	39	92	66	67	81
3e trimestre	47	47	44	66	70	78	52	48	81	54	53	67	69	68	61	62
4e trimestre	39	44	57	57	54	60	60	44	88	69	68	76	83	100	100	73
Total	155	197	213	219	275	239	235	235	301	227	243	228	313	300	318	316
'Annonces-colonnes'																
1er trimestre	–	1	–	–	1	–	10	10	8	7	1	7	6	27	7	3
2e trimestre	–	–	1	1	–	2	10	5	7	11	5	5	6	32	8	6
3e trimestre	–	–	–	–	–	2	7	14	22	5	7	6	4	36	9	2
4e trimestre	–	1	–	–	–	3	6	10	13	3	9	10	7	28	3	2
Total	–	2	1	1	1	7	33	39	50	26	22	28	23	123	27	13
Total génér.	155	199	214	220	276	246	268	274	351	253	265	256	336	423	345	329

Note : Nous avons travaillé sur les premiers cédéroms, tout juste mis en forme par l'équipe de Lyon. Sept numéros ont manqué, qu'ils soient absents de la collection numérisée (par exemple celui du 1er décembre 1747, remplacé par un exemplaire de la *Gazette d'Utrecht*), qu'il soit impossible de les obtenir à l'écran, ou bien d'en obtenir la 4e page : 1721 (21 mars), 1747 (31 mars et 1er décembre), 1755 (14 mars), 1771 (31 mai, 2 juillet, 1er novembre).

estampes, des cartes de géographie, des pièces d'actualité et des périodiques,[8] enfin des ventes de bibliothèques après la mort de leurs propriétaires. A côté des libraires et imprimeurs, les médecins, empiriques et autres charlatans continuent de faire beaucoup de bruit autour des remèdes et secrets capables de guérir l'humanité souffrante. Les commerçants, manufacturiers et fabricants, les inventeurs, parfois même les horticulteurs proposent à la vente leurs produits, voire leurs innovations. La quatrième catégorie d'annonces, 'à vendre', regroupe tout ce qui est vendu par de simples propriétaires particuliers ou bien, ce qui est fréquent, par les nombreux courtiers d'Amsterdam: les 'cabinets' sont riches de tableaux des grands maîtres du Moyen Age, de la Renaissance, du dix-septième siècle, mais aussi d'objets précieux les plus divers; les marchandises d'importation coloniale juxtaposent les textiles indiens et les porcelaines de Chine; enfin quelques immeubles et grandes propriétés foncières sont également présentés. Les annonces de service sont le fait d'enseignants, d'hôteliers et aubergistes. Dernière catégorie d'annonces, celle des spectacles. Les 'avis', nettement moins nombreux, proposent les loteries et autres emprunts d'Etat, la dénonciation de vols plus ou moins importants, avec description parfois précise du voleur ou de la voleuse, la recherche des héritiers après la mort de tel ou tel huguenot du Refuge, décédé en Hollande, ou dans les colonies, à Surinam ou Batavia. Les rectifications répondent à des imputations jugées calomnieuses ou indiquent des changements d'adresse. Les offres ou demandes d'emploi sont infiniment rares. Les Hollandais, de même que les Français, disposaient alors d'autres moyens de placement: feuilles en langue néerlandaise ou *Annonces, affiches et avis divers*, bureaux de placement. Les rares 'autres avis' sont émis par les libraires parisiens ou par le Bureau général des gazettes étrangères se chargeant d'acheminer vers Amsterdam les annonces françaises.

Le tableau 2 montre bien la montée en puissance du tumulte charlatanesque au milieu du siècle, un tumulte encore prépondérant en 1765. Les annonces de librairie, les plus nombreuses pendant la Régence et en 1745, n'y peuvent résister. En 1769 seulement, elles reprennent le dessus. Simple hasard conjoncturel dû au lancement de l'*Encyclopédie* d'Yverdon et aux cartes de géographie suscitées par la guerre russo-turque, ou début d'une évolution nouvelle? Si les spectacles sont quasiment absents dans les deux premières périodes, ils sont très présents dans les années 1760, alors que de nombreux artistes musiciens italiens donnent des concerts à la salle du Manège d'Amsterdam. A n'en pas douter, cette promotion nouvelle du spectacle marque un changement, si ce n'est dans la vie sociale amstellodamoise, au moins dans le monde de l'annonce. Annoncé par voie de placards muraux comme le théâtre, le spectacle musical se tourne vers la presse périodique pour attirer ses chalands.

---

8. Nous n'analyserons pas ces annonces de périodiques. Ne disposons-nous pas du *Dictionnaire des journaux*, dirigé par J. Sgard?

Tableau 2. Répartition catégorielle du contenu des annonces: nombre des seules 'annonces' et (%) établi par rapport au total annuel

	1715	1719	1723	1745	1749	1753	1765	1769
Annonces marchandes								
Librairie	92 (59,4)	106 (49,8)	126 (45,8)	100 (42,5)	73 (24,3)	79 (32,5)	53 (16,9)	100 (31,5)
Méd., charl.	18 (11,6)	45 (21,1)	71 (25,8)	67 (28,5)	130 (43,2)	100 (41,2)	107 (34,2)	72 (22,5)
Fabric., com.	4 (2,6)	13 (6,1)	10 (3,6)	16 (6,8)	44 (14,6)	13 (5,3)	27 (8,6)	27 (8,5)
'A vendre'	21 (13,5)	8 (3,7)	18 (6,6)	22 (9,4)	26 (8,6)	16 (6,6)	32 (10,2)	29 (9,1)
An. service	–	7 (3,3)	3 (1,1)	8 (3,4)	7 (2,3)	1 (0,4)	3 (1,0)	11 (3,5)
Spectacles	–	1 (0,5)	–	–	2 (0,7)	–	21 (6,7)	20 (6,3)
Total	135 (87,1)	180 (84,5)	228 (82,9)	213 (90,6)	282 (93,7)	209 (86,0)	243 (77,6)	259 (81,4)
Avis								
Loterie	8 (5,2)	9 (4,2)	21 (7,7)	–	–	6 (2,5)	21 (6,7)	26 (8,2)
Avis de vol	5 (3,2)	8 (3,7)	8 (2,9)	6 (2,6)	–	4 (1,7)	3 (1,0)	14 (4,4)
Recherches	6 (3,9)	14 (6,6)	16 (5,8)	11 (4,7)	16 (5,3)	19 (7,8)	26 (8,3)	15 (4,7)
Rectifications	1 (0,6)	–	2 (0,7)	1 (0,4)	3 (1,0)	3 (1,2)	3 (1,0)	3 (1,0)
Of. / dem. empl.	–	1 (0,5)	–	–	–	–	3 (1,0)	–
Autres avis	–	1 (0,5)	–	4 (1,7)	–	2 (0,8)	7 (2,2)	1 (0,3)
Total	20 (12,9)	33 (15,5)	47 (17,1)	22 (9,4)	19 (6,3)	34 (14,0)	70 (22,4)	59 (18,6)
Total génér.	155 (100)	213 (100)	275 (100)	235 (100)	301 (100)	243 (100)	313 (100)	318 (100)

Le tableau 3 vient confirmer que les médecins et gens à secrets sont incontestablement les annonceurs les plus bavards. Ils sont assez peu nombreux, dépassant tout juste la trentaine en 1749, et cependant, ils font insérer une grande quantité d'annonces: jusqu'à plus de 5 en moyenne chacun en 1765. Voilà le record absolu des annonces marchandes. Ces annonceurs savent qu'il leur faut répéter souvent leur message publicitaire pour convaincre d'utiliser leurs médications. Aussi le taux de répétition de la même annonce sur plusieurs semaines, voire plusieurs mois, est-il souvent élevé, entre 1,8 en 1745 et 3,6 en 1715. L'autre grande catégorie d'annonceurs, celle des libraires, est constamment plus nombreuse. Elle est en revanche nettement plus discrète, évitant de multiplier les annonces et de trop les répéter. Il y a là, incontestablement, deux pratiques publicitaires différentes. La première, celle des gens à secrets, est fondée sur le bruit et la répétition fréquente des mêmes messages. Il s'agit d'imposer un remède plus ou moins ancien ou récent, paré de toutes les vertus, de susciter le désir de se le procurer, par une série d'arguments plus ou moins attirants. La seconde, celle des libraires, repose sur l'annonce de la nouveauté livresque. Une annonce répétée une ou deux fois y suffit. Il n'est point besoin de multiplier les arguments publicitaires qui pourraient nuire à la communication. Le message est immédiatement lu et retenu par les élites de la culture auxquelles il s'adresse.[9] Entre gens de bonne compagnie, une certaine retenue s'impose. Dans les années 1760-1780, avec l'*Encyclopédie* et ses multiples rééditions, les libraires finissent eux aussi par pratiquer la publicité suggestive. Il faut alors persuader le chaland qu'il sera vraiment un homme des Lumières s'il fait l'acquisition de l'une des éditions. Entre février et octobre 1769, l'*Encyclopédie* d'Yverdon est annoncée 12 fois, à l'aide de 10 annonces différentes, par les libraires de La Haye Pierre Gosse et Daniel Pinet. Ces annonces, souvent longues, certaines dépassant 25 lignes, n'hésitent pas à desservir le projet de réédition parisienne annoncé par Rey, Chatelain, Changuion et Van Harrevelt, libraires à Amsterdam (3 annonces différentes entre mai et novembre 1769).[10] Jusqu'au milieu du dix-huitième siècle, les libraires et les gens à secrets constituent l'immense majorité des annonceurs marchands (entre 72 et 81%) et émettent la plupart des annonces (72 à 86%). La troisième période présente une nette évolution. Le livre et le remède dominent moins souverainement: 48 à 57% des annonceurs, 66% des annonces. Les autres annonceurs, fabricants et commerçants, services et spectacles, sont désormais plus nombreux.

Les annonces étaient répétées, parfois un grand nombre de fois, avons-nous dit. Les fiches/annonceur permettent de prouver que l'imprimeur en composait le texte une fois pour toutes et qu'il le conservait sous forme d'un paquet de caractères pour le réintroduire dans la forme imprimante de tel ou tel numéro, lorsqu'il était nécessaire. Notons que toutes ces annonces sont exactement

9. G. Feyel, *L'Annonce et la nouvelle*, p.574-75; les annonces de librairie de la *GA* sont soigneusement enregistrées par l'avocat Mathieu Marais, dans sa correspondance avec le président Jean Bouhier.

10. *Ibid.*, p.345-46; voir surtout R. Darnton, *L'Aventure de l'Encyclopédie*, p.194-97

Tableau 3. Répartition catégorielle du nombre des annonceurs, du nombre d'annonces par annonceur, du taux de répétition des annonces

	1715	1719	1723	1745	1749	1753	1765	1769
Annonces marchandes								
Librairie	23/4/1,5	44/2,4/1,3	41/3,1/2,1	52/1,9/1,3	36/2/1,5	37/2,1/1,5	26/2/1,6	49/2/1,3
Méd., charl.	5/3,6/3,6	15/3/2,5	21/3,4/2,7	27/2,5/1,8	32/4,1/2,8	26/3,8/2,4	20/5,4/2,5	22/3,3/2
Fabric., com.	3/1,3/1,3	10/1,3/1,3	5/2/1,7	7/2,3/1,8	18/2,4/1,7	8/1,6/1,4	20/1,4/1,3	20/1,4/1,3
'A vendre'	5/4,2/3,5	6/1,3/1,3	9/2/1,8	6/3,7/3,7	15/1,7/1,4	10/1,6/1,3	14/2,3/1,3	14/2,1/1,2
An. service	–	5/1,4/1,4	3/1/1	5/1,6/1,3	5/1,4/1,4	1/1/1	1/3/1	8/1,4/1,1
Spectacles	–	1/1/1	–	–	2/1/1	–	14/1,5/1,1	12/1,7/1,1
Tot./Moy.	36/3,8/1,8	81/2,2/1,5	79/2,9/2,2	97/2,2/1,5	108/2,6/1,9	82/2,5/1,8	95/2,6/1,6	125/2,1/1,4
Avis								
Loterie	1/8/2,7	2/4,5/1,8	7/3/2,1	–	–	2/3/3	6/3,5/1,4	7/3,7/2
Avis de vol	3/1,7/1,7	4/2/2	5/1,6/1,6	2/3/3	–	2/2/2	2/1,5/1,5	4/3,5/2,8
Recherches	4/1,5/1,5	7/2/2	6/2,7/2,3	5/2,2/2,2	5/3,2/2,3	5/3,8/3,8	13/2/2	7/2,1/2,1
Rectifications	1/1/1	–	2/1/1	1/1/1	1/3/3	3/1/1	2/1,5/1	3/1/1
Of./dem. empl.	–	1/1/1	–	–	–	–	4/1,8/1,4	–
Autres avis	–	1/1/1	–	2/2/1,3	–	1/2/2	2/5/5	1/1/1
Tot./Moy.	9/2,2/1,8	15/2,2/1,8	20/2,4/2	10/2,2/2	6/3,2/2,4	13/2,6/2,6	29/2,4/1,8	22/2,7/2
Tot./Moy.	**45/3,4/1,8**	**96/2,2/1,6**	**99/2,8/2,1**	**107/2,2/1,6**	**114/2,6/1,9**	**95/2,6/1,9**	**124/2,6/1,7**	**147/2,2/1,5**

Note: Dans chaque catégorie, le nombre d'annonces par annonceur est le quotient du total des annonces rapporté au nombre des annonceurs; le taux de répétition des annonces est celui du total des annonces rapporté au nombre d'annonces de libellé différent.

semblables dans leur composition. Les espaces entre les mots ont des largeurs identiques, les lignes sont pareillement justifiées. Cela ne saurait suffire. Les fautes d'orthographe constamment répétées, les erreurs de manipulation sont des preuves plus convaincantes. En voici deux ou trois exemples. Entre janvier et novembre 1719, la pommade du Sr Porcheron est l'objet de huit annonces strictement identiques, y compris dans les variations orthographiques du mot 'pommade'. En début et en fin d'annonce, le mot est correctement orthographié. Au milieu du texte, il est par deux fois imprimé avec un seul 'm'. Cette bizarrerie se retrouvant dans les huit annonces, il est bien évident qu'il s'agit de la même composition. Le même Porcheron fait insérer douze annonces pour sa pommade entre janvier et décembre 1723. Quatre annonces sont publiées pour le seul mois de janvier. Après la première d'entre elles, le texte qui avait peut-être été maladroitement bousculé, subit une nouvelle composition des deux premières lignes qui se solde par l'ajout de deux fautes et par une nouvelle justification du reste de l'annonce. Les cinq insertions, du 5 janvier au 21 mai, présentent toutes ce texte recomposé. Le 8 juin, l'une des deux fautes est corrigée, et l'annonce est encore publiée six fois telle quelle jusqu'à la fin de l'année. Autre détenteur d'une pommade 'excellente et éprouvée, composée de remèdes chimiques pour guérir les hémorroïdes', Lionnet n'a pas de chance avec ses annonces. Huit fois de suite, entre février et octobre 1723, l'annonce figure, parfaitement identique. Las! A la neuvième insertion, le typographe en a perdu la dernière ligne, alors que le paquet de caractères était réinjecté dans la forme imprimante. L'erreur n'a pas été décelée et les trois dernières annonces, celles des 23 novembre, 3 et 17 décembre, sont amputées de cette malheureuse dernière ligne, essentielle, puisqu'y figurait l'adresse parisienne de Lionnet! On pourrait multiplier de tels exemples.

Naturellement, en cas de changement d'adresse, l'annonce est immédiatement recomposée pour présenter le nouveau domicile de l'annonceur. Dugeron, ancien chirurgien des armées établi à Paris, découvreur d'un nouvel opiat pour les dents, a abandonné 'la rue de la Verrerie, à la Couronne d'Or, chez un marchand d'étoffe de soie, or et argent', pour emménager 'rue des Etuves près la Croix du Tiroir' (13 et 31 août 1723). Certains annonceurs sont très attentifs au texte de leurs annonces et n'hésitent pas à en modifier souvent le texte. Jacques Gelly, maître chirurgien à Amsterdam, publie entre le 11 mai et le 11 juin 1723 trois annonces pour son 'essence anti-vénérienne'. Dans la première, Gelly indique que le remède 'a été trouvé à Paris par M. Pibrac, qui a obtenu du Roi T. C. un privilège pour le débiter, et qui a été fait chirurgien-major du régiment de dragons de sa Majesté'. Cette mention du roi de France (Louis XIV ou Louis XV?) a peut-être déplu aux protestants du Refuge. La seconde annonce, plus courte, en fait l'économie. Mais décidément, il fallait tout de même rassurer les clients éventuels. Aussi la troisième annonce d'ajouter en fin de texte: 'On en fait journellement des expériences, qui répondent au-delà de l'attente.' D'autres annonces sont corrigées par l'imprimeur, parce qu'elles étaient sans cela proprement inintelligibles ou bien parce que le nom de l'annonceur avait été mal orthographié.

Origine géographique, espace privé et espace public

Rien ne prouve mieux le rayonnement international de la *Gazette d'Amsterdam* que le tableau 4, où les annonces marchandes et les avis ont été répartis en fonction de leur origine géographique.

Si en 1715 les annonces marchandes sont néerlandaises dans leur immense majorité, venant surtout d'Amsterdam et La Haye, très vite, dès 1719 et 1723, la France en fournit le tiers. Dans les deux périodes suivantes, le royaume de Louis XV est souverain, surtout en 1749 et 1753. Les annonces françaises dominent alors les annonces hollandaises d'un écart de 40 à 25 points. Preuve éclatante supplémentaire, s'il en était besoin, que la *Gazette d'Amsterdam* était alors largement diffusée en France, y assurant la fonction publicitaire que se refusait à endosser la *Gazette de France*. Par la suite, les Provinces-Unies atténuent leur retard et parviennent à une parité presque parfaite avec la France en 1769. Il faut voir dans ce réajustement une conséquence de la concurrence des autres gazettes 'périphériques' qui purent toutes être distribuées en France, à partir de 1759, portant elles aussi des annonces d'origine française. La répartition nationale des annonceurs dessine assez bien ce que l'on peut entrevoir de la diffusion de la *Gazette d'Amsterdam* dans le royaume. Une écrasante majorité d'entre eux vivent à Paris – 286, soit 85%. Pour l'essentiel, les autres sont établis dans le Nord, jusqu'à Beauvais, et dans une Normandie élargie au Mans et à Saint-Germain-en-Laye (33 annonceurs).

On trouve encore quelques annonceurs dans le grand Sud-Ouest, jusqu'à Saint-Jean-de-Luz. Pour le reste ils sont fort rares dans l'Est et aussi dans le Sud-Est, où jouent probablement la concurrence des contrefaçons de Genève et d'Avignon, comme celle du *Courrier d'Avignon*.

L'insertion de toutes ces annonces était favorisée par la présence permanente à Paris d'un bureau chargé de les recueillir.[11] Les 19 et 26 octobre 1725, le libraire parisien Menier annonce qu''en lui payant ce qu'il faut', il se charge de 'faire insérer des avertissements' au bas de la *Gazette d'Amsterdam*. Depuis les années 1730, et peut-être même bien avant, les libraires David étaient chargés de ce soin. Contre les Menier et autres concurrents éventuels, Michel-Etienne David affirme son monopole pour l'insertion de nouvelles et d'annonces dans la gazette:

On avertit les personnes qui demeurent en France, et qui veulent faire insérer des articles ou avertissements dans la Gazette de Hollande, de s'adresser au Sr Michel-Etienne David, libraire à Paris, puisqu'on n'en fera autrement aucun usage. N.B. On a déjà pu remarquer qu'on n'en a fait aucun des avertissements ni des articles qui ont été envoyés en droiture, et qu'ainsi ce sera une peine inutile. Ceux qui ont quelque chose à écrire par rapport à la Gazette sont priés de faire tenir leurs lettres franches de port.[12]

---

11. Voir à ce sujet, le chapitre du présent ouvrage sur la diffusion.
12. 26 octobre 1745; annonce répétée les 21 et 28 décembre 1753, et dans les années suivantes avec simple modification de l'adresse quand cela fut nécessaire.

Tableau 4. Répartition catégorielle des annonces marchandes et des avis, selon leur origine géographique: nombre des annonces et avis, et (%) établis par rapport au total annuel

	1715	1719	1723	1745	1749	1753	1765	1769
Annonces marchandes								
Prov.-Unies	121 (89,6)	107 (59,5)	153 (67,1)	89 (41,8)	64 (22,7)	71 (34,0)	90 (37,0)	115 (44,4)
France	6 (4,5)	60 (33,3)	72 (31,6)	107 (50,2)	175 (62,1)	123 (58,8)	114 (46,9)	116 (44,8)
Europe	8 (5,9)	13 (7,2)	3 (1,3)	15 (7,1)	43 (15,2)	15 (7,2)	37 (15,2)	27 (10,4)
Colonies	–	–	–	2 (0,9)	–	–	2 (0,9)	1 (0,4)
Total	**135 (100)**	**180 (100)**	**228 (100)**	**213 (100)**	**282 (100)**	**209 (100)**	**243 (100)**	**259 (100)**
Avis								
Prov.-Unies	17 (85,0)	23 (69,7)	34 (72,3)	7 (31,8)	1 (5,3)	5 (14,7)	32 (45,7)	41 (69,5)
France	–	7 (21,2)	–	2 (9,1)	–	5 (14,7)	12 (17,1)	5 (8,5)
Europe	2 (10,0)	3 (9,1)	10 (21,3)	10 (45,5)	15 (78,9)	9 (26,5)	26 (37,2)	11 (18,6)
Colonies	1 (5,0)	–	3 (6,4)	–	3 (15,8)	15 (44,1)	–	2 (3,4)
Indéterminé	–	–	–	3 (13,6)	–	–	–	–
Total	**20 (100)**	**33 (100)**	**47 (100)**	**22 (100)**	**19 (100)**	**34 (100)**	**70 (100)**	**59 (100)**

Tableau 5. La *Gazette d'Amsterdam* au XVIIIe siècle:
annonceurs habitant les villes françaises

	1715	1719	1723	1745	1749	1753	1765	1769	Total
Paris	2	22	22	48	54	46	37	55	286
Nord									
Arras			1						1
Beauvais				1	1				2
Boulogne							1		1
Cambrai			1				1		2
Dunkerque					2		2	2	6
Lille		1		1		1	1	1	5
Saint-Omer						1			1
Total		1	2	2	3	2	5	3	18
Normandie/Maine									
Caen				1		1	1		3
Coutances			1						1
Le Havre								1	1
Le Mans				1	2				3
Pays de Caux				1					1
Rouen	1	1	1		1			1	5
St Germain								1	1
Total	1	1	2	3	3	1	1	3	15
Sud-Ouest									
Blois		1							1
Bordeaux		1				1		1	3
La Châtre								1	1
La Rochelle					1		1		2
St Jean-de-Luz				1					1
Saintes							1		1
Total		2		1	1	1	2	2	9
Est									
Ay (Champ.)								1	1
Bitche (Lor.)								1	1
Dijon							1		1
Total							1	2	3
Sud-Est									
Lyon					2		1		3
Marseille				1			1		2
Total				1	2		2		5
Total génér.	3	26	26	55	63	50	48	65	336

Le Bureau général des gazettes étrangères prit tout naturellement la suite des libraires David, et publia un avertissement conçu dans des termes presque identiques.[13] Il n'existe pas d'annonce pour un quelconque autre Bureau établi ailleurs en Europe. C'est assez dire le caractère privilégié de la diffusion de la *Gazette d'Amsterdam* et des autres gazettes 'périphériques' en France. Et d'ailleurs, les autres pays européens, essentiellement l'Angleterre avec Londres, les Pays-Bas autrichiens avec Bruxelles, parfois tel ou tel principauté ou royaume allemand, ont des performances très médiocres sur le tableau 4, comparées à celles des Provinces-Unies ou de la France. Le mieux qu'ils aient pu faire, 15,2%, les place à près de 47 points des chiffres français en 1749, 32 points en 1765.

Les trois annonces de localisation 'indéterminée' sont intéressantes parce que la *Gazette d'Amsterdam* y joue le rôle d'un support de communication entre un locuteur et son correspondant, tous deux inconnus et du rédacteur et de l'ensemble des lecteurs. Il y a là interférence entre l'espace privé d'une correspondance particulière et l'espace public du périodique. L'annonceur inconnu recherche un remède et l'adresse de son inventeur. Il reçoit le remède, mais point l'adresse. Le remède est-il bien authentique, ou s'agit-il d'une sorte de message codé de mauvais goût, annonçant une grossesse puis un enfant non désiré? 'N.B. On demande où et à qui on doit s'adresser pour avoir la poudre pour guérir la colique, de l'invention du Sieur Burton, ainsi que l'adresse dudit Sieur Burton.' Huit mois plus tard, on peut lire: 'On a reçu la recette contre la colique, précédée de deux étoiles, et on y fera attention dès que l'auteur aura fait parvenir son nom et ses qualités par la même voie.'[14] Quelques autres annonces, localisées celles-là, confondent elles aussi espace privé et espace public, pour communiquer anonymement, par peur du scandale. Par exemple, ces menaces à une 'demoiselle' fugueuse: 'On prie instamment une certaine demoiselle qui s'est absentée de La Haye la nuit du 12 au 13 septembre dernier, de faire savoir, dans l'espace de huit jours, le lieu où elle s'est retirée; sans quoi on sera obligé de prendre des mesures qui ne lui seront pas agréables.'[15] Ou ces autres menaces à l'auteur d'une lettre anonyme:

On prévient le méprisable auteur de la lettre anonyme de six lignes, en date du 21 juillet dernier, et qui a été mise à la poste à Lille, qu'il n'est pas aussi inconnu qu'il

13. 5 juillet, 30 août, 1er et 8 octobre 1765. Les annonces de la gazette permettent de domicilier très exactement le Bureau qui a déménagé plusieurs fois dans Paris. Au temps des privilégiés Palissot et David, il est logé 'rue et vis-à-vis la grille des Mathurins' (12 octobre 1759). Etabli rue d'Enfer depuis au moins 1765, il déménage quand le ministère des Affaires étrangères reprend le privilège en avril 1767 et s'installe le 1er mai 'rue Neuve St Roch, du côté de la rue Neuve des Petits Champs, vis-à-vis la rue des Moineaux' (14-28 avril). Le voici le 1er janvier 1768, 'rue de la Grande Truanderie, la porte cochère attenant un parfumeur, entre les rues Verderet et Mondétour' (24 novembre – 29 décembre 1767). Il s'installe enfin définitivement le 1er juillet 1768 'rue de la Jussienne, même maison que celle où sont les Bureaux de la Compagnie d'Assurances générales'. Après avoir habité à la même adresse que le Bureau, son directeur, Pierre-Auguste Delorme, s'était installé rue du Bout-du-Monde, depuis 1785 ou 1786 (G. Feyel, *L'Annonce et la nouvelle*, p.708).
14. 19 mars, 9 et 12 novembre 1745.
15. 5 octobre 1723.

le pense; et que s'il s'avise encore de se servir de ce moyen bas et vil pour lancer des traits envenimés et calomnieux, on employera alors, sans aucun égard ni pour son nom, ni pour son caractère, les voies permises pour réprimer ses desseins déshonnêtes et criminels.[16]

Une telle annonce prouve assez la lecture assidue de la *Gazette d'Amsterdam* parmi les élites lilloises. Naturellement, certains avis de recherche évoquent discrètement des histoires familiales difficiles:

On donne avis au jeune homme de 18 à 19 ans, qui partit d'Utrecht le 20 mai 1723 sans dire à ses parents où il allait, que son frère aîné est décédé le 5 du présent mois de décembre; et que ses parents promettent de lui pardonner sa faute, s'il retourne sous leur obéissance. Que s'il est trop éloigné pour pouvoir retourner d'abord auprès d'eux, il doit du moins donner au plutôt de ses nouvelles à ses parents, et leur mander l'endroit où il se trouve, afin de les tirer de peine.[17]

Beaucoup de ces avis de recherche ou de vol, mais aussi les avis de loterie, sont d'origine néerlandaise ou proviennent d'Allemagne ou d'Europe du Nord, voire des colonies hollandaises. Les avis de vol, toujours vindicatifs de la part d'annonceurs qui pensent avoir de bonnes raisons de se plaindre, décrivent le larcin, donnent un portrait quasi anthropométrique du voleur, promettent récompense. Voici l'un de ces nombreux chirurgiens oculistes vrais ou faux qui parcourent alors l'Europe:

Le soi-disant Hoffman s'est furtivement évadé d'Amsterdam le 26 du mois dernier, emportant à un particulier, entre autres effets et papiers de conséquence, les marques d'un Ordre, composées de deux croix émaillées et entrelacées, dont l'une blanche, l'autre verte, surmontées d'une couronne, enrichies de diamants, de même que l'anneau, auquel elles sont suspendues. Ce Hoffman peut être âgé de 32 à 33 ans, ayant environ cinq pieds de taille, le visage long et blanc, le nez grand, les jambes fournies, et la tête peu garnie de cheveux châtains clairs, qu'il porte ordinairement en bourse. Il parle différentes langues, se dit gentilhomme polonais, élevé à la Cour de Dresde, et s'est donné pendant son séjour à Amsterdam pour oculiste. Ses instruments sont de pinchebeck doré, en un étui de chagrin noir, doublé de taffetas blanc. Sa montre est aussi de pinchebeck, garnie de grenats. Il porte communément un habit gris à boutonnières noires, ou un habit de drap noir. Il a aussi un manteau d'écarlate, une pelisse de peau de renard, couverte d'une légère étoffe grisâtre, un coffre carré et fort grand, couvert de cuir, nanti de deux larges courroies à boucles. Quiconque sur ces indices arrêtera ledit fripon et fera restituer au propriétaire les effets aliénés, recevra, en en donnant avis au Bureau des postes d'Amsterdam, 50 florins de récompense.[18]

Autre genre d'avis, la recherche des héritiers de huguenots disparus aux colonies. Voici un message court, mais répété treize fois: 'Ceux qui ont des prétentions à la charge de feu M. Isaac Labadie, mort à Surinam, ou qui pourraient être redevables à l'hoirie du défunt, sont priés de s'adresser à M. et M^{tre}

16. 18 août 1769.
17. 3 décembre 1723.
18. 17 février 1769.

S. P. Pichot, exécuteur du testament, demeurant à Surinam.'[19] L'avis peut être beaucoup plus long, s'il existe d'importants enjeux financiers:

On doit avoir annoncé dans les Nouvelles publiques, depuis 1712 jusqu'à 1735 ou 1736, la mort d'un nommé Moysant et de sa femme, ledit Moysant, né dans les environs de Rouen en Normandie, décédé sans postérité à Batavia dans les terres et seigneuries des Etats-Généraux des Provinces-Unies. Maintenant on souhaiterait de savoir en quel temps les avertissements du décès de ces deux époux ont été insérés dans les Papiers publics, si leur succession a été recueillie ou non, et par qui, ou si au contraire n'ayant été ni réclamée, ni perçue, en quelles mains elle est restée, et à qui l'on pourrait s'adresser pour en avoir des éclaircissements. C'est sur ces différentes particularités que les personnes, qui pourraient en avoir connaissance, sont priées de vouloir bien en donner avis à Rouen au Bureau des Annonces; et à Paris au Bureau général des Gazettes, rue de la Jussienne. Cette recherche est très intéressante pour les personnes qui la font; de sorte qu'en cas de réussite et que l'effet réponde à leurs vues, ceux qui y auront contribué par leurs avis et leurs enseignements, peuvent être assurés d'une reconnaissance proportionnée à l'importance de l'objet.[20]

A leur manière, les avis de la *Gazette d'Amsterdam* témoignent de la séparation des familles provoquée par la révocation de l'édit de Nantes.

Librairie

Quel contraste entre les annonces de librairie et de médecine, si l'on prend en compte leurs origines géographiques! Les annonces de librairie sont majoritairement néerlandaises. Au milieu du siècle, les libraires de Paris sont certes plus actifs et parviennent à insérer plus du tiers des annonces. Leurs confrères de Hollande continuent cependant de dominer le marché (voir tableau 6).

Il en est tout différemment des annonces de médecine. Les médecins, empiriques et charlatans français sont constamment souverains dès 1719, et le restent pendant tout le siècle. Les annonces médicales néerlandaises sont un genre en voie de disparition à partir des années 1740. En revanche, l'Angleterre et l'Allemagne, absentes au temps de la Régence, se mettent à leur tour à en proposer dans la seconde moitié du siècle.

Comme à la fin du dix-septième siècle, on trouve en Hollande, parmi les annonceurs de librairie, les libraires néerlandais 'nés natifs' et les libraires réfugiés d'origine française ou leurs héritiers.[21] Par exemple, en 1715, à Amsterdam Jean-Frédéric Bernard, Pierre Brunel, Pierre de Coup, Jacques Desbordes, Pierre Humbert, Claude Jordan, L'Honoré et Châtelain, Louis Renard; à La Haye Henri Dusauzet; à Rotterdam Abraham Acher. Les libraires néerlandais sont moins nombreux: à Amsterdam J. Oosterwyck, Stennhouwer et Uytwerff, Jean Potgieter, les frères Wetstein; à La Haye T. Johnson; à Leyde Pierre

19. 8 juin au 24 juillet 1753, 13 annonces.
20. 16 juin 1769.
21. C. Berkvens-Stevelinck, 'L'édition et le commerce du livre français en Europe' et 'L'édition française en Hollande', *Histoire de l'édition française*, t.II, p.305-13 et 316-25. Voir aussi G. Feyel, *L'Annonce et la nouvelle*, p.573-75.

Tableau 6. Répartition catégorielle des annonces de librairie et de médecine, selon leur origine géographique: nombre des annonces, et (%) établis par rapport au total annuel

	1715	1719	1723	1745	1749	1753	1765	1769
Librairie								
Prov.-Unies	91 (98,9)	87 (82,1)	113 (89,7)	60 (60)	41 (56,2)	49 (62,0)	34 (64,2)	61 (61)
France	1 (1,1)	16 (15,1)	13 (10,3)	38 (38)	26 (35,6)	27 (34,2)	13 (24,5)	36 (36)
Europe	–	3 (2,8)	–	2 (2)	6 (8,2)	3 (3,8)	6 (11,3)	3 (3)
Total	**92 (100)**	**106 (100)**	**126 (100)**	**100 (100)**	**73 (100)**	**79 (100)**	**53 (100)**	**100 (100)**
Médecine								
Prov.-Unies	14 (77,8)	7 (15,6)	17 (23,9)	11 (16,4)	–	8 (8)	5 (4,7)	1 (1,4)
France	4 (22,2)	38 (84,4)	54 (76,1)	51 (76,1)	104 (80)	87 (87)	81 (75,7)	54 (75,0)
Europe	–	–	–	5 (7,5)	26 (20)	5 (5)	21 (19,6)	17 (23,6)
Total	**18 (100)**	**45 (100)**	**71 (100)**	**67 (100)**	**130 (100)**	**100 (100)**	**107 (100)**	**72 (100)**

van der Aa; à Rotterdam Jean Hofhout. Les années du milieu de siècle sont celles d'Arkstée et Merkus, Z. Châtelain, Pierre Humbert et fils, F. L'Honoré et fils, Marc-Michel Rey, J. Ryckhoff junior à Amsterdam, Pierre Gosse junior et Cie, Pierre de Hondt et Jean Néaulme à La Haye... Les libraires parisiens sont moins nombreux. Sous la Régence, ce sont Michel Clousier, Nicolas Gosselin, François Urbain Coustelier, tous trois associés, Jean-François Nyon, la famille Ribou. Au milieu du siècle, Briasson, la famille David, Didot, la famille D'Houry, Charles-Antoine Jombert. Dans les années 1760, Barbou, Durand, Lacombe, Merigot le jeune, Moutard, Panckoucke.

Les annonces de la *Gazette d'Amsterdam* s'ouvrent aux souscriptions. En 1719, c'est *L'Antiquité expliquée et représentée en figures* de Montfaucon, relayée par les *Œuvres de St Chrysostome* du même Montfaucon et les *Vies des hommes illustres* de Plutarque dans la traduction de Dacier.[22] Les *Œuvres* de Bayle sont un enjeu de la librairie néerlandaise au début du dix-huitième siècle. En 1715, Jacques Desbordes, libraire à Amsterdam, 'donne avis qu'il imprime l'*Histoire de M. Bayle et de ses ouvrages*, par M. de la Monoye; corrigée et augmentée de plusieurs particularités ou anecdotes de la vie de ce Philosophe, publiées en anglais; à quoi on a joint des *Remarques de critique et de littérature* sur la nouvelle édition du *Commentaire philosophique*, et sur celle des *Lettres de M. Bayle*, pour servir d'éclaircissement à ces deux ouvrages, et de supplément à la vie de l'auteur.'[23] Huit ans plus tard, plusieurs libraires de La Haye se réunissent pour donner *Les Œuvres diverses*.[24]

On pourrait multiplier les exemples. En 1745, Jean Néaulme, libraire à La Haye, déclare avoir imprimé et débité *Le Corps diplomatique des traités de paix* (1450 exemplaires en petit papier et 200 en grand papier); il persévère et imprime *Les Actes publics d'Angleterre recueillis par T. Rymer*, un gros ouvrage de 10 volumes in folio, dont 'on n'a imprimé que 500 exemplaires de petit papier, outre 50 exemplaires de grand papier'. Aussi est-il 'aisé de concevoir, que ce dernier Recueil ne tardera pas à devenir rare et de grand prix, près de la moitié de l'édition se trouvant déjà enlevée par la souscription.' Et d'ajouter à la fin de cette longue annonce de 34 lignes: 'Au reste, j'ose affirmer que cette édition est très belle et très bien exécutée, tant par rapport au papier, aux caractères, que par rapport à l'exactitude de la correction, n'ayant rien négligé, ni épargné, pour parvenir à cette heureuse fin.'[25] A côté de ce grand

---

22. 14 novembre, 29 décembre, 21 avril 1719. On retrouve le même type d'arguments (beauté du papier, illustrations, prix) à propos du *Grand Dictionnaire géographique* de Bruzen de La Martinière, imprimé par François Changuion et Herman Uytwerff, libraires à Amsterdam (11 annonces, 19 février-29 juin 1723). Sur cette première campagne de souscription de la librairie française, voir H.-J. Martin, 'La prééminence de la librairie parisienne', *Histoire de l'édition française*, t.II, p.263-81, notamment p.271-72. *L'Antiquité* de Montfaucon est l'objet de deux annonces déjà parues les 19 octobre et 12 novembre 1717.

23. 12 juillet-19 novembre 1715.

24. 8 janvier-5 février 1723.

25. 16 mars, 2 et 23 avril 1745. Néaulme annonce aussi cette même année l'*Histoire militaire du Prince Eugène, du duc de Marlborough et du prince d'Orange et de Nassau Frise* par Rousset, t.III, ainsi que *Les Causes célèbres et intéressantes, avec les jugements qui les ont décidées*, 18 vols, nouvelle édition.

entrepreneur de librairie, laissons la parole à ces plus petits personnages, A. Blusset et fils, libraires à Dordrecht, qui proposent une souscription, 'suivant laquelle, ils sont dans l'intention de faire imprimer et publier en langue hollandaise le magnifique ouvrage intitulé *Deliciae Naturae Selectae, ou Collection du plus excellent fixe* [*sic*] *des trois règnes de la Nature*, propre à former un Cabinet de singularités naturelles.' De cette nouvelle édition, illustrée de 91 estampes de G. W. Knorr, graveur à Nuremberg, et enrichie d'une description et de notes de P. L. S. Muller, professeur à Erlangen, il ne 'sera distribué aucune feuille qui n'ait été corrigée de la main de l'auteur'. 'Le temps de la souscription finira au dernier de ce mois, à moins que le nombre de 200 souscrivants, dont on n'acceptera aucun de plus, ne soit rempli avant cette date. Quant au reste, on renvoie les amateurs aux conditions mêmes, qui se trouvent gratis chez les susdits libraires et chez les principaux, tant à Amsterdam que dans les autres villes des Provinces-Unies, chez qui l'on peut aussi voir une demi-feuille d'épreuve imprimée et un modèle des estampes.'[26]

Toutes ces éditions ne se font pas sans conflits ni difficultés de toutes sortes, on s'en doute. Il arrive que les annonces retentissent de polémiques. P. de Hondt, libraire à La Haye, annonce qu'il a obtenu des Etats de Hollande et de West Frise 'un privilège sur l'*Histoire des papes*, traduite de l'anglais de M. Bower'. Aussitôt, ce dernier de protester dans les gazettes d'Amsterdam et d'Utrecht des 24 et 23 juin. Il fait lui-même traduire son ouvrage, 'avec des additions et corrections considérables pour le premier tome'. 'Les deux premiers volumes de cette traduction paraîtront en même temps que le second en anglais et les suivants de même, le traducteur devant avoir les feuilles de l'original à mesure qu'on les imprimera.' La traduction annoncée par 'un libraire de la Haye', 'se fait absolument sans son aveu'. Bien loin d'être 'intimidé' par un tel 'avertissement', P. de Hondt assure qu'il redoublera ses efforts, 'afin qu'il ne manque rien à la beauté, à la netteté et à l'exactitude de son édition. On détaillera en son temps les vrais motifs qui ont porté l'auteur à désavouer d'avance et sans la connaître, une traduction dont il ignore le mérite, et on assure le public, qu'on ne négligera pas de faire usage des additions et des corrections que ledit Sr Bower a jugé à propos de promettre.'[27]

Autre contestation, cette 'déclaration de Monsieur de La Baumelle':

Comme le Sr Gosse a fait annoncer, dans le Gazette du 27 juin N° LI, pour le 1er novembre 1755, à 4 florins 4 sols, le *Recueil de lettres et mémoires de Mme de Maintenon* annoncé déjà de la part du Sr Jolly, pour le 1er octobre, à 13 florins, et comme il ajoute qu'il a acquis le droit de copie de cet ouvrage avant le Sr Jolly (ce qui signifie clairement que le même ouvrage a été vendu à deux libraires), M. de La Baumelle, qui se trouve intéressé à donner au public une véritable idée de cette affaire, déclare: 1° Qu'il n'a vendu l'ouvrage dont il s'agit ni au Sr Gosse ni au Sr Jolly ni à qui que ce soit, et qu'il s'imprime en partie à ses dépens; 2° Qu'il défie le Sr Gosse d'avancer qu'il lui ait

26. 20 janvier 1769.
27. 24 et 27 juin, 1er juillet 1749 (Bower); 27 juin (P. de Hondt). Notons qu'après cette prise de bec, P. de Hondt ne fait plus de publicité autour de l'ouvrage contesté, alors qu'il en annonce bien d'autres cette même année.

jamais vendu, donné ou prêté une syllabe de ce manuscrit ni d'aucun autre; 3° Qu'il est si sûr de n'avoir pas été volé ni par ses copistes ni par ses imprimeurs, qu'il s'engage et s'oblige, si l'édition du Sr Gosse paraît le 1er novembre, à lui faire présent de la sienne.[28]

Il y a là bien des matériaux intéressant l'historien du livre. Pour sa part, celui de l'information trouvera aussi sa provende dans les annonces de pièces d'actualité, d'estampes et de cartes de géographie. Le libraire d'Amsterdam, Jean Potgieter, diffuse en 1715 et 1717 une série de brochures et de pièces jansénistes (14 annonces en 1715, 21 en 1717). La *Gazette d'Amsterdam* étant alors en pleine campagne janséniste,[29] il n'est pas étonnant qu'y fleurissent pareils avis. Au milieu du siècle, lors de la querelle des billets de confession, de nouveau quelques annonces jansénistes se fraient une place au bas de la gazette:

On trouvera mardi prochain 12 juin, les *Remontrances du Parlement de Paris du mois d'avril dernier, accompagnées de plusieurs actes importants que le même Parlement a faits l'année dernière*, chez F. Jolly, libraire à Amsterdam sur le Roquin; chez de Haën, libraire à la Haye; chez Rosard, fondeur de lettres à Harlem sur le Spaar; chez les libraires Vander Wyde et Kribber, à Utrecht; et chez Mlle Hester Bonk, à Leyde dans le Houtsraat. Les mêmes débitent chaque semaine les *Nouvelles Ecclésiastiques*, réimprimées sur l'édition de Paris, et auxquelles les susdites *Remontrances* serviront de Supplément pour les mois de mai et juin de la présente année. Le public n'ignore pas que les *Nouvelles ecclésiastiques* contiennent un ample détail de tout ce qui se passe en France entre le Parlement et le Clergé.[30]

Une autre annonce précise que les *Nouvelles ecclésiastiques* sont vendues 1 sol et demi la feuille. Parmi les estampes proposées par des libraires spécialisés ou par des graveurs, nous ne retiendrons ici que celles qui ont valeur d'actualité. Demortain, marchand d'estampes à Paris, sur le Pont Notre-Dame, vend les deux estampes de la cérémonie du sacre du roi Louis XV, ainsi que les plans, vues et antiquités de la ville de Reims, le tout gravé par Daudet, géographe du roi. De telles gravures d'actualité étaient si prisées des contemporains, que certains d'entre eux les ont fait relier dans leurs collections de la *Gazette de France*.[31] A la fin des années 1760, Pascal Paoli, 'général des Corses', a été portraituré par la 'Demoiselle S. Caron', qui 'se propose de servir la curiosité et l'empressement que suscite encore tous les jours M. Paoli, en faisant graver sur le champ ce beau tableau', dont plusieurs particuliers l'ont déjà priée 'de leur faire des copies'. 'Comme on a envoyé de Londres à Amsterdam un portrait de ce général, qui ne lui ressemble en aucune manière, qui n'est qu'une copie faite à la hâte, que l'on grave actuellement, et qui doit être exposée au public

---

28. 1er juillet 1755. Voir aussi cette annonce du libraire parisien Durand: 'On a inséré dans la *Gazette d'Utrecht* qu'on imprimait en Hollande les *Anecdotes historiques, militaires et politiques* de M. l'abbé Raynal, et qu'on y ajoutait son *Essai historique et politique sur le gouvernement présent de la Hollande*. Ce dernier ouvrage n'est pas de lui. Son livre sur la Hollande est intitulé: *Histoire du Stathouderat*. La seule édition de ce livre qui soit complète, a été imprimée en 2 vols in-8°, chez Durand à Paris 1750' (20 avril 1753).

29. J. Sgard, 'Le jansénisme dans les gazettes françaises de Hollande (1713-1730)'.

30. 8 juin 1753.

31. 15 janvier 1723. Voir sur ces gravures, l'une des deux collections de la *Gazette de France* du ministère des Affaires étrangères.

dans quelques jours avec les estampes, il est bon d'en avertir les amateurs, qui aimeront sans doute mieux attendre la gravure du portrait, si heureusement exécuté à Amsterdam d'après nature.' La gravure est 'actuellement' préparée par Houbraaken, 'elle sera de la grandeur la plus convenable de la symétrie d'un cabinet', elle est mise en souscription.[32] Ces quelques annonces révèlent ainsi toute une circulation d'images permettant aux contemporains de se représenter les événements et les hommes. Il est difficile d'abandonner ces estampes, sans faire un sort particulier à celle de la famille Calas, diffusée dans toute l'Europe:

On continue de souscrire en France pour l'estampe de la famille Calas, représentant la veuve de ce nom, ses deux filles, son fils Jean-Pierre, M. Lavaysse et Jeanne Vignière, leur servante. Le prix de la souscription est à raison de 6 livres; mais plusieurs personnes, distinguées par leur rang, se sont servies de cette occasion pour contribuer au soulagement de cette famille, qui mérite tant que l'on s'intéresse à son sort. Tous ceux, qui voudront suivre ce louable exemple de générosité, peuvent être sûrs que leurs bienfaits lui seront remis, et les préposés à la souscription en rendront compte au public. On ne pourra se procurer cette estampe qu'en y prenant intérêt comme souscrivant. Dès que la souscription sera formée, on fera le dénombrement de tous ceux qui auront souscrit, on leur délivrera les exemplaires, et il ne s'en tirera aucun au-delà de la quantité prescrite.[33]

Les annonces de cartes de géographie prouvent que les lecteurs de gazettes avaient besoin de cartes pour bien suivre l'actualité. Les veuves P. Mortier et P. Schenk, libraires d'Amsterdam, publient 'actuellement' 'une nouvelle carte du théâtre de la guerre en Hongrie, depuis Vienne jusqu'à Constantinople, gravée sur les originaux faits par ordre de l'Empereur, en quatre grandes feuilles, de même qu'une carte de Hongrie en deux grandes feuilles, et une autre en une feuille, exactement gravées'.[34] En 1745, la campagne de Flandre et la bataille de Fontenoy sont l'objet de nombreuses cartes (8 annonces). Bailleul, géographe à Paris, et Panckoucke, libraire à Lille 'viennent de donner au public le plan de la bataille de Fontenoy, dans l'état du premier ordre de bataille et de la retraite de l'armée des alliés, dédié à M. d'Argenson, ministre de la guerre, ouvrage bien détaillé, prix 1 livre 4 sous'.[35] Des cartes des Pays-Bas autrichiens, occupés par l'armée française, sont proposées. Quinze feuilles, dressées sur les mémoires d'Eugène Friex, sont vendues à Paris chez

32. 8 septembre et 10 octobre 1769.

33. 5 novembre – 31 décembre 1765, annonce répétée six fois. Suit la longue liste des villes où l'on peut souscrire: Amsterdam, La Haye, Leyde (chez Etienne Luzac, libraire), Delft, Rotterdam, Paris (Naigeon, officier-garde-magasin du roi, rue Champ-fleuri), Utrecht (Etienne-Elie Peuch, auteur de la gazette française, au Ganze-Markt), Berne (Société typographique et littéraire), Genève, Neuchâtel, Leipzig, 'ainsi que dans toutes les principales villes de l'Europe'. D'autres annonceurs d'estampes proposent des reproductions gravées de tableaux des plus grands maîtres du dix-huitième, mais aussi des siècles précédents.

34. 7 septembre et 5 octobre 1717.

35. 29 juin 1745. La bataille de Fontenoy a été l'objet de plusieurs estampes, dont l'une 'dessinée sur les lieux par le Sr Brouard et gravée par Guelard' est débitée par Limosin, à Paris, quai de Gesvres (annonce du 23 juillet 1745; voir, pour un autre plan publié à Amsterdam, le 15 juin 1745).

Crepy, rue St Jacques. Le Rouge, géographe du roi à Paris, dont on retrouve aussi les annonces dans les réimpressions de la *Gazette de France*, propose 'un nouveau cours du Rhin de Constance à Mayence, en 9 feuilles topographiques; une carte particulière de la Veteravie; les plans de Luxembourg, Charleroi, Mons, Ath, Gand et Namur':[36]

Les cartes géographiques des héritiers de Hofmann, qui ont été annoncées dans le *Journal de Verdun* du mois de mars dernier, et dont la *Gazette d'Amsterdam* du 13 du même mois fait mention, se trouvent à présent à l'Hôtel de Soubise, à Paris, avec le catalogue desdites cartes, qu'on y distribue gratis. On a joint à cette collection plusieurs autres cartes étrangères, pour l'intelligence de la présente guerre, et que l'on a ajoutées à la fin du catalogue ci-dessus. On y trouve entre autres l'atlas des plans et cartes de Flandre, par le Sr Friex, à Bruxelles, au nombre de 77 pièces, dont la carte des Pays-Bas et des frontières de France en 24 feuilles, avec un Dictionnaire de tous les noms contenus dans cette carte. Chaque feuille est distribuée en 48 carrés, et le Dictionnaire indique la feuille et le carré de chaque position. Ouvrage utile pour trouver avec une extrême facilité les villes, bourgs, villages, rivières, etc., contenus dans ladite carte.[37]

Covens et Mortier, à Amsterdam, débitent plusieurs 'théâtres de la guerre' en Flandre, sur le Rhin, en Hongrie, en Italie, en Savoie, etc., minutieusement détaillés en une longue annonce de 23 lignes.[38]

La guerre russo-turque et les affaires corses sont encore et toujours l'occasion d'annoncer de nouvelles cartes. Outre le géographe Le Rouge, Covens et Mortier à Amsterdam, sont toujours là, de même que la veuve Ottens (20 annonces), mais aussi de nouveaux venus comme Mondmark et Moithey.[39]

Médecins et charlatans

Plus que les textes mêmes de toutes les annonces médicales ou charlatanesques, dont nous avons déjà longuement étudié ailleurs les arguments,[40] les fiches/ annonceur révèlent de véritables politiques de communication, installées dans la durée. Certains détenteurs de remèdes spécifiques font insérer deux ou trois annonces tous les ans, leur permettant d'exister pour leur public pendant plusieurs années. Delaporte, établi à Paris, propose un opiat du Levant pour les dents entre 1717 et 1725 au moins (2 annonces en 1717, 3 en 1719, 7 en 1723, 3 en 1725). Massé, faiseur d'instruments de chirurgie à Amsterdam, confectionne des bandages herniaires (une annonce en 1717, 3 en 1719, 7 en 1725, 6 en 1725). Legrand dispose d'un remède contre les maladies secrètes, annoncé 7 fois en 1717, 9 fois en 1719. Mademoiselle de Rezé annonce une eau composée de simples contre la goutte, un baume spécifique contre les maux de dents, une eau pour soigner la peau (7 annonces en 1717, 9 en 1719).

36. 23 avril 1745.
37. 29 janvier 1745.
38. 5 mars, 25 juin, 6 juillet 1745.
39. 18 avril, 7 juillet, 17 octobre 1769.
40. G. Feyel, *L'Annonce et la nouvelle*, p.362-95.

En 1745, sous le nom de Mme d'Estrade, elle continue de guérir les maux de peau depuis 40 ans, assure-t-elle (une annonce). D'autres annonceurs s'efforcent de couvrir toute l'année, afin de ne pas être oubliés, mais ils le font de manière irrégulière. Porcheron, détenteur d'une pommade de simples contre les rhumatismes, donne 4 annonces en 1715, puis 11 en 1717, 8 en 1719, 12 en 1723, 10 en 1725. En 1723, il donne 4 annonces en janvier, une en mars, mai et juin, deux en août, une en octobre, novembre et décembre. Après sa mort, la demoiselle Porcheron continue de vendre le remède (une annonce en 1745). Son confrère Lionnet, qui offre une pommade chimique contre les hémorroïdes, fait insérer 11 annonces en 1723, 8 en 1725: les annonces de 1723 se succèdent en février (2), mars (toujours 2), mai, juillet, août, octobre et novembre (chacun une), décembre (2).

Neilson, chirurgien écossais établi à Paris, puis son successeur Moreau, proposant tous deux des bandages herniaires 'élastiques', ont un calendrier et une pratique de l'annonce beaucoup plus sophistiqués. En 1745, Neilson fait insérer dix annonces, une par mois, de janvier à octobre. On ne sait pourquoi novembre et décembre ne sont pas couverts. En revanche, en 1749, il est beaucoup plus bavard, faisant se succéder de longues annonces de 16 lignes et des messages plus brefs, de 4 lignes, soit au total 21 annonces! Chaque mois est ainsi couvert, parfois par deux messages, le long et le court (mai, juin, juillet, novembre), parfois par trois, deux courts et un long (octobre et décembre). Le mois d'août ne bénéficie que d'une brève annonce. Avec 20 annonces, l'année 1753 bénéficie du même traitement: huit mois sont nantis des deux types d'annonces (mars, avril, juin, juillet et août, octobre, novembre et décembre). Il s'agit là d'une politique délibérée de l'annonceur, puisque son successeur Moreau reprend le même genre de dispositif en 1765 et 1769 (14 annonces en 1765, 18 en 1769). Neilson et Moreau sont d'ailleurs les seuls annonceurs à pratiquer cette alternance de messages courts et longs. Un autre annonceur, Cottet, ancien chirurgien-major des vaisseaux du roi, lui aussi installé à Paris, diffuse un remède supérieur pour purifier le sang. Avec de longues annonces de 19 à 20 lignes, il couvre toute l'année (13 annonces en 1745, 12 en 1749, 12 en 1753).

La plupart de ces grands annonceurs ont un message relativement simple, même s'il peut être long. Il s'agit de provoquer la confiance du malade en mentionnant assez rapidement la composition du remède, ce qu'il peut guérir, l'autorisation du premier médecin du roi qui sanctionne officiellement sa diffusion,[41] parfois quelques rapides recommandations pour l'utilisation, ou la promesse d'une circulaire d'accompagnement, le conditionnement du produit et surtout la marque qui doit protéger de toute contrefaçon:

Le Sr Porcheron est le seul possesseur d'une pommade composée de simples, et autorisée par lettres patentes du roi, enregistrées au Parlement, approuvée de MM. les premiers médecins de S.M. et de l'Infante-Reine, de M. Helvetius, médecin ordinaire de S.M., et de MM. les doyen et docteurs de la Faculté de médecine de Paris, lesquels ont

---

41. Sur le rôle du premier médecin du roi, *ibid.*, p.382-83.

eux-mêmes guéri par le seul liniment et frottement de cette pommade, plusieurs sortes de rhumatismes invétérés, gouttes, nerfs retirés, douleurs de nerfs, sciatiques, paralysie, et ankyloses dans les genoux, qu'on ne pouvait guérir avec les remèdes ordinaires. Cette pommade guérit aussi les plaies abandonnées et autres, et fait transpirer l'humeur au dehors, sans aucune cicatrice. Elle ne se corrompt jamais et peut se transporter dans toutes sortes de pays. Les pots sont de 50 sols et de 5 livres, et cachetés du cachet du Sr Porcheron, qui donne la manière de s'en servir, et qui demeure à Paris, rue du Petit-Lion, quartier St Sauveur, vis-à-vis la rue des Deux Portes, où son tableau est exposé. La même pommade se trouve aussi à Amsterdam, chez Nicolas Viollet, au Comptoir de Bois-le-Duc, sous la Bourse.[42]

Ce texte vaut pour tous les autres. Toujours les mêmes arguments reviennent. Les annonces les plus charlatanesques sont celles qui prétendent tout guérir avec un seul et même remède. Duvicq annonce en 1749 (11 annonces), 1753 (6) et 1765 (7). Il a découvert une 'liqueur volatile et céphalique' qui guérit les yeux malades. Ce curieux personnage accumule les arguments pour prouver que son remède est vraiment efficace, alors qu'il n'est pas apposé sur l'œil, 'en détruisant les obstructions du cerveau, et expellant [*sic*] l'humeur obstruée qui est la cause de toutes les maladies des yeux, comme aussi de la surdité d'oreille, du gonflement des amygdales'. A partir de là, pourquoi s'arrêter! L'hyperbole charlatanesque ne peut que suivre: la fameuse liqueur, dont on ne sait la composition, est 'en outre un infaillible préservatif contre l'épilepsie, la léthargie, l'apoplexie et la paralysie, lesquelles viennent de la même cause'. Bienfaiteur de l'humanité (ils le sont tous!), Duvicq guérit gratis les pauvres et les domestiques; il suffit de venir chez lui, le matin et à jeun, entre 10 heures et midi. Comme il serait probablement malséant que ces pauvres utilisent les mêmes locaux qu'une riche clientèle dont l'annonce ne parle pas, il est bien précisé qu'il 'y a un appartement et une personne exprès pour les pauvres'. Après ces cinq premières annonces, Duviq modifie son message. Il a déménagé. Toujours établi dans Paris, il continue de guérir les yeux 'pouvu que l'orbite de l'œil ne fût pas entièrement détruit', grâce aux 'prodigieux effets que ce grand remède produit chaque jour'. Et puis le voilà proposant de guérir les gouttes 'comme par enchantement' avec des 'remèdes bénins, excellents et infaillibles'; il ne 'veut recevoir aucun argent des personnes d'un rang distingué à Paris qu'après la guérison'. En 1753, Duvicq, qui se dit 'docteur en médecine', a abandonné la goutte pour continuer de distribuer son spécifique guérissant 'toutes les maladies des yeux et de la surdité, dans le cas où le point visuel ou l'orbite de l'œil n'est pas détruit'. Et d'énumérer les noms et adresses de six patients complètement guéris. Le remède continue de soigner l'épilepsie et l'apoplexie. En 1765, l'immanquable Duvicq a abandonné les maladies des yeux, pour renouer avec la goutte grâce à un 'spécifique qui la guérit radicalement et sans retour'. Comme bien d'autres médecins et autres empiriques plus ou moins charlatans, il s'est alors lancé dans le traitement des maladies vénériennes 'même les plus invétérées et les plus cruelles, qu'il guérit avec tous leurs symptômes [...] après même que les

---

42. 1er janvier-21 septembre 1723.

fumigations, frictions, salivations faites et réitérées, et tous remèdes mercuriels et autres administrés extérieurement ou intérieurement, auront été employés en vain'. Son spécifique est 'agréable à la nature, et dénué de tout mercure'. Avec les maladies vénériennes, Duvicq et ses nombreux confrères ont découvert la poule aux œufs d'or. Tout remède sans ce mercure dont les effets étaient si désagréables, était alors inefficace.[43] Mais quel malade irait se plaindre d'une cure sans effet? Révélée par toutes ces annonces, la carrière de Duvicq vaut pour bien d'autres.

Au milieu du siècle, la *Gazette d'Amsterdam* s'ouvre une première fois aux grands annonceurs européens. Les 26 annonces de 1749 proviennent essentiellement d'un seul et même annonceur qui est parvenu à installer partout son remède, les 'pilules de Belloste'. En 1745, le médecin turinois Belloste indique, par deux annonces en janvier, qu'il a obtenu un privilège exclusif du magistrat de la santé de Venise; aussi a-t-il établi depuis six ans un correspondant dans la Sérénissime République, chargé de distribuer ses pilules, un 'purgatif assez doux', qui 'purifie parfaitement la masse du sang', sans obliger à une diète rigoureuse. Depuis lors, les pilules gagnent toute l'Europe. Le fils de leur inventeur, lui aussi médecin à Turin, fait bien les choses. Outre Venise, il a établi de nouveaux correspondants à La Haye, Genève, Francfort, Augsbourg, Londres. Afin que nul ne l'ignore, il pilonne le public de cette bonne nouvelle par 24 annonces insérées en 1749 (deux chaque mois; une seulement en août, mais trois en septembre). Les pilules sont définitivement installées sur le marché. On en trouve des annonces en 1758 dans les *Affiches de province* éditées à Paris.[44] La marque est si conquérante, que Belloste fils déplore à moitié qu'elle soit 'contrefaite par plusieurs particuliers au grand préjudice du public et de la réputation de l'auteur'. Pas d'annonces en 1765. En 1769, la veuve de Belloste fils est établie à Paris, où elle vend encore et toujours les pilules de son beau-père (2 annonces). La célèbre Jeanne Stephens, qui a inventé un remède efficace contre la maladie de la pierre et la gravelle, fait insérer cinq annonces en 1753. D. d'Escherny, médecin à Londres, a publié un *Traité sur les causes et symptômes de la pierre et de la gravelle, et les méthodes qu'on met en usage pour les guérir,* 'où il est clairement prouvé qu'il n'y a que la préparation de Mlle Stephens qui puisse réussir dans cette maladie' (6 annonces).[45]

Les années 1760 mettent à la mode les remèdes et autres secrets de distillation venus de l'Angleterre. L'anglomanie sévit là aussi. Bien sûr, la *Gazette d'Amsterdam* publie les annonces de médecins anglais. Par exemple celles de ce docteur Lowther, de Londres, dont les 'poudres spécifiques et les gouttes' guérissent toutes les maladies nerveuses et dont les 'poudres anti-scorbutiques' soignent le scorbut et la lèpre (13 annonces en 1765, 12 en 1769). Elle publie surtout les annonces de 'marchands droguistes' parisiens vendant les produits

---

43. Sur les maladies vénériennes, voir G. Feyel, *L'Annonce et la nouvelle*, p.387-88.
44. *Ibid.*, p.972.
45. 25 janvier-27 décembre 1765. Des annonces pour le remède de Mlle Stephens sont publiées par la réimpression rouennaise de la *Gazette* de France en 1739 (G. Feyel, *La 'Gazette' en province*, p.147).

anglais qu'ils ont en dépôt. Le Brun, rue Dauphine, fait insérer 22 annonces en 1765: l'élixir d'Angleterre, du docteur Stoughton (contre le scorbut), le taffetas d'Angleterre, du Sr Woodcock (à appliquer sur les plaies et les brûlures), les teintures pour les dents et l'essence volatile d'ambre gris du Sr Greenough (contre les maux de dents ou les 'vapeurs'), les tablettes pectorales ou stomacales du Sr Archbald (maladies de la poitrine). Si Le Brun semble bien être l'annonceur de tous ces remèdes, il n'en est pas le seul dépositaire: on peut aussi les trouver à Amsterdam, Hambourg, Leipzig, Liège, Bruxelles, Nantes et Lyon. En 1769, sévit la concurrence. Le Brun, toujours rue Dauphine 'Aux Armes d'Angleterre', et Greenough, 'fameux chimiste de Londres' doivent défendre leur commerce. Ce dernier 'surpris de voir que depuis six mois on abuse de son nom dans les papiers publics pour vendre en France, surtout à Paris et chez l'étranger, différents remèdes que l'on annonce de sa composition, défie ceux qui les font annoncer et débiter, de prouver par lettres d'avis ou factures qu'ils les tirent de lui. Il avertit donc le public que ces remèdes sont contrefaits à Londres, qu'il les désavoue, que dorénavant pour éviter toute fraude, il a changé la forme de ses flacons, et que les vrais et les seuls qu'il reconnaisse pour être de sa composition, ne se vendent que chez lui, rue de Ludgate, aux Armes du roi à Londres.' Pour se les procurer, il faudra s'adresser à lui ou à Le Brun. Outre Paris, des dépôts sont établis à Rouen, Strasbourg, Dijon, Versailles (4 annonces en 1769). Un concurrent, Antoine Obry, est désormais installé à Paris, lui aussi rue Dauphine, 'Au Magasin d'Angleterre, vis-à-vis le Bottier du Roi', qui vend les mêmes types de remèdes (9 annonces en 1769), inséré dans une autre chaîne d'entrepôts situés dans les provinces françaises et par toute l'Europe. Le Brun et Obry finissent par se taxer de mauvaise foi réciproque. Poussé par le premier, Greenough accuse le second de contrefaçon: 'Tous les remèdes vendus par le Sr Obry, sous mon nom sont contrefaits. [...] Ce n'est que le Sr Le Brun, qui seul vend mes compositions, et je ne puis les envoyer à d'autres, lui seul étant chargé pour le Bureau de la France.' La guerre commerciale fait rage entre les deux droguistes pendant tout l'année 1771: aux 23 annonces de Le Brun et Greenough, répondent les 22 annonces d'Obry.[46]

Tous ces gens à spécifiques et autres remèdes de composition secrète, ont utilisé tous les supports publicitaires disponibles: gazettes étrangères, *Mercure de France*, réimpressions locales de la *Gazette de France* puis *Affiches, annonces et avis divers*, enfin les placards muraux et la diffusion de billets.[47]

Fabricants et marchands

Avec les annonces des fabricants et des marchands, les annonces 'à vendre' et les services, la *Gazette d'Amsterdam* présente un univers nettement plus réduit,

46. 4 janvier-20 décembre 1771 (Le Brun), 1er février-20 décembre 1771 (Obry).
47. Sur la naissance, le succès et le déclin des remèdes et de leurs 'marques', lire G. Feyel, *L'Annonce et la nouvelle*, p.368-71 et 384-95.

Tableau 7. Répartition catégorielle des autres genres d'annonces marchandes, non compris les spectacles, selon leur origine géographique

	1715	1719	1723	1745	1749	1753	1765	1769
Fabricants/commerçants								
Prov.-Unies	3	8	6	2	3	8	7	9
France	1	3	4	13	39	4	16	16
Europe	–	2	–	1	2	1	4	1
Colonies	–	–	–	–	–	–	–	1
Total	**4**	**13**	**10**	**16**	**44**	**13**	**27**	**27**
'à vendre'								
Prov.-Unies	13	2	15	13	15	5	23	21
France	–	1	–	2	2	5	2	2
Europe	8	5	3	7	9	6	5	6
Colonies	–	–	–	–	–	–	2	–
Total	**21**	**8**	**18**	**22**	**26**	**16**	**32**	**29**
Services								
Prov.-Unies	–	4	2	5	4	1	–	3
France	–	2	1	3	3	–	3	8
Europe	–	1	–	–	–	–	–	–
Total	**–**	**7**	**3**	**8**	**7**	**1**	**3**	**11**

au moins quant aux chiffres. La France n'y domine que dans la première catégorie, celle des fabricants et commerçants. La rubrique 'à vendre' est peu française, probablement parce qu'il y est moins fréquent de vendre par courtage les objets et collections après la mort de leurs propriétaires. En ce qui concerne les services, les Provinces-Unies et la France font jeu égal.

Jamais on n'a autant parlé des commerçants et des manufacturiers dans les annonces de la *Gazette d'Amsterdam* qu'en 1749. Un sommet essentiellement dû aux annonceurs parisiens qui profitent du retour de la paix pour renouer avec leur clientèle noble, débarrassée de la guerre. Les traiteurs font alors assaut d'annonces, alors qu'ils sont muets les autres années du corpus analysé. Doly fait insérer 15 annonces dont la répartition montre bien qu'il suit le calendrier de la vie nobiliaire: cinq annonces entre janvier et avril, plus rien à la fin du printemps et pendant tout l'été, alors qu'a cessé la vie mondaine, dix annonces à la fin de l'année, entre octobre et décembre, quand la noblesse est revenue de la campagne. Une seule de ces annonces suffira à donner l'eau à la bouche. Les mets proposés, les prix montrent bien à qui l'on s'adresse:

Doly, traiteur à Paris, rue Comtesse d'Artois, au Bras d'Or, fait et vend poularde à la Houlans de Chambord, moitié 1 livre; Perdreaux du Roi de Prusse aux truffes, 1 livre 10 sols; Cuisse d'oie marbrée, 1 livre; Cuisse de dindon à la Wittenberg, 1 livre; Boudin de cabillaud pour les jours maigres, 15 sols; Boudin du Grand Vizir à la Sultane, 12 sols;

Beignet à la Dom Philippe, 3 sol[s]; Queue de sanglier de Manheim, 8 sols; Giglas en altelette à l'anglaise, 6 sols; Cous de butor en beignets, le plat 15 sols; Poulet robin, 1 livre 4 sols; Poulet à l'écarlatte, 1 livre 4 sols; Pattes d'oie au basilic, la douzaine 1 livre 10 sols; pour le carême Boudin à la Choisie, 15 sols; Macreuses du Cap-Breton à la Toulouse, 2 livres. Il ne faut pas plus de 6 minutes pour préparer toutes ces sortes d'entrées.

Bondu, rue St Antoine, au Magasin royal, à Paris, 'donne avis que la paix lui a procuré la facilité de s'assortir en vins d'Italie et de Sicile, comme il l'est depuis plusieurs années en vins d'Espagne et autres' (2 annonces en 1749). Lecomte, vinaigrier ordinaire du roi, place de l'Ecole, près du Pont-Neuf, à Paris, a inventé des 'corbeilles galantes à petits paniers ronds contenant huit bouteilles de différents vinaigres à l'usage des tables ou des bains et toilettes, garnies et festonnées de chenille de soie de différentes couleurs, enjolivées de fleurs artificielles, qu'il vend 24 livres et d'autres à quatre bouteilles 15 livres'. Comme il n'a pu 'satisfaire à temps les seigneurs et dames de la Cour qui lui faisaient l'honneur de lui en demander, il a pris des précautions pour pouvoir leur en fournir sur le champ, aussi bien qu'aux personnes de province qui désireraient en avoir' (8 annonces en 1749). La paix a ainsi provoqué un jaillissement d'annonces qu'on ne retrouve pas les autres années. Insèrent aussi des annonces, les fabricants de cire du Mans (par exemple Leprince en 1745 et 1749), le fleuriste François Bunel, faubourg St Julien à Caen, présent en 1745, 1753 et 1765, un autre fleuriste établi à Boulogne-sur-mer en 1765, enfin Juhel, rue St Denis à Paris, tenant 'magasin de jouets et bijoux d'enfants, toujours des plus nouveaux' en 1765. Tous ces gens cherchent leur clientèle dans la noblesse qui lit la gazette.

Des manufactures annoncent elles aussi leur établissement ou leur production. En 1745, Serrurier, entrepreneur de la manufacture royale de terre d'Angleterre, rue de Charenton, faubourg St Antoine à Paris, 'fabrique toutes sortes d'ustensiles de ménage en terre, façon d'Angleterre, et même des bijoux dans le goût de la porcelaine' (3 annonces en 1745). A Rouen, faubourg St Sevère, a été fondée une 'fabrique d'huile de vitriol' qui sera en état de 'la fournir plus parfaite à tous égards et à meilleur marché, vu la différence de poids, que celle que l'on a été obligé de tirer jusqu'à présent d'Angleterre par la voie de Hollande' (29 décembre 1769). Plus rare, cette annonce de Peironnent, 'marchand fabricant de toutes sortes de bas de soie, demeurant à Paris, rue St Martin'.

Par le moyen d'une nouvelle machine qu'il a inventée, il a trouvé le secret de faire des bas cannelés à travers, figurés et à la mosaïque, de différentes couleurs, qui assortissent à toute sorte d'habits. Il est le seul qui fasse ces sortes de bas, ce qui s'exécute par les tors, tors et retors qu'il donne à ses soies; outre que les bas sont beaucoup plus beaux, aussi bons et même davantage que les autres, ils chaussent aussi beaucoup mieux, parce qu'ils sont faits de manière qu'ils se resserrent sur la jambe, et s'y collent parfaitement sans faire aucun pli.[48]

---

48. 11 avril 1749, une seule annonce.

Une telle annonce, infiniment rare, de même que celles des traiteurs, pouvait difficilement être multipliée quand on sait de quelle manière sourcilleuse les métiers-jurés pourchassaient toute publicité, considérée comme une concurrence déloyale.[49]

Autre curiosité, cette annonce du 29 octobre 1717, insérée par le Sr de Mocomble, manufacturier de verre à vitres rouennais. Ce dernier et un concurrent étaient en procès à propos de la marque apposée sur les 'paniers' de verre. La marque au B couronné, utilisée par le manufacturier et ses ancêtres, avait été contrefaite. Les deux parties finissent par passer compromis devant le juge, le 27 août 1717. Pour que le public puisse désormais bien distinguer les deux marques, l'annonce les reproduit, plus ou moins adroitement, ce qui est une véritable performance.[50]

Ventes et offres de service

L'expression 'à vendre' n'existe pas dans la *Gazette d'Amsterdam*. Elle est employée par commodité pour regrouper, avons-nous dit, la vente d'objets ou d'immeubles orphelins de leur propriétaire. Il faudrait y ajouter les bibliothèques qui ont été comptées avec la librairie. Un exemple suffira à prouver la richesse des 'cabinets' flamands ou hollandais. Les tableaux de maîtres et les objets précieux y sont légion:

On avertit le public, qu'on vendra à Bruxelles le 20 du mois de juillet prochain, à la maison mortuaire de feu M. François Lemmens, joaillier de S. A. E. de Bavière, située dans la rue de l'Hôpital, une grande quantité de beaux et rares tableaux des plus fameux maîtres d'Italie, de France, de Hollande, de Flandres, etc.: savoir, de Rubens, Van Dyck, Teniers, Lucas Jordano, Lanfranco, Bassan, Spagnolet, Murillo, Mytchis, Btil, de Heem, Frauweelen Breugel, Gerard Dauw, Laresse, Mignon, Poussin, Rembrandt, Van Huyssum, Kraeyer, Meskers, Griffier, Otto van Helger, et de plusieurs autres maîtres. On y vendra en même temps quelques diamants et pierres de couleur, avec plusieurs autres beaux meubles. On distribuera incessamment des catalogues pour en connaître le peintre, le sujet, la largeur et la hauteur.[51]

Outre ces cabinets de peinture ou d'objets précieux, les courtiers d'Amsterdam vendaient souvent des marchandises venues des Indes ou d'Extrême-Orient, par exemple les toiles de coton, mousselines, soieries de la Chine et du Bengale, les porcelaines émaillées de Chine et du Japon, les ouvrages vernis et autres raretés, 'provenant de l'hoirie de Mme la Veuve Jean-François Fontaine dit Wicart'.[52]

Comme les cabinets, les bibliothèques sont souvent vendues après la mort de leur heureux détenteur. Les annonces ne sont cependant pas très nombreuses: le nombre des annonceurs ne dépasse jamais 5 chacune des années du corpus,

49. G. Feyel, *L'Annonce et la nouvelle*, p.398-401.
50. Le corpus analysé présente deux autres annonces illustrées, le 26 février 1723 (perte d'une bague) et le 14 novembre 1755 (problème de géométrie).
51. 11 juin 1723.
52. 12 mars-11 mai 1745, 11 annonces.

et celui des annonces varie entre 5 et 18.[53] En septembre 1719 est vendue chez la veuve Moetjens, libraire à La Haye, 'la fameuse bibliothèque du feu comte d'Oxenstiern, ci-devant général au service des Etats-Généraux, composée de livres très bien conditionnés, en toutes sortes de langues et de facultés'.[54] La seconde partie de la bibliothèque de Maurice-George Weidmann, vendue à Leipzig en 1746, a été l'objet d'un catalogue:

Ce catalogue contient onze feuilles. Suivant l'ordre qui y a été observé, on trouve d'abord les livres de médecine, ensuite ceux de jurisprudence et de théologie, et enfin ceux de l'histoire ecclésiastique. Il y a dans ces différentes classes quantité de bons livres et rares que le défunt a recueillis avec beaucoup de peine et à grands frais de divers endroits éloignés. Comme les livres les plus rares ne tombent pas d'abord sous les yeux, à cause de la grande quantité d'autres moins excellents, on conseille aux curieux de se donner la peine de parcourir de feuille en feuille tout le catalogue, auquel on a joint, en faveur de ceux qui voudront s'en servir, un registre des noms des auteurs de tous les livres contenus dans l'une et l'autre partie.[55]

La France n'est pas en reste. En 1723, sont vendus au palais épiscopal de Coutances les 16 000 volumes de M. de Loménie de Brienne, 'dont un grand nombre de bibles, Pères grecs et latins, théologiens, canonistes, historiens et livres de belles-lettres très rares et très curieux. Tous ces livres sont bien conditionnés; une bonne partie de reliés en maroquin, de belle impression, beau papier et grandes marges.'[56] En 1725, les libraires de La Haye Jean Swart et Pierre de Hondt vendent la bibliothèque du cardinal Dubois, ancien premier ministre, 'recueillie ci-devant par M. l'abbé Bignon. Cette bibliothèque est la plus belle et la plus riche qui jamais se soit vendue en Europe, et elle renferme en plus de 40 000 volumes ce qu'il y a de plus beau et de plus curieux en toutes sortes de sciences.'[57] Le catalogue en est diffusé dans toute l'Europe. On notera le contraste entre la bibliothèque toute religieuse de l'évêque de Coutances et celle, manifestement plus laïque, de l'ancien précepteur du Régent. De plus petits ecclésiastiques amassent eux aussi d'importantes collections, par exemple l'abbé Favier, dont la bibliothèque est vendue par le libraire lillois Jacquez: 'Cette bibliothèque renferme, outre une belle collection de plus de 6000 articles choisis avec goût, une première édition de la Bible et un nombre de manuscrits rares et bien conditionnés. Après la vente des livres, on procédera incessamment à celle d'un très beau cabinet de tableaux et d'estampes.'[58]

Au-delà de cette rubrique 'à vendre', les annonces de service regroupent pour l'essentiel les messages des établissements d'enseignement ou des maîtres

---

53. Voici le décompte précis de ces annonceurs et de leurs annonces: 1715 (4/7), 1719 (5/7), 1723 (5/18), 1745 (5/6), 1749 (4/7), 1753 (2/6), 1765 (3/5), 1769 (5/7).
54. 15 août et 8 septembre 1719.
55. 20 novembre 1745.
56. 28 septembre 1723.
57. 15 mai 1725.
58. 6 septembre 1765.

isolés proposant leurs compétences, ainsi que les annonces des aubergistes. Retenons un seul de ces établissements, l'abbaye de Pontlevoy en 1719:

Le collège de l'abbaye de Pontlevoy près de Blois, continue à être dirigé par les religieux de la Congrégation de St Maur, Ordre de St Benoît, qui donnent avis au public, qu'ils élèvent la jeunesse qui leur est confiée, avec tout le soin et toute l'attention possible. Ils ont trois sortes de pensions. La première est de 220 livres pour nourriture, chambre, lit, chauffage et blanchissage; outre 20 livres pour les fournitures de tous les livres de classe, de chandelles, plumes, encre, papier, raccommodage d'habits, linge, bas. La seconde pension est de 350 livres pour l'entretien de linge et d'habits de pied en cap, outre ce qui est fourni dans la première. Et la troisième est de 400 livres dans laquelle, outre les fournitures de la seconde, on apprend pendant six mois de l'année les exercices convenables aux enfants de famille, comme la danse, et autres exercices propres à former le corps, la musique, la basse de viole, l'écriture, la peinture en miniature, le dessin, l'arithmétique, les mathématiques, suivant la disposition du sujet. Les maîtres de tous ces exercices se trouvent dans le collège. On y enseigne toutes les classes depuis la septième jusqu'à la philosophie inclusivement. Les pensionnaires qui s'y présentent au-dessus de 15 ans, doivent avoir des attestations de vie et de mœurs. L'adresse pour écrire à Pontlevoy, est au R. Père Directeur du collège de Pontlevoy, à Blois.[59]

Même si l'on n'était pas noble, c'est-à-dire 'fils de famille', il fallait avoir des parents très aisés pour prétendre suivre ses études à Pontlevoy, ou bien à l'Académie établie à Berlin par le roi de Prusse, où il fallait payer 30 'risdales, argent de Brandebourg' de droits d'entrée et 25 par mois pour 'le logement, la nourriture et les divers exercices'; on y enseignait 'aux jeunes gentilshommes et autres, les langues, à monter à cheval, à faire des armées et à danser'. On pouvait aussi y apprendre 'les mathématiques, la géométrie, les fortifications, etc., l'architecture civile et militaire, le dessin, la peinture, et autres sciences politiques'.[60] Les négociants sont eux aussi concernés. Dupasquier, 'suisse de nation, offre ses services aux pères et mères' d'Amsterdam; il instruira leurs enfants

dans l'arithmétique, fondée sur les meilleurs principes, lesquels il possède au point de pouvoir se flatter de contenter tous ceux qui lui feront l'honneur de s'adresser à lui. Il leur enseignera les fractions dans toute leur étendue, le change de cette place aux autres, les règles de compagnie, les arbitrages et généralement toutes les différentes manières de compter dans le commerce; il les mettra aussi au fait de faire des comptes courants, et autres imaginaires; il leur apprendra le style de la correspondance française sur plusieurs cas qui arrivent journellement dans le commerce. [...] Il est recommandé à deux bonnes maisons de négociant de cette ville.[61]

Les aubergistes et hôteliers ne sont pas muets eux non plus. Pierre Regnaud, à l'enseigne du Château d'Oléron, à Amsterdam, 'tient ordinaire à 8 sols par repas, et donne à coucher à 4 sols par mois, sur des lits et matelas neufs, garnis à la française'.[62] Delatour annonce aux 'personnes qui voyagent, et qui ont affaire à Paris', qu'il va reprendre à la St Jean prochaine, 'la fameuse hôtellerie

59. 2 mai 1719.
60. 19 mai 1719.
61. 7 septembre 1753.
62. 31 août 1723.

et auberge de la Croix de Fer rue St Denis, connue dans toute l'Europe'. 'Il l'a fait réparer entièrement et meubler de neuf. Il tiendra des tables réglées pour les prix, établis depuis longtemps, et aura un bon cuisinier, outre un grand nombre d'appartements, écuries etc. Il a de bons magasins pour les marchands.'[63] Au-delà des négociants et autres gens d'affaires, vise-t-on aussi la noblesse? Rien de tel, dans ce cas, que le patronage d'un roi:

L'occasion du séjour de S.M. le Roi de Danemark à l'hôtel d'York, rue Jacob à Paris, jointe à celle de la mort du Prince qui l'a occupé précédemment, dont cet hôtel portait le nom, et les bienfaits que le sieur Blondel, maître dudit hôtel a reçus du monarque, l'ont engagé à perpétuer l'honneur de sa résidence, en substituant le titre de Danemark à celui d'York. Cet hôtel contient plusieurs appartements magnifiques et d'autres plus simples, mais propres et commodes, et qui ne sont pas plus chers que dans des hôtels moins considérables; tellement que toutes personnes y trouveront des appartements convenables. Celui, que S. M. Danoise a occupé personnellement, est composé de dix pièces, qui par leur distribution peuvent loger deux, même trois personnes ensemble, et se diviser en deux appartements honnêtes, qu'on loue séparément.[64]

Les 'annonces-colonnes'

Il faut maintenant s'interroger sur la fonction des 'annonces-colonnes', ces messages insérés à la fin des nouvelles, dans l'espace rédactionnel. Certes, certaines d'entre elles ont exactement le même contenu que les annonces de fin de gazette. En 1749, le parfumeur Rousselot Clérisseau vend ses eaux de beauté et de Perse et dans ces annonces-colonnes (3 janvier) et dans les autres (9 décembre).[65] Nous retrouvons également Bondu et ses vins d'Italie (25 juin).[66] La plupart des annonces-colonnes, cependant, ne trouvent pas d'écho au bas des gazettes. Quelques-unes d'entre elles pourraient entrer dans ce que nous appelons aujourd'hui le 'carnet mondain': un mariage noble, celui du marquis de Castelbasar le 9 avril 1745; une présentation à la Cour, par exemple celle de la comtesse de Sartirane, 'ambassadrice de Sardaigne', le 5 janvier 1753. D'autres annonces sont de véritables communiqués officiels ou des articles inspirés, toujours signalés par des astérisques. Le 1er octobre 1765, 'quelque mépris que mérite une fausseté aussi grossière que celle qui se trouve dans une certaine gazette française de Hollande', la nouvelle de Hambourg est rectifiée. Publiée 'il y a environ quinze jours, au sujet d'une altercation entre un homme employé à la réception des colons russes, et un habitant de cette ville', elle n'est qu'une querelle entre deux particuliers, et il ne faut pas en tirer 'les suppositions extravagantes qui ont été suggérées'. En 1767, la ville de Gand célèbre le jubilé des 700 ans de l'exaltation des reliques de saint Macaire. Les maladies des impératrices-reines Marie-Thérèse et sa bru, l'épouse de

63. 9 juin 1719; autre annonce du même Delatour, le 28 mai 1723.
64. 27 juin 1769.
65. Autres annonces les 13 janvier, 4 juillet et 22 décembre 1747, etc.
66. Autre annonce le 15 décembre 1747.

Joseph II, sont l'occasion d'affirmer un loyalisme vigoureux et enthousiaste.[67] Ce n'est certainement pas un hasard, si de l'autre côté de la frontière, Lille répond en célébrant le centenaire de son rattachement à la France.[68] Toutes ces nouvelles, marquées d'astérisques, sont de véritables communiqués officiels, de vraies publicités pour les deux villes et leurs souverains respectifs. Sont aussi des communiqués, les programmes académiques de Bordeaux, de Rouen ou d'ailleurs, eux aussi signalés par les mêmes astérisques.

Tout autant communiqués que vraies publicités, les annonces du manufacturier Van Robais et celles de la *Gazette de France* sont les seules à avoir été aussi longuement répétées. En 1745, pour la première fois dans le corpus, la 'manufacture des SS Van Robais et Neveux, établis à Abbeville', proteste contre de 'grands abus, tant en France que dans les pays étrangers, dans la vente et le débit des draps fins et ratines'. Et de réaffirmer contre les contrefacteurs, avec force détails, l'authenticité de leur marque. En 1749 et en 1751, le message est publié une fois par mois, à la fin de la nouvelle de Paris. Bonne fille, la *Gazette d'Amsterdam* fait de la publicité pour sa grande concurrente, la *Gazette de France*. Le 11 mars 1766 paraît une longue annonce présentant les tables des matières et l'*Abrégé des 135 volumes de la Gazette de France*, énorme index raisonné de tous les noms de personnes publiés par la *Gazette* depuis son origine. Comme l'*Abrégé* paraît deux fois par semaine, la *Gazette d'Amsterdam* lui fait publicité dans chacun de ses numéros entre le 14 mars 1766 et le 18 novembre 1768. L'année 1767 présente ainsi 105 annonces qui expliquent son maximum insolite de 123 annonces-colonnes. On ne peut mieux achever de prouver le double marché de la nouvelle et de l'annonce, réunissant *Gazette de France* et *Gazette d'Amsterdam*!

Parmi ces annonces, il y a aussi de longs textes d'entrepreneurs, ou d'inventeurs soucieux de parvenir à imposer leur innovation. Le 5 août 1768 débute une longue polémique, tout à fait folle, animée par un personnage résidant à Londres, Jean-Baptiste Malacy de Sulamar, 'l'Archi Maître le Discoverer de la longitude, de la quadrature du cercle, de la supputation du nombre 666, etc.'.[69] Ce genre de littérature occupe quatre numéros en 1768, 14 l'année suivante! Autre entrepreneur, Gautier, 'seul graveur privilégié du roi, dans le nouvel art d'imprimer les tableaux', bénéficie de douze annonces pour les cinq années 1745 à 1751. Il propose des 'planches anatomiques en couleur et grandeur naturelle' préparées avec la collaboration de Duverney, 'démonstrateur royal au jardin du roi', et il vend par souscription des '*Cours particuliers d'observation sur l'histoire naturelle, sur la physique et sur la peinture*, avec des planches pareillement imprimées en couleur', véritable nouveauté, puisque 'jusqu'ici, ces sortes de sujets n'avaient été exécutés qu'en noir.'[70] Avec Gautier, nous côtoyons de nouveau le monde de la médecine.

---

67. 15 mai, 12 et 17 juin, 3 juillet 1767.
68. 4 septembre 1767.
69. Des *Mémoires en forme de lettres*, du même personnage, sont annoncés les 10 juillet, 1er septembre et 20 novembre 1767.
70. 24 septembre, 31 décembre 1745, 13, 27 juin, 12 septembre, 17 novembre 1747, 14 novembre, 17 octobre 1749, 21 février, 24 juin, 21 novembre 1751, 11 décembre 1753.

Revoici les médecins, plus ou moins sérieux. En fait, les annonces-colonnes ne font pas double emploi. Elles sont pour la plupart d'entre elles consacrées aux exploits des praticiens chirurgiens, alors que les autres annonces sont dédiées aux remèdes. Les chirurgiens de la pierre et les oculistes extracteurs de cataractes, ces praticiens itinérants, très présents dans les annonces des réimpressions de la *Gazette de France*[71] sont quasiment absents des annonces du bas de la *Gazette d'Amsterdam*. Tout juste peut-on y entendre quelques échos rapides de leurs activités. Daran, chirurgien de toutes les maladies de l'urètre réside à Marseille, depuis son retour des pays étrangers, puis il va à Paris.[72] Après un long périple provincial en 1747 et 1748, Andrien fait parler de lui en 1749 par deux courtes annonces où il indique qu'il va partir de Lyon pour se rendre à Paris.[73] Autre oculiste, le docteur Hillmer, médecin prussien, est à Lyon, en attendant de se rendre à Genève, puis à Venise.[74] En revanche, ils sont fort bavards dans les annonces-colonnes.

En 1749, le docteur Taylor, 'oculiste de S. M. Britannique, très connu par sa grande pratique de plus de vingt années dans les différentes cours d'Europe' part de Londres faire un tour d'Europe qui doit durer six mois. La tournée débute par La Haye, puis Leyde et Amsterdam. Et la *Gazette d'Amsterdam* d'être remplie des hauts faits du praticien: en tout onze annonces entre le 8 août et le 23 septembre. Le 12 août, l'annonce couvre deux colonnes! Il s'agit tout autant de spectacle que de chirurgie:

La noblesse et les personnes de distinction, ainsi que tous les gens de lettres et de goût, sont invités de venir voir à la grande salle de la *Couronne d'Angleterre*, dans le Houtstraat, où il est logé, sa méthode de rétablir la vue, ainsi que son *Apparatus* magnifique, dans lequel on trouve un ouvrage où sont représentées en plus de 240 figures, exécutées par un des plus habiles et des plus célèbres maîtres de l'Europe, toutes les défectuosités de l'œil.

Taylor fait si grand bruit autour de ses opérations de la cataracte, qu'il parvient à être présenté au Stathouder et à se faire reconnaître 'oculiste de L.A.S. et R. Mgr le Prince et Mme la Princesse d'Orange'. Après son départ, le professeur d'anatomie et de chirurgie, les inspecteurs du collège des médecins et les médecins de la ville d'Amsterdam se vengent du succès de l'encombrant personnage en publiant que la plus grande partie de ses 'avertissements' est fausse et que les opérations qu'il 'a faites ici, ont été pour la plupart aussi inutiles et aussi fatales aux patients que celles qu'il a aussi faites ici il y a 15 ans'.[75]

---

71. G. Feyel, *La 'Gazette' en province*, p.162-64, où l'on retrouve Andrien et Daviel.

72. 14 mai et 29 octobre 1745, 7 juillet 1747. Devenu chirurgien du roi, il refait parler de lui en 1771, lors d'un voyage en Angleterre et en Hollande (30 avril, 3 et 14 mai).

73. 11 et 14 mars 1749.

74. 26 août 1749. Une annonce-colonne le 3 juillet 1753. On le retrouve dans de simples annonces les 16 et 23 avril, le 18 juin 1771.

75. 26 et 30 septembre, 7 octobre 1749; le 28 octobre, le collège des médecins d'Utrecht déclare qu'il ne l'a pas admis parmi ses membres. Taylor fait encore discrètement parler de lui le 1er janvier 1765, alors qu'il est à Lille.

D'autres oculistes lui font concurrence dans tout ce tapage. Revoici Andrien qui utilise trois annonces-colonnes pour raconter minutieusement les guérisons qu'il fait à Lille, autre preuve que la *Gazette d'Amsterdam* était bien diffusée dans cette cité.[76] L'illustre Daviel, véritable inventeur de la pratique moderne de l'extraction de la cataracte, voisine avec tous ces confrères moins sérieux. On le trouve à Paris en 1753, puis il fait un long périple qui le conduit à Madrid, Bordeaux, Poitiers, Tours.[77] Son élève, Béranger, l'a précédé en Espagne.[78] Autre oculiste itinérant, le baron de Wenzel, qui voyage à Londres.[79] Par la suite, tous ces chirurgiens voyageurs sont moins bavards. A moins que l'extraction de la cataracte, définitivement entrée dans les mœurs, n'étonne plus personne, ou soit un peu passée de mode. A la fin des années 1760, les deux ou trois qui font encore parler d'eux, ont abandonné les annonces-colonnes pour rejoindre le bas des gazettes, avec des messages beaucoup plus courts.[80]

On peut donc penser que ces annonces-colonnes sont réservées à ce qui sort un peu de l'ordinaire. De même mettent-elles en scène les entrepreneurs plus que les produits. Ce qui explique que l'on y trouve peu de publicité pour les remèdes, à peu près tous insérés dans les annonces courantes. Il existe bien sûr quelques exceptions. Les *sachets antiapoplectiques d'Arnoult*, ont les honneurs des annonces-colonnes, peut-être parce que leur annonceur pratique déjà ce que l'on appelle aujourd'hui de la 'publicité rédactionnelle': les sachets sont présentés de manière dynamique, dans de petits textes valorisant les médecins et leurs malades, tous nommément cités.[81] Dans les années 1760, le genre fera des émules, et certaines des annonces s'essaieront à la publication de certificats médicaux d'utilisation. Mais ces messages demeureront en fin de gazette, avec toutes les autres annonces. En définitive, pour entrer dans les colonnes, le message publicitaire doit concerner des événements exceptionnels, les pouvoirs d'Etat ou municipaux, les académies, des entrepreneurs actifs et désireux de parvenir, les gens bien nés (carnet mondain, guérisons). Les nouvelles d'une gazette sont l'écho de la guerre, de la diplomatie, mais aussi de la vie du grand monde, de ses querelles, de ses cérémonies. C'est peut-être ce qui explique que la vente de certains cabinets trouve sa place dans les annonces-colonnes, par exemple celui de feu le chevalier de La Roque, 'auteur du *Mercure de France*, qui a toujours eu la réputation d'un vrai connaisseur et d'un homme de goût'. Gersaint va en donner le catalogue raisonné: 'une quantité de bons tableaux, de dessins, d'estampes, de bronzes, de figures de marbre, de porcelaine ancienne,

---

76. 30 avril, 21 mai, 11 juin 1751. Le 22 juin 1753, on le retrouve à Genève.
77. 22 juillet 1753, 25 avril 1755.
78. 2 octobre 1753.
79. 10 décembre 1765, 14 juillet 1769.
80. Entre le 6 mars et le 23 octobre 1767, Taylor, toujours lui, fait insérer six annonces, alors qu'il revient à Paris, après être passé par Auxerre.
81. 19 janvier, 31 décembre 1745, 29 avril, 15 juillet 1749. Sur ces sachets, voir G. Feyel, *L'Annonce et la nouvelle*, p.389-93.

de coquilles, d'anciens lacs de pierres fines de couleur et des pierres gravées montées en bagues, ainsi que d'autres morceaux rares et singuliers'.[82]

Au terme de cette enquête, facilitée par l'emploi du cédérom, il apparaît que la *Gazette d'Amsterdam* a bien été un support mixte nouvelles/annonces, constamment utilisé à des fins locales ou internationales. Les annonceurs néerlandais, mais aussi les oculistes itinérants de passage à La Haye ou Amsterdam ont exploité son rayonnement local. L'édition hollandaise du Refuge s'est efforcée de bénéficier de sa diffusion internationale, notamment française. Les annonceurs français, quant à eux, ont bien vu tous les avantages d'une gazette qui leur offrait un espace publicitaire, alors que la *Gazette de France* s'y refusait. La *Gazette d'Amsterdam* était donc parfaitement complémentaire de sa consœur française. Ce que nous avons appelé le 'double marché de l'information' sous l'Ancien Régime a autant joué pour la nouvelle que pour l'annonce. Les annonces s'adressaient au même public que les nouvelles: la noblesse, mais aussi la bonne bourgeoisie urbaine. Leurs origines géographiques achèvent de prouver que la *Gazette d'Amsterdam* était surtout diffusée à Paris, mais aussi dans le Nord et en Normandie, probablement beaucoup moins ailleurs, où elle devait compter avec ses propres contrefaçons et la concurrence du *Courrier d'Avignon*.

Toutes ces annonces étaient lues avec soin, tout autant que les nouvelles. Le prouvent la correspondance de l'avocat parisien Mathieu Marais, mais aussi la cruelle mésaventure arrivée à l'abbé d'Olivet, qui tenta de soigner ses hémorroïdes avec le remède d'un médecin de Beauvais annoncé dans la *Gazette d'Amsterdam*.[83] Le prouvent enfin les lecteurs attentifs du ministère des Affaires étrangères, qui ne se sont pas contenté de souligner çà et là tel ou tel passage des nouvelles, mais ont aussi souligné des annonces. Pas seulement des annonces de librairie, comme on aurait pu le penser, mais aussi des annonces de remède, bonne preuve que tout ce contenu ne laissait pas indifférents les lecteurs du dix-huitième siècle. Avec la *Gazette d'Amsterdam*, avec les autres gazettes étrangères, avec le *Mercure de France* puis le *Journal de Paris*, ces lecteurs ont appris que la presse périodique juxtaposait la nouvelle et l'annonce, l'actualité et la publicité. Une leçon que n'oublieront pas les journaux et les lecteurs du siècle suivant.

---

82. 26 mars 1745.
83. G. Feyel, *L'Annonce et la nouvelle*, p.576-77.

III

Réception et diffusion

7. Les collections: la diffusion européenne

Eugène Hatin suggérait en 1865 de faire profiter de la 'superfétation' des collections parisiennes de la *Gazette d'Amsterdam* les bibliothèques de Hollande 'auxquelles cette gazette fait absolument défaut'.[1] On n'en a évidemment rien fait, et Hans Bots remarquait encore en 1992 que 'les bibliothèques et archives des Pays-Bas ne contiennent que quelques bribes de ces documents'.[2]

Toutes les gazettes sont des documents que leur usage rendait extrêmement précaires et que le plus souvent on ne jugeait pas dignes d'être réunis et reliés en collections comme les 'journaux' littéraires. Celle d'Amsterdam, présente dans un assez grand nombre de fonds publics, surtout en France, a été relativement mieux conservée que d'autres, en particulier pour la période antérieure à 1750; aucune collection n'est pourtant complète.

Cette relative rareté documentaire rend particulièrement nécessaire un inventaire aussi exhaustif que possible des collections conservées, et une étude attentive de ces collections dans la mesure où on y a accès. On peut ainsi fixer les caractères distinctifs de l'édition amstellodamoise, et les caractères variants des éditions contrefaites: on a touvé plus haut les résultats de cet examen bibliographique, dans le chapitre consacré à l'aspect formel de la gazette et on les retrouvera à propos des contrefaçons.

Mais cet inventaire et cet examen peuvent et doivent aussi donner lieu à d'autres analyses, qui portent à la fois sur la constitution et la composition des collections, et sur la répartition géographique de toutes celles dont on a repéré la présence dans les fonds publics.

D'un côté une analyse de cas, qui renseigne sur la façon dont ont été réunies les livraisons, en séries plus ou moins continues, donc sur la réception de la gazette et sur la conception même qu'on s'en faisait; de l'autre, une analyse quantitative susceptible de nous renseigner sur la diffusion européenne, même si les collections conservées dans les fonds publics ne donnent à cet égard qu'un indice très indirect et problématique.[3]

Constitution et composition

L'histoire des débuts de la gazette d'Amsterdam est très longtemps restée obscure à cause de l'état incomplet des collections connues. Certes, comme

---

1. *Les Gazettes de Hollande*, Partie II, p.164.
2. 'La *Gazette d'Amsterdam* entre 1688 et 1699', p.31.
3. Ces questions ont déjà été abordées pour l'ensemble des gazettes étrangères dans une communication présentée au colloque 'Les trois révolutions du livre', organisé à Lyon par Frédéric Barbier les 16-21 novembre 1998, sous le titre: 'Les gazettes européennes de langue française; la réception'.

les chapitres précédents l'ont montré, l'histoire des privilèges, des éditeurs, et des relations avec les autres gazettes publiées à Amsterdam dans les années 1680-1690 laisse subsister des zones d'ombre. Du moins savons-nous que celle qui devait devenir *la* gazette d'Amsterdam et le rester jusqu'à la fin du dix-huitième siècle commence à paraître le 27 août 1691: ce numéro initial et la série subséquente, qui ont enfin effacé les doutes à cet égard, ont été révélés par la collection des Archives nationales et par celle du ministère des Affaires étrangères.[4] Mais il ne suffit pas de constater et d'enregistrer le fait, il faut encore s'interroger sur les causes d'une aussi longue incertitude, et sur la signification qu'il convient de lui donner.

La solution qu'adoptait Hatin en 1865 lui était dictée par la collection de la Bibliothèque impériale, qui est restée celle de la BNF, où *Avec privilège...* n'apparaît qu'avec le numéro 87 du 26 octobre 1693. Il fixait ainsi une généalogie des titres qui s'est perpétuée jusqu'au *Catalogue collectif des périodiques* et même au *Dictionnaire des journaux* de J. Sgard. La voici d'après le *Catalogue*:

Nouveau journal universel [...]. 18 novembre 1688 (n° 1)-20 mars 1690 (n° 24) devenu *Gazette d'Amsterdam*. 27 mars-25 décembre 1690 (n° 1-79) devenu *Recueil des nouvelles*. 1691-22 octobre 1693 devenu *Avec Privilège* [...]. 26 octobre 1693 (n° 87)-12 novembre 1703 (n° 91) devenu *Amsterdam* [...]. 13 novembre 1703 (n° 92)-1792.

Hatin pouvait donc écrire à propos du *Nouveau journal universel*; 'C'est une nouvelle gazette d'Amsterdam, la plus connue, parce qu'elle fut la plus persistante; elle vécut en effet plus d'un siècle, sous des titres différents.'[5] Lui-même s'inspirait de 'Notices sur la gazette d'Amsterdam depuis son origine', manuscrites, en tête du volume du *Nouveau journal universel*;[6] mais il avouait ses doutes sur cette note, et, faisant référence au privilège du 1er août 1691 accordé à Tronchin Dubreuil, et aux témoignages de Bayle et de Limiers,[7] il approchait de la vérité, mais il lui manquait une preuve documentaire pour y parvenir.

L'idée de cette généalogie ne répondait pas seulement au désir de mettre en ordre et en série des titres qui paraissaient s'engendrer ou dont certains s'engendraient d'ailleurs réellement, elle reflétait l'état de la collection alors la plus connue, qui était elle-même le résultat d'une double pratique; celle des contemporains récepteurs de ces gazettes et celle des conservateurs qui, au dix-huitième et au dix-neuvième siècle, ont composé la collection de la BNF.

On constate en général un changement très sensible entre les collections de gazettes hollandaises des années 1680-1710 environ et celles des années suivantes; des unes aux autres, on passe de séries hétérogènes, discontinues, à des séries homogènes et continues, qui sauf exception deviennent la règle au dix-huitième siècle. Les deux premiers volumes de la collection de la Mazarine réunissent des livraisons de *Avec privilège*, du *Nouveau journal universel*, des

---

4. H. Bots signale aussi les deux premiers numéros dans un recueil de gazettes de la bibliothèque de l'Université de Leyde, article cité, p.37.
5. t.II, p.158.
6. BNF, M 11707, 2 fol.
7. t.II, p.161-63.

Nouvelles extraordinaires de divers endroits (gazette de Leyde), du *Recueil des nouvelles*, de l'*Histoire abrégée de l'Europe*, du *Mercure universel*, de la *Gazette de Rotterdam* (ou du *Journal historique*), entre 1688 et 1702; en revanche la collection d'*Amsterdam* sous la même cote, de 1739 à 1791, est formée de volumes annuels parfaitement homogènes.[8] Dans la collection de la BNF, il faut attendre 1719 pour en trouver une série régulière et définitive. Si l'on s'en tient aux volumes qui portent une estampille antérieure à la Révolution, donc qui appartenaient de façon sûre à la Bibliothèque royale, par des acquisitions d'ailleurs tardives,[9] on constate avec étonnement qu'ils sont tous constitués d'un mélange de gazettes, celle d'Amsterdam plus ou moins complète, et quelquefois réduite à un ou quelques numéros, ou même totalement absente, et celles de Leyde, de Rotterdam,[10] l'*Histoire journalière*, l'*Avantcoureur*, la *Quintessence des nouvelles*, des lardons et des occasionnels.[11]

Bien d'autres collections, en France ou à l'étranger, confirmeraient ces observations. Tout se passe donc comme si les gazettes de Hollande formaient un ensemble où la particularité de chacune d'elles compte moins que leur origine commune, où elles peuvent aisément, selon les occasions du moment, les facultés de l'acheteur, se substituer les unes aux autres, alterner, se cumuler; comme si ce type d'information venait à l'état nébuleux et indifférencié, se captait et se conservait comme tel, l'indifférence portant sur l'origine, mais certainement pas sur le contenu. La nécessité bibliographique où nous sommes d'isoler des éléments purs, aussi rigoureusement définis que possible, risque de nous faire oublier cet état primitif qui correspond à l'expérience des lecteurs-collectionneurs, et que manifeste le dos des volumes reliés: on y lit, dans la collection de la BNF, soit simplement et le plus souvent 'Gazette', avec l'année, soit 'Gazette d'Hollan[de]', jusqu'en 1722; à partir de cette date, les reliures aux armes royales portent régulièrement 'Gazette d'Amsterdam', ce dernier mot étant plus ou moins abrégé, alors que cette mention n'était apparue auparavant qu'en 1704 et 1719. Ce détail paraît confirmer le processus de particularisation des gazettes, lié à la politique française de clarification du marché, après la disparition de la *Gazette de Rotterdam*, par la sélection de quelques rares entreprises qui en restent maîtresses, essentiellement la gazette d'Amsterdam et celle d'Utrecht à la fin des années 1730. Jusque là, 'gazette d'Hollande' est réellement un nom collectif, mais qui par la prépondé-

---

8. Cote 16300* (la bibliothèque recevait la gazette par abonnement; nous remercions Mme J. Labaste, conservateur du fonds ancien, de ce renseignement).

9. Les premiers volumes qui y sont entrés sont en effet les années 1725-1728, en 1729: voir Fr. Bléchet et H. Bots, 'Le commerce du livre entre la Hollande et la Bibliothèque du Roi (1694-1730)', et 'La librairie hollandaise et ses rapports avec la bibliothèque du roi (1731-1752)', p.38-43, 108-38. L'histoire très compliquée de la collection de la BNF fait l'objet d'une étude de J.-M. Métivier, de la Réserve, de L. Portes, de l'Inventaire général, et de P. Rétat, qui accompagnera l'*Inventaire des gazettes européennes de langue française* publié par la Bibliothèque nationale de France en 2001.

10. Une association privilégiée avec le *Journal historique* se remarque de 1704 à 1709; c'est précisément le moment où cette gazette figure de façon continue dans la collection Bertin Du Rocheret dont on parlera plus loin.

11. Il s'agit des années 1694 (G 4282), 1699 (G 4287), 1701-1709 (G 4290/4301).

rance de fait de celle d'Amsterdam en France, tend à s'effacer devant le nom propre, mais peut aussi bien continuer de la désigner.[12]

Cette collection complexe et évolutive permet d'en situer d'autres, dont les caractéristiques portent témoignage d'autant de pratiques de lecture et d'usages. Celle du ministère des Affaires étrangères apparaît dans cette perspective comme remarquablement homogène puisque, en dehors de quelques rares livraisons de la *Gazette d'Utrecht* qui remplissent des lacunes, elle choisit dès 1691, début de la gazette, le parti de l'unité documentaire absolue, qui va de pair avec l'usage qu'en font les 'bureaux politiques', surtout comme outil de référence aux textes officiels.[13] Un feuillet manuscrit en tête des volumes annuels porte, à partir de 1733, 'Gazette(s) d'Amsterdam', ou moins souvent 'Gazette(s) d'Hollande'. Il en va tout autrement dans une autre collection d'une institution d'Etat, celle de l'Archivio di Stato de Naples, où les cinq volumes reliés portant au dos '*Amsterdam Gazzetta*' (ou 'Amsterdam. Gazettes' pour le dernier) sont extrêmement lacunaires, et ne conservent parfois qu'un ou deux numéros pour une année, de 1731 à 1796; mais ils prennent place dans une documentation en périodiques étonnamment diversifiée et foisonnante.

La collection Bertin Du Rocheret de la bibliothèque d'Epernay donne de son côté l'exemple parfait de la pratique très individuelle d'une pluralité de gazettes, où d'ailleurs celle d'Amsterdam occupe une place relativement modeste, de 1725 à 1757, en livraisons isolées ou en séries disséminées et souvent lacunaires. Cette présence parcellaire semble attester les conditions aléatoires d'une quête de nouvelles très éclectique et sans doute aussi du choix et de la conservation de documents qui ont circulé: Bertin Du Rocheret laisse passer plusieurs années avant de réunir ses gazettes, occasionnels, nouvelles à la main et manuscrits divers en volumes annuels parfois énormes.[14]

Au cours de sa constitution jusqu'au dix-neuvième siècle, la collection de la BNF a reproduit et amplifié l'usage des premiers lecteurs et collectionneurs, en intégrant dans un ensemble unique des collections issues de l'ancienne Bibliothèque royale et de confiscations révolutionnaires, et cela autour de *la* gazette d'Amsterdam. C'est pourquoi l'immense massif de 121 volumes (G 4275/4389) part de la première gazette d'Amsterdam en décembre 1666, et, à travers le *Recueil de nouvelles*, indique partiellement la généalogie dont on a parlé plus haut; non seulement, comme on l'a vu, de nombreux volumes sont composites, effet des collections disponibles, mais, ce qui est plus significatif, plusieurs volumes entrent dans la série selon l'ordre chronologique, qui contiennent uniquement d'autres gazettes, celles de Rotterdam (ou *Journal historique*), de

---

12. Comme le prouvent encore les dos des volumes de la collection BNF, où 'Gazette d'Hollan[de]' reparaît de 1752 à 1757, et de 1761 à 1775. La collection du roi à Versailles (Bibliothèque municipale de Versailles) porte successivement au dos 'Gazette d'Hollande' (1748-1756), 'Gazette d'Amsterdam' (1757-1777), 'Gazette de Hollande' (1778), 'Gazette d'Amsterdam' (1779), 'Nouvelles d'Amsterdam' (1780), enfin 'Gazettes d'Amsterdam' (1781-1791). La collection de la Mazarine porte toujours 'Gazette d'Hollande'.

13. Ce point sera complété et nuancé plus loin dans le chapitre sur les tables.

14. Voir la communication déjà citée sur la réception des gazettes européennes, où ce cas est analysé plus longuement.

Leyde, l'*Histoire journalière* et même les *Relations véritables* de Bruxelles.[15] Ce phénomène d'agrégation ne s'étend pas au delà de 1718; les parties postérieures des gazettes déjà citées ou les nouvelles gazettes acquièrent en quelque sorte leur indépendance. Mais on remarque avec étonnement que l'intégralité de ce que la BNF possède de la gazette de Leyde pour ses parties anciennes, de la *Quintessence des nouvelles*, de la gazette de Rotterdam (hormis quelques fragments) se trouve dans l'ensemble 'gazette d'Amsterdam'.

Sans doute ceux qui ont réuni les fonds de la bibliothèque royale, nationale, impériale, ont-ils voulu respecter la continuité de collections qu'ils étaient amenés à intégrer à un ensemble déjà existant, mais ils ont ainsi consacré une situation de réception proprement française où la gazette d'Amsterdam était devenue le type de la 'gazette d'Hollande', puis avait installé sa suprématie sur une sorte de complicité entre le gazetier et la diplomatie d'Ancien Régime. La collection de la Bibliothèque du roi manifeste cette suprématie de façon exorbitante; en dehors de l'ensemble 'gazette d'Amsterdam', constitué comme nous venons de le voir, seuls deux volumes de l'*Histoire journalière* (1697-1698) portent l'estampille qui en atteste la présence avant la Révolution. Toutes les autres gazettes étrangères actuellement conservées à la BNF sont issues de saisies révolutionnaires ou d'acquisitions du dix-neuvième siècle. C'est pourquoi cet ensemble est resté dans la division G de l'ancien catalogue (géographie, chronologie et histoire générale), rejoint seulement par quelques gazettes entrées avec la Révolution, alors que les acquisitions tardives ont été versées dans les divisions spécialisées L, M ou N (histoire de France, d'Allemagne et pays du Nord, et d'Angleterre).

Répartition

Interrogeons maintenant l'ensemble des collections, quel qu'en soit le volume, dont la présence est attestée dans les fonds publics. Au terme d'une enquête pour une localisation générale des gazettes étrangères de langue française des dix-septième et dix-huitième siècles, si nécessaire pour tenter de vaincre les problèmes documentaires qu'elles posent aux chercheurs et reconstituer, dans la mesure du possible, des collections complètes, le Centre d'Etudes du XVIIIe siècle de Lyon a dressé un inventaire qui prend en compte 197 bibliothèques et archives réparties dans l'Europe entière. L'état définitif doit en être publié prochainement par la Bibliothèque Nationale de France.[16]

15. Cinq des volumes de la collection primitive (portant l'estampille de la Bibliothèque royale antérieure à la Révolution) indiqués plus haut contiennent uniquement des gazettes autres que celle d'Amsterdam: soit le *Journal historique*, soit une association de ce dernier et de la gazette de Leyde, ou de celle de Bruxelles. Il faut y ajouter, portant des estampilles plus tardives (Révolution ou XIXe siècle), G 4279 (Leyde 1683-1685), G 4289bis (Rotterdam 1701), G 4289ter (Leyde et Bruxelles 1703), G 4302 (Rotterdam 1710); G 4287 (1699) ne contient qu'un numéro de la gazette d'Amsterdam perdu parmi celles de Rotterdam, de Leyde et l'*Histoire journalière*; G 4292 (1703), seulement quelques numéros avec Rotterdam et Leyde.

16. Un premier état incomplet avait été publié dans *Les Gazettes européennes de langue française*, p.327-46. Nous ne prenons pas ici en compte les bibliothèques américaines.

La destination en est avant tout utilitaire. Il est néanmoins tentant d'exploiter les données qu'il met à notre disposition, en dépit de la fragilité des hypothèses qu'on peut en induire. Rien ne garantit l'exhaustivité de l'enquête, ni une répartition égale entre les pays de notre Europe moderne des hasards auxquels ont été soumises la conservation et la préservation de ces documents. Faisons fi pourtant d'obstacles aussi dirimants, et supposons que la présence de la gazette d'Amsterdam dans les fonds publics européens est un indice, même ténu, de sa diffusion.

La base de calcul retenue est celle des bibliothèques (ou archives); malgré la disparate extrême entre les unités prises en compte, certaines collections pouvant se réduire à quelques numéros, voire à un seul, elle nous a paru en effet comporter le moins d'inconvénients.[17] La gazette d'Amsterdam est donc présente dans 53 bibliothèques réparties entre 14 pays. Ce constat pourtant n'a guère de sens que si on la situe par rapport aux principales autres gazettes étrangères de langue française qui ont été ses contemporaines sur une période plus ou moins longue, celle de Leyde étant la seule dont la longévité soit comparable avec la sienne.

Le tableau de la répartition par pays (Tableau I)[18] fait apparaître des aires de diffusion variables et parfois fortement contrastées. La domination des principales gazettes se manifeste par des positions fortes dans les grands pays consommateurs et par une diffusion dans toute l'Europe. La vocation et l'expansion internationales de la gazette d'Amsterdam apparaissent donc ici clairement. Concentrée sur les marchés français et italien, elle est inversement très rare en Allemagne. Les contrastes s'accusent encore lorsque l'on considère les collections elles-mêmes: c'est en France que l'on trouve, en nombre important, les longues et très longues séries, parfois presque complètes, l'Italie présentant des séries limitées ou lacunaires, et les autres pays plus encore.

Pour juger réellement de la position européenne de la gazette d'Amsterdam, on la comparera avec celle de la gazette de Leyde, présente dans un nombre deux fois plus élevé de fonds publics. L'implantation de cette dernière est plus forte dans tous les pays, tout particulièrement en Allemagne, mais même en France et en Italie. Il ne suffit pas de constater cette supériorité globale. Il faut tenter de la comprendre, et il nous semble que la répartition chronologique des collections, sur une longue période de plus d'un siècle, l'explique au moins partiellement (Tableau II).

L'histoire commerciale comparée des deux principales gazettes hollandaises se lit en abrégé dans le contraste des pourcentages de part et d'autre de la coupure de 1750, arbitraire mais approximativement pertinente, et plus encore au delà de 1770 et de 1780. A l'exception de rares collections, d'ailleurs

---

17. Des bibliothèques peuvent conserver plusieurs collections importantes, mais aussi plusieurs bribes sous des cotes différentes.

18. Les gazettes y sont désignées seulement par le nom de la ville; *C.* est l'abréviation de *Courrier.* Nous n'y avons pas fait figurer les pays où il y a moins de 10 bibliothèques pour l'ensemble des gazettes retenues (Autriche, Danemark, Irlande, Lettonie, Lithuanie, Norvège, Portugal, République tchèque et Ukraine).

toujours lacunaires (en Allemagne, en Russie, et celle de Bertin Du Rocheret), la gazette de Leyde est scindée en deux parties: d'un côté les années 1680-1720, dispersées et elles aussi lacunaires; de l'autre la fin du dix-huitième siècle, où les séries longues et complètes abondent en de nombreux pays. En France, ce phénomène s'explique assez bien par l'interdiction de la gazette de Leyde entre une date indéterminée et la réforme du régime des gazettes en 1759, ce qui est clairement indiqué par les collections conservées en France, où l'on ne trouve que des fragments entre 1680 et les années 1760, puis des séries complètes ou assez complètes.[19] Mais le même phénomène se remarque, quoiqu'avec moins de netteté, dans des collections allemandes, anglaises ou italiennes.[20] C'est ce qui rend à peu près impossible la reconstitution intégrale de cette gazette avant 1750. Celle d'Amsterdam au contraire est présente en séries complètes ou assez complètes, surtout en France, depuis son origine, ou souvent depuis les années 1720, mais les collections nouvelles se tarissent avec le temps. Il est significatif que la collection de maroquin aux armes royales de la BNF s'interrompe après 1770, le reste de la collection actuelle provenant de la confiscation révolutionnaire de la bibliothèque du duc de Penthièvre.[21] La gazette ne profite pas, pendant la seconde moitié du siècle, de la baisse des tarifs postaux, de l'accroissement de la demande, de la multiplication des lieux de lecture, et sans doute d'un rapport au périodique politique qui en favorise l'identification et la conservation, alors que la gazette de Leyde, celle de Cologne, et de nouvelles gazettes telles que le *Courier du Bas-Rhin* vont devenir, et tout particulièrement pendant la Révolution, des vecteurs d'information importants dans l'Europe entière.

La gazette d'Amsterdam est sans contredit la grande gazette internationale de la première moitié du dix-huitième siècle; elle jouit alors de conditions postales, politiques, culturelles moins favorables que celles qui prévaudront après 1750 ou 1760, il est donc normal que ce qui en a été conservé ne reflète qu'imparfaitement, surtout par comparaison, la place qu'elle a occupée dans le monde de l'information au moment de sa plus grande faveur. De nombreux signes en confirment l'effacement progressif et la perte d'audience lorsque des gazettes et journaux politiques plus modernes, plus libres, plus agressifs, renforcent leur position sur le marché ou s'y installent. Les contrefaçons qui, nous le verrons, jouent un rôle de relais important, cessent en France en 1759 sur l'ordre de l'administration centrale; mais la réimpression genevoise, dont le

19. La collection de la BNF, 1760-1810 (M 9937/9993) est une acquisition du dix-neuvième siècle, d'origine allemande; mais les collections issues à la BNF des confiscations révolutionnaires, tout comme celles de l'Arsenal, du ministère de Affaires étrangères, du Sénat, d'origine française, commencent toutes dans les années 1760-1770.
20. Celles de l'Institut d'histoire de la presse de Dortmund, de la Bayerische Staatsbibliothek de Münich, de la Biblioteca Centrale Vittorio Emmanuele II de Rome.
21. Les 'doubles' et quelquefois triples de la BNF, qui attestent l'abondance des fonds recueillis à partir de la Révolution, ne dépassent pas l'année 1766.

principal marché semble avoir été l'Italie, cesse en 1764,[22] celle de Venise avait cessé apparemment en 1749. A l'Archivio di Stato de Naples, c'est la gazette de Leyde qu'à partir de 1775 on désigne comme '*Olanda gazzetta*'; elle est devenue la gazette d'Hollande type.

La gazette d'Amsterdam vit ses dernières années et meurt dans une extraordinaire discrétion. Rien ne semblait en subsister après 1792, et les bibliographies l'ont souvent arrêtée là. Il a fallu la découverte de quelques numéros de 1796 aux Archives nationales, et à l'Archivio di Stato de Naples celle de l'étonnant bloc erratique des années 1793 à 1796, pour que l'on puisse enfin fixer la date probable de sa mort.

---

22. On remarque que les libraires genevois pensent alors à la gazette d'Utrecht, puis tentent celle de La Haye, enfin celle de Leyde (voir J.-D. Candaux, 'Batailles autour d'un privilège: la réimpression genevoise des gazettes de Hollande', p.47).

Tableau I. Répartition des bibliothéques par pays

Gazettes	Nombre de pays	Nombre de bibliothèques	France	Italie	Allemagne	Pays-Bas	Russie	Suisse	Grande-Bretagne	Pologne	Belgique	Espagne	Hongrie	Suède
Leyde	17	107	21	19	18	11	6	6	4	4	3	3	3	3
Amsterdam	14	53	16	12	2	6	5	0	3	0	1	2	1	0
Cologne	13	56	8	8	22	1	3	0	2	2	3	0	0	1
C. du Bas-Rhin	13	41	4	4	10	2	3	2	4	4	2	0	1	2
Utrecht	12	37	8	4	4	5	4	0	2	3	0	3	0	1
C. de l'Europe	11	34	15	7	1	1	1	1	1	0	0	3	2	2
Deux-Ponts	9	24	5	7	4	0	2	0	1	0	0	0	2	1
La Haye	9	17	1	2	2	3	1	1	3	0	0	0	2	2
Rotterdam	8	19	5	2	0	3	2	0	3	0	6	2	0	1
Bruxelles	7	19	5	3	0	0	1	0	3	0	6	0	0	1
C. d'Avignon	6	21	12	4	1	0	1	0	2	0	0	0	0	1
Berne	4	31	6	12	1	0	0	12	0	0	0	0	0	0

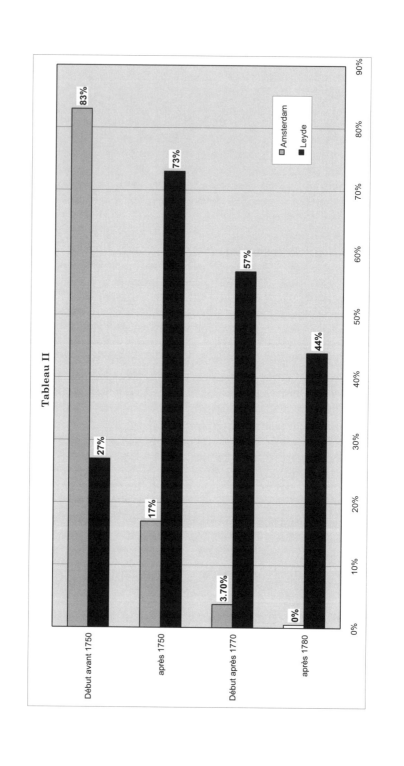

Tableau II

8. La diffusion en France

En octobre 1675, coup sur coup et à dix jours d'intervalle, le Conseil d'Etat prend deux arrêts contradictoires, le second venant annuler le premier. Depuis 1672, la guerre de Hollande avait multiplié les lecteurs des gazettes d'Amsterdam, quai des Augustins, à Paris. Propriétaire de la *Gazette de France*, la famille Renaudot s'inquiète d'une telle concurrence et obtient l'arrêt du 8 octobre qui interdit aux libraires 'de faire venir, trafiquer ou bailler à lire, moyennant payement, rétribution ou récompense, lesdites Nouvelles ordinaires, et Extraordinaires, Gazettes, Relations, et autres impressions de ladite qualité directement ou indirectement, en quelque sorte et matière que ce soit, sans [sa] permission expresse'.[1] Le ministre Louvois proteste aussitôt. Surintendant général des postes depuis décembre 1668, il est aussi depuis mars 1672 propriétaire particulier des taxes levées sur le port des lettres étrangères. Le 18 octobre, un nouvel arrêt annule les effets du précédent, parce que le ministre 'recevrait un notable préjudice en la perception des droits de port de lettres de Flandre et de Hollande'. L'arrêt du 8 octobre 'ne pourra nuire ni préjudicier à la liberté que tous ceux qui font venir des gazettes des pays étrangers ont eue jusqu'à présent de les vendre et débiter', et 'ils pourront continuer ce trafic tout ainsi qu'ils faisaient avant le dit arrêt'.[2] Louvois, la poste royale, les libraires imposent ainsi définitivement à la *Gazette* la concurrence des gazettes étrangères.

Un véritable double marché de l'information achève ainsi de se constituer: à la *Gazette*, s'exprimant au nom du roi et sous le contrôle de ses ministres, les nouvelles de l'étranger ou de la guerre, la diplomatie et la conquête ou la défense militaire du royaume, nobles travaux bien dignes d'un roi, père et protecteur de ses peuples; aux gazettes étrangères, venues d'Amsterdam ou d'ailleurs, ces mêmes nouvelles, mais aussi une véritable information, jamais neutre, sur ce qui se passait en France, sur la politique du roi et de son gouvernement. On peut à bon droit, parler de gazettes 'périphériques', face au privilège de la *Gazette*. Passant outre la censure pesant sur le monopole, les Français pouvaient se croire mieux informés. Encore que... Les rédacteurs vivaient sous la pression constante des principales puissances européennes qui pouvaient leur reprocher telle ou telle nouvelle, demander l'insertion de tel ou tel communiqué ou autre information. D'où un savant jeu d'équilibriste, et une relative modération dans l'expression. Faute de quoi, le roi de France et d'autres souverains pouvaient fermer les frontières de leurs Etats, et ces

---

1. BNF, m. f., 21741, f.244, extrait des registres du Conseil d'Etat, requête de François Renaudot, propriétaire du privilège de la *Gazette*, et arrêt du 8 octobre 1675.

2. Arrêt du 18 octobre 1675: E. Vaillé, *Histoire générale des postes françaises*, 7 vols (Paris 1947-1955), t.IV, p.217-18; Arch. nat., E 1780, f.234 et 256; BNF, m. f., 22084, p.94.

gazettes se voyaient en grand danger de perdre une partie de leur lectorat, si elles ne s'amendaient pas.

Dans leur lente conquête de la société et de l'espace français, la *Gazette* et ses consœurs étrangères ont utilisé toutes les ressources que pouvait leur offrir l'époque, tout en évitant de trop utiliser les services postaux, fort coûteux: le colportage dans Paris, depuis le temps de Richelieu jusqu'à la fin de l'Ancien Régime; les réimpressions autorisées en province pour la *Gazette*, dès les années 1630; bien plus tard, au début du dix-huitième siècle, les contrefaçons, étrangères ou non, pour diffuser à plus bas prix dans le Midi des gazettes 'périphériques' déjà très chères à Paris; enfin, entre 1740 et 1760, l'innovation de l'abonnement 'franco de port', réconciliant les gazettes et la poste qui réduisit considérablement le prix de ses services.

Monopole et hauts prix, à Paris et en province

A la fin des années 1670 ou un peu plus tard, l'administration des postes traita avec l'un des libraires du quai des Augustins, pour lui concéder le monopole de la diffusion des gazettes étrangères dans Paris. Arrivées à Paris, les gazettes étaient déposées à la boutique du libraire. Après l'examen des censeurs qui pouvaient interdire la distribution si tel ou tel élément du contenu ne plaisait pas, les gazettes étaient remises aux colporteurs qui les criaient ou les portaient chez les abonnés. Quelques exemplaires restaient chez le libraire où l'on pouvait venir les lire. On pouvait déposer des annonces à la boutique, voire des nouvelles que le libraire se chargeait de faire parvenir en Hollande. En 1725, Menier, libraire au Palais, demeurant rue Saint-Séverin, au Soleil d'Or, se charge de 'faire insérer des avertissements au bas' de la *Gazette d'Amsterdam*: 'en lui payant ce qu'il faut, il aura soin de les envoyer à l'auteur de ces nouvelles'.[3] En mars 1730, la veuve du libraire Pissot désire obtenir 'la distribution de la gazette de Hollande'. Depuis au moins ce début des années 1730, la famille des libraires David, si elle ne possède pas déjà cet avantage depuis la fin du dix-septième siècle, est en charge de ce monopole. La place est si bonne que le 24 décembre 1753, Michel-Antoine David, déjà établi libraire rue Saint-Jacques, s'empresse d'obtenir le 'privilège de débiter les gazettes d'Amsterdam et d'Utrecht', avant même la mort de son père Michel-Etienne, établi quai des Augustins, en 'survivance et pour l'exercer après lui en cas que Dieu en dispose'.[4]

Jouissant de leur monopole, la poste et son libraire imposent jusqu'à la fin des années 1750 une politique de très hauts prix permettant aux deux compères de prélever de fort coquets bénéfices. En septembre 1714, selon Dom Calmet, 'les deux gazettes de Hollande, avec les suppléments' (la *Gazette d'Amsterdam*, feuille bihebdomadaire avec ses suppléments) se vendaient 30 sols,

---

3. 19 et 26 octobre 1725.
4. Sur ce qui précède et ce qui suit, voir G. Feyel, 'La diffusion des gazettes étrangères en France'.

c'est-à-dire 78 livres par an. Les tarifs augmentèrent par la suite. Dans les années 1740, une année de la même gazette, avec ses suppléments, était achetée 22 à 24 livres de France à l'éditeur hollandais, pour être revendue 83 livres 4 sous au libraire David. Prélevant lui aussi son bénéfice, ce dernier la proposait pour 104 livres! A la fin des années 1750, lors de la guerre de Sept Ans, le tarif est encore augmenté à 120 livres. En cette première moitié du dix-huitième siècle, la *Gazette de France*, débarrassée de tous ses *Extraordinaires* depuis les années 1680, restée hebdomadaire, a un abonnement annuel de 9 à 10 livres entre 1690 et 1730, 10 à 13 livres pendant les années 1730, 15 à 18 livres entre 1748 et 1752. Un tel écart de tarif explique que les gazettes étrangères aient été nettement moins répandues que la *Gazette de France*, même si leur contenu était plus apprécié par les élites de la Cour et de Paris. Dans les années 1740, en pleine guerre de Succession d'Autriche, le nombre des gazettes étrangères parvenues dans la capitale ne dépasse jamais 650 exemplaires. La *Gazette d'Amsterdam* règne en maître: 80% de l'ensemble de ces gazettes en 1742, suivie par celles d'Utrecht: 12%, de Bruxelles: 5%, de Francfort: 3%. Au même moment, la *Gazette de France* diffuse à la Cour et dans Paris environ 1500 à 2000 exemplaires. En ces périodes de guerre, la curiosité et l'anxiété sont intenses. Comme toujours depuis le dix-septième siècle, la paix vient démobiliser abonnés et lecteurs. Les gazettes étrangères sont alors moins nombreuses à Paris: tout juste 320 exemplaires 'chaque ordinaire' en mai 1753!

Encore que les gazettes d'Amsterdam aient été présentes en France dès les années 1620,[5] il apparaît que l'audience des gazettes étrangères s'élargit seulement dans les vingt-cinq dernières années du règne du Roi-Soleil: les guerres ont alors développé la demande. Les exemplaires conservés se multiplient, certes, mais ils demeurent encore assez rares. Les tarifs d'abonnement élevés, les frais postaux empêchaient tout réel épanouissement. C'est alors le temps des abonnements de lecture. Après 1715, notamment dans les années 1730 et 1740, périodes de guerre, la demande devient beaucoup plus insistante, désormais satisfaite par des abonnements postaux dans le Nord, par des contrefaçons dans le Sud.

Dès le temps de Renaudot, les gazettes étrangères parviennent dans les provinces. Le 10 octobre 1633, Peiresc remercie son ami parisien Jacques Dupuy pour l'envoi 'des gazettes d'Amsterdam qui font une bonne partie de celles de ce Renaudot et sont autant et possible plus fidèles'.[6] Le libraire de Rouen Claude Le Villain ajoute à sa réimpression de la *Gazette de France* de nombreuses nouvelles étrangères puisées ailleurs. Près de la moitié trouvent origine en Hollande ou aux Pays-Bas espagnols. Il publie même un numéro complet d'une gazette hollandaise, intitulé *La Gazette de Hollande du neufiesme Décembre 1632*. S'agit-il du *Courant d'Italie et d'Almaigne* de Jan Van Hilten, gazette imprimée en français à Amsterdam?[7] Les collections provinciales de la *Gazette*

5. F. Dahl, *Dutch corantos 1618-1650*; F. Dahl, F. Petibon, M. Boulet, *Les Débuts de la presse française*.
6. *Lettres de Peiresc*, publiées par P. Tamizey de Larroque, 7 vols (Paris 1888-1898), t.II, p.620.
7. G. Feyel, *La 'Gazette' en province*, p.137.

contiennent quelques numéros isolés des gazettes hollandaises ou flamandes, bonne preuve qu'elles parvenaient partout. Ainsi ces deux volumes de la Bibliothèque du Mans, présentant quelques exemplaires des *Nouvelles de divers quartiers* de Broer Jansz (Amsterdam, 30 septembre 1647, 13 janvier et 14 septembre 1648), du *Postillon ordinaire* de Martin Binnart (Anvers, 5 octobre 1647 et 18 septembre 1648) et de la *Gazette ordinaire* de Guillaume Verdussen (Anvers, 17 janvier 1648).[8] La mort de Louis XIV et les premiers jours de la régence ont tellement intéressé au fin fond de la Bretagne, que le recueil de la réimpression brestoise de la *Gazette* contient la *Suite des nouvelles d'Amsterdam* (11 octobre 1715), la *Quintessence des nouvelles historiques, critiques, politiques, morales et galantes* (La Haye, 5 octobre 1715), les *Relations véritables* de Bruxelles (11 octobre 1715). La réimpression de Toulouse contient deux numéros des gazettes hollandaises: la *Gazette d'Amsterdam* du 16 novembre 1702 et la *Gazette de Rotterdam* du 17 septembre 1708. Celle de Bordeaux conserve les *Nouvelles extraordinaires* de Leyde (1680), le *Mercure universel du lundi 3 septembre 1691* (Amsterdam),[9] la *Gazette d'Amsterdam* (1698), la *Quintessence des nouvelles* de La Haye (1698), la *Gazette de Rotterdam* (1698), le *Journal historique du lundi 28 mai 1703* (Rotterdam). La réimpression de Reims renferme les numéros des 8 août 1721 et 23 juin 1722 de ces mêmes *Nouvelles extraordinaires* de Leyde. La collection des parlementaires aixois Thomassin de Mazaugues contient elle aussi quelques numéros des gazettes hollandaises: *Gazette d'Amsterdam* (28 décembre 1708, 4 novembre 1710, 30 janvier, 3 et 6 mars 1711), *Journal historique* de Rotterdam (14 septembre 1705, 30 octobre 1710, 5 mars 1711 et 3 mars 1712), *Quintessence des nouvelles* de La Haye (19 et 23 mai, 9 juin 1701), *Relations véritables* de Bruxelles (15 septembre 1705, 7 décembre 1706, 28 décembre 1708, 4 novembre 1710, 6 mars et 22 décembre 1711, 4 août 1712). Enfin, le premier propriétaire d'un volume de la réimpression de Rouen pour 1710-1711, estimait assez la *Gazette d'Amsterdam* pour en avoir inséré trois copies manuscrites (30 décembre 1710, 2 janvier et 29 décembre 1711).

Tous ces numéros, dispersés dans les collections provinciales de la *Gazette de France*, révèlent certes la circulation des gazettes étrangères. Leur diffusion

---

8. *Ibid.*, p.152 et 215-16.

9. Cet exemplaire est important car il permet de compléter la généalogie des gazettes d'Amsterdam. On a vu au chapitre 1 que Claude Jordan, en mai 1691, avait dû quitter Amsterdam, peu avant que Tronchin Dubreuil obtînt le privilège des Etats de Hollande pour notre *Gazette d'Amsterdam*. Or *Le Mercure universel*, dont on ne connaît pas l'éditeur, commence alors à paraître (Bibl. Mazarine, 4 juin et 14 juin 1691; Hemeroteca Municipal, Madrid, 4 juin, 16 juillet, 27 août 1691); puis le *Recueil des nouvelles, Du...* (septembre 1691-22 octobre 1693; Bibl. Mazarine, 24 et 27 septembre, 8, 15, 18 et 25 octobre 1691, etc.). Peut-être rédigée sous l'influence de Claude Jordan, cette dernière gazette est plus proprement orientée vers le marché français, car elle porte toute une série d'annonces parisiennes, alors que la gazette de Tronchin Dubreuil est plus hollandaise dans ses avis publicitaires. Notre exemplaire du *Mercure universel* permet de prouver qu'il est à l'origine du *Recueil des nouvelles*. On lit en effet à la fin de cette gazette du lundi 3 septembre 1691: 'L'on commencera Jeudi à donner ces Nouvelles au public, sous le titre de Recueil de Nouvelles.' Le *Mercure universel* et le *Recueil des nouvelles* ne forment donc qu'une seule et même gazette, et la première feuille titrée *Recueil des nouvelles* parut le jeudi 6 septembre 1691. Voir G. Feyel, *La 'Gazette' en province*, p.151; BM. Bordeaux, H. 2386 (vol. 52, pièce 56).

était-elle bien importante, cependant? Il est permis d'en douter. Les abonnements paraissent être demeurés rares, cependant que se développaient les lectures collectives, ainsi que le prouvent les quelques annonces insérées au bas des réimpressions autorisées de la *Gazette*. Les 'Gazettes de Hollande', c'est-à-dire la *Gazette d'Amsterdam*, celle de Bruxelles peuvent être lues à Toulouse en 1679-1680: 'On donne présentement à lire les gazettes étrangères, de Hollande, de Bruxelles' avec les autres particularités qui concernent l'Europe, et tout l'Univers, à la Porterie à la boutique de Boude [l'imprimeur, fermier de la *Gazette*]'. A Troyes, on 'fera voir la Gazette de Hollande, le Mercure galant et autres curiosités qui se voient' (2 septembre 1686), on 'fera voir la Gazette d'Allemagne,[10] tous les lundis et jeudis de la semaine: et la fera tenir à tous ceux qui la souhaiteront voir' (3 juillet 1690). A Bordeaux, l'imprimeur Chappuis qui ne réimprime pas la *Gazette*, mais quelques occasionnels, 'avertit' au bas de l'un d'entre eux qu'il 'reçoit ordinairement le Mercure galant, la gazette de Hollande et autres Nouveautés, qu'il donne à lire à très juste prix' (30 avril 1689). L'imprimeur de Grenoble 'donne à lire la véritable Gazette de Hollande, impression de Rotterdam; celle imprimée à Berne' (10 janvier 1697); 'il donne aussi à lire la véritable Gazette de Hollande; celle d'Allemagne' (31 janvier 1697); 'il donne aussi les Gazettes et Extraordinaires de Hollande' (7 novembre 1697), c'est-à-dire les gazettes de Rotterdam et de Leyde. A Brest, 'on a commencé vendredi dernier [4 avril] à donner à lire la Gazette de Hollande avec le Supplément' (10 avril 1710).[11]

A n'en pas douter, la première moitié du dix-huitième siècle marque un changement. Les gazettes étrangères sont de plus en plus présentes dans les provinces. Certes, les abonnements de lecture sont toujours proposés. Le fermier de la réimpression de la *Gazette* à Angers 'donne la Gazette de Hollande à lire' (16 juillet 1741), mais il paraît aussi en offrir de véritables abonnements, puisqu'il 'fournit à l'année les Gazettes, de France, de Hollande, les Mercures, Journaux de Verdun, de Trévoux, des Savants, et autres Nouvelles, à juste prix, à Angers' (22 août 1741). Dans le Nord, en 1753, le directeur du bureau postal de Lille recevait directement environ 80 'gazettes de Hollande' dont il revendait une vingtaine sur le pied de 12 sols 6 deniers pièce, soit 65 livres à l'année; les autres étaient diffusées auprès des directeurs des bureaux de poste de la région, à raison de 40 à 50 livres.[12]

Le relais des contrefaçons méridionales

Dans les provinces du Midi, fort éloignées de Paris, mais aussi ailleurs en Europe, la tentation devint grande de contrefaire les gazettes étrangères, pour éviter les énormes taxes postales. D'après les documents et les collections qui subsistent, ou que nous avons eu la chance de repérer, nous présentons en

---

10. Quelle est cette 'gazette d'Allemagne' annoncée à Troyes en 1690 et à Grenoble en 1697?
11. G. Feyel, La *'Gazette' en province*, p.150-53.
12. G. Feyel, 'La diffusion des gazettes étrangères en France', p.88.

détail dans le chapitre suivant les différentes contrefaçons. Nous ne les abordons ici que comme un phénomène global, et pour mettre en lumière le rôle de relais qu'elles ont joué dans les provinces françaises.

Lyon est un grand centre de diffusion et de consommation de la *Gazette de France* et des gazettes étrangères. La réimpression de la *Gazette* est répandue dans tout le Sud-Est, jusqu'à Genève. Et les Lyonnais aiment eux aussi lire les gazettes étrangères. Les autorités, fort inquiètes en 1702 'que quelques particuliers débitent dans cette ville des gazettes d'Angleterre, de Hollande, de Genève et de Berne', défendent un tel commerce. Ce qui ne paraît pas trop gêner le libraire Pascal, qui finit par être condamné à trois ans de bannissement en 1708 pour avoir continué sa coupable industrie. Comment en effet résister à la tentation de gros profits en faisant venir de Genève la première des grandes contrefaçons de la *Gazette d'Amsterdam*? En 1694, son imprimeur Vincent Miège reçoit des autorités genevoises le privilège d'éditer 'les gazettes de France et de Hollande, et le Mercure Historique [de La Haye]'. La contrefaçon de la *Gazette d'Amsterdam* dure jusqu'à 1764, remplacée ensuite par les contrefaçons des gazettes de La Haye (1765), puis de Leyde (1766-1767).[13] La contrefaçon de Genève a un tel succès à Lyon et dans le Sud-Est, qu'elle encourage le lancement de celle d'Avignon en 1715, par l'imprimeur Giroud.[14] La concurrence devient alors grande entre les deux contrefaçons, comme on le verra au chapitre suivant. Les annonces insérées au bas de celle d'Avignon montrent qu'elle rayonne en Provence et au-delà du Rhône, vers Montpellier. Elle va même beaucoup plus loin. A partir de Toulouse et de Bordeaux, elle est diffusée dans tout le Sud-Ouest, voire même ailleurs, peut-être jusqu'à Bourges.

Averti par 'plusieurs personnes de tous états et conditions, qu'on répandait dans cette ville un libelle intitulé *Supplément à la Gazette d'Hollande du mois de juillet 1721, imprimé à Avignon, chez Charles Giroud*', le lieutenant général interdit de 'recevoir, publier, distribuer ou imprimer lesdits libelles intitulés *Supplément à la Gazette*, ou autre de cette espèce, sans privilège du Roi, permission et approbation, suivant et conformément aux ordonnances, usages du royaume et les arrêts de nos Seigneurs du Parlement, à peine de cent livres d'amende'. Il ordonne même 'à ceux à qui on pourrait les adresser' de les lui remettre![15] Imprimé entre novembre 1718 et décembre 1721 par le même Charles Giroud qui contrefaisait la *Gazette d'Amsterdam*, favorable aux 'appelants' jansénistes, ce *Supplément à la Gazette d'Hollande*, feuille mensuelle rédigée par les jésuites, zélés défenseurs de la Constitution *Unigenitus*, avait le même format in-4°, 2 colonnes. La seconde servant en quelque sorte d'antidote à la première, ces deux gazettes étaient peut-être diffusées ensemble dans toute la France

13. J.-D. Candaux, 'Batailles autour d'un privilège: la réimpression genevoise des gazettes de Hollande'.

14. R. Moulinas, *L'Imprimerie, la librairie et la presse à Avignon au XVIIIᵉ siècle*, p.290-93. Cet auteur n'a pas consulté la collection de la contrefaçon d'Avignon, conservée à la BM d'Avignon, dont l'étude se trouve dans le chapitre suivant.

15. BNF, m. f., 22084, pièce 110, placard imprimé, ordonnance du 6 septembre 1721.

méridionale. C'est du moins ce que suggère le correspondant de la *Gazette d'Amsterdam*, quand il signale l'ordonnance du lieutenant général de Bourges:

> Vous avez sans doute entendu parler, Monsieur, d'un certain écrit qui court sous le nom de *Supplément à la Gazette de Hollande*, mais qui n'est qu'un libelle. Les calomnies qu'il contient ne font aucune impression sur l'esprit de ceux qui lisent la *Gazette de Hollande* et qui savent que ce libelle part de la plume de quelques esprits malins, qui le font imprimer à Avignon, et qui pour lui donner du poids et de la vraisemblance, le publient sous le nom de *Supplément à la Gazette de Hollande*, afin que les ignorants puissent prendre le change, et donner dans le panneau qu'on leur tend. Mais comme ce faux *Supplément* cause divers désordres en province, les magistrats ont cru en devoir arrêter le cours, entr'autres à Bourges.[16]

La région lyonnaise demeure la zone de diffusion de la contrefaçon de Genève. A Lyon, la famille Pascal s'occupe toujours de son commerce, et se débrouille pour la fournir à sa clientèle malgré les prohibitions. Au début des années 1740, 'il entrait à Lyon beaucoup de gazettes d'Amsterdam et de Berne, ainsi que les Mercures historiques d'Hollande qui se réimpriment à Genève'. En 1743, sur pression de la poste de France qui ne supporte plus une telle concurrence pour les gazettes étrangères qu'elle propose elle-même, la contrefaçon de Genève est interdite dans le royaume, au grand dam de son imprimeur. Mais cela n'empêche pas les Lyonnais de continuer à recevoir la *Gazette d'Amsterdam* à faible prix: 'La nommée Pascal qui demeure rue Saint-Jean à Lyon et qui fait un commerce considérable de toutes sortes de nouvelles, est obligée aujourd'hui d'en faire venir un exemplaire seul qu'un imprimeur de cette ville réimprime.' Et l'administration de demander au comte d'Argenson, surintendant général des postes, d'ordonner à l'intendant de Lyon de faire cesser cette activité, 'préjudiciable au produit de la Ferme'.[17]

Avec ces deux contrefaçons de Genève et d'Avignon, la *Gazette d'Amsterdam* est désormais bien répandue dans le Sud-Est, où elle concurrence la *Gazette de France*. Profitant de cette appétence pour les gazettes, le gazetier François Morénas lance en 1733 un nouveau titre, *Le Courrier d'Avignon*, une feuille bihebdomadaire qui dura jusqu'à 1793. Par l'intermédiaire de Toulouse, nous l'avons dit, les gazettes d'Avignon parvenaient à Bordeaux. Malheureusement, un traité de l'imprimeur Giroud avec la poste leur interdit la Guyenne en 1740.[18] C'est très probablement ce qui explique le lancement de la contrefaçon bordelaise de la *Gazette d'Amsterdam* par l'imprimeur Pierre Calamy, le 6 mai de la même année.[19] Bénéficiant dès ses débuts du lectorat orphelin de

---

16. *GA*, 30 septembre 1721, 'Extrait d'une lettre de Bourges du 13 septembre', suivi de la reproduction intégrale du texte de l'ordonnance du lieutenant général de police. Sur le *Supplément à la Gazette d'Hollande*, voir J. Sgard, 'La presse militante au XVIIIe siècle: les gazettes ecclésiastiques'.

17. G. Feyel, *L'Annonce et la nouvelle*, p.534-35; Arch. nat., F90 20240, Mémoires de la Ferme générale des postes, 13 juillet 1749.

18. Lire à ce sujet les semonces du Fermier des postes à son directeur de Toulouse, qui continuait frauduleusement à envoyer le *Courrier d'Avignon* à Bordeaux, *ibid.*, p.535-36, 2 et 20 juin 1742.

19. Sur cette contrefaçon, lire G. Feyel, *La 'Gazette' en province*, p.63, 155 et 218, n.251; R. Granderoute, 'Les contrefaçons bordelaises de la presse au XVIIIe siècle'.

la contrefaçon avignonnaise, cette nouvelle contrefaçon va durer fort long-temps, malgré tous les efforts du Fermier des postes pour la faire interdire,[20] parce que les autorités et les élites de Bordeaux sont ravies de lire la *Gazette d'Amsterdam* pour le modique tarif annuel de 18 livres seulement! Le 28 septembre 1759 Palissot et David, tout nouveaux 'privilégiés exclusifs du commerce des gazettes étrangères', obtinrent sa suppression.[21] Ils surent aussi arrêter le 30 octobre 1759 deux autres contrefaçons plus récentes, suscitées par la guerre de Sept Ans (1756-1763): une nouvelle contrefaçon de la *Gazette d'Amsterdam* à La Rochelle, qui débuta probablement en janvier 1757, et une autre contrefaçon bordelaise, celle de la *Gazette de Leyde*, par les frères Labot-tière, qui commença le 12 juillet suivant. Alors que la *Gazette de Leyde* était interdite en France depuis les années 1720 et que les collections françaises de cette feuille sont lacunaires, pour ne pas dire inexistantes pour cette période, une telle contrefaçon vient achever de prouver l'extrême libéralisme des auto-rités bordelaises, qui ont fermé les yeux, là encore pour être bien informées. Dans ce dernier cas, elles ont toléré une double infraction: la contrefaçon pro-prement dite, la diffusion d'une gazette interdite.[22] Imprimée à Bourges par la veuve Boyer, une autre contrefaçon de gazette étrangère fut elle aussi inter-dite.[23] Au temps des contrefaçons, mais aussi des réimpressions autorisées de la *Gazette*, venait de succéder celui des abonnements postaux, franco de port.

L'ère des abonnements

En 1740, l'imprimeur avignonnais Giroud parvint à obtenir de la poste le premier 'contrat d'abonnement' qu'elle ait jamais passé avec un périodique. Moyennant une redevance annuelle de 1400 livres, Giroud obtint de payer une taxe uniforme d'un sou au départ d'Avignon, quelle que fût la distance parcourue par les courriers. Les deux gazettes d'Avignon étaient autorisées en Provence, Dauphiné et Languedoc, mais étaient interdites partout ailleurs (carte 1). Giroud perdait ainsi la Guyenne et le Centre-Ouest, mais il pouvait désormais proposer des abonnements annuels 'franco de port' de 18 livres pour le *Courrier d'Avignon*, et de 24 livres pour la contrefaçon de la *Gazette d'Amster-dam*. Des abonnements si bas assurèrent le succès des deux gazettes avignon-naises, plus diffusées que les autres gazettes étrangères ne l'étaient à partir de

---

20. G. Feyel, *L'Annonce et la nouvelle*, p.535-36.

21. Non sans mal. Voir la supplique de la veuve Calamy, BNF, m. f., 22084, pièce 112. Les autorités locales durent obéir aux ordres du duc de Choiseul, qui prit la peine d'écrire à l'inten-dant de Guyennne, le 17 octobre 1759. La veuve Calamy dut alors se soumettre et promettre de ne plus imprimer sa contrefaçon (Arch. dép. Gironde, C. 3315).

22. Sur ces deux contrefaçons, voir G. Feyel, *L'Annonce et la nouvelle*, p.536 et 706, et ici même le chapitre suivant. On lira aussi H. Arnaud, 'L'édition bordelaise de la Gazette de Leyde des frères Labottière'.

23. On ne sait rien de cette dernière contrefaçon, dont on reparlera au chapitre suivant. Il est possible qu'elle ait été suscitée par le long séjour de parlementaires parisiens exilés à Bourges, entre mai 1753 et août 1754, lors de la guerre des billets de confession; voir A. Grellet-Dumazeau, *La Société parlementaire au dix-huitième siècle: les exilés de Bourges, 1753-1754* (Paris 1892).

Paris: 1211 exemplaires en 1742, 2153 en 1745, 2482 en 1747, mais seulement 1231 en 1749, après le retour de la paix. De cette véritable explosion, l'administration tira les conséquences.

En 1750, Giroud, toujours lui, obtint de la Ferme des postes une réduction de sa redevance annuelle, qui passa à 1200 livres, alors que dans le même temps la zone de diffusion du *Courrier d'Avignon* était élargie à tout le royaume.[24] Il fallut bien payer de tels avantages. Comme la contrefaçon de la *Gazette d'Amsterdam* semble avoir disparu après 1748, il faut raisonnablement penser que sa suppression en fut probablement le prix.[25] L'exemple d'Avignon ne pouvait que susciter l'émulation. La *Gazette de France* obtint à son tour le même traitement. Les réimpressions provinciales furent interdites. Une édition de 4 pages in-4°, imprimée sur deux colonnes, fut lancée le 29 avril 1752, réservée aux seuls provinciaux, taxée 6 deniers l'exemplaire par la poste, ce qui mit l'abonnement 'franco de port' à 7 livres 10 sous.[26] Lorsque, pendant la guerre de Sept Ans, le privilège de la *Gazette* fut repris par la monarchie, à l'initiative du duc de Choiseul, secrétaire d'Etat aux Affaires étrangères, l'abonnement de la feuille, devenue bihebdomadaire, passa à 12 livres en 1762, puis à 15 livres en 1780, alors que la taxe postale était réduite à 3 deniers l'exemplaire. Plus la périodicité était courte, plus le format était léger, plus basse était donc la taxe.

Les gazettes étrangères bénéficièrent elles aussi de la réforme des tarifs postaux. Pendant la guerre de Sept Ans, le libraire David avait porté leur abonnement à 120 livres! Protégé de Choiseul, l'écrivain Charles Palissot s'entendit avec le libraire pour obtenir en avril 1759 et pour vingt ans, le 'privilège exclusif du commerce des gazettes étrangères'. On a vu que tous deux parvinrent à supprimer les contrefaçons de Bordeaux, Bourges et La Rochelle. Ils traitèrent avec la poste qu'ils avaient dépossédée. D'abord rémunérée par le tiers des bénéfices de l'affaire, la poste finit par imposer une taxe de 2 sous l'exemplaire transporté de l'étranger vers Paris ou vers la province. Choiseul autorisa toutes les gazettes étrangères à pénétrer dans le royaume. Purent désormais parvenir à Paris, au 'Bureau général des gazettes étrangères' les gazettes d'Amsterdam, Utrecht, Leyde, La Haye, Bruxelles, Cologne, Francfort et Berne. D'autres feuilles vinrent bientôt les rejoindre. La concurrence allait être d'autant plus vive que les tarifs d'abonnement s'effondrèrent. De 120, ils passèrent à 36 livres. Curieusement, le 12 octobre 1759, la *Gazette d'Amsterdam* fixa d'abord son tarif à 48 livres: 'Le prix de cette gazette en France est de 48 livres pour l'année entière, rendue à Paris chez les particuliers, et franche de

---

24. Ce qui permit à Giroud d'envoyer sans difficulté son *Courrier* vers Bordeaux, où il était déjà distribué frauduleusement. Voir à ce sujet G. Feyel, *L'Annonce et la nouvelle*, p.535-36.

25. R. Moulinas, 'Du rôle de la poste royale', *L'Imprimerie, la librairie et la presse à Avignon*, p.293 et 379-85; cet auteur veut voir dans un privilège exclusif que le libraire David aurait obtenu en 1750 de débiter en France les gazettes étrangères, la raison de la fin de la contrefaçon avignonnaise. C'est manifestement une erreur, puisque le libraire David était en possession de ce débit depuis au moins les années 1730. Sur tout cela, voir G. Feyel, 'La diffusion des gazettes étrangères en France', p.86-89.

26. G. Feyel, *La 'Gazette' en province*, p.169-77; *L'Annonce et la nouvelle*, p.667-91.

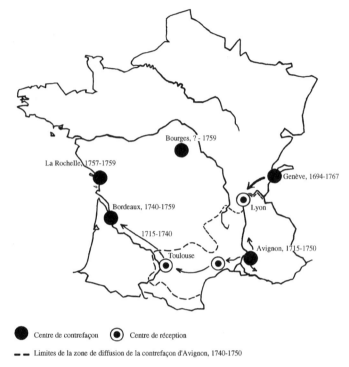

Carte 1. Les contrefaçons méridionales des gazettes de Hollande

port dans toutes les parties de royaume.' Il y avait probablement malentendu. Les circulaires envoyées dans les provinces au même moment indiquent que l'abonnement était de 36 livres pour les gazettes étrangères d'Amsterdam, Utrecht, Leyde, La Haye, Bruxelles, Cologne, Berne.[27] En 1767, lorsque le ministère des Affaires étrangères reprit le privilège de Palissot et David, il laissa leur diffusion à la poste, qui continua la politique de bas abonnements inaugurée en 1759.[28] L'abonnement de la *Gazette d'Amsterdam* était bien alors de 36 livres, ainsi que le prouvent d'autres avis, par exemple le 2 janvier 1778: 'En conséquence du traité fait avec Messieurs les Directeurs du Bureau général, exploitant le privilège exclusif des gazettes étrangères à Paris, le prix de l'abonnement de cette gazette en France est, tant pour Paris que pour la province, de 36 livres par an, rendue aux particuliers, franche de port.'[29]

27. G. Feyel, *L'Annonce et la nouvelle*, p.706, avis des frères Labottière annonçant la fin de la contrefaçon bordelaise de la *GL* (septembre-octobre 1759).
28. G. Feyel, 'La diffusion des gazettes étrangères en France', p.89-95; *L'Annonce et la nouvelle*, p.691-714.
29. La *GA* garda cet abonnement de 36 livres jusqu'à la Révolution, ainsi que le prouvent les avis des 12 février 1779, 4 janvier 1780, 7 janvier 1785, 3 janvier 1792. Les autres gazettes étrangères également. Notons deux exceptions: le *Courier du Bas-Rhin* (Clèves), après avoir débuté à 36 livres, passa à 42 livres en 1769; le *Courier de l'Europe* (Londres) était à 48 livres depuis sa fondation en 1776.

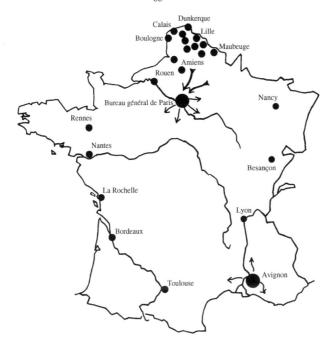

Carte 2. Les Bureaux d'abonnement aux gazettes étrangères,
à partir des années 1760

Pour mieux servir les provinciaux, le 'Bureau général des gazettes étrangères' établit une série de 'bureaux particuliers' dans les villes les plus éloignées
de Paris. Selon plusieurs listes présentées par la *Gazette d'Amsterdam*, de tels
Bureaux étaient plus nombreux dans les provinces du nord, entre Paris et la
frontière (Abbeville, Amiens, Arras, Béthune, Boulogne, Calais, Cambrai,
Douai, Dunkerque, Lille, Maubeuge, Saint-Omer, Valenciennes). On en trouvait aussi dans l'Est (Besançon et Nancy), et dans l'Ouest (Nantes, Rennes,
Rouen), enfin ils s'étaient multipliés dans le Sud, à Bordeaux, La Rochelle,
Lyon et Toulouse, malgré la concurrence du *Courrier d'Avignon*.[30] Une telle géographie ne doit pas étonner. Le Nord était traditionnellement une région de
forte chalandise pour les gazettes de Hollande et de Bruxelles. N'y rencontrait-
on pas déjà près d'une centaine d'abonnés au début des années 1750? Il est difficile de tirer d'autres conclusions, parce que nous ne savons pas quelle était
l'ampleur du territoire de diffusion couvert par chacun des Bureaux particuliers de l'Est, de l'Ouest et du Midi; et aussi parce qu'il exista probablement

30. Voir les listes de ces bureaux, toujours semblables, mise à part celle de 1759, plus courte
que les suivantes, dans la *GA*, 12 octobre 1759, 24 mai 1768, 2 janvier 1778, 12 février 1779,
4 janvier 1780, 7 janvier 1785, 3 janvier 1792. Les autres gazettes portent exactement les même
listes, par exemple la *Gazette de La Haye*, les 24 mai 1768 et 4 janvier 1771, la *Gazette de Leyde*, les
24 mai 1768 et 24 décembre 1764. Un prospectus imprimé de la *Gazette politique des Deux-Ponts*
(1770) porte lui aussi cette liste (BNF, m. f., 22084, p.107)

d'autres Bureaux. L'un d'entre eux est temporairement mentionné à Strasbourg en 1778. Genève a le sien à partir de 1785. A Marseille, en 1765, Jean-François Berte, directeur du 'Bureau général des gazettes étrangères', a dû l'abandonner, en 's'acquittant', du moins l'affirme-t-il, 'de tous les engagements qu'il avait contractés'.[31]

Cette grande innovation de l'abonnement 'franco de port', dont nous bénéficions encore aujourd'hui, cette baisse profonde des tarifs d'abonnement, jointe aux divers systèmes de lecture collective,[32] permit à la *Gazette de France* et aux gazettes étrangères, de conquérir définitivement la plupart des sociétés urbaines. Les recettes de la poste pour 1781 présentent des chiffres élevés, parce qu'il s'agit d'une année de la guerre d'Indépendance américaine. Le port des gazettes étrangères a produit 95 000 livres, cependant que celui du *Courrier d'Avignon* a donné 27 000 livres.[33] A raison de 2 sous la taxe d'un exemplaire de gazette étrangère, et pour une périodicité bihebdomadaire moyenne, ces 95 000 livres correspondent à une diffusion annuelle de plus de 9000 exemplaires (très exactement 95 000 × 20 s. = 1 900 000 s.: 2 s. = 950 000: 104 ordinaires = 9135). Chiffre qui paraît concorder avec ce que l'on sait de la diffusion du *Courier de l'Europe*, quelque 4 ou 5000 exemplaires;[34] ainsi qu'avec les estimations de Jeremy Popkin pour la *Gazette de Leyde*, gazette hollandaise alors la plus lue, et diffusant en France environ 2500 exemplaires au début des années 1780.[35] Comme le *Courrier d'Avignon* était taxé d'un sou, il n'est pas bien difficile de chiffrer sa diffusion: plus de 5000 exemplaires (27 000 × 20 s. = 540 000 s.: 104 = 5192), qui concordent assez bien avec les 4000 abonnés enregistrés au deuxième trimestre 1778, alors que la diffusion du *Courrier* croît de nouveau grâce à la guerre.[36]

31. *GA*, 1er mars 1765: 'Comme il s'est répandu des bruits désavantageux sur le compte du Sieur *Jean-François Berte* de *Marseille*, à l'occasion de sa retraite du Bureau général des gazettes étrangères en cette ville, et dans lequel il était employé en qualité de directeur, on annonce que ledit sieur s'est acquitté de tous les engagements qu'il avait contractés, et que l'on n'a rien à exiger de lui à cet égard.'

32. D. Roche, *Le Siècle des Lumières en province. Académies et académiciens provinciaux, 1680-1789*, 2 vols (Paris, La Haye 1978), p.63-69 et 477 (carte 4); R. Chartier et D. Roche, 'Les pratiques urbaines de l'imprimé', *Histoire de l'édition française*, t.II, p.403-29, chapitre reproduit dans R. Chartier, *Lectures et lecteurs dans la France d'Ancien Régime* (Paris 1987), p.165-221; M. Schlup, 'Sociétés de lecture et cabinets littéraires dans la principauté de Neuchâtel (1750-1800)', *Musée Neuchâtelois*, 1987, n° 2, p.81-104; J.-L. Pailhès, 'En marge des bibliothèques: l'apparition des cabinets de lecture', *Histoire des bibliothèques françaises* (Paris 1988), p.415-21; P. Benhamou, 'La lecture publique des journaux' et 'Essai d'inventaire des instruments de la lecture publique des gazettes'.

33. E. Vaillé, *Histoire générale des postes françaises*, t.VI, 1re partie, p.105-108.

34. *Dictionnaire des journaux*, notice 268.

35. J. Popkin, *News and politics*, p.121; le nombre des souscriptions en France était de 287 en 1767, 300 en 1773, mais il croît jusqu'à 2560 en 1778, pour baisser ensuite à 1490 en 1783, du fait de la paix.

36. R. Moulinas, *L'Imprimerie, la librairie et la presse à Avignon*, p.351-53; le *Courrier* a 2000 abonnés en juillet 1775, plus de 3000 au début de 1776, presque 4000 au deuxième trimestre de 1778, et a très certainement encore augmenté son audience après cette date; avec la paix, les chiffres baissent, mais restent à un haut niveau: 3100 en 1784, 2850 en 1787.

8. La diffusion en France

Après avoir diffusé environ 15 000 exemplaires, toutes éditions confondues, en 1758 (un sommet dû à la guerre de Sept Ans), la *Gazette de France* avait vu refluer sa diffusion avec la paix pendant les dix années suivantes. La guerre russo-turque (1768-1774), le premier partage de la Pologne en 1772 lui avaient permis de regagner quelque 1200 abonnés dans les premières années 1770, mais c'est à peine s'il en restait probablement 7 à 8000 au début du règne de Louis XVI. La guerre d'Indépendance américaine accrut la diffusion de la *Gazette de France*, comme elle l'avait fait pour les feuilles étrangères: 10 218 abonnements payés en décembre 1778, 12 260 en décembre 1780, 10 994 en décembre 1781. En définitive, les gazettes étrangères et la *Gazette de France* ont diffusé en France en 1781 quelque 26 000 exemplaires,[37] auprès d'un lectorat régulier d'environ 150 000 à 200 000 personnes.[38] Par la suite, la paix vint comme d'habitude ralentir l'enthousiasme des abonnés et des lecteurs.

37. Très exactement 11 627 exemplaires (tirage moyen de la *Gazette de France* en juillet 1781), plus 9135 (gazettes étrangères) et 5192 (*Courrier d'Avignon*). La *Gazette de France*, malgré son déclin (5692 exemplaires diffusés en décembre 1786), était encore la plus lue des gazettes, parce que son tarif d'abonnement (15 livres seulement) était le moins élevé de tous.

38. A raison de 6 à 8 lecteurs l'exemplaire, ainsi que l'estime le 28 août 1779 l'un des correspondants du *Mercure de France / Journal de Bruxelles* du libraire Panckoucke. Voir G. Feyel, *L'Annonce et la nouvelle*, p.1288.

9. Réimpressions et contrefaçons

Les journaux partagent sous l'Ancien Régime le sort des autres imprimés: la demande du public attire l'attention et excite l'activité des contrefacteurs qui, sur un marché local ou proche, ont la partie d'autant plus belle que le prix d'acheminement postal et les monopoles rendent les périodiques plus onéreux.

Nous prenons le mot 'contrefaçon' dans le sens que lui donne Fr. Moureau, et qui paraît incontestable: 'Réimpression d'un ouvrage sans l'autorisation du ou des propriétaires du droit de copie, ce qui [...] intègre les éditions "étrangères" d'un ouvrage publié avec privilège national.'[1] Ainsi le privilège de la *Gazette d'Amsterdam*, affiché dans son titre, n'a aucune validité hors des frontières des Provinces-Unies, et les réimpressions que nous en connaissons, qui leur sont extérieures, sont bien des contrefaçons. Quelques nuances pourtant s'imposent, le statut de ces éditions extérieures étant très divers, comme nous allons le voir. Aussi a-t-il semblé nécessaire de conserver ici le mot 'réimpressions'.

La recherche et l'identification de ces éditions contrefaites se heurtent à de nombreux obstacles: lorsqu'on en connaît ou que l'on en soupçonne l'existence, on n'a pas toujours la chance de retrouver le témoin matériel propre à les confirmer ou à en permettre une description exacte; inversement on peut ignorer totalement l'existence d'une contrefaçon ou trouver des exemplaires plus ou moins visiblement suspects mais dont l'origine est incertaine. On n'est pas non plus toujours en mesure de réaliser la confrontation du texte variant et du texte de référence, surtout lorsqu'il s'agit de vastes collections de gazettes. Une enquête aussi approfondie que possible dans ce domaine répond pourtant à une nécessité, si l'on veut donner au périodique la place qui lui revient dans la production imprimée et, du même coup, dans l'histoire du livre.[2]

G. Feyel a trouvé dans les réimpressions provinciales de la *Gazette* de France, surtout dans les années 1679-1698, plusieurs annonces de réimpressions de gazettes étrangères, en particulier des 'gazettes de Hollande' qui désignent sans doute en grande partie la *Gazette d'Amsterdam*: à Toulouse, Troyes, Bordeaux, Grenoble, en 1710 à Brest, enfin en 1741-1742, à Angers.[3] Aucune collection ne subsiste, à notre connaissance, qui corresponde à ces annonces. Il en va de même pour une contrefaçon de Liège, que Tronchin Dubreuil lui-même signale en janvier 1729 lorsqu'il est convoqué devant les Etats de

---

1. *Les Presses grises*, p.11; pour une analyse très éclairante d'un cas de contrefaçon de périodique, voir J. Popkin, 'Un journaliste face au marché des périodiques à la fin du dix-huitième siècle: Linguet et ses *Annales politiques*'.

2. Voir dans Les *Presses grises* l'étude de J.-P. Vittu, 'Les contrefaçons du *Journal des savants* de 1665 à 1714', p.303-31, et l'étude de R. Granderoute, 'Les contrefaçons bordelaises de la presse au XVIIIe siècle'.

3. La '*Gazette*' en province, p.150.

Hollande sur une plainte de la Cour de Vienne,[4] et que nous n'avons pas identifiée. Il faut enfin citer, parmi les introuvables, la contrefaçon de Bourges, pourtant bien attestée par les contemporains, et qui, sans que l'on sache quand elle a commencé, est interrompue en 1759 avec les autres contrefaçons provinciales.[5]

Inversement, le hasard nous a fait découvrir un piratage partiel des *Nouvelles extraordinaires*, premier titre du supplément de la *Gazette d'Amsterdam*, au verso d'une contrefaçon, peut-être allemande, de la *Quintessence des nouvelles*, du 29 décembre 1701 au 21 novembre 1707; à partir de 1705, ces *Nouvelles extraordinaires* sont extraites de plus en plus souvent de l'ordinaire même de la gazette, ou composées d'un mélange de l'ordinaire et de la *Suite* (titre du supplément dans l'original à partir du 1er janvier 1705).[6]

C'est encore un heureux hasard qui nous a permis de repérer à la Bibliothèque Nationale de Naples la contrefaçon de Venise que l'on trouvera décrite plus loin.

Les réimpressions déjà connues, attestées par des collections et que nous avons clairement identifiées, sont celles de Genève, Avignon, Bordeaux et La Rochelle. La première, la plus durable et la plus répandue, a un statut différent des autres puisqu'elle porte l'adresse des libraires genevois successifs qui ont obtenu un privilège du Petit Conseil, et dont les noms s'ajoutent ainsi à celui de Tronchin Dubreuil, toujours présent dans le colophon, le 'privilège des Etats de Hollande et de West-Frise' étant scrupuleusement conservé dans le titre. Ce privilège, exhibé par l'original, perdait assurément toute validité hors des Provinces-Unies. Mais il paraît rare qu'une contrefaçon exhibe à son tour, et de façon aussi claire, sa nature et ses auteurs. Selon J.-D. Candaux, on doit supposer que l'édition de Genève, où les Tronchin Dubreuil avaient une puissante et durable parenté, ne s'est pas faite sans une forme d'accord avec les propriétaires amstellodamois.

4. Plainte du 17 décembre 1728 et justification de Tronchin Dubreuil, citées d'après les archives de La Haye par Hatin, *Les Gazettes de Hollande*, p.98-99: 'Il a affirmé qu'on réimprimait ses gazettes et leurs suites à Liège et à Genève.'

5. Cette contrefaçon est nommée en 1759 dans le privilège obtenu par Palissot et David (G. Feyel, *L'Annonce et la nouvelle*, t.II, p.703); nous savons ainsi qu'elle est due à la veuve Boyer, qui conserva le privilège de son mari mort en 1726 (et exercé en fait par son fils Claude à partir de 1740 environ), et qui en 1764 avait même la seule imprimerie de Bourges; honorablement connue, elle imprimait les ouvrages de l'archevêché, du clergé, de l'Intendance, etc. Voir Jean Jenny, 'Notes sur l'imprimerie à Bourges avant la Révolution', *Cahiers d'archéologie et d'histoire du Berry*, n° 38, septembre 1974, p.34-46. Nous remercions M. Vincent Maroteaux, Directeur des Archives départementales du Cher, de nous avoir communiqué ces renseignements; il suppose que cette contrefaçon a pu être suscitée par le séjour des parlementaires parisiens exilés à Bourges de mai 1753 à août 1754, lors de l'affaire des billets de confession.

6. Voir la collection de la *Quintessence* conservée à l'Institut für Zeitungsforschung de Dortmund, 2 vols format lardon, portant au revers du premier plat des armes avec les initiales C.W.G.V.N., et sur la première page un tampon 'ZitungsArchiv d'Ester'. La fin des *Nouvelles extraordinaires* de l'original est généralement omise, et les fautes typographiques graves ne manquent pas. Ce verso porte d'abord le titre *D'Amsterdam le...*, puis, à partir du n° 91, 11 novembre 1703, *Nouvelles extraordinaires* en capitales, et 'D'Amsterdam le...'. P. Ferrand a procédé à l'examen comparatif avec le texte de la GA, et Ch. Baril a confronté cet exemplaire à celui de l'Arsenal.

Le cas d'Avignon et celui de Venise sont tout différents, et les libraires, qui ont une autorisation du pouvoir dont ils dépendent, n'en font jamais état dans leur contrefaçon (bien qu'en 1740 le nom du premier apparaisse dans les appels de souscription). On peut donc dire que ce sont des contrefaçons autorisées, mais dont la situation n'est pas déclarée, même si des indices assez évidents (forme éditoriale, annonces, souscriptions, etc.) la révélaient de toute façon au lecteur.

Rien n'aurait empêché en France l'administration royale d'adopter une semblable attitude. On pouvait certes souhaiter à l'époque que s'instaure un droit des gens dans ce domaine, mais le 'droit de copie' d'un livre paru dans un pays faisait partie de l'intérêt bien entendu de tous les autres.[7] On sait par G. Feyel que le chevalier de Meslé, revendiquant contre la ferme des postes la distribution en France des gazettes de Hollande, proposait au début de 1757 de les réimprimer pour la province dans un format particulier; après un refus des ministres Rouillé et Bernis, il réitère sa proposition en décembre 1757 ou janvier 1758, et, répondant à des objections, il ajoute encore l'idée de pensionner les gazetiers 'afin de les mieux attacher à nos intérêts'.[8] Les objections, nous les connaissons par le *Mémoire sur la gazette d'Hollande*, de Malesherbes (mars 1757), où les graves inconvénients qu'il voit à une réimpression en France lui en font finalement repousser l'idée.[9] La Correspondance diplomatique de Hollande nous apprend d'ailleurs que Mme Tronchin, mise au courant, s'en était alarmée, et avait demandé au comte d'Affry, ministre plénipotentiaire à La Haye, d'intercéder en sa faveur. En février 1758, on prenait la peine de la rassurer définitivement. Il est clair que des considérations politiques ont alors prévalu, et que la *Gazette d'Amsterdam* a dû son salut à la volonté française d'entretenir les bonnes dispositions de la régence d'Amsterdam en favorisant ses intérêts commerciaux. Il faut y ajouter une considération qui, depuis le règne de Louis XIV, comme l'a montré G. Feyel, tenait à la politique des privilèges en France: comme le rappelait Malesherbes dans son *Mémoire* de 1757, tout projet de réimpression des gazettes étrangères s'y heurtait au privilège des fermiers des postes: voilà, dans la situation française, la donnée essentielle qui explique que les contrefaçons y aient été à la fois provinciales et considérées comme illégales par l'administration.

Et pourtant, comme le prouvent l'exemple de Bordeaux, et à un moindre degré (car la contrefaçon y a duré beaucoup moins longtemps) celui de La Rochelle, des libraires suffisamment obstinés sont parvenus à déjouer les oppositions et à donner à leur entreprise une vraie consistance. Le contrefacteur de Bordeaux ne cache même pas son nom dans ses avertissements en 1740 et 1741.

7. Voir l'article 'Droit de copie' de *l'Encyclopédie*, reproduit dans *Les Presses grises*, p.13.

8. Voir G. Feyel, *L'Annonce et la nouvelle*, p.696-97, Mémoire ms. contre les fermiers généraux des postes.

9. Il écarte l'idée d'une réimpression expurgée, qui augmenterait l'audace des gazetiers et stimulerait l'intérêt pour l'original, mais considère avec faveur celle d'une réimpression temporaire, à titre de menace, pour amener les gazetiers à résipiscence; il évoque enfin le plan de Meslé de réunir le privilège des gazettes étrangères à celui de la *Gazette* de France, et de réimprimer les premières (voir *Les Gazettes étrangères de langue française*, p.323-25).

Celui d'Avignon, de son côté, dont tout le débit est en France, passe au même moment une entente avec la ferme des postes pour jouir d'une première modération du port. La France est donc à l'égard des gazettes étrangères le pays des contrefaçons illicites et tolérées, du moins par les autorités locales et dans les contrées méridionales. On a vu dans le chapitre précédent comment elles y ont joué leur rôle de relais de diffusion.

Elles ont toutes cessé au même moment, en 1759, par l'effet d'une mesure drastique qui les interdit totalement et les rend commercialement non-rentables. Mais on remarque que les autres contrefaçons de la *Gazette d'Amsterdam* connues en Europe cessent au plus tard au début des années 1760: nouveau signe d'un retrait du public, au moment où d'autres gazettes et journaux politiques vont à leur tour tenter les contrefacteurs.

Chacune des contrefaçons de la *Gazette d'Amsterdam* a une histoire propre que nous essayons de préciser, en les analysant successivement dans l'ordre chronologique de leur apparition.

Genève (1694-1764)

Il convient de rappeler préliminairement qu'à Genève,[10] après diverses tentatives éphémères, le privilège 'd'imprimer et débiter les nouvelles et gazettes de France et de Hollande' fut accordé par le Petit Conseil à l'imprimeur Vincent Miège en date du 20 avril 1694. Non sans avatars, Miège réimprima la *Gazette d'Amsterdam* de Tronchin Dubreuil jusqu'au 16 septembre 1710. Par un contrat notarié, il sous-traita ensuite la tâche aux imprimeurs Fabri et Barrillot, dont les noms remplacèrent celui de Miège dès le 23 septembre 1710. Nonobstant plusieurs changements de raison sociale, la réimpression genevoise de la *Gazette d'Amsterdam* ne changea désormais plus de maison. Fabri et Barrillot obtinrent le privilège par adjudication du 17 août 1712 et surent le conserver par la suite sans interruption. Après la mort de Jacques Fabri, la gazette fut signée successivement 'Barrillot et Fils' (dès le 29 novembre 1735), 'Sœurs Barrillot' (dès le 15 janvier 1754), 'Sœurs Barrillot et Emanuel Du Villard Fils' (dès le 24 septembre 1754), finalement 'Emanuel Du Villard Fils et Sœurs Barrillot' (dès le 1er novembre 1757). Au bout de 70 ans, la *Gazette d'Amsterdam* cessa d'être réimprimée à Genève et fut remplacée dès le début de 1765 par la *Gazette de La Haye*.

La présente étude est basée uniquement sur la collection de la Bibliothèque publique et universitaire de Genève (Gd 522), composée d'une série de 62 volumes de la réimpression genevoise de la *Gazette d'Amsterdam*, allant sans lacune du lundi 5 mars 1703 au vendredi 28 décembre 1764.

Une précision tout d'abord, et qui peut avoir son importance. La date figurant en tête de chaque gazette est évidemment celle de l'édition originale et non celle de la mise en vente à Genève. Une dizaine d'extraits (dans les gazettes des 15 et 18 décembre 1716, des 8 février et 16 septembre 1718, des 17 mars et

---

10. Voir Jean-Daniel Candaux, 'Batailles autour d'un privilège: la réimpression genevoise des gazettes de Hollande'.

22 septembre 1719, du 17 septembre 1734, du 6 mai 1735, du 15 mars 1755 et du 1ᵉʳ février 1763) permettent d'affirmer que le décalage entre la date de publication de l'original sur la place d'Amsterdam et celle de la distribution de son 'reprint' à Genève était en général de onze jours.

Durant ces soixante années, une quinzaine de numéros (8 mars, 6 août et 10 septembre 1703, 2 août et 29 novembre 1706, 9 avril 1710, 4 février et 9 septembre 1718, 10 mars 1719, 21 février 1721, 2 novembre 1725, 17 avril 1731, 6 mars 1742, 3 décembre 1751 et 21 janvier 1757) n'ont pas été réimprimés dans le délai normal, l'original ayant été lui-même retardé, voire 'perdu'. A relever que la XVIᵉ gazette de 1721, datée du mardi 23 février et publiée à Genève sans doute le 6 mars, annonce que 'le Paquet des Lettres parties de Paris le 25. Février dernier, dans lequel était la gazette de Hollande N° XV. n'est point encore arrivé' – d'où l'on peut apparemment déduire que la *Gazette d'Amsterdam* ne parvenait pas aux imprimeurs genevois par la voie du Rhin et du plateau suisse, comme on aurait pu le supposer, mais qu'elle leur était réexpédiée de Paris.

Quant aux jours de distribution de la gazette à Genève, après avoir été le lundi et le vendredi, ils se sont fixés dès le 30 juin 1713 aux lundis et mercredis ('les lundis et mercredis à midi' précise à la genevoise la gazette datée du 21 mars 1721), non sans d'occasionnelles dérogations hivernales aux mardis et vendredis (comme on l'apprend par un avis en date du 30 décembre 1718 et par un autre le 27 octobre 1719).

Chaque livraison ou numéro de la gazette comporte en principe deux feuilles de format in-quarto. Mètre en main, on constate que les dimensions de ces feuilles se sont quelque peu réduites avec le temps: en 1703, le miroir de la page oscille entre 185-210 mm de hauteur sur 118-140 de largeur, en 1764 il n'est plus que de 180 sur 128 mm. Il va sans dire que le papier n'échappe pas à ce rétrécissement: les numéros non rognés des premières années font 240 sur 180 mm., tandis qu'en fin de parcours les volumes rognés mesurent 205 sur 160 mm.

La seconde feuille de la gazette ne se règle sur le format de la première qu'à partir de 1705. Jusqu'à fin 1704, cette feuille se présente sous forme de 'lardon', imprimée d'un seul côté sur un papier in-folio (mesurant jusqu'à 350 par 200 mm) que l'on est obligé de replier dans les volumes reliés. Les dimensions en sont donc sensiblement différentes de celles de l'original, dont la largeur n'excède pas 125 mm.

Jusqu'au 25 décembre 1703, la gazette ne porte point de titre à proprement parler. En tête de chaque livraison ne figure que son numéro, suivi de la mention du privilège flanquant les armoiries de la ville d'Amsterdam et de l'indication de la date. A partir du 28 décembre 1703, le nom d'*Amsterdam* se glisse, seul, entre le numéro de la livraison et les armoiries de la ville, modification qui intervient avec un retard de plus d'un mois par rapport à l'original, où elle apparaît le 13 novembre. Les mots de 'Courant', de 'Gazette' ou de 'Nouvelles' n'apparaissent jamais en tête de cette première feuille du périodique.

La seconde feuille est intitulée *Nouvelles extraordinaires* jusqu'au mardi 30 décembre 1704. Dès le vendredi 2 janvier 1705, comme dans l'original d'Amsterdam, cette seconde feuille, qui n'est désormais plus un 'lardon', s'intitule *Suite des nouvelles d'Amsterdam*.

Le numéro du mardi 4 janvier 1718 comporte exceptionnellement une troisième feuille intitulée: *Seconde suite des nouvelles d'Amsterdam*, en quoi il est également conforme à son modèle.

La numérotation est annuelle, elle est indiquée en tête de la première feuille de chaque livraison, invariablement en chiffres romains. On va donc chaque année du n° I au n° CIV ou CV. Cette numérotation n'est pas répétée sur la seconde feuille.

La datation est indiquée de manière complète par le jour de la semaine et le quantième du mois: 'Du Jeudi 8. Mars 1703', 'Du Vendredi 30. Décembre 1764'. La date est répétée sur la seconde feuille sans la précision du jour de la semaine. On relève ici et là quelques bévues dans les dates: ainsi les numéros des lundi 5 mars et 23 juillet 1703 sont datés du jeudi. La gazette ne porte en revanche aucune trace de pagination.

Le privilège est mentionné en tête de chaque numéro par cette indication invariable: *Avec privilège de Nos Seigneurs les Etats de Hollande et de West-Frise*. A noter cependant que jusqu'à fin 1703, le nom de la West-Frise est écrit avec un V simple.

Le graphisme des armoiries au contraire a changé plusieurs fois. Jusqu'au 25 décembre 1703, on trouve un écusson surmonté d'une couronne et portant un lion dressé vers la droite (alors que dans l'original il est toujours dressé vers la gauche). Dès le 28 décembre 1703, en même temps que le nom d'*Amsterdam* paraît sur le titre, le lion inverse sa marche et figure désormais dressé vers la gauche. A dater du mardi 17 août 1717, nouvelle modification: si le lion persiste à marcher vers la gauche, l'écu qui le porte est entouré désormais d'un décor de rinceaux et d'arabesques, à l'imitation de la nouvelle vignette qui était apparue le 6 juillet dans l'édition d'Amsterdam. Après vingt ans de bons services (alors que l'édition d'Amsterdam l'avait abandonné dès le 8 octobre 1728), ce motif est remplacé à partir du mardi 30 avril 1737 par une vignette beaucoup plus élaborée: un lion étendu sur un nuage, la tête dirigée à gauche, tenant quatre flèches entre ses pattes, sert d'appui à un personnage drapé qui présente dans un écusson ovale et couronné le lion (dressé vers la gauche) des armoiries d'Amsterdam. Dix ans plus tard, le vendredi 29 décembre 1747, apparaît une nouvelle vignette, analogue à la précédente, à ceci près que les flèches y sont au nombre de huit et que la draperie du héraut se prolonge en écharpe et paraît flotter autour de sa tête et de ses épaules. On voit que les libraires genevois n'essaient de suivre que de loin l'ornementation du titre de l'original, et que les nombreux états que présente ce dernier sont réduits à deux imitations simplifiées.[11]

---

11. La vignette qui apparaît le 30 avril 1737 s'apparente au type D5 dont on trouve l'identification dans l'Appendice A, et celle qui apparaît le 29 décembre 1747 s'apparente au type D8a.

Le nom du gazetier figure en colophon au bas de la première comme de la seconde feuille de chaque numéro: 'A Amsterdam, Par le Sr J.T. Dubreuil'. En 1721, Jean Tronchin Dubreuil décède et ses fils César et Charles lui succèdent: en conséquence, à dater du vendredi 14 novembre, la signature devient: 'Par le Sr C. T. Dubreuil' (dans l'original: 24 octobre 1721). Malgré de nouveaux décès et divers avatars familiaux,[12] la formule reste la même jusqu'à la chute de la réimpression genevoise en 1764. A noter que le manque de place fait sauter assez souvent tout le colophon.

Jusqu'au mardi 16 septembre 1710, la signature des Dubreuil est suivie de la liste des librairies de Hollande chez lesquels la gazette est en vente: '... et se vendent chez la Veuve A. D. Oossan sur la Dam, chez J. L. de Lorme Marchand libraire sur le Rockin près de la bourse, et chez N. Viollet, dans le halle-steegh près du Nes. Et à la Haye chez Meyndert Uytwerf dans l'Hofstraat'. Cette liste va se modifier au cours des années. Dès le 25 juin 1703, une maison de Rotterdam, 'Malherbe et Tirel, dans le Keyser-straat' vient s'y ajouter; le nombre de celles d'Amsterdam passe à quatre (28 mars 1704), puis redescend à trois (26 juillet 1707). Sans parler des variantes orthographiques, certains noms sont en outre remplacés par d'autres, de sorte qu'à la veille de sa suppression, la liste est devenue: 'Et se vendent chez D. Schouten, sur le Dam; chez N. Viollet, sous la bourse; et chez L. Renard, à côté de la bourse. A la Haye, chez Meindert Uytwerff, dans le Spuy-Straat. Et à Rotterdam, chez Jean Hof-hout, au milieu du Blaak.'[13]

L'adresse des 'libraires et imprimeurs' genevois, placée après les adresses hollandaises du colophon, a changé assez souvent, au gré de la succession des raisons sociales, comme le montre le tableau suivant:

19 mars 1703-16 septembre 1710	chez V. Miege *ou* chez Miege
23 septembre 1710-25 novembre 1735	chez Fabri et Barrillot
2 décembre 1735-15 janvier 1754	chez Barrillot et fils
18 janvier 1754-28 octobre 1757	chez les Sœurs Barrillot
24 septembre 1754-28 octobre 1757	chez les Sœurs Barrillot et Emanuel Du Villard fils
1er novembre 1757-5 juillet 1765	chez Emanuel Du Villard fils et les Sœurs Barrillot

Lorsque les *Nouvelles extraordinaires*, au début, paraissent sous forme de 'lardon', elles sont composées sur deux colonnes, contrairement à l'édition d'Amsterdam. Mais à cela près la composition typographique est identique à tous égards. Il en va de même des rubriques.

Les annonces et avis locaux ajoutés au bas de la première feuille de la gazette sont introduits globalement par le mot Avis (parfois Avertissement) et sont imprimés les uns à la suite des autres, à la ligne, mais sans rubrique. En revanche il est assez fréquent que ces ajouts soient imprimés en caractères plus gros que le reste du numéro.

---

12. Voir Jean Sgard 'La dynastie des Tronchin Dubreuil'.
13. Voir à la fin de ce volume l'appendice B sur les colophons de l'original.

En dehors de la vignette armoriée de l'en tête, dont on a parlé plus haut, les seuls ornements typographiques qu'on relève dans la gazette sont des bandeaux, constitués d'un assemblage de petits fleurons (qui apparaissent irrégulièrement en tête de la seconde feuille de la gazette, au-dessus des mots *Suite des nouvelles*, dès l'automne 1753), des lettrines et des passe-partout. Point de cul-de-lampe.

La première feuille de la gazette, au temps où Vincent Miège la réimprimait, a toujours débuté par une lettrine. Trois jeux ont été employés par cet imprimeur. Jusqu'à fin 1705, on trouve de grandes lettrines blanches sur fond de rinceaux sans encadrement (26 mm) en alternance avec de petites lettrines noires sur fond de rinceaux encadrées (17 mm). Du début de 1706 jusqu'au 9 septembre 1710, ce sont de grandes lettrines noires et blanches sans fond ni cadre (21 mm) puis de simples majuscules noires de divers formats.

Fabri et Barillot et leurs successeurs (Emmanuel Du Villard y compris) remplacent la lettrine par le passe-partout. En cinquante ans, ils en utilisent une demi-douzaine dont voici la chronologie:

Dès le 23 septembre 1710, deux ou trois passe-partout à décor géométrique (28 mm).

Dès le 17 août 1717, passe-partout avec ange à la trompette vu de face (32 mm).

Dès le 30 avril 1737, passe-partout avec ange à la trompette vu de dos (31 mm).

Dès le 29 décembre 1747, passe-partout avec ange à la trompette vu de profil (33 mm).

Dès le 1ᵉʳ janvier 1762, nouveau passe-partout avec ange à la trompette vu de face (32 mm).

La composition typographique suit des règles ordinaires. Les noms de lieux sont généralement imprimés en italique.

Avignon (1715-1750?)

Dans son ouvrage sur *L'Imprimerie, la librairie et la presse à Avignon au XVIIIᵉ siècle*,[14] René Moulinas avait abordé la question de la contrefaçon par Charles Giroud des périodiques de Hollande, et en particulier de la *Gazette d'Amsterdam*: il en fixait le point de départ en 1714-1715, d'après un mémoire des frères Giroud présenté au pape en 1743, et la fin probable en 1750.

Les bibliothèques municipales d'Avignon et de Carpentras conservent des collections qui attestent l'existence de cette contrefaçon et confirment les suppositions de R. Moulinas.

La collection d'Avignon, en 29 volumes, va du 18 octobre 1715 à 1748.[15] Les années 1715-1716, 1719 à 1730 portent au verso du premier plat de la reliure de

---

14. p.289-93.
15. Cote P 570. 18 octobre 1715-1716 en 1 vol.; manquent les années 1734-1736, 1744, 1746. Dimensions du papier rogné: 148/155x210.

cuir: *Celestinorum de Avinione emptus impensis eorum anno 1731*, et les plats portent les armes de la famille de Brancas de Forcalquier.[16] En 1731, la reliure est différente, et la mention d'appartenance devient: *Celestinorum de Avinione anno 1732*. Les années 1732, 1733, 1737 ont une autre origine, et ne révèlent aucun signe d'appartenance. Enfin, de 1738 à 1748, les volumes viennent des Minimes d'Avignon, sauf celui de 1741, qui porte le nom du P. Eustache d'Avignon, du grand couvent des Capucins. La collection est donc composite, et provient presqu'entièrement d'ordres religieux. On remarque en particulier l'importante acquisition faite en 1731 par les Célestins, qui comprenait également des volumes de la *Gazette* de Paris, comme l'a signalé G. Feyel.[17] Le dos des reliures porte 'Nouvelles/d'Hollande [ou Holan]/[année]', ou 'Gazette/d'Holland[e]/[année]'.

La collection de la Bibliothèque Inguimbertine de Carpentras réunit les années 1733-1735 et 1741-1743 en quatre volumes. Toutes sont de la contrefaçon d'Avignon.[18]

La collection d'Avignon est elle-même composée d'un mélange des contrefaçons d'Avignon et de Genève, mais, au moins dans les premières années, il est très difficile de déterminer l'appartenance exacte des livraisons, puisque Giroud a eu l'idée merveilleuse de lancer sa propre contrefaçon sous l'adresse de celle de Genève, c'est-à-dire avec les noms des libraires Fabri et Barrillot en colophon. C'est ce que nous révèlent trois avis successifs de ces derniers, dans leur propre édition, répétés du 13 au 31 décembre 1715, du 21 au 31 janvier 1716, enfin les 27 et 30 avril 1717:

Les sieurs Fabri et Barrillot, croient de leur devoir d'avertir qu'on imprime cette Gazette à Avignon, et que contre la bonne foi, et pour surprendre le Public, on le fait sous leur Nom, Ils n'entreront pas dans le détail des raisons qui peuvent persuader qu'on ne l'imprime pas fidèlement sur l'original de Hollande; Chaque Lecteur en jugera aisément, en faisant attention aux matières dont elle est souvent remplie, et qui ne s'accordent pas avec les Intérêts des Souverains de cette Ville-là; Ils se contentent de faire observer, pour qu'on n'y soit pas trompé, qu'on l'y imprime d'un caractère un peu plus gros que celui-ci.[19]

---

16. Voir E. Olivier, G. Hermal, R. de Roton, *Manuel de l'amateur de reliures armoriées françaises*, 7ᵉ série, Paris, 1926, Pl. 734; nous remercions Fr. de Forbin, conservateur en chef du fonds ancien de la BM d'Avignon, pour cette information.

17. *La 'Gazette' en province*, p.244.

18. Cote 24503. Des livraisons de certaines années sont parfois placées par erreur à la fin de l'année suivante. La collection contient donc réellement: 5-30 décembre 1732; 6 janvier-13 novembre 1733; 1734; 7 janvier-20 décembre 1735, et *Suite* de 23 décembre; 1741-20 décembre 1743. Les vols de 1735 et 1741 ont la même reliure de parchemin, avec au dos 'Gazette/d'Holan/[année]'; le vol. de 1742-1743 a une reliure de cuir avec au dos 'Gazette/de/Hollande/[années]'. Insérés dans l'année 1734, on trouve un mandement de l'évêque de Valence (*Te Deum* pour la victoire de Guastalla) et une relation italienne de cette bataille.

19. Avis des 13-31 décembre 1715; celui de 1716 insiste sur l'infidélité de la contrefaçon d'Avignon (articles 'tronqués', supprimés) et sur l'impossibilité pour elle d'insérer 'des Nouvelles et des Réflexions dont celle de Hollande est si souvent remplie, directement opposées aux vues de la Cour de Rome'; celui de 1717 signale encore que l'imprimeur d'Avignon est 'obligé de retrancher et falsifier diverses Pièces, très curieuses dans la Conjoncture présente'.

Voilà, comme le dit J.-D. Candaux, auquel nous devons cette découverte, 'un des épisodes curieux de l'histoire de la presse en Europe'. Mais voilà aussi qui ne facilite pas le travail bibliographique. Sous l'expresse réserve d'une confrontation plus complète de la collection authentique de Genève et de celle d'Avignon, dont on conçoit la difficulté, nous proposons la répartition suivante:

n° 84-85, 18-22 octobre 1715	Avignon
n° 86-105, 25 octobre-31 décembre 1715	Avignon (en partie sous l'adresse de Genève?) [20]
n° 1, janvier 1716-n° 19, 5 mars 1717	Avignon
n° 20, 9 mars-n° 105, 31 décembre 1717	Genève
1718	Avignon
1719-n° 38, 13 mai 1729	Genève
n° 40, 20 mai 1729-1748	Avignon

L'adresse de la contrefaçon d'Avignon est simplement 'Se vendent à Amsterdam, chez Dirk Schouten, sur le Dam' et la suite comme dans l'original, mais en omettant donc 'Par le Sr J. T. Dubreuil', et il en est ainsi jusqu'à la fin de 1718. Lorsque nous retrouvons la contrefaçon d'Avignon le 20 mai 1729, et jusqu'à la fin, l'adresse finale est toujours 'A Amsterdam par le Sr C. T. Dubreuil'.

L'original est imité assez exactement, jusque dans les lettrines et les bandeaux en tête de la *Suite*. A partir du 10 janvier 1716, l'écusson du titre change et ressemble davantage à l'original. En 1716, les *Suites* sont souvent imprimées sur trois pages, et le contenu en est modifié. [21] En 1718, l'écusson du titre reste conforme au modèle ancien, alors que l'original l'a changé depuis le 6 juillet 1717, suivi par la contrefaçon de Genève à partir du 17 août. Le changement se fait dans la contrefaçon avignonnaise à un moment que nous ignorons, avant mai 1729 en tout cas, puisque c'est alors que nous la retrouvons. Cette nouvelle vignette servira jusqu'au 20 mai 1735; à partir du 24 mai, on lui substitue la femme à l'écharpe volante, apparue dans l'original le 26 août 1729; [22] elle reste inchangée jusqu'à la fin de la collection, alors que l'original fait alterner cette vignette avec une autre, et la modifie fréquemment dans les années suivantes. Toutefois le n° 1 de 1747 et les n° 1 et 105 de 1748 présentent une vignette différente, qui n'est conforme à aucun modèle ni dans l'édition originale ni ailleurs. On voit donc que Giroud, comme d'autres contrefacteurs, se heurte à la

---

20. Fr. de Forbin nous signale qu'elle a repéré, parmi les lettres ornées qui font partie du matériel utilisé par Charles Giroud, la même cassure à l'un des bois du n° 92 au n° 105 de 1715; l'un de ces bois reparaît dans les numéros des 14 janvier et 15 juillet 1718. En tout cas le n° 104 du 27 décembre 1715, qui porte l'Avis de Fabri et Barrillot dénonçant la contrefaçon d'Avignon, est bien de Genève: faut-il supposer un mélange des deux contrefaçons?

21. Ces modifications sont dues au moins en partie au retranchement de ce qui touche à la Constitution *Unigenitus*, comme le font croire un témoignage cité par R. Moulinas (p.291-92), et les avis des libraires genevois cités plus haut. Nous n'avons cependant pas eu le loisir de confronter les textes.

22. C'est le type D2 décrit dans l'appendice consacré aux vignettes.

difficulté de suivre les modifications matérielles de la gazette amstellodamoise, et ne tente de les reproduire que partiellement et avec un retard variable.[23]

Un avertissement à la fin de l'ordinaire du 30 octobre 1733 permet de mesurer l'écart chronologique entre la date de la gazette et le moment où la contrefaçon est publiée à Avignon:

> Comme les Nouvelles deviennent de jour en jour plus intéressantes par rapport aux affaires qui agitent les principales Puissances de l'Europe dans la conjoncture présente, le Public est averti que l'on distribuera à l'avenir la présente Gazette un ordinaire plus tôt qu'auparavant. Pour cet effet l'on donne aujourd'hui Lundi 9me Novembre celle que l'on ne devait donner que vendredi 13me dudit. Cette attention a causé une équivoque, en retardant le N° LXXXVI du 27 octobre qu'on ne laissera pas de donner l'ordinaire prochain.

Pour satisfaire une clientèle avide de nouvelles en temps de guerre, le libraire gagne donc l'intervalle d'un ordinaire (3 ou 4 jours) et réduit l'écart à dix jours, ce qui nous rappelle exactement les exemples genevois et bordelais.[24]

Ce n'est qu'à partir de la fin de 1731 que des publicités régionales trahissent le lieu de la contrefaçon,[25] et dans les années suivantes les annonces de commerçants de Montpellier se multiplient, la plus insistante étant celle des sieurs Giraudeau le jeune et fils, marchands à la grand rue, qui 'continuent avec succès la vente de l'eau de Cinnamon d'Angleterre'.

Le contrefacteur se dévoile enfin à partir du n° 99 du 11 décembre 1733, par l'annonce du *Courrier* de Morénas, qui 'se distribuera à l'avenir à Avignon chez Charles Giroud, seul imprimeur de SA SAINTETE', et plus clairement encore à la fin de 1740:

> Le Public est averti qu'on trouve la présente Gazette de Hollande à Avignon chez Charles Giroud, pour le prix de 24 liv. l'année, payant 6 mois d'avance; et le Courrier à 16 liv. l'année, aux mêmes conditions. Ceux qui souhaiteront les recevoir par la Poste s'adresseront aud. Giroud, qui paye ici l'affranchissement du Port; et qui leur en fera l'envoi. On peut aussi remettre à la Poste le montant du semestre dans un grou, sur lequel seront écrits: Gazettes Franç. pour le Sr Giroud, Imprimeur-Libraire à Avignon.[26]

Nous savons par R. Moulinas que Giroud avait obtenu du vice-légat en septembre 1730 le privilège exclusif de la réimpression de la gazette d'Amsterdam,

---

23. En 1732 le papier est mauvais et le matériel typographique très usé. Mais, à partir de 1733 et surtout de 1741, la qualité en est bien meilleure.

24. Il arrive qu'un retard soit expliqué par les circonstances de l'acheminement: 'Cette gazette a retardé d'un ordinaire à cause des mauvais temps' (fin du n° 105, 30 décembre 1740).

25. Du 16 novembre 1731 à la fin de l'année, publicité pour une liqueur composée par un négociant de Sète, les personnes intéressées étant invitées à s'adresser à Montpellier. En 1734, nombreuses annonces de la loterie de N. D. des Doms à Avignon.

26. N° 92, 15 novembre 1740, et ainsi jusqu'à la fin de l'année. Les avertissements en 1741 insistent sur la franchise de port et précisent le mode de remise de l'argent aux directeurs des postes; sur le 'grou' (ou 'group'), voir l'explication qu'en donne R. Moulinas, p.382, n.60. Ces avertissements se retrouvent en 1742, mais pas au delà du 26 février 1743. On indique dans le n° du 18 novembre 1740 que la gazette et le *Courrier* 'se trouvent à Marseille chez le Sr Sibié, Imprimeur Libraire sur le Port, seul distributeur pour cette Ville'.

privilège confirmé par un bref du pape Clément XII du 20 décembre 1730. Nous savons encore par R. Moulinas qu'en 1740 Giroud avait obtenu de la Ferme générale des postes le premier contrat d'abonnement pour un périodique.[27] Il n'est donc pas étonnant que le dévoilement progressif du contrefacteur corresponde à ces seuils. Avec le lancement du *Courrier* il pouvait faire aller de pair en toute sûreté ses deux entreprises dans le domaine du journalisme politique. On remarque, à partir de 1741, des nouvelles ajoutées en fin de livraison de la gazette d'Amsterdam, de plus en plus nombreuses jusqu'en 1748, et qui viennent surtout de Savoie, d'Italie et du sud de la France. Une comparaison avec le *Courrier* permettrait de voir s'il y a osmose entre ce dernier et la contrefaçon de la gazette, comme on peut le supposer.

Giroud était fort soucieux de faire confirmer son privilège: le 16 novembre 1747 Pascal Aquaviva d'Aragona, vice-légat et gouverneur général d'Avignon, promulgue encore un 'règlement perpétuel et irrévocable' pour mettre Giroud en état de jouir de ses droits, contre 'l'offre de quatre mille livres par an, pour le privilège privatif et exclusif d'imprimer, vendre et débiter la *Gazette d'Hollande*, la feuille intitulée le *Courrier*, la *Gazette de France*, et tous les autres ouvrages généralement quelconques, concernant les nouvelles publiques, tant politiques que littéraires', et outre cela 'les calendriers et almanachs, placards, avis, annonces, affiches, billets, relations, feuilles volantes'; défense est faite 'de contrefaire les susdites gazettes', autrement dit, entre autres, de contrefaire les contrefaçons.[28]

Giroud avait donc pris ses mesures pour faire durer sa contrefaçon autant que la *Gazette d'Amsterdam* elle-même. Les difficultés qu'il avait rencontrées au début de 1716, et que relate en détail R. Moulinas,[29] prouvent que dès cette date le vice-légat était persuadé de l'intérêt que présentait une contrefaçon à Avignon, qui permettait de retenir sur place le numéraire au lieu d'enrichir les libraires de Genève. Or le vice-légat avait été contraint d'agir à la suite d'une intervention de ces mêmes libraires de Genève, qui s'étaient plaints à Rome de la concurrence que leur faisait Giroud. La découverte du subterfuge de ce dernier éclaire cette démarche d'un nouveau jour. Elle prouve que l'édition de Genève devait alors être fort implantée dans le Midi de la France pour qu'un bon moyen de s'y substituer fût d'en prendre l'apparence. Il est en outre fort curieux de voir au même moment les libraires de Genève se plaindre à Rome, et signaler avec insistance à leur clientèle le caviardage anti-janséniste de la *Gazette d'Amsterdam* par le libraire d'Avignon. De son côté le vice-légat ne pouvait accueillir cette manœuvre qu'avec faveur, et le droit de copie honnêtement exercé dans tous les Etats supposait aussi, après tout, le droit de copier la copie (ou de le feindre) et de l'amender à sa guise.

---

27. p.292, 379-85. Voir, sur le prix de vente et la diffusion des gazettes étrangères à Paris et à Avignon, G. Feyel, 'La diffusion des gazettes étrangères en France', p.86.
28. Placard in-folio, imprimé chez Alexandre Giroud, Bibliothèque Inguimbertine, 23613 quater 17.
29. p.290-91.

La composition de la collection de la Bibliothèque municipale d'Avignon rend manifeste la concurrence des deux contrefaçons, bien après 1716, mais on remarque aussi qu'après 1729 l'adresse de Genève semble disparaître. La contrefaçon d'Avignon reste seule maîtresse du terrain, ce qui correspond à l'obtention du privilège de la part de l'autorité pontificale.

On a vu dans le chapitre précédent quelle est la raison probable de la fin de la contrefaçon, qui se situe aux alentours de 1750.

Venise (1736?-1749?)

La collection de la *Gazette d'Amsterdam* conservée à la Bibliothèque nationale de Naples (1744-1749)[30] offre un indice, le paiement en livres vénitiennes, qui nous a amené à interroger Mario Infelise, professeur à l'Université ca' Foscari de Venise. Les informations qu'il nous a communiquées apportent la réponse aux questions que posait la collection. Nous l'en remercions très vivement: dans cette collaboration des chercheurs, les archives viennent à point nommé compléter l'examen bibliographique.

Les volumes annuels sont reliés en parchemin clair; l'impression est très soignée, sur un papier de bonne qualité, qui porte (ce qui est commun) la trace de pliure en quatre pour l'envoi par la poste.[31] Au dos de la reliure, sur une étiquette de cuir marron: 'Nouvelle [ou Nouvelles]/d'Amsterd: [ou d'Amsterda:]/[année en chiffres romains]'.

La composition typographique et la mise en page imitent rigoureusement l'original, du moins au début. Si on lui compare le premier numéro de la collection contrefaite (3 janvier 1744), on constate une identité parfaite dans l'usage des types de caractères et dans le contenu des pages; la vignette du titre laisse apparaître les traces d'une copie inexacte dans le détail, et les lettres ornées sont différentes; les annonces, qui remplissent la dernière page de l'ordinaire, sont intégralement reprises, ce qui est rare dans les contrefaçons; l'adresse finale, 'A Amsterdam, par le Sr C. T. Dubreuil' est reproduite (comme elle le sera très souvent dans le reste de la collection). Bref, une contrefaçon remarquablement exécutée, et qui vise à donner à la clientèle l'illusion de l'original.

Des divergences importantes apparaissent pourtant dans la suite. On trouve en tête de chaque année une page de titre imprimée que le gazetier d'Amsterdam n'a jamais songé à fournir à ses lecteurs.[32] Elle porte: Nouvelles/d'/Amsterdam./[année en chiffres romains]/.

La numérotation des livraisons, conformément à l'original, est en chiffres romains jusqu'au n° LIII du 4 juillet 1747; elle est ensuite, et jusqu'à la fin de la collection, en chiffres arabes.

---

30. Cote: Per. Var. 53; dimensions après rognure: 150x210 mm.

31. La *Suite* est encartée à l'intérieur de l'ordinaire, du n° LIII, 4 juillet 1747, jusqu'à la fin de cette année, et encore en 1748. C'est sans doute ainsi que les livraisons étaient envoyées.

32. Ce type de page de titre se trouve dans des collections de la *Gazette de Leyde* dans les années 1780 et suivantes.

Le libraire explique parfois le manque d'une livraison par un accident dans la réception de l'original. Ainsi, à la fin du n° 82 du mardi 10 octobre, qui suit directement le n° 80 du 3 octobre, on lit cet avertissement:

> La Gazette de jeudi dernier n° 81 manqua, parce que les lettres ne parurent pas, par un fâcheux événement qui les arrêta dans leur voyage. A cette occasion on donne avis, aujourd'hui pour jamais, en cas que les Sieurs Associés ne recevraient la Gazette le jour marqué, ce sera toujours par quelque semblable événement, non pas par notre négligence.

Certaines livraisons portent un numéro double, ce qui s'explique probablement par un retard dans la réception de l'original. Ainsi le n° 57-58 du mardi 18 juillet 1747, le n° 1-2 du mardi 2 janvier 1748,[33] et le n° 1-2 du vendredi 3 janvier 1749. On y constate des variations importantes du texte, dues au mélange de plusieurs livraisons.[34]

Le n° CIV du 29 décembre 1744 se termine par l'avertissement suivant:

> Celle-ci est la dernière gazette que l'on donne pour l'année 1744. Ceux qui souhaitent de l'avoir pour l'année courante 1745, auront la bonté d'envoyer par avance le paiement des 44 livres à l'ordinaire, ou s'ils ne le font pas, d'en donner au moins avis: autrement on cessera de la leur envoyer davantage, supposant qu'ils n'aiment pas de l'avoir. On juge à propos de les en avertir pour ne pas manquer au respect que l'on doit à ceux qui la prennent.[35]

Ensuite ils insèrent régulièrement une demande de réabonnement à partir de la fin de novembre ou du début de décembre de chaque année. En 1745 et dans les années suivantes on trouve donc un texte assez proche de celui qui vient d'être cité, mais avec la précision des '44 livres vénitiennes qu'on a toujours accoutumé de payer d'avance pour toute l'année'.[36] La livre vénitienne valant à peu près la moitié d'une livre tournois,[37] le prix se situe dans une moyenne, entre les 18 livres de Bordeaux et les 24 livres d'Avignon.

Les mots 'à l'ordinaire' et 'toujours accoutumé' font supposer que la contrefaçon a commencé avant 1744, et que notre collection est incomplète. On constate en tout cas que la demande de réabonnement, qu'on retrouve dans les livraisons du 21 novembre au 16 décembre 1749, dernière année de notre collection, disparaît ensuite, contrairement à ce qui se passait les années précédentes.

Dans l'avertissement qui clôt le n° 103 du 20 décembre 1748, le libraire fournit un indice de l'écart chronologique entre la publication de l'original et celle de la contrefaçon, écart que l'on aimerait pouvoir préciser, mais qui semble être de douze jours au moins, et probablement plus: 'Ceux qui souhai-

---

33. Daté par erreur 1747. Les erreurs de numérotation et de datation sont assez nombreuses. Par exemple les n° I et II de 1746 sont datés 1747; le n° 3 de 1748 est lui aussi daté 1747, mais, comme pour le n° 1-2, la *Suite* est correctement datée.

34. Il faudrait sur ce point un travail comparatif que nous n'avons pas pu réaliser.

35. Voir aussi le dernier avertissement pour l'année 1747: 'C'est la dernière Gazette que l'on donne à ceux qui ont payé pour l'année 1747, ayant ainsi accompli à mon devoir.'

36. N° XCIX, 10 décembre 1745.

37. Nous devons ce renseignement à M. Infelise.

tent d'avoir les gazettes de l'année 1749 qui vient de commencer, doivent envoyer [...].'

M. Infelise[38] souligne un paradoxe: selon un lieu commun fort ancien, les gazettes sont nées à Venise, alors que les gazettes imprimées y ont connu en réalité des débuts particulièrement tardifs et obscurs. Les premières tentatives, à partir de 1686, sont dues surtout à la famille du libraire Albrizzi. Une longue méfiance à l'égard des gazettes imprimées suscite les obstacles successifs qu'on leur oppose. Elle s'explique par la prudence de la République, par une censure plus vigilante que dans les autres Etats italiens, mais plus encore par la résistance des très nombreux et très influents nouvellistes à la main qui redoutent la concurrence de l'imprimé. C'est dans ce climat que les Inquisiteurs d'Etat répondent favorablement à la demande que leur avait présentée Giambattista Albrizzi, le 23 juillet 1736, de reproduire la gazette française d'Amsterdam: le libraire y faisait valoir l'intérêt d'une contrefaçon qui éviterait à la République la sortie du numéraire consacré à l'achat de la gazette de Hollande, sans aucune possibilité de compensation commerciale, chacun étant libre de la faire venir soit pour sa curiosité personnelle, soit pour en tirer profit en les donnant à lire à bon prix; il promettait une reproduction si exacte (forme, papier, caractères) 'que nulle différence n'apparaisse entre les imprimés vénitiens et ceux qui venaient de l'extérieur'; il annonçait une distribution par abonnement, sans mise en vente dans sa boutique, et l'expédition hors des frontières dans les conditions exactes où la gazette est reçue de Hollande.[39]

Les temps étaient donc mûrs pour un changement de la position officielle du gouvernement vénitien, et c'est alors que vont apparaître et acquérir enfin une consistance durable des gazettes vénitiennes imprimées, le *Diario degli affari d'Europa* (1737-1738) et surtout *Il nuovo postiglione*, où l'on retrouve toujours le même libraire Albrizzi. Il est remarquable que dans cette évolution relativement lente la contrefaçon de la *Gazette d'Amsterdam* ait joué en quelque sorte un rôle de médiation. Nous ne savons pas quand celle-ci a commencé réellement à paraître (dès 1736?). La collection de Naples prouve en tout cas qu'elle a duré au moins jusqu'en 1749. Il est possible qu'alors son rôle de médiation n'ait plus été utile, et que la contrefaçon ait pu définitivement faire place à une gazette autochtone.

---

38. Tout ce qui suit vient de l'article de M. Infelise, 'Sulle prime gazzette a stampa veneziane', dans *Per Marino Berengo. Studi degli allievi* (Milan 2000), p.469-79, et les pièces d'archives citées nous ont été communiquées par lui.

39. Archives d'Etat de Venise, *Inquisitori di Stato*, b. 524, 23 juillet 1736; les Inquisiteurs d'Etat, dans leur réponse, trouvent la proposition 'utile et favorable à l'Etat'. En 1745, le libraire demande encore d'imprimer sous la fausse adresse de Francfort la gazette française de cette ville (il s'agit de *L'Avant-coureur*, 1734-1749), et rappelle à cette occasion l'autorisation qu'il avait obtenue pour celle d'Amsterdam (*ibid.*, 28 septembre 1745).

Bordeaux (1740-1759)

La Bibliothèque municipale de Bordeaux conserve une belle collection de cette contrefaçon, de mai 1740 à septembre 1759, en 26 volumes dont la reliure d'époque porte au dos 'Gazette d'Hollande' (abrégé le plus souvent en 'Gazette d'Hol' ou 'Holl' ou 'Hollan').[40] Selon R. Granderoute, auquel on doit une étude des contrefaçons de périodiques à Bordeaux sous l'Ancien Régime, cette collection provient très vraisemblablement d'un don des héritiers d'Isaac Sarrau de Boynet, un des fondateurs et directeurs de l'Académie royale des belles lettres, sciences et arts de la ville de Bordeaux.[41] Cette contrefaçon est mieux connue encore depuis que G. Feyel, continuant l'enquête d'érudits antérieurs, a retrouvé des pièces d'archives qui en éclairent plusieurs aspects. Elle présente l'intérêt d'une rare longévité, que nulle autre n'a atteinte dans le royaume, et que, au dehors, seules celles de Genève et d'Avignon ont dépassée; elle offre en outre l'exemple d'une histoire éditoriale compliquée, lisible dans les nombreuses modifications du texte matériel.

Il faut d'abord analyser ces modifications, qui affectent le titre, les dimensions du cahier, la pagination, les signatures, la mise en page.

1. 6 mai-2 septembre 1740. A AMSTERDAM./Avec privilège de Nosseigneurs les Etats de Hollande et de Vvest-Frise./Du Vendredi 6. May 5740 [*sic*]. /

110 × 180. Livraisons de 16 p. Signatures: A^8, B^4-C^4, etc. Aucune numérotation. Pagination continue (6 mai-22 novembre, 930 p.; 25 novembre-30 décembre, 176 p., avec de fréquentes erreurs). La *Suite des nouvelles d'Amsterdam*, qui suit directement l'ordinaire dans le même cahier, est imprimée en italiques à partir du 9 août.

Cote: H 2395 (1) et (2), 1ère livraison.

2. 6 septembre 1740-[septembre 1741].[42] AMSTERDAM./Avec Privilège [etc.]. Le titre imite l'original, avec une figurine centrale (la femme au lion couronnant les armes de la ville) copiée sur la figurine amstellodamoise apparue à partir du 27 mars 1736. Une lettrine initiale (une renommée) copie également l'original. La *Suite*, précédée en général d'un double filet maigre, commence aussi par une lettrine.

A cela près, les caractéristiques restent semblables.

H 2395 (2)-(4).

---

40. Il y a quelques lacunes; pour un état de la collection, voir R. Granderoute, *Patrimoine des bibliothèques de France*, vol. II, *Catalogue des périodiques anciens (1600-1789) conservés à la Bibliothèque municipale de Bordeaux* (Bordeaux, Société des bibliophiles de Guyenne, 1987), p.44, et la planche 1, reproduisant la première page de la livraison du 6 mai 1740, et surtout 'Les contrefaçons bordelaises de la presse au XVIIIe siècle'. Les années du début comportent plusieurs tomes (2 pour 1740, 4 pour 1741), mais en 1745, et de 1747 à 1759, il n'y a plus qu'un volume annuel.

41. 'Les contrefaçons bordelaises', p.341.

42. Le t.III de 1741 (juillet-septembre) manque. On ne peut donc absolument fixer la date qui précède le changement suivant. Toutefois la livraison du 3 octobre qui ouvre le t.IV, correspond à une nouvelle pagination, et a donc des chances d'inaugurer la nouvelle forme qu'on y observe.

3. 3 octobre 1741-30 mars 1742. Même titre, mais les dimensions augmentent (127x204), ce qui, avec une typographie très serrée en pleine page, permet de n'utiliser qu'une demi-feuille (8 p., signatures A⁴, B⁴, etc.). Pagination continue pour toute cette période (416 p.).

H 2395 (5)-(6).

4. 17 avril-7 mai 1742. NOUVELLES D'AMSTERDAM./Du [...] /. Dimensions encore augmentées (198x257), 4 p. par livraison, signatures A², B², etc., impression sur deux colonnes. La *Suite des nouvelles* en troisième page est précédée d'un filet maigre, et composée aussi en deux colonnes. Nouvelle pagination.

Le titre varie vite: les livraisons du 1ᵉʳ et du 4 mai s'intitulent *Nouvelles de l'Europe* du [...] (en gros bas de casse), celle du 7 mai *Nouvelles du* [...] (mêmes caractères, et non paginée).

H 2395 (7).

5. 11 mai 1742-19 avril 1743. Aucun titre, puis simplement *Du* [...]. Dimensions: 180x238. Toujours 4 p. par livraison. Nouvelle pagination et signatures reprises à A². La livraison du 22 mai n'est pas paginée, mais à cela près la pagination est continue jusqu'à la fin de cette période (376 p.), avec de fréquentes erreurs réparées ensuite; à partir du 25 mai, les signatures disparaissent. A partir du 3 août la *Suite des nouvelles* est imprimée en pleine page, et à partir du 26 mars 1743 elle est précédée d'un filet orné.

H 2395 (7)-(8).

6. 3 janvier 1744-28 septembre 1759. [numéro]/AMSTERDAM/AVEC PRIVILEGE [etc.] (de part et d'autre de la figurine, qui est alors renouvelée et change encore à partir du 9 septembre 1755). 165x205 environ (selon la rognure). Le titre, les lettrines, l'impression sur deux colonnes, la typographie des rubriques, la numérotation, tout vise à imiter l'original. La mention 'A Amsterdam, par le sieur C. T. Dubreuil' apparaît dès le premier numéro de cette série, et ensuite irrégulièrement. La contrefaçon trouve alors sa forme définitive.

La numérotation est parfois curieuse: le n° du 3 janvier 1744 qui inaugure la série est numéroté CV au lieu de I, et il en est de même au début de 1745. La *Suite* est parfois imprimée en cours de page à la suite de l'ordinaire. Certains numéros ont pour seul titre AMSTERDAM ou *Amsterdam*, serré en haut de la première page (3 août, 17, 28 septembre 1756 par exemple). Certaines *Suites*, pour faire tenir en 2 pages des *Suites* exceptionnellement longues de l'original, sont extrêmement remplies sur une feuille de dimensions supérieures à l'ordinaire, et avec des marges minuscules (par exemple le 8 février 1757, dimensions: 175x200).

H 2395 (9)-(26).

Tous les sondages opérés permettent d'affirmer que le texte de la contrefaçon est conforme à celui de l'édition originale. Seules les annonces, souvent abondantes en quatrième page de l'ordinaire d'Amsterdam, sont à la fois déplacées après la *Suite*, et d'une livraison à l'autre, et largement amputées; celles qui subsistent sont peu nombreuses et inégalement réparties. On voit apparaître quelques annonces bordelaises (la première que nous ayons repérée est le 6 juin 1741). Dans le dernier état du texte, le plus proche de l'original, une main typographique signale parfois ces annonces.[43]

Quelques avertissements du libraire, au début, indiquent son nom, Calamy,[44] le prix de la vente à la livraison (4 sols en 1740),[45] à laquelle en mars 1741 il préfère l'abonnement: 'Comme on a été obligé de se constituer en frais pour fournir les Nouvelles de Hollande, on prie très humblement Messieurs les Abonnés d'avoir la bonté dorénavant de payer le tiers de l'Année d'avance, à commencer du premier du présent mois de Mars.'[46]

Quelques mois après il demande aux abonnés de payer au commencement de janvier, se plaint de ses pertes, et rappelle qu'il a prié 'ces Messieurs de payer par quatre mois d'avance, que peu s'y sont conformés; il les supplie du moins de lui faire la grâce de les payer à leur échéance'.[47]

Rien dans la gazette ne nous informe du prix demandé, mais nous savons par G. Feyel, qui a retrouvé la supplique de la veuve Calamy de 1759, qu'il était de 18 livres. Elle remarque à ce propos: 'C'est précisément ce modique prix qui en fait la consommation sans lequel il est évident qu'à peine pourrait-on retirer les frais d'impression de ladite gazette par le peu de consommation qu'il s'en ferait s'il était plus fort'.[48] On mesure la différence avec le prix de la gazette achetée au libraire parisien privilégié.

Comme on l'a vu au chapitre précédent, l'interdiction faite en 1740 à l'imprimeur avignonais Giroud de diffuser ses gazettes en Guyenne explique probablement la décision du libraire bordelais de lancer sa contrefaçon, d'autant que la guerre entre l'Espagne et l'Angleterre, déclarée en octobre 1739, et l'extension probable du conflit lui ont paru peut-être offrir des circonstances favorables. En tout cas la contrefaçon était assez solidement établie pour survivre à la fin de la guerre de Succession d'Autriche et atteindre la guerre de Sept Ans. Il a fallu les nouvelles dispositions prises par Choiseul en 1759 à l'égard de toutes les gazettes étrangères pour que la veuve Calamy, malgré ses protestations, soit contrainte de renoncer, comme les autres contrefacteurs du royaume.[49] Les lecteurs de la *Gazette d'Amsterdam* l'ont peut-être

---

43. Par exemple n° 73, 11 septembre 1744; n° 96, 1er décembre 1744; n° 28, 8 avril 1749. Les publicités pour les ouvrages publiés par Labottière sont fréquentes en 1746.

44. Pierre Calamy, né en 1700, maître imprimeur-libraire de 1721 à sa mort en 1745; l'imprimerie est alors reprise par sa veuve, jusqu'en 1777: voir E. Labadie, *Notices biographiques sur les imprimeurs et libraires bordelais des XVIe, XVIIe et XVIIIe siècles* (Bordeaux 1900), p.17-18, et L. Desgraves, *Dictionnaire des imprimeurs, libraires et relieurs de Bordeaux et de la Gironde (XVe-XVIIIe siècles)*, Baden-Baden et Bouxwiller, 1995, n° 151-152, p.62-63.

45. N° du 2 août 1740, p.416. Ce sont donc 21 livres pour l'année.

46. N° du 3 mars 1741, p.458.

47. N° du 10 novembre 1741, p.96.

48. Voir G. Feyel, *La 'Gazette' en province*, note 251, p.218.

49. Sur le privilège exclusif de la diffusion des gazettes étrangères en France, obtenu en avril 1759 par Palissot et le libraire David, voir G. Feyel, *ibid.*, p.36, qui cite la protestation de la veuve Calamy: 'Il est d'ailleurs bien juste que ladite veuve Calamy n'ayant fait qu'un profit fort médio-

appris par une annonce séparée, car la collection s'arrête brusquement sans que rien en soit dit. Ceux de la *Gazette de Leyde*, dans sa contrefaçon également bordelaise,[50] l'apprennent par un 'Avis au public touchant les gazettes étrangères savoir, d'Amsterdam, Utrecht, Leyde, La Haye, Bruxelles, Cologne, Berne', dans le numéro du 26 octobre 1759:

> Les gazettes étrangères en langue française sont si connues, et depuis si longtemps, qu'on croit pouvoir se dispenser de s'étendre sur leur utilité: on ne se propose dans cet avis que d'annoncer au public, que lesdites gazettes ne s'imprimeront plus en France, étant défendues par les lettres patentes, que Mrs les Privilégiés de Paris ont obtenues, de vendre ni imprimer, sans une permission signée d'eux, aucune desdites gazettes, à peine de saisie des exemplaires et de 6000 livres d'amende. Le prix de chacune desdites gazettes est de 36 livres rendue franche de port dans toutes les parties du royaume [...] Il ne s'imprimera désormais aucune gazette étrangère en France, elles viendront toutes imprimées d'Hollande.

Et c'est le libraire Jacques Labottière qui tient le bureau général des gazettes étrangères pour la ville de Bordeaux et la province de Guyenne.

Des indices précis nous renseignent sur l'écart chronologique entre l'édition hollandaise et la sortie de la contrefaçon. Dans la livraison du 2 août 1740, Calamy avertit les lecteurs qu'ils trouveront toutes les 'nouvelles de Hollande' 'depuis le 11 mai dernier jusqu'à ce jourd'hui 11 août 1740', ce qui signifie que la copie de la livraison datée du 6 mai a paru à Bordeaux le 11 mai, et celle de la livraison du 2 août le 11 août. Les autres avertissements du même type, dans les livraisons suivantes, font apparaître un intervalle à peu près constant de 10 jours;[51] l'examen du calendrier prouve que la gazette hollandaise du mardi est délivrée à Bordeaux le jeudi de la semaine suivante, et celle du vendredi le lundi de la deuxième semaine qui suit.[52] Un service plus rapide d'une journée est proposé à la clientèle à la fin de 1741: 'Messieurs les abonnés qui désireront avoir les Nouvelles de Hollande le dimanche, pourvu que le courrier arrive le samedi, auront la bonté de les envoyer prendre chez le sieur Calamy qui les distribue, sans quoi ils ne peuvent les avoir que le lundi et le jeudi après-midi.'[53]

Les états successifs du texte, décrits plus haut, prouvent que l'éditeur a d'abord hésité dans sa démarche, avant d'adopter une forme durable, proche de l'original. Comment expliquer ces tâtonnements? Par des habitudes

---

cre sur cette gazette pendant la paix où la consommation est très mince, elle continue pour se dédommager pendant la guerre où elle est plus considérable'; voir aussi G. Feyel, 'La diffusion des gazettes étrangères en France'.

50. BM Bordeaux, H 2397, juillet 1757-30 octobre 1759 en 3 vols. Elle porte le titre *Gazette de Leyde. Nouvelles extraordinaires de divers endroits*, ce qui ne se trouve dans aucun exemplaire de l'édition de Leyde. Sur cette contrefaçon due aux frères Labottière, voir G. Feyel, *L'Annonce et la nouvelle*, t.II, p.706, n.90, qui se réfère à l'étude qu'a faite de cette contrefaçon l'érudit bordelais H. Arnaud.

51. N⁰ du 9 août: 'ce jourd'hui 18 août'; ensuite 12/22 août, 23/29 août, 26 août/5 septembre, 6/15 septembre, 25 novembre/5 décembre.

52. C'est le jeudi que la *Gazette* de Paris est distribuée à Bordeaux, avec 5 jours de retard: voir G. Feyel, *La 'Gazette' en province*, p.266.

53. 8 décembre 1741, p.160.

typographiques sans doute, car il abandonne lentement l'impression en pleine page. Il répond aussi à la demande de la clientèle lorsqu'il réduit la livraison de 16 à 8 pages (sans modifier pour autant la mise en page):

Plusieurs de Messieurs les abonnés des Nouvelles de Hollande les ayant demandées dans une demi-feuille, de façon cependant qu'on pût les relier et en faire des recueils, on est obligé pour les satisfaire de les faire imprimer d'un plus petit caractère et sur une plus grande forme afin de n'y rien omettre, l'on a pris le temps du dernier quartier de la présente année qui a commencé le 2 d'octobre pour la commodité de ceux qui les font relier, ou qui en font des recueils d'autant mieux que celles qu'on envoie dans le dehors ne coûteront pas tant de port.[54]

La réduction du texte à un format plus satisfaisant et l'adoption d'un format régulier pour la constitution de recueils ne seront réalisées de façon constante qu'à partir de 1744 (et la collection de la BM de Bordeaux le manifeste clairement). Les variations antérieures sont donc imputables à une autre cause: l'incertitude du libraire sur la conduite la plus prudente à tenir vis-à-vis de l'administration, et le risque réel d'une interdiction. Le 31 mars 1742 d'Argenson demande à l'intendant Claude Boucher de mettre un terme à la contrefaçon bordelaise; ce dernier fait saisir les exemplaires contrefaits, 'arrêter les planches sur lesquelles les caractères étaient placés', et défend 'sous peine de punition' toute récidive.[55] Ainsi s'explique la lacune que présente la collection de la BM de Bordeaux entre la livraison du 30 mars 1742 et celle du 17 avril: temps nécessaire pour que l'administration soit calmée? La première de ces deux livraisons a dû sortir vers le 9 avril, la seconde vers le 27: le temps de pénitence après la saisie a été fort court. R. Granderoute remarque que cet épisode 'illustre les rapports de plus ou moins grande connivence qui existent entre administration locale et imprimeurs, et témoigne de la position équivoque du représentant du pouvoir contraint de réprimer une feuille qu'il permet par ailleurs'.[56]

Après cette alerte en tout cas on ne trouve plus aucun avertissement du libraire, et la mutabilité du texte matériel, les changements de titre, l'absence même de titre (voir plus haut les états 4 et 5 du texte), paraissent attester les difficultés que rencontre encore l'entreprise. Nous ignorons si la lacune entre le 19 avril 1743 et le début de 1744 tient au hasard de la conservation ou à une

54. 3 octobre 1741, p.8.
55. Formules de la lettre de Boucher à d'Argenson du 13 avril, citées par R. Granderoute, *Patrimoine des bibliothèques de France*, p.6, et 'Les contrefaçons bordelaises', p.337-38; voir G. Feyel, qui a réuni toutes les pièces d'archives du dossier, ouvr. cité, p.62-63 (et n.101), 259. Un peu plus tard, le 2 juin 1742, le Fermier des postes écrit à son directeur de Bordeaux que si Calamy continue d'imprimer la gazette d'Hollande il suppliera le chancelier 'de lui interdire toute impression' (cité par G. Feyel dans *L'Annonce et la nouvelle*, t.I, p.535; il faut remarquer que dans cette lettre il ne s'agit pas de priver les particuliers de la 'véritable gazette d'Amsterdam', mais seulement de lutter contre la contrefaçon).
56. 'Les contrefaçons bordelaises', p.336-37. Dans sa protestation en 1759 la veuve Calamy prétend que la réimpression est autorisée par l'intendant; comme l'écrit G. Feyel, 'elle paie la protection des autorités locales en leur distribuant gratuitement des exemplaires de sa gazette. Ainsi, le besoin d'être bien informé, et de manière peu onéreuse, a poussé les autorités bordelaises à ignorer les ordres venus de Paris' (*La 'Gazette' en province*, p.63, et voir note 101, p.197).

nouvelle interruption. Mais, ce moment passé, la forme permanente et définitive que prend la gazette prouve que le libraire a pu enfin jouir d'une longue paix en ces fructueuses années de guerre.

La Rochelle (1757-1759)

La médiathèque de La Rochelle conserve une collection de cette contrefaçon, du 11 mars 1757 au 30 octobre 1759, qui confirme ce que nous en connaissons par les archives.[57]

Elle est composée de trois volumes reliés par année, le premier en veau moucheté, les deux suivants en porc. L'origine en est différente: seul le premier porte l'ex-libris de l'Académie royale de La Rochelle. On lit au dos 'Gazete' ou 'Gazett' avec l'année.

Le texte vise à imiter aussi précisément que possible l'original: même titre, même vignette, même mise en page. A l'examen on remarque pourtant des différences de graphie; à la fin de 1758 et en 1759 'Nos' et 'Seigneurs', dans le titre, sont accolés l'un à l'autre sans espace. Le texte est généralement décalé de page en page, le nombre de caractères de la colonne de la contrefaçon étant moindre que dans l'original. Comme toujours, ce sont les annonces en quatrième page de l'ordinaire qui sont assez profondément modifiées, par suppression, permutation ou addition. L'avis sur la distribution en France par le seul libraire David, auquel on doit s'adresser pour avoir la gazette, apparaît régulièrement du 10 avril au 3 août 1759, ce qui ne manque pas de sel.

Aucune mention n'est faite dans le texte du nom du contrefacteur, de l'abonnement, du prix. Toutefois les annonces locales sont un sûr indice du lieu d'édition, et l'on en trouve, dès le premier numéro de la collection (n° 20, 11 mars 1757), et jusqu'en juillet 1759: il s'agit de la publication par l'imprimeur Desbordes de l'*Histoire de la ville de La Rochelle et du pays d'Aulnis* par L.-E. Arcere,[58] puis de celle du *Nouveau commentaire sur l'ordonnance de la marine* de R.-J. Valin, publié en souscription par Mesnier, imprimeur à La Rochelle, en 1759. En 1757 on trouve plusieurs publicités pour la demoiselle Esther Seignette, établie à La Rochelle, qui compose et débite 'le véritable sel Polychreste'.[59] L'Arrest de la Cour du Parlement contre Robert-François Damiens, dans l'édition que Desbordes en a donnée (sans nom de lieu ni d'éditeur), est inséré dans le premier volume de la collection, après la livraison du 25 mars.[60]

---

57. Toutes les informations que l'on trouvera ici concernant la collection et les annonces nous ont été communiquées par Eric Francalanza, que nous remercions vivement de sa collaboration. La comparaison des textes de quelques livraisons réparties dans l'ensemble de la collection avec celles de l'édition originale a été faite par Pascale Ferrand à partir de microfiches.

58. Le premier volume est annoncé dans les numéros du 11 mars et du 5 avril 1757, et le second et dernier du n° 1, 2 janvier 1759, au n° 5, 16 janvier.

59. Du n° 35, 3 mai, au n° 52, 1er juillet 1757.

60. Sur cette réimpression rochelaise, voir J. Flouret, *Répertoire bibliographique des livres imprimés en France au XVIIIe siècle*, t.III, La Rochelle, dans *Bibliotheca bibliographica aureliana*, CXIX (Baden-Baden et Bouxwiller 1989), n° 805.

Grâce à G. Feyel qui l'a révélé, nous savons par le 'Mémoire sur les gazettes étrangères' du chevalier de Meslé (fin 1756 ou début 1757) que le contrefacteur de La Rochelle était Desbordes,[61] qui faisait donc de la publicité pour lui-même.

On peut raisonnablement penser que la contrefaçon a commencé avant le premier numéro que la collection nous en a conservé, et sans doute en janvier. C'est en effet en mars 1757 que Malesherbes donne au chancelier son 'Mémoire sur la vente et la réimpression qui se fait à La Rochelle de la gazette de Hollande': le 'prêtre zélé' qui s'était plaint au chancelier de la contrefaçon[62] l'avait donc fait nécessairement avant mars. Ce curé rochelais, qui provoque une réflexion extrêmement intéressante de Malesherbes sur le problème des gazettes étrangères, avait dû réagir sans tarder, et par réflexe anti-janséniste (soit conviction, soit prétexte pour défendre quelque intérêt), car il voit dans la *Gazette d'Amsterdam* une 'seconde gazette ecclésiastique',[63] c'est-à-dire d'esprit moins ouvertement partisan que les *Nouvelles ecclésiastiques*, mais par là même plus dangereuse encore, ce qui situe bien la *Gazette d'Amsterdam* dans une certaine opinion française, depuis les affaires de la Constitution.

Il n'est pas douteux que le début de la contrefaçon correspond à un moment jugé favorable, à cause de l'accroissement de la demande en période de guerre. Elle ne va pas au delà d'octobre 1759, comme les autres contrefaçons en France, et pour la même raison, qui a été expliquée plus haut. La Rochelle est nommée, avec Bordeaux et Bourges, dans le privilège obtenu par Palissot et le libraire David, à l'article qui prévoit la cessation 'de tout abonnement, s'il en est', pour le port de la gazette d'Amsterdam qui s'imprime à Genève et 'dans plusieurs provinces de France'.[64]

---

61. Voir *L'Annonce et la nouvelle*, t.I, p.536, n.89. Meslé disputait alors à la Ferme des postes le privilège de la diffusion en France des gazettes étrangères. René-Jacob Desbordes, imprimeur-libraire de 1745 ou 1747 à 1759.

62. Voir le texte qui en a été publié intégralement dans *Les Gazettes européennes de langue française*, p.321. Le titre sur le premier folio est 'Mémoire sur la gazette d'Hollande donné à M. le chancelier au mois de mars 1757'.

63. *Ibid.*, p.322.

64. Art. 11, dans G. Feyel, *L'Annonce et la nouvelle*, p.703.

IV

La politique: les 'affaires du temps'

10. Analyse et histoire politique de la gazette: les tables (1692-1761)

COMMENT indexer une gazette? Le problème se pose à propos de ce type de document d'une façon peut-être plus aiguë que pour d'autres. Qui ne rêverait de s'y déplacer à volonté, pour y chercher un nom propre, un mot, et par conséquent de dominer et d'exploiter cette archive, à titre de référence documentaire, ou en vue d'une enquête générale sur le vocabulaire et les représentations politiques de l'Ancien Régime?

Tant que les techniques modernes de reconnaissance automatique de caractères n'auront pas vaincu la résistance des imprimés anciens (accrue dans le cas présent par la variété et la taille des corps employés et par la qualité des exemplaires conservés) ce rêve restera irréalisable. En effet aucune autre méthode d'indexation n'est envisageable lorsqu'on a affaire à une masse imprimée aussi énorme qu'une gazette qui, publiée pendant plus de 100 ans, à raison de deux livraisons par semaine, forme un ensemble d'environ 68 000 pages et de 340 millions de signes.[1] Ajoutons-y les variations considérables de graphie des noms propres, qui rendraient la consultation aléatoire. C'est pourquoi l'exigence d'indexation, qu'ont fréquemment formulée les experts auxquels nous soumettions nos projets d'édition en cédérom, nous paraissait peu raisonnable; mais il n'a pas toujours été facile de les en convaincre.

Se contentera-t-on d'une table, même sommaire? Le coût prévisible d'une pareille entreprise la rend impensable. Mais, quand on aurait la témérité de s'y engager, on se heurterait à des obstacles à peu près insurmontables. Les journaux littéraires et scientifiques comportent toujours des tables, par livraison, par année, parce que chacun des éléments qui les composent ('extraits', dissertations, pièces fugitives, titres d'ouvrages dans les 'nouvelles littéraires', etc.) est facilement discernable et identifiable par le titre même et l'objet et peut être placé dans une catégorie du savoir. A partir des tables partielles on a pu établir sans peine des tables générales de certains périodiques.[2] Il en va tout autrement de la gazette: les parties qui la composent et qui en désignent les ensembles textuels sont à peu près identiques d'une livraison à l'autre, puisque ce sont les lieux d'origine des nouvelles (Constantinople, Londres, Paris, La Haye, etc.); chaque ensemble est lui-même formé d'une pluralité de 'nouvelles' qui proviennent du lieu ou y ont transité, ou de relations et de textes officiels. Dans ce dernier cas, l'indexation n'est pas impossible; mais les

1. Il ne peut s'agir que d'une estimation extrêmement approximative; la livraison (ordinaire et *Suite*) est d'environ 30 000 signes (40 000 après juillet 1777), il y a 104 ou 105 numéros par an (environ 630 pages, 830 après juillet 1777).
2. Par exemple celle de Sommervogel pour les *Mémoires de Trévoux*.

nouvelles, c'est-à-dire la substance historique même dont la gazette est l'expression irremplaçable, défient l'analyse, à la fois par la multitude des énoncés isolables, par la variété des sujets, des sites et des interactions géographiques, par la dilution chronologique des processus: tiendra-t-on compte par exemple de toutes les phases successives d'un voyage d'ambassadeur ou du déroulement d'une longue et confuse négociation?[3] On conçoit que c'est impossible, mais aussi que l'exclusion de ces détails imposerait une sélection qui paraît contraire à l'essence même de la gazette.

Il n'est donc pas étonnant que la plupart des gazettes ne se soient jamais hasardées à fournir aucune table à leurs lecteurs, et que les tentatives de ce genre aient été éphémères ou tardives. La *Gazette* de Renaudot publie une 'Table alphabétique des principales matières' en 1631, à la fin de sa première année, mais ce n'est qu'à partir de 1762 qu'en devenant *Gazette de France* elle offre aux souscripteurs des tables semestrielles puis annuelles.[4] Le *Courrier d'Avignon* comporte une table annuelle de 1750 à 1759, et, de 1766 à 1772,[5] une table extrêmement succincte des pièces officielles (une page ou même une demi-page). La gazette d'Amsterdam donne une 'Table des principales matières des gazettes et suites des nouvelles d'Amsterdam durant le cours de l'année'[6] de 1778 à 1780, mais cette tentative, liée à l'intérêt suscité par la guerre d'Amérique et par celle de succession de Bavière, fut rapidement interrompue.[7]

C'est pourquoi les tables manuscrites de la gazette d'Amsterdam, dressées par les commis du 'dépôt des archives' du ministère des Affaires étrangères pour les années 1692-1761, et qui accompagnent les volumes de la collection actuellement conservée à la bibliothèque du Quai d'Orsay, sont pour nous d'un intérêt majeur. Un article de la *Revue d'histoire moderne et contemporaine* les a décrites, et a analysé le rôle que le ministère leur assignait dans le système d'information et de documentation très élaboré qu'il avait mis au point.[8] Mais rien, ou presque rien n'y était dit du contenu réel de ces tables.

Les différents essais et réalisations que nous venons d'évoquer mettent en œuvre deux systèmes de tabulation, selon l'ordre des matières ou selon l'ordre des temps. Le premier est celui de Renaudot en 1631 puis de la *Gazette de France*, mais aussi de tables manuscrites des années 1745, 1746 et 1757 des gazettes d'Amsterdam et d'Utrecht conservées dans les Mémoires et documents

---

3. Voir les contributions d'A.-M. Mercier-Faivre et d'A. Rivara au colloque sur *Les Gazettes et l'information politique sous l'Ancien Régime.*

4. Voir dans le *Dictionnaire des journaux* l'article *Gazette [de France]* par G. Feyel, t.I, p.445. Les tables paraissent très vite, puisque celle des six premiers mois de 1762 sort dès la fin de juillet (avertissement à la fin du n° 65, 13 août), et celle des six derniers mois au début de février 1763.

5. R. Moulinas, dans la notice du *Dictionnaire des journaux*, ne signale pas les tables de ces dernières années; la collection consultée, incomplète, ne nous permet pas d'affirmer l'exactitude de ces dates.

6. Devenue à partir de 1779 'Table chronologique' etc.

7. Nous n'évoquons pas les tables du *Courier de l'Europe*, cette gazette étant d'une conception très différente des gazettes classiques.

8. A.-M. Enaux et P. Rétat, 'La *Gazette d'Amsterdam*, journal de référence'.

(Hollande) aux archives du ministère des Affaires étrangères.[9] Le second système reçoit lui-même deux applications fort différentes, selon la chronologie qui lui sert de base: celle de la gazette ou celle de l'événement. Les tables imprimées de la gazette d'Amsterdam en 1778-1780 suivent simplement l'ordre des livraisons, avec leur date, et en indiquent succinctement le contenu; les tables manuscrites du ministère des Affaires étrangères classent au contraire les articles selon la date que la gazette attribue au document (celle où un discours a été prononcé, un manifeste publié, où un événement s'est passé), et renvoient pour chacun d'eux à l'endroit où ils se trouvent dans la gazette, toujours avec le décalage, qui peut être fort long, nécessaire à la transmission et à la publication.[10]

Dans tous les cas, le contenu de la gazette est soumis à un travail de sélection. Mais, d'une table à l'autre, l'objet poursuivi n'est pas exactement le même. La *Gazette de France* vante la facilité d'y retrouver les 'événements remarquables' et les 'faits':

On y trouve plusieurs Articles intéressants qui n'existent dans aucun ouvrage annuel, par exemple, celui de la *Cour*, où l'on voit tout ce que la gazette a rapporté de ce qui s'y est passé dans l'année, ceux des *Deuils*, des *Morts*, des *Centenaires* etc. tous avec les dates des faits. Ce sont autant de *Précis historiques*, où il doit être agréable de trouver sur le champ à éclaircir un doute, ou à se rappeler un fait effacé de la mémoire.[11]

En 1778, la gazette d'Amsterdam insiste sur la facilité qu'elle procure de rechercher les 'Pièces les plus intéressantes qui ont paru relativement aux Affaires du temps': 'En conséquence, nous avons formé une Table analytique qui offrira sous un seul point de vue, et indiquera où l'on pourra trouver sur le champ, les Manifestes, Traités, Exposés, Déclarations, Edits, Ordonnances, Discours, Lettres etc., répandus et insérés dans nos Feuilles pendant le courant de l'année 1778'.[12]

Sans doute la *Gazette de France* n'exclut-elle pas les 'pièces',[13] mais la différence des points de vue est frappante, et révèle clairement la nature propre et la tendance dominante de chacune des gazettes: l'accent est mis d'un côté sur les événements et les cérémonies des Cours, jusque dans le détail le plus minutieux et le plus quotidien lorsqu'il s'agit de celle de Versailles, sur l'existence et la carrière de ceux qui appartiennent à la superstructure sociale attachée au

---

9. MD Hollande 69, f.179-83, 205-11; MD Hollande 73, f.249-57. Voir A.-M. Enaux et P. Rétat, p.156-57.

10. Les volumes annuels étant paginés manuellement, la référence est toujours à la page ou aux pages, rendues souvent illisibles par la rognure lorsque les volumes ont été reliés au dix-neuvième siècle. Dans la transcription que nous avons faite des tables pour l'édition en cédérom, nous avons dû substituer à cette référence le numéro de la gazette et la page de ce numéro.

11. 'Table des matières ou précis par ordre alphabétique', année 1768 (première année où elle est annuelle); elle est suivie d'un index des noms français, qui sert à retrouver tout ce qui concerne les particuliers, et qui continue annuellement l'abrégé des 135 premiers volumes de la gazette.

12. Avertissement en tête de la table, modifié en 1779, absent en 1780.

13. Avertissement de la table du premier semestre de 1762, n° 65, 13 août, reproduite ensuite.

pouvoir; de l'autre sur les documents officiels, sur les relations des puissances, sur le théâtre des 'affaires de l'Europe'.[14]

Il s'en faut de beaucoup que le classement chronologique du ministère permette une consultation aussi aisée qu'un classement thématique; mais il évite aussi les renvois et les redites, assez fréquentes dans les tables de la *Gazette de France*, par exemple à l'article des deuils. Il rend la matière de la gazette infiniment plus claire qu'elle ne le devient dans les tables de la *Gazette de France*: celle de 1768 (la première qui soit annuelle) ne comporte que 73 articles, mais qui forment eux-mêmes 691 alinéas, dont certains contiennent de longues listes.[15] Mais comment comparer des tables dont l'objet est si différent? Celles de la gazette d'Amsterdam de 1778-1780 ne sont qu'un résumé, livraison par livraison, et doivent donc être parcourues continuement; à cet inconvénient s'ajoute celui d'inévitables répétitions ('Discours de', 'Continuation du discours', 'Fin du discours').

On comprend que le dépôt des archives du ministère des Affaires étrangères, qui avait évidemment à sa disposition au moins une collection complète de la *Gazette* de France, ait réservé à la gazette d'Amsterdam le travail de dépouillement et d'indexation destiné à devenir un outil de référence pour les 'bureaux politiques': les tables mauscrites ont pour fonction de compléter la 'Correspondance politique' et les 'Pièces jointes', conservées par pays dans l'ordre chronologique, et les 'Mémoires et documents', le tout faisant également l'objet de tables chronologiques.[16] La gazette d'Amsterdam entre dès lors dans les sources documentaires qui fondent l'action politique dans la continuité d'une mémoire, celle des 'pièces publiques' et authentiques des différentes puissances. En elle s'écrit une histoire du présent par les textes. En les réunissant dans l'ordre chronologique de leur publication, les tables procèdent à une analyse qui révèle à la fois la nature de la gazette et l'utilisation qu'en veulent faire le service documentaire et les bureaux du ministère.

Elles nous offrent donc la possibilité d'une étude systématique et diachronique du contenu de la gazette, en dépit des lacunes (années manquantes, années sans tables ou dont la table est incomplète)[17] et des limites imposées par le point de vue sous lequel les commis la considèrent.

---

14. La table de 1778 est significativement divisée en deux parties, l'une concernant la France, l'Angleterre, la Hollande, le sud de l'Europe et l'Amérique, et centrée sur la guerre d'Indépendance; l'autre l'Allemagne et le Nord, centrée sur la guerre de succession de Bavière; ne sont prises en compte que les 'pièces' politiques, avec quelques exceptions remarquables ('Epigramme spirituelle sur la confession de Mr de Voltaire', 'Mort de Mr de Voltaire', 'Mort et éloge succinct du célèbre J.-J. Rousseau de Genève') et des qualifications qui n'apparaissaient pas dans le texte ('Discours singulier et presque énigmatique du Lord Shelburne', 'Discours remarquable et véhément du Lord Gordon').

15. L'article *Cour* contient ainsi des alinéas tels que *Présentations, Prestations de serment*. Sur un total de 329 alinéas pour 40 articles concernant la France, *Cour* en contient 99, *Morts* 56, *Deuils* 26.

16. Voir A.-M. Enaux et P. Rétat, p.162-63.

17. Manquent dans la collection les années 1693, 1696, 1743; manquent les tables des années 1695, 1701, 1703-1704, 1710, 1713, 1720, 1722, 1725-1726, 1729-1732, sans qu'on puisse savoir si elles n'ont pas été faites ou si elles se sont perdues.

Trois considérations nous autorisent en effet à en affirmer la validité. Le point de vue textuel, officiel et diplomatique qui préside au choix n'est pas aussi exclusif qu'on pourrait le croire, nous aurons plus loin des occasions de le constater; il correspond à l'orientation propre de la gazette, et en général des grandes gazettes étrangères; il reflète enfin une pratique de l'histoire caractéristique de l'âge classique, et qui inspire les grands 'corps' politiques et diplomatiques compilés par exemple par Rousset de Missy (lui-même journaliste), où l'événement historique est vu en quelque sorte de biais, à travers les textes officiels qui le préparent, l'accompagnent, le sanctionnent. Les tables réalisent ce principe d'une histoire textuelle, et en élargissent l'application: elles donnent, à condition que l'on ait déjà une connaissance suffisante du contexte et les moyens d'interprétation, une vision saisissante du présent, comme on le verra ici en 1718 à propos des affaires de la Constitution *Unigenitus* ou en 1757 à propos de l'occupation de la Saxe par Frédéric II. Mais, plus encore, elles nous offrent en réduction la grande machine politique qu'est une gazette internationale, nous permettant ainsi d'en examiner plus aisément le jeu et les principales pièces qui la composent. Il s'en faut que l'analyse qui suit aille aussi loin que les données disponibles l'y autoriseraient. Nous dégageons simplement quelques grands traits.

Grâce à la transcription réalisée par le Centre d'étude du XVIIIe siècle de Lyon, on a pu traiter un ensemble de 53 tables contenant en tout 5192 articles. Le tableau I, qui figure les variations quantitatives annuelles, fait apparaître des disparités extrêmement prononcées, qui demandent une explication. Les premières années trahissent l'état encore expérimental du système, certaines tables sont en outre incomplètes (1697, 1698, 1702). Les suivantes, encore succinctes, sont rédigées de façon plus régulière; celle de 1712 rassemble les 'pièces relatives au congrès d'Utrecht', et le contenu en est entièrement diplomatique: nous l'exclurons donc de l'analyse par catégories qui va suivre, puisque par sa nature elle y échappe.[18] C'est à partir de 1714 que l'on trouve de très belles séries de tables, soignées et claires. La chute profonde de 1737 est accidentelle, la table étant amputée des mois de janvier et de décembre.

L'ordre chronologique des textes et des événements crée une contrainte à laquelle les rédacteurs se sont pliés inégalement: il suppose en effet que l'on intègre, surtout à la fin de l'année, les nouvelles publiées dans la gazette de l'année suivante, principalement au début, mais parfois plus avant. La table de 1699, pour la première fois, contient un article renvoyant à la gazette de 1701. A partir de 1715 cette pratique est bien suivie, sauf dans la période 1728-1737, conséquence probable d'un manque de temps ou d'un relâchement de l'attention.[19] Ces articles sont parfois d'une autre main et ajoutés en inter-

---

18. Tous les calculs y sont donc faits sur la base de 52 années et 5148 articles.

19. Années contenant le plus grand nombre d'articles de ce genre (15 au moins): 1716 (16 de 1717), 1717 (15 de 1718), 1718 (23 de 1719), 1745 (15 de 1746), 1753 (15 de 1754), 1756 (17 de 1757), 1757 (20 de 1758), 1758 (17 de 1759), 1759 (16 de 1760 et 1 de 1761). Ces années sont parmi celles dont les tables sont les plus abondantes.

ligne. Seule la table de 1714 adopte un système inverse, et contient au début neuf articles concernant des nouvelles de la fin de 1713.

Un même article peut renvoyer à plusieurs numéros de la gazette, lorsqu'il s'agit de la publication successive d'un même document, ou d'une collection de textes similaires, par exemple les arrêtés d'un parlement. On constate que les tables les plus abondantes contiennent aussi le plus grand nombre de ces références additionnelles (nous n'indiquons ici que celles où il y en a plus de 45).

Année	nombre d'articles	nombre de références additionnelles
1716	127	77
1752	105	49
1754	95	47
1756	203	60
1757	203	76
1760	120	81
1761	138	64

Ce phénomène doit nous faire réévaluer l'importance relative de certaines années, il en accentue la signification politique: ainsi en 1716, où toutes ces références portent sur les affaires de la Constitution et les assemblées de la Faculté de théologie de Paris, et en 1752, 1754 et 1756 où elles portent sur les condamnations par les parlements des refus de sacrements, les dénonciations d'écrits et les remontrances à ce sujet.[20]

Dans la courbe quantitative d'ensemble, deux massifs émergent de façon très sensible: les années 1714-1719, les années 1755-1759. Le premier est particulièrement impressionnant, par le contraste qu'il forme avec la période antérieure, et par la pointe record de 1718. Le second est préparé par une situation fluctuante, autour de la valeur moyenne (98 articles par an), où se dessine néanmoins une lente montée, de 1748 à 1753.

Pour interpréter une courbe aussi mouvementée, il est nécessaire d'interroger le contenu des tables, et de procéder à l'analyse politique à laquelle leur destination nous invite.

Pour répartir la masse des articles en catégories relativement pertinentes, il faut prendre quelques partis, et d'abord les expliquer. Dans un ensemble 'relations internationales', nous groupons tout ce qui concerne la diplomatie, le commerce extérieur et la guerre, quel qu'en soit le théâtre: réceptions d'ambassadeurs, interventions de tout ordre auprès d'une ou de plusieurs puissances étrangères, traités de commerce, manifestes, relations de batailles, négociations, etc.; mais un *Te Deum*, une cérémonie d'action de grâces pour célébrer une victoire, des adresses ou des discours au Parlement d'Angleterre

---

20. En 1757, elles concernent l'attentat de Damiens et ses suites, et les opérations militaires en Allemagne; en 1760 et 1761, le nouveau roi d'Angleterre, la guerre en Allemagne encore et les négociations.

à propos d'une négociation ou d'une guerre seront considérés comme relevant des affaires intérieures. En ce qui concerne ces dernières, la France et l'Angleterre, par la place qu'elles occupent dans les tables, exigeaient un comptage et un traitement propres; mais, par nécessité, nous avons formé de tous les autres pays une unique catégorie, dont l'analyse entraînerait dans des détails qui ne conviendraient pas à cet exposé.

Il paraît évident que c'est le rapport entre les deux grandes catégories de l'intérieur et de l'extérieur qui détermine les variations signifiantes à l'intérieur des tables et rend compte des lignes de force de la gazette même. Son histoire politique propre, en quelque sorte, tient au degré relatif d'activation de ces catégories.

Le tableau II figure la répartition par catégories en nombre d'articles, mais il n'est là que pour nous rappeler les volumes réels en jeu; nous raisonnerons sur le tableau III, celui des pourcentages, qui fait beaucoup mieux apparaître les relations.

En dépit d'oscillations dont la cause nous échappe (surtout dans les premières années, de volume modeste et où la méthode n'est pas encore au point), on lit clairement dans la courbe des relations internationales les périodes de tension et de guerre, qui, s'inscrivant en hausses assez vives, entre 40 et 60 pour cent, refoulent alors les nouvelles intérieures dans des valeurs basses. Mais on remarque aussi qu'elles n'atteignent jamais des valeurs aussi élevées que les nouvelles françaises au début de la Régence. Dans le cours même de la guerre de Sept Ans, en 1759 et 1760, l'effondrement de la courbe atteste un retour à la primauté de l'intérieur; c'est alors que le 'journal de la campagne d'Allemagne', devenue quasi routinière, forme un seul article aux nombreuses références. On voit aussi les différentes périodes de guerre inscrire leur importance relative. La guerre avec l'Espagne en 1719 ne provoque qu'un sursaut très modeste; celle de Succession de Pologne est loin d'atteindre les hauteurs des grandes guerres suivantes, mais il est vrai qu'en 1734 et 1735 il faudrait tenir compte des nouvelles intérieures de Pologne, inséparables du conflit. Le pic de 1738 s'explique par la 'pacification' de Genève et surtout par la guerre qui oppose alors la Turquie à l'Empereur et à la Russie.

Le pourcentage moyen des nouvelles internationales (29,7 pour cent de l'ensemble des articles) prouve en tout cas qu'elles sont loin d'occuper dans les tables une position dominante. Les affaires intérieures des différentes puissances en forment la plus grande part, et tout particulièrement de la France (pourcentage moyen: 36,3) qui, avec l'Angleterre (pourcentage moyen: 14,5), totalise presque 51 pour cent, les autres pays ne comptant à eux tous que pour 19,5 pour cent. On constate aussi que l'amplitude des variations françaises est beaucoup plus forte que celle des autres catégories (de 4,6 à 75,6 pour cent).[21] C'est là que les tables nous invitent à lire le plus clairement le mouvement d'une histoire.

---

21. Variations anglaises: 4,5/37; autres pays: 1,5/45; relations internationales: 7,8/60,4.

Quelques mots d'abord sur l'Angleterre. La relative stabilité de sa présence dans les tables va de pair avec l'image qui s'y impose d'un fonctionnement harmonieux de la vie politique, l'essentiel se passant en rapports réglés entre le Parlement et le roi (adresses des chambres, réponses, remerciements, consentement aux *bills*, et l'Irlande avec son vice-roi présente les mêmes traits). Pendant la guerre de Succession d'Espagne, la situation anglaise présente un contraste extrêmement frappant avec celle de la France: d'un côté l'ordre, les succès, les actions de grâces; de l'autre les catastrophes, la détresse financière, et ça et là quelque *Te Deum* pour une victoire au fond de l'Espagne. Les sommets de la courbe anglaise (jusqu'à 30 et presque 40 pour cent) correspondent à des événements dynastiques (par exemple la mort de Guillaume III en 1702), à l'union de l'Angleterre et de l'Ecosse (1702, 1707-1708), ou aux conséquences parlementaires d'un conflit international (avec l'Espagne en 1739).

La courbe des nouvelles de France, avec deux sommets au-dessus de 50 pour cent, en 1716-1718 et en 1753-1755, qui s'élèvent sur de profondes dépressions (en 1742, 1748 et 1758), enregistre les grandes crises intérieures, autour de l'appel' contre la Constitution, puis autour des refus de sacrements et de la fronde parlementaire, et révèle ainsi la fonction d'information centrale que remplit la gazette d'Amsterdam pendant ces deux crises.

Selon J. Sgard, qui a mis en lumière la 'mobilisation' de la presse française de Hollande après la promulgation de la bulle *Unigenitus*, la gazette d'Amsterdam put passer pendant cinq ans pour l''organe préféré' des jansénistes, jusqu'au moment où la prudence et d'autres considérations, de nature idéologique, inspirèrent à Tronchin Dubreuil une attitude plus distante.[22] Ce moment janséniste de la gazette apparaît en toute clarté dans les tables, et c'est à la présence massive d'articles concernant les nouvelles ecclésiastiques, surtout dans les années 1716-1718, mais déjà en 1714, qu'est dû l'accroissement exceptionnel de la part des nouvelles françaises dans les tables de ces années, et du même coup leur volume exceptionnel. On y voit toute une France ecclésiastique, celle des évêques, par les mandements, mais aussi celle des petits, les curés, les religieuses, se mettre en mouvement et accéder à l'actualité européenne. Ce moment janséniste est aussi un moment national. On trouve à la date du 19 septembre 1718: 'Extrait d'une lettre de Paris au sujet de l'appel du cardinal de Noailles et de toute la Nation au sujet de la Constitution *Unigenitus*'. En effet, ce qui par la suite ne se reproduira jamais, de la France entière viennent des lettres qui font entrer dans la gazette et de là dans les tables de 1718 Beauvais, Douai, Arras, Chalon-sur-Saône, Abbeville, Amiens, Noyon, Boulogne, Tours, la Rochelle, à quoi on ajoutera les mandements et textes épiscopaux d'Apt, Grenoble, Toul, Tours, Reims, Bordeaux, Poitiers, Arles, Saint-Malo, Bayeux, Dol-de-Bretagne, Castres, Narbonne, et puis, outre le parlement de Paris, ceux d'Aix, de Metz, de Rouen, de Rennes, de Bordeaux, de Dijon, de Toulouse, de Douai.

---

22. 'Le jansénisme dans les gazettes françaises de Hollande (1713-1730)'.

Le même phénomène se reproduit, mais à un moindre degré, à propos des refus de sacrements dans les années 1752-1756: cette fois ce sont surtout les parlements de province, avec celui de Paris, mais aussi avec le Châtelet, les présidiaux, les sénéchaussées, les bailliages, qui entrent dans le mouvement, rebondissent les uns sur les autres, et dont les remontrances, arrêtés, condamnations, sont responsables avec les arrêts du conseil qui y répondent du deuxième grand sursaut de la courbe des affaires françaises.

Depuis que la gazette d'Amsterdam, à partir de 1723 surtout, a adopté un point de vue plus 'légaliste', comme le dit J. Sgard, elle a continué d'accorder aux nouvelles religieuses une place importante, comme le prouve le Tableau IV;[23] s'il s'agit toujours de pièces officielles, surtout de condamnations d'écrits et de thèses, du moins font-elles percevoir la permanence du conflit; et, au moment des refus de sacrements, lorsqu'il s'est déplacé totalement sur le plan parlementaire, c'est la publication même des 'pièces publiques' qui provoque les plaintes du ministère contre Mme Tronchin et oblige cette dernière à d'humbles promesses et à de nouveaux accommodements:[24] la courbe des pourcentages des affaires ecclésiastiques et parlementaires dans les années 1751-1761 est à cet égard éloquente.

En outre cette seconde poussée de 1752 à 1757 ne se développe pas dans des conditions aussi favorables que la première. En 1719, on l'a déjà remarqué, la guerre avec l'Espagne ne parvient pas à concurrencer les affaires de la Constitution, alors que la seconde crise est en quelque sorte contrariée, dès 1756, par la montée de la tension avec l'Angleterre[25] et d'une autre façon en 1757 par l'attentat de Damiens.

Pendant la période d'étiage des nouvelles françaises, de 1740 à 1748, on voit s'effacer presque totalement les nouvelles religieuses. C'est alors le grand moment des *Te Deum*, que l'on hésite d'ailleurs à classer dans cette catégorie: 15 articles sur 21 de cette catégorie en 1744, 9 sur 16 en 1745, 8 sur 11 en 1746.

L'analyse des tables nous a fait évoquer à plusieurs reprises des types de textes. Elle serait effectivement confirmée et affinée par une analyse typologique que suggèrent les énoncés des articles: 'adresse', 'arrêt', 'conclusion', 'déclaration', 'discours', 'exposé', 'mémoire', etc., voilà quelques-uns de ces mots initiaux qui désignent les 'pièces publiques', et dont un relevé exhaustif et raisonné permettrait de dresser la nomenclature des actes politiques textuels. Faute de réaliser une entreprise aussi considérable et délicate, prenons ici, pour éprouver l'intérêt de la démarche, l'exemple de deux années remarquables, 1718 et 1756. Pour simplifier une réalité complexe, nous opérons des

---

23. Voir dans ce tableau les années 1727, 1733 et 1735. 1727 est l'année du concile d'Embrun, on constate alors une remontée en pourcentage des nouvelles ecclésiastiques (64 pour cent), mais dans une conjoncture internationale tendue qui privilégie les nouvelles diplomatiques.

24. Voir P. Rétat, 'Les gazetiers de Hollande et les puissances politiques', p.321, 323-26.

25. En 1756 le pourcentage des nouvelles ecclésiastiques et parlementaires reflète une forte tension intérieure, mais il va de pair avec une décrue des nouvelles de France et une montée en flèche des nouvelles internationales.

regroupements autour de types dominants et les confrontons à des types mineurs et signifiants.

1718

Extraits de quelques lettres de..., Lettre de...	55
Arrêts des parlements, autres textes parlementaires	33
Mandements et textes de l'autorité ecclésiastique	26
Mémoire	1

1756

Arrêts des parlements, autres textes parlementaires	40
Mémoires, Exposé des motifs, Réfutation...	25
Mandements et textes de l'autorité ecclésiastique	5

La nomenclature de 1718 est très fortement dominée par les 'lettres', qui ne sont nullement des textes officiels, et qui forment le grand journal de la résistance à la Constitution. Avec les textes parlementaires et ecclésiastiques, elles composent la physionomie propre d'une année exceptionnelle de la gazette. En 1756, les 'lettres', du moins de ce type, ont disparu, les mandements ne subsistent qu'en petit nombre, les textes parlementaires sont devenus le grand et le seul moyen d'expression politique; mais la croissance des 'mémoires' et textes similaires qui défendent sur la scène internationale les intérêts des puissances en conflit, et qui à cet égard font des gazettes des 'tribunes' publiques, est la traduction textuelle de la courbe quantitative ascendante des affaires extérieures en cette année où commence la guerre de Sept Ans.

Les tables manifestent donc aussi, de ce point de vue, les grandes évolutions politiques. Quand on confronte les années 1733-1734 et les années 1756-1758, on voit clairement se dessiner le progrès d'une guerre d'opinion, que Frédéric II s'entendait à mener à toute outrance, et se dire en détail, à travers les ordonnances, ordres, écrits de la cour, injonctions, les malheurs de la Saxe.

Quel but le ministère de Affaires étrangères poursuivait-il exactement en faisant exécuter les tables que l'on vient d'analyser? S'il ne s'agissait que d'un complément des archives diplomatiques, il faut avouer que cette complémentarité était très largement conçue. Sans doute une situation internationale donnée est-elle inséparable des affaires intérieures des parties concernées. Mais le zèle avec lequel les nouvelles des appelants de toute la France sont consignées au début de la Régence, comme les refus de sacrements et les remontrances parlementaires en 1752-1756, prouve que c'est toute la gazette, et singulièrement les nouvelles de France à certains moments, qui intéresse les commis et les bureaux, et que le dépôt des archives du ministère fonctionne comme un centre de documentation politique totale.

Documentation qui n'est d'ailleurs pas seulement politique, car, surtout à la fin, on y recueille des nouvelles de toute sorte. Certains articles portent alors sur des sujets très divers, l'opinion des savants sur le nombre des habitants de la terre, un poisson observé près de l'Islande (1753), le problème du mouvement perpétuel (1755 et 1756), un automate plus rapide sur un pied que le plus fort coureur (1756), un fait divers tragique (1759), un avis sur une maison de santé à Sèves, une maladie singulière, l'avertissement des *Annales typographiques*, un enfant prodige, un gentilhomme polonais nain, la comète de Halley (1760), le passage de Vénus sur le soleil (1761). Le mot introductif devient alors en général la proposition vague 'sur', pure référence au fait.

Deux opérations de lecture concordantes et contradictoires semblent donc se poursuivre dans les tables: une lecture équilibrée et totalisante, qui rend compte de toutes les parties de la gazette et de tous les aspects du monde politique; une lecture sélective qui accentue et fait saillir les moments forts et les grandes crises, fait alors bouger les composantes les unes par rapport aux autres, et révèle par conséquent dans la gazette cette aptitude à répondre à l'événement qui à première vue paraît tant lui manquer. Il n'est pas possible que le travail d'analyse et de sélection crée seul cet effet: il l'intensifie et le condense peut-être, mais le dessin vigoureux de l'actualité qu'il anime devant nous se trouve réellement dans ce texte de gazette apparemment immobile.

Tableau I

Tableau II

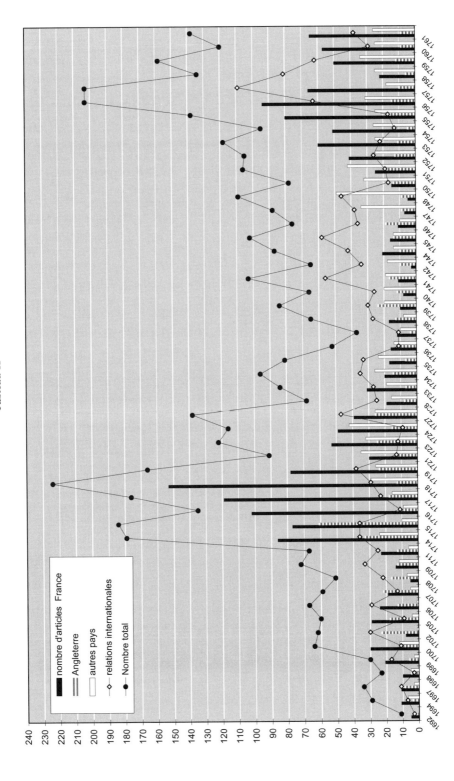

Tableau III

Tableau IV

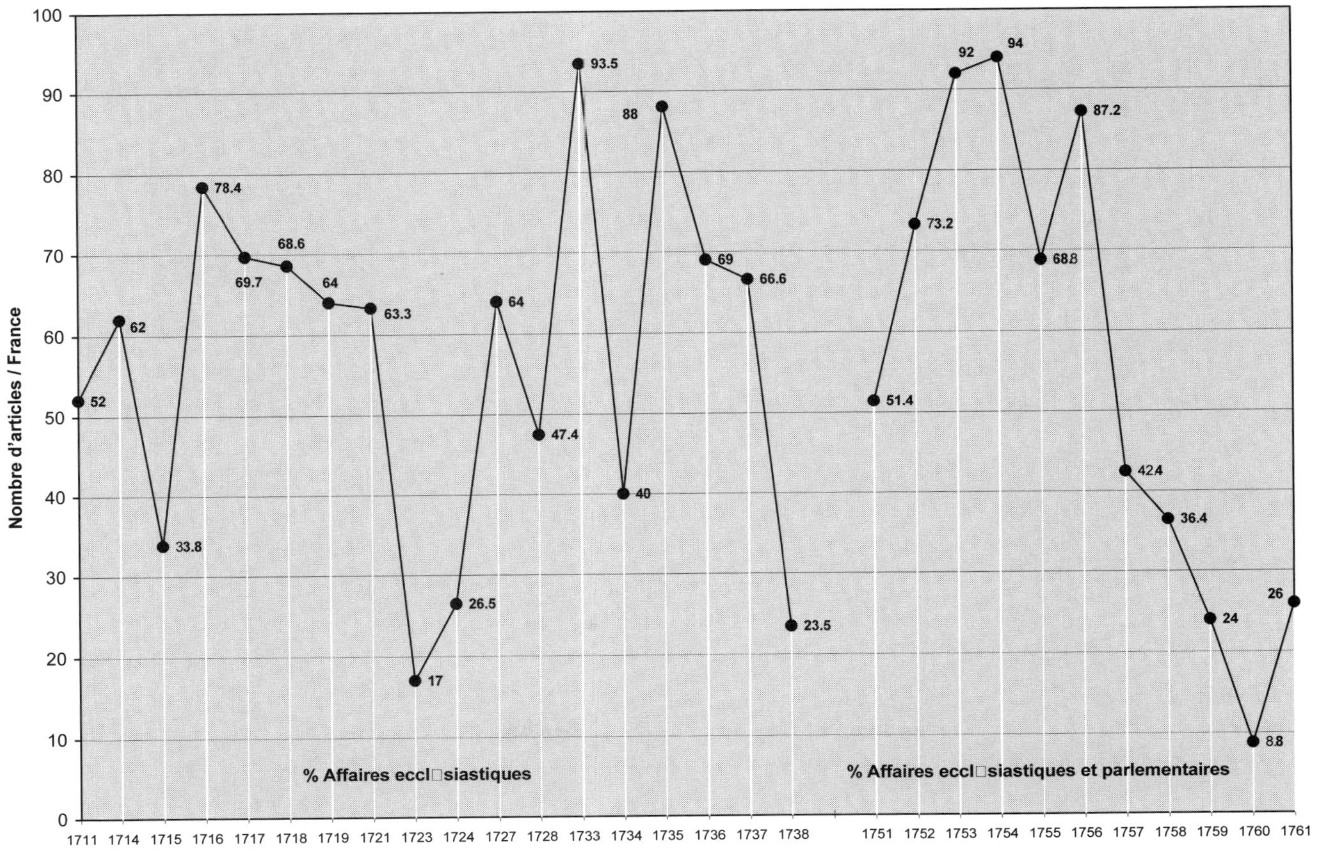
Nombre d'articles / France
100
90
80
70
60
50
40
30
20
10
0
52
62
33.8
78.4
69.7
68.6
64
63.3
17
26.5
64
47.4
93.5
40
88
69
66.6
23.5
51.4
73.2
92
94
68.8
87.2
42.4
36.4
24
8.8
26
% Affaires eccl□siastiques
% Affaires eccl□siastiques et parlementaires
1711
1714
1715
1716
1717
1718
1719
1721
1723
1724
1727
1728
1733
1734
1735
1736
1737
1738
1751
1752
1753
1754
1755
1756
1757
1758
1759
1760
1761

Appendice

1. Données statistiques

Année	Nombre total d'articles	nombre d'articles France	Angleterre	autres pays	nombre d'articles relations internationales	Pourcentage France	Pourcentage Angleterre	Pourcentage autres pays	Pourcentage relations internationales
1692	11	5	3	0	3	45,5	27,3	–	27,3
1694	29	11	4	7	7	38,0	13,8	24,1	24,1
1697	34	11	9	3	11	32,4	26,6	8,8	32,3
1698	23	10	5	5	3	43,5	21,7	21,9	13,0
1699	47	21	6	3	17	44,7	12,8	4,7	37,8
1700	64	30	11	12	11	46,9	17,2	18,7	17,2
1702	62	8	23	1	30	12,9	37,0	1,7	48,4
1705	60	29	18	4	9	48,0	30,0	7,0	15,0
1706	67	24	13	1	29	35,8	19,4	1,5	43,3
1707	59	19	22	5	13	32,0	37,3	8,7	22,0
1708	51	5	17	7	22	9,8	33,3	13,8	43,1
1709	72	14	13	12	33	19,4	18,0	16,8	45,8
1711	67	23	13	6	25	34,3	19,4	9,0	37,3
1714	179	86	33	24	36	48,0	18,4	13,6	20,0
1715	184	77	61	10	36	41,8	33,2	5,3	19,7
1716	135	102	13	9	11	75,6	9,6	6,7	8,1
1717	176	119	18	16	23	67,6	10,2	9,2	13,0
1718	224	153	13	29	29	68,3	5,8	12,9	13,0
1719	166	78	24	26	38	47,0	14,5	15,6	22,9
1721	91	30	13	35	13	33,0	14,3	38,4	14,3
1723	122	53	25	32	13	43,4	20,5	26,3	9,8
1724	116	49	16	42	9	42,2	13,8	36,2	7,8
1727	138	39	26	26	47	28,3	18,8	18,9	34,0
1728	68	19	8	16	25	28,0	11,8	23,4	36,8
1733	84	31	7	19	27	37,0	8,3	22,6	32,1

Année	Nombre total d'articles	nombre d'articles France	Angleterre	autres pays	nombre d'articles relations internationales	Pourcentage France	Pourcentage Angleterre	Pourcentage autres pays	Pourcentage relations internationales
1734	96	20	15	26	35	20,8	15,6	27,1	36,5
1735	81	17	7	24	33	22,0	8,6	28,7	40,7
1736	52	16	11	14	11	30,8	21,2	26,8	21,2
1737	37	12	4	10	11	32,4	10,8	27,1	29,7
1738	65	17	13	8	27	26,0	20,0	12,5	41,5
1739	84	10	24	20	30	11,9	28,6	23,8	35,7
1740	66	8	12	20	26	12,0	18,2	30,4	39,4
1741	103	11	17	19	56	10,6	16,5	18,5	54,4
1742	65	3	10	18	34	4,6	15,4	27,7	52,3
1744	87	21	10	14	42	24,0	11,5	16,2	48,3
1745	102	16	14	14	58	15,7	13,7	13,7	56,9
1746	76	11	19	10	36	14,5	25,0	13,1	47,4
1747	88	7	9	34	38	8,0	10,2	38,6	43,2
1748	109	5	9	49	46	4,6	8,2	45,0	42,2
1750	78	15	14	32	17	19,2	18,0	41,0	21,8
1751	106	25	20	42	19	23,6	18,9	39,6	17,9
1752	105	41	13	25	26	39,0	12,4	23,6	24,8
1753	118	60	11	25	22	50,8	9,3	21,3	18,6
1754	95	51	5	26	13	53,7	5,3	27,3	13,7
1755	138	80	16	25	17	58,0	11,6	18,1	12,3
1756	203	94	15	31	63	46,3	7,4	15,3	31,0
1757	203	66	10	18	109	32,5	4,9	8,9	53,7
1758	134	22	6	25	81	16,4	4,5	18,7	60,4
1759	158	50	12	34	62	31,6	7,6	21,6	39,2
1760	120	57	9	25	29	47,5	7,5	20,8	24,2
1761	138	65	9	26	38	47,1	6,5	18,9	27,5
Total	5036	1846	728	964	1498	33,5%	16,3%	19,4%	30,8%

2. Affaires intérieures (excepté France et Angleterre)

Nombre de tables annuelles où les différents pays sont mentionnés.

Il était impossible, dans un tableau aussi succinct que celui-ci, de tenir compte des modifications de la carte politique de l'Europe dans la longue période considérée (en ce qui concerne les Pays-Bas et surtout l'Italie). Nous avons donc traité comme une seule unité des pays différents du strict point de vue de la souveraineté (par exemples les Deux-Siciles). Mais nous avons aussi, suivant en cela les tables et la gazette, distingué des lieux relevant d'une même souveraineté (par exemple Gênes et la Corse). L'extrême dispersion du Saint Empire est regroupée dans l'ensemble Allemagne.

Pays	Nb	Pays	Nb	Pays	Nb	Pays	Nb
Allemagne (Empire)	46	Danemark	21	Lorraine	8	Chine	3
Provinces-Unies	45	Pays-Bas	21	Dantzig	7	Genève	3
Suède	42	Turquie	21	Sardaigne	7	Hambourg	3
Cour de Vienne, Autriche, Hongrie	40	Deux-Siciles	20	Cantons helvétiques	6	Indes orientales	3
Pologne	38	Gênes	16	Neuchâtel	5	Malte	3
Russie	38	Portugal	14	Liège	4	Açores	2
Espagne	37	Corse	13	Savoie	4	Norvège	2
Prusse	32	Perse	9	Toscane	4	Tartarie	2
Rome	25	Venise	9	Alger	3	Pérou	1

3. Nomenclature des articles de l'année 1757

Textes:

Type	Nb	Type	Nb
Acte	1	Ordre	5
Adresse	1	Papier remis par	2
Arrêt, arrêté	11	Patente	5
Article(s) (de capitulation, etc.)	8	Prière	2
Avis	1	Réglement	1
Avertissement	1	Relation	1
Bref	1	Remontrances	32
Conclusum	2	Réponse	8
Conditions	1	Requête	3
Convention	1	Réquisitoire	3
Déclaration	20	Représentations	12
Décret	2	Rescrit	2
Délibération	1	Résolution	1
Discours	5	Sentence	13
Ecrit	2	Suffrage donné	6
Edit	5	Traité	1
Injonction	2		
Intentions [...] déclarées	1		
Jugement prononcé	1		
Lettres (patentes, circulaires, extrait de lettres)	32		
Mandement	3		
Manifeste	3		
Mémoire	12		
Message	2		
Motifs	1		
Ordonnance	13		

Autres:

Capitulation	6
Evaluation de	1
Exécution	1
Liste	1
Sur	15
Suspension d'armes	1
Transport	1
Victoire remportée	1

11. La crise des refus de sacrements, écritures du politique

LA crise des refus de sacrements se déroule de 1749 à l'attentat de Damiens qui la relègue dans l'ombre. Dans le cadre limité de cette étude nous étudierons son traitement journalistique dans trois étapes significatives.

La première va de 1749 à l'arrêt du Parlement du 18 avril 1752. A l'imitation de pratiques occasionnelles, l'archevêque de Paris fait exiger des mourants le nom de leur confesseur et un billet garantissant l'acceptation de la Bulle *Unigenitus*. Le conflit s'aggrave en 1750 quand il veut soustraire l'administration de l'Hôpital général à l'influence janséniste. Des refus de sacrements ont lieu à Saint-Etienne-du-Mont, paroisse figuriste reprise en main par le père Bouettin. Ce sont cependant des magistrats qui engagent la résistance. Par ses remontrances, le Parlement a obtenu le 17 avril 1752 la reconnaissance royale du principe d'intervention des juges et son arrêt du 18 interdit d'exiger des billets de confession. La seconde période aboutit à l'exil du Parlement le 9 mai 1753. Ledit arrêt et les nombreuses procédures qui s'ensuivent entraînent une réaction de la Cour, cassation par le Conseil d'Etat le 21 novembre, interdiction des poursuites pour refus de sacrements le 22 février 1753 pour une période dont le roi seul décidera, refus des remontrances d'avril 1753 sur les dangers pour l'Etat de la puissance spirituelle. Le Parlement suspend ses fonctions le 5 mai, refuse d'obtempérer aux 'Lettres patentes' qui défendent 'les procédures concernant les refus de sacrements', ce qui entraîne la mesure royale d'exil. La troisième étape piétine pendant l'exil de la Grand Chambre à Pontoise: le roi installe une Chambre des vacations puis une Chambre royale que le Châtelet récuse et que le public boude. Elle se résout en faveur du Parlement par son retour, le 20 août 1754, par la suppression de la Chambre royale le 1er, et par la déclaration de silence le 4 septembre.

Notre lecture de la *Gazette d'Amsterdam* a profité de l'ouvrage de C. Maire qui réexamine le Jansénisme et la politique parlementaire du siècle, et de l'étude de C. Joynes sur les refus de sacrements dans la *Gazette de Leyde*, qui y voit et l'expression d'un constitutionalisme parlementaire unifié héritier du gallicanisme, et un engagement 'agressif' de cette gazette en faveur des magistrats ainsi qu'une transformation de l'écriture de la gazette.[1] Nous serons amenés à nuancer ou à enrichir ces trois points et notre étude sera comparative: analyse de l'écriture journalistique de l'affaire, puis de l'engagement idéologique des

---

1. C. Maire, *De la cause de Dieu à la cause de la nation, le jansénisme au XVIIIe siècle* (Paris 1998). Cet ouvrage renouvelle ceux de J. Taveneaux et de J. Egret. C. Joynes, 'The Gazette de Leyde, the opposition press and French politics, 1750-1757'. Voir aussi J. Sgard, 'Le Jansénisme dans les gazettes de Hollande, 1713-1730'.

gazettes et enfin du contrepoint entre une étonnante richesse en discours cités et un commentaire éditorial destiné à engager l'opinion dans la réflexion et l'inquiétude.

Le développement journalistique de la crise n'est pas, comme le dit C. Joynes, 'progressif'. La *Gazette d'Amsterdam* a rendu compte des premiers refus de sacrements dès 1749, mais ce sujet reste épisodique en réalité jusqu'en avril 1752.[2] C'est le discours du Premier Président Maupeou au roi dit 'des plus forts et des plus pathétiques' qui élargit l'affaire: celle-ci désormais 'occupe l'attention du public' (17 avril 1752), et se développe avec l'arrêt du 18 avril: les 'sentiments sont nettement partagés' (*ibid.*), on s'inquiète des 'hardiesses scandaleuses' des curés (28 avril 1752). Son développement journalistique est alors foudroyant dans la *Gazette d'Amsterdam* et plus encore dans celle de Leyde. Dès juin dans la première et même avril dans la seconde, elle occupe en moyenne huit ou neuf comptes rendus par mois dont certains déjà très longs.[3] Trente-deux refus de sacrements sont signalés en 1752, dans diverses paroisses parisiennes mais aussi dans les évêchés d'Amiens, de Sens, Orléans et Aix-en-Provence. Certains curés comme Bouettin ou celui de Saint-Jean-de-Grève récidivent (16, 19, 23 juin; 4 juillet 1752). L'impression est d'un mal qui gagne, Looze, Montargis, Joigny, Abbeville, Meaux, Tonnerre, Reims, Langres, Troyes, Romainville, Riom, Saint-Pierre-du-Puellier à Tours, Brignoles. 1753 voit le même nombre d'affaires nouvelles, en Normandie et en Provence notamment, sans compter quelques indications de 'refus de sacrements' anonymes et non localisés (30 janvier; 6 mai 1753). Certaines sont une pure liste destinée à faire masse (23 mai; 16, 26 juin; 11 juillet; 21 décembre 1752; 1er, 26 juin; 30 octobre 1753). Mais si l'on y regarde de près ce n'est point une invasion du Royaume (C. Joynes) mais une focalisation limitée au diocèse de Paris, ou à ceux de province tenus par des évêques constitutionnaires ou à certaines villes de Parlements sympathisants aux Appellants.

Lorsque l'affaire a pris toute sa dimension politique, les courriers retraçant ces refus diminuent fortement au profit d'affaires corollaires, doctrinales (théologie ultramontaine de Caval, thèses jésuites à Marseille), d'autorité (affaire Saint-Michel à Marseille) ou politiques (mandement de l'évêque de Montauban critiquant l'Angleterre protestante, résistance du Châtelet à l'enregistrement de la Chambre royale). Trois refus de sacrements seulement sont signalés entre octobre 1753 et le 22 janvier 1754 (Rouen 9 octobre; Saint-Dizier 26 octobre; Aix 3 octobre 1753). La *Gazette d'Amsterdam* reprend alors ses dénonciations: 'Pendant ces disputes et ces conflits de juridiction les actes tendant au schisme éclatent en divers endroits du Royaume'. Associés à des remarques sur le retour espéré du Parlement, vingt-deux courriers s'échelonnent jusqu'à l'été portant sur dix-huit affaires nouvelles ou anciennes. 'La

---

2. Selon C. Joynes, l'affaire commence en février 1752, mais voir *GA*, 8, 12, 15, 19 août 1749, 2 janvier 1750.

3. Trois de février au 16 mai dans *GA*, mais 10 dans *GL*. L'affaire de Saint-Etienne-du-Mont occupe les 21, 29 février, 4, 11, 14 avril, 2, 19 mai. Dans *GA* et *GL*, 7 en juillet, novembre; *GL* et *GA* 8 en avril, décembre; *GA*, 9 en juin, août; *GL* 9 en septembre, octobre, décembre.

sagesse des mesures prises par S. M. a pu suspendre [le schisme] un temps. Nous l'avons vu renaître sous un prétexte nouveau et infiniment dangereux' (18 février 1754). 'Il est à craindre que la quinzaine de Pâques ne soit marquée en beaucoup d'endroits par de nouveaux actes de schisme' (30 avril 1754).

C. Joynes signale à juste titre que tous les ordres de la société sont touchés par ces refus. Ce sont d'abord les classes populaires, les artisans et le bas clergé après les tout premiers cas touchant des parents du milieu convulsionnaire parisien. Les affaires du libraire Panckouke à Lille (10 août 1753), de l'avocat Du Fay à Verneuil (9 octobre 1753), de M. de la Bergère procureur général, de Mme de Charleval sont plus tardives (8 juin 1754).

D'autre part et contrairement à ce qu'écrit C. Joynes, l'idée d'une action des parlements 'se mobilisant comme un corps constitué'[4] est contredite par les textes: elle repose d'ailleurs sur celle d'une identité idéologique très unifiée notamment dans la 'doctrine des classes'[5] dont nous n'avons pas trouvé trace, dans la période considérée du moins.[6] Certes, selon la *Gazette de Leyde*, les 'autres Parlements' ont fait connaître leur 'sympathie' pour l'arrêt du 18 avril 1752 (6 juin 1752) mais les courriers font essentiellement état de l'entrée dans le conflit de cinq parlements sur onze, dans l'ordre Aix et Rennes (4 juillet 1752), Toulouse, pour une question corollaire (29 juillet 1752),[7] Rouen (1er juin 1753), Bordeaux (12 février 1754). Un courrier bref et non renouvelé évoque Pau (10 août 1753), Dijon (10 mai 1754), Metz (4 juin 1754). Ce qui est fortement souligné c'est la solidarité des magistrats exilés entre eux et avec leurs collègues du Châtelet. Même dans la *Gazette de Leyde* on lit peu de signes de concertation entre les parlements: 'Le bruit court que tous les Parlements sont invités par celui de Paris à faire au Roi des Remontrances sérieuses sur la situation des affaires intérieures qui est plus critique que jamais. Ceux de Rouen et de Rennes ont déjà envoyé des députés ici, la Normandie et la Bretagne continuant de s'opposer au vingtième' (26 mai 1752). Et on lit dans la *Gazette d'Amsterdam* du 26 juin 1753: 'On apprend que les Parlements du Royaume à l'exemple de ceux de Paris et de Rouen procèdent avec activité contre les refus de sacrements et autres faits schismatiques'.

On le voit, joue aussi la difficulté financière du vingtième, comme celle de la déclaration désormais imposée par la Cour aux biens du clergé, qui font un contrepoint important à la question politico-religieuse. L'article sur la Bulle *Unigenitus* des remontrances du Parlement de Rouen dit enfin: 'Quelques-uns de vos Parlements ont eu l'avantage de vous donner des témoignages inviolables de leur vrai attachement [...] Les autres ont le même zèle' (25 septembre 1753). De fait les plus actifs sont ceux d'Aix, de Rouen, de Toulouse et de

4. C. Joynes 'The Gazette de Leyde', p.140.
5. *Ibid.*, p.149.
6. C. Maire souligne l'extrême diversité des magistrats qui ne sont pas un 'parti': 'le constitutionalisme parlementaire est un fantôme' (p.372-37; 401-404).
7. 'Cette ville [Toulouse] où jusqu'à présent le schisme n'avait point pénétré a été ces jours-ci témoin d'un refus de sacrements qui fut dénoncé hier à la Grande chambre' (1er mars 1754).

Rennes. Ce sont eux que, après l'exil de la Grand Chambre parisienne, les gazettes d'Amsterdam et de Leyde montrent répondant à tous les appels. Entre janvier et août 1754, 27 courriers d'Aix, 21 de Rouen, 17 de Rennes, 13 de Toulouse concernent ces procédures. Parfois une cristallisation intense entraîne une véritable explosion textuelle dans les livraisons. Une masse importante détaille les procédures du Châtelet d'octobre 1753 à mai 1754.[8] Comme le souligne C. Joynes la résistance s'étend aussi aux juridictions inférieures dépendant de Paris, notamment quand la Cour exige l'enregistrement des lettres patentes de la nouvelle Chambre (bailliages de Tours et Meaux) (*Gazette d'Amsterdam*, 6 novembre 1753).[9]

Un type de déroulement textuel enchaînant chronologiquement refus de sacrements, appel, procédures, que C. Joynes nomme judicieusement 'comédie morale' est loin d'être général, en particulier dans les affaires de 1752 et 1753, présentées plus souvent du point de vue des procédures. Il apparaît en 1754 dans des affaires notoires à Aix (Garnier contre le curé de la Madeleine, 26 mars 1754; Mme de Charleval contre le curé du Saint-Esprit, 18 juin 1754), à Toulouse (affaire La Croze, 5, 12, 15 mars 1754) ou l'unique action de Metz (4 juin 1754). Ce qui frappe c'est l'extrême élaboration structurelle des courriers et leur virtuosité diverse. Certains offrent une narrativité démonstrative: sous un ton neutre, on veut montrer la gravité d'une situation entre deux pôles: 'tout service a cessé au Châtelet' et 'la Cour vient de faire expédier des lettres de cachet' pour forcer sa reprise, gravité confirmée par le refus du bailliage d'Orléans et des procureurs et couronnée par un finale vibrant: le bruit de l'embastillement de conseillers qui ont dû se cacher (18 décembre 1753). Les deux gazettes respirent le goût du récit de procédures, et en soulignent la nécessité et la gravité. Certains courriers ou même suites de courriers offrent un arsenal impressionnant d'arrêts du ou d'un parlement suivis d'arrêts du Conseil d'Etat qui les cassent: en août 1752 la *Gazette d'Amsterdam* signale, et parfois cite 'in extenso' quatorze arrêts du Parlement et six arrêts du Conseil d'Etat, plus même que la *Gazette de Leyde*. Se déroule ainsi une machine implacable. Ouverture et fermeture d'un courrier démontrent que le Parlement de Rouen est sur tous les fronts, faire revenir son procureur général de Paris, polir le style de ses remontrances, poursuivre les nouveaux refus de sacrements, et continuer les procédures contre le curé de Verneuil,

8. Recommandations de vigilance contre toute infraction à l'arrêt du 18 avril 1752 (2 octobre 1753), refus d'enregistrer la Chambre des Vacations, puis la Chambre Royale (9, 16, 26, 30 octobre; 2, 9, 23 novembre; 4, 7, 11, 14, 25, 28 décembre 1753). Sont détaillés tous les moyens de résistance, refus des dossiers ou des registres, de s'assembler, de se séparer, rébellion verbale, lettre au Chancelier, refus de reconnaître un enregistrement obtenu d'une partie des membres par le Lieutenant Le Noir, arrêts, démarches pour libérer les membres emprisonnés. Le Châtelet reprend l'instruction des refus de sacrements (affaire Saint-Nicolas-des-Champs): son arrêt est cassé par le Conseil d'Etat (5, 12, 15 mars 1754).

9. Angers (5 février 1754), Chinon (2 avril 1754), Troyes (25 juin; 16, 23 juillet 1754). Mais les courriers se contredisent (23 novembre 1753; 2, 12 avril 1754). Les plus vifs sont le réquisitoire de Boulogne (12 avril) et le discours de Pontoise au chancelier disant soumission mais 'douleur' (22 janvier 1754).

malgré l'arrêt royal; son sérieux est sans égal, il délibère sur les peines à infliger, et s'informe sur l'Histoire: un 'vibrato' s'anime enfin sur la qualité des textes et des discours (1ᵉʳ juin 1754). La *Gazette d'Amsterdam* du 4 janvier 1754 expose une surenchère: 'Ce qui se passa chez le chancelier où les magistrats du Châtelet avaient été mandés est si intéressant à tous égards que l'on ne peut en qualité d'historien se dispenser d'en toucher quelque chose'. Quarante lignes disent ensuite cette escalade de résistance. Proches de la minute, les courriers frisent l'hyperréalisme du menu détail, atermoiements des greffiers du Châtelet, distinguos subtils entre 'registres des bannières' et 'registres primitifs'. Des magistrats 'tournent le dos pour ne rien voir' (19 octobre 1753)!

Certains courriers sont un théâtre du discours, dans trois situations typiques, l'entretien de la confession comme celle des sieurs Dodain, La Croze, Panckouke, l'interrogatoire des prêtres s'abritant, quand ils acceptent de comparaître, derrière l'autorité de leur évêque comme à Verneuil ou à Sisteron, les délibérations des magistrats. Diderot y lirait des 'mots de nature' à moins qu'ils ne soient 'de situation', comme celui du lieutenant civil à propos de T. Boudret, mort sans sacrements par la faute du curé de Saint-Nicolas (mars 1754). 'Rien ne presse, rien ne périclite, le malade est mort'! Un autre courrier rapporte les délibérations rouennaises du jour et se termine ainsi: 'une heure sonne et la séance dure encore' (14 septembre 1753).

Parfois c'est un roman d'aventures, avec enlèvement de prisonniers, voitures qui versent, sentences exécutées sous la garde de '2000 soldats armés, la baïonnette au fusil' (23 novembre 1753).

Un arrangement plus caché joue sur la pluralité des affaires dans un même ordinaire, sur la complémentarité des courriers, sur le rapport entre ordinaire et supplément et même sur l'enchaînement des livraisons. Un même courrier peut souffler le chaud et le froid entre deux affaires, celle de deux prisonniers libérés par le procureur général de Rouen malgré le Parlement, et celle du curé de Verneuil: la première 'paraît entièrement terminée. Celle du Curé de Verneuil ne l'est pas' (15 juin 1753). Il peut aussi être une synthèse problématique des difficultés parisiennes: vingt-trois lignes suffisent à dresser les 'conjonctures très critiques' dont 'le détail intéresserait' mais dont il faut attendre 'une plus ample information', tandis qu'on s'attend à trois lettres de cachet royales que le Châtelet refusera et que l'attention du public se tourne vers une nouvelle difficulté, comment installer les commissaires au commerce qui doivent prêter serment devant le Parlement (28 décembre 1753)? La densité multiple est plus grande encore dans la livraison du 20 janvier 1754: quatre nouvelles problématiques (décision inconnue du Conseil d'Etat, démarches du Parlement de Rouen en faveur de M. Du Fossé, décret d'Aix contre une thèse jésuite, surprenantes mesures du Parlement de Toulouse contre l'évêque de Comminge) se prolongent par la suggestive annonce des *Lettres historiques sur les fonctions du Parlement*, moyen de réfléchir de plus haut à ces événements particuliers par la 'sagesse' et 'l'érudition'. Une complémentarité assemble dans la livraison du 26 février 1753 une rubrique bordelaise et la régulière rubrique parisienne, prise entre sympathie pour le Parlement de Bordeaux et menace d'une affaire à Saint-Nicolas. Ainsi se renforce le contraste pathétique interne au courrier bordelais entre activité parlementaire et résultats: émulation des chambres, information, réquisitoires, arrêts et lettres au chancelier, mais un prêtre exemplaire est privé de sacrements, l'évêque s'obstine, les curés s'enfuient. Mme Doro de Cresansac meurt non administrée presque devant le vicaire Coupé. Et la transition avec les nouvelles parisiennes de souligner tragiquement: 'une circonstance qui rend ces actes de schisme encore plus odieux, c'est que la Défunte a été inhumée sans les cérémonies de l'Eglise. Un seul prêtre et le Porte-croix ont assisté à son enterrement sans chanter.'[10] Une construction en antithèse oppose aussi les ordinaires de septembre 1752 remplis par 'décence' des nouvelles de la santé du dauphin et les suppléments déclinant l'avalanche d'arrêts cassés par le Conseil d'Etat.

La perspective éditoriale est clairement didactique: constituer une chronique dont elle veut suggérer les clés. La redondance avec ou sans variation raccorde les ordinaires (24, 30 mars 1753 par exemple).[11] Des courriers bilans appelés 'détail' rendent compte de périodes restreintes, de jour en jour; des 'suites' embrassent de plus longues durées.

'La situation critique dans laquelle on représentait l'ordinaire dernier les affaires du Parlement a été bientôt suivie des événements qu'elle semblait annoncer. Voici un détail des principales circonstances qui les ont précédées' (18 mai 1753), événements du 5 au 11 puis jusqu'à l'exil. Mais ce 'détail' a été déjà aménagé par une 'suite' antérieure montrant en de brèves annonces comment se prépare la crise: 'voici une exposition des circonstances qui ont apporté un nouveau délai à la présentation "des Remontrances" laquelle on disait avoir eu lieu': une semaine de démarches jusqu'à ce que le roi demande remise préalable des Articles (24 avril). Onze lignes sur ces difficultés le 27. Le 1er mai, 'vide' rempli à titre documentaire par des extraits pertinents de la déclaration de l'Assemblée du Clergé de 1683. Enfin: 'Les affaires du Parlement semblent parvenues au plus haut point de leur crise' (15 mai 1753). Et c'est le refus royal des remontrances, celui de la Chambre puis du Châtelet de traiter d'autres affaires que du schisme, et l'ordre d'exil. Jamais les courriers nombreux et longs consacrés par exemple aux divers conflits internes à la Diète de Ratisbonne n'ont ce degré d'élaboration. On pourrait même individualiser des écritures journalistiques régionales: les courriers de Rouen sont riches en rebondissements, effets affectifs et pathétiques, ceux d'Aix en textes argumentés et discussions de procédures.

Certes la sympathie de la *Gazette de Leyde* pour le Parlement et dans une moindre mesure de celle d'Amsterdam sont claires. Toutefois il faut plus de nuances que n'en met C. Joynes, si on tient compte des enjeux, de la différence entre discours éditorial et discours cités, de la globalité des livraisons et d'une

---

10. Voir 25 juin 1754, sept données diversement orientées, sur Aix, Troyes, Vannes, Rouen, Toulouse puis la mystérieuse assemblée d'évêques à Conflans. Le numéro du 27 novembre 1753 est un vrai labyrinthe.

11. Le supplément du 19 février 1753 contient uniquement des informations déjà données.

évolution qui la montre même dans la *Gazette de Leyde,* un peu plus discrète en 1752-1753 qu'en 1754, quand se dessine le retour en grâce.

La *Gazette d'Amsterdam* souligne régulièrement, il faut le dire, son hommage absolu à l'autorité royale que celle de Leyde parfois tend à montrer comme un poids. Quand le roi refuse de convoquer les Pairs, on lit dans cette dernière: 'On ne voit point encore de fin prochaine à toutes ces controverses, les deux Partis ne voulant se relâcher sur rien. Cependant lorsque le Roi voudra employer toute son autorité il faudra plier' (15 janvier 1753).

On ne peut parler, comme C. Joynes, de mise en cause d'un 'arbitraire royal'. La *Gazette d'Amsterdam* dit sa confiance dans les mesures royales, comme la création d'une commission mixte dont 'la sagesse' réalisera le 'but salutaire' (11 juillet 1752) et dont la 'fermeté' est 'plus grande que jamais' (14 novembre 1752). En 1752 elle offre 28 appréciations et celle de Leyde 33 sur les 'affaires du clergé et du Parlement', dont 11 dans l'une et 10 dans l'autre maintiennent un jugement équilibré entre les partis. Sont regrettées les violences partisanes (Leyde 14 juillet, 21 août 1752). Les éloges sont vibrants à l'égard du pape qui se maintient à distance de ces 'brouilleries' (Leyde 30 juin, 14 juillet 1752). En 1753 les éloges du Parlement s'intensifient, 21 dans la *Gazette d'Amsterdam,* mais une dizaine de courriers tiennent l'équilibre et 23 sont essentiellement factuels.

Trois aspects montrent les nuances de cet engagement, l'opposition dans la *Gazette d'Amsterdam* entre deux types de dénouements des affaires, la dissymétrie évidente dans les deux périodiques entre individualités marquantes des deux partis, la présentation des divisions internes aux Parlements.

Nous ne pouvons traiter ici le premier aspect, mais on sait l'importance alors d'une 'bonne mort' réconciliée par les sacrements.[12] Du second nous n'évoquerons que l'opposition dans les courriers entre les figures abstraites des prélats récalcitrants, ceux d'Evreux, de Dax, d'Orléans, de Sens, d'Aix, à quelques magistrats énergiques et éloquents. Chaque Parlement a le sien.[13] La *Gazette de Leyde* montre en vignette édifiante l'arrestation de Franqueville qui dit 'modestement à la garde: Allons messieurs, il est temps de partir' (25 septembre 1753).

Mais ceci n'autorise pas à dire que l'épiscopat est montré comme le traître ('*the villain*') et les parlements en 'héros' d'un 'combat patriotique contre l'arbitraire'.[14] Les deux partis n'apparaissent pas comme des blocs sans nuances. Les prélats ne sont pas tout le clergé. C'est pourquoi, même à l'évêque de Dax, le procureur général de Bordeaux écrit pour l'assurer du 'mécontentement de la compagnie', car l'exploit lui signifiant un arrêt contenait des termes peu

---

12. S'opposent la mort de Panckouke, du bedeau de Saint-Barthélémy où 'la mort n'attendit pas le billet' (10, 18 septembre 1753) au 'récit complet' de celle du curé La Croze enfin administré dans un 'moment de pleine connaissance', et qui meurt en pardonnant, avec les honneurs de l'Eglise (*GL* et *GA*, 4, 8, 12, 15 mars 1754).

13. Maupeou figure de résistance et de négociation à Paris, Franqueville à Rouen, Ripert de Monclar à Aix, Gilbert de Voisins au Châtelet.

14. C. Joynes, 'The Gazette de Leyde', p.147, 150.

convenables: on veut 'réparer l'espèce d'injure faite à l'évêque dont tout le corps épiscopal pourrait être choqué' (19 mars 1754).

Les Parlements sont dans la *Gazette d'Amsterdam* et même dans celle de Leyde des institutions vivantes où ont place 'avis partagés', et 'vives altercations'. On y discute de la gravité des peines à appliquer, lacérer ou brûler un écrit, décréter d'ajournement ou de prise de corps avec saisie de ses biens un prêtre auteur d'actes schismatiques. A Rouen, quand un arrêt du Conseil exige de surseoir aux procédures contre le curé de Verneuil, on délibère: faut-il seulement archiver l'arrêt, surseoir, faire des remontrances au roi (6 juillet 1753)? 42 voix contre 33 décident le renvoi de l'affaire et des témoins déjà convoqués. La *Gazette de Leyde*, il est vrai, est muette sur ce trait. Le désaccord peut aussi porter sur la date d'envoi des remontrances ou sur leur style. Enfin certains magistrats sont moins hostiles à la Bulle (à Aix en février 1754) ou plus soumis à l'autorité du Conseil d'Etat (à Bordeaux en mars 1754): à propos de deux libelles contre le Parlement, la délibération est reportée, le rapport de M. de Grissac n'étant pas prêt: 'Plusieurs membres du Parlement imbus de maximes fort différentes de celles de leurs confrères comptaient que dans cet intervalle il surviendrait un Arrêt du conseil pour évoquer toute procédure concernant les affaires de schisme' (5 mars 1754).[15]

De même la discussion aixoise sur les remontrances est d'une 'vivacité extraordinaire': 'M. de M... père de l'évêque de V...' (on note l'anonymat) et 'divers autres' les trouvent 'contraires à l'obéissance due à la Bulle, et demandent acte' de leur opposition. On leur répond que leurs motifs sont autres que des 'scrupules de conscience' et qu'il ne faut pas 'souiller les registres' ni 'l'honneur même de ceux qui le demandent, le Président d'E... l'abbé de M... le grand vicaire'. Les remontrances passent par 36 voix contre 13 (19 février 1754). Au Châtelet on voit le lieutenant civil Le Noir s'employer plusieurs fois à faire plier les membres de cette compagnie (15, 19 mars; 16, 23 avril 1754). Même la *Gazette de Leyde* signale des divisions à Rouen: 'Le Parlement commence à se diviser à en juger par les dernières délibérations' (18, 21 septembre 1753). Cependant peu de nouvelles d'une opposition pourtant réelle intérieure aux magistrats exilés, entre les modérés et les meneurs de Bourges, passionnés d'histoire du droit. En correspondance avec Le Paige à Paris ces derniers font échouer les négociations menées par le Prince de Conti. Cette figure haute en couleur dont les motivations sont mal connues, est présentée dans la *Gazette d'Amsterdam* avec de grands éloges (2 juillet 1753):

Le Prince de Conti qui joint à tous les avantages de la naissance et aux talents de l'esprit, un zèle infatigable pour avancer et finir l'heureux ouvrage du rappel du Parlement, a été renfermé avec le Roi pendant plus de deux heures. On dit que les bonnes intentions de ce Prince sont encore traversées par quelques notables du parti qui redoutent le plus les conditions de l'Accommodement.

15. Il n'en est rien, le réquisitoire de Grissac, le 8 mars enlève tous les suffrages par son 'éloquence, mâle, vigoureuse, pathétique', 26 mars 1754.

Ce message est sibyllin et peu après l'échec est cuisant: Conti 'perdant toute espérance du succès a quitté [...] Vauréal où il s'était arrêté pendant la négociation' (17 juillet 1753). Il s'était chargé de remettre les remontrances au roi (Leyde, 3 juillet 1753).[16]

La *Gazette d'Amsterdam* est enfin d'une richesse étourdissante en textes écrits et en voix transposées. Un même discours cité 'in extenso' couvre parfois plusieurs livraisons. Apparemment simple extension quantitative de la pratique gazetière de donner traités et ordonnances, c'est en réalité, comme le dit C. Joynes, une transformation qualitative essentielle de l'écriture journalistique. Paraissent les expressions diverses de l'autorité royale, les discours et écrits des magistrats, des textes issus du clergé, et au moins par leurs titres une nuée d'écrits polémiques anonymes condamnés par l'un ou l'autre parti.[17]

La parole royale reçoit une mise en forme complexe directe ou déléguée, lettres patentes ou de cachet, arrêts du Conseil d'Etat, lettres du chancelier, ou du comte de Saint-Florentin, dont le rituel est scrupuleusement reproduit. On entend parfois directement la voix du roi dans une audience, parole de mécontentement (14, 21 septembre 1753), ou de grâce. Aux députés de Rouen le roi dit brièvement: 'Je vous ai mandés pour vous faire savoir mes intentions. Mon chancelier va vous les expliquer'.

'Le Roi n'a pu voir qu'avec une extrême surprise que l'objet de vos Remontrances parût tendre à donner atteinte à l'autorité qu'a reçue la constitution *Unigenitus* tant sous le règne du feu Roi que depuis l'avénement de Sa Majesté.' Ainsi commence le chancelier citant ensuite les déclaration de 1720 et de 1730 exigeant la même soumission. Il remet aux députés un paquet de lettres, dont la teneur, qui répète un ordre royal du 29 avril, est indiquée quand lecture en est faite à Rouen au retour des députés. La lettre de cachet jointe contient la formule consacrée, 'car tel est notre plaisir'. Est même signalé le 'sceau de cire jaune', 'en queue' de ces textes, et les signatures rituelles 'Phelypeaux, Louis' (26 juillet 1754). Au contraire la lettre de Compiègne du 14 juillet 1754 racontant la seconde audience de Maupeou ruisselle de bénévolence et de bonhomie. Le magistrat 'introduit dans le Cabinet du Roi par un escalier dérobé', converse seul une heure et demie avec le roi. A sa sortie 'tous les grands [...] l'ont embrassé. Il a conduit le Roi [...] jusqu'à son carrosse. SM avait l'air fort gai.' Maupeou recevant chez lui la Grand Chambre cite la parole du roi: 'Je fais grâce à mon Parlement. Je vais donner des ordres pour expédier des lettres de rappel à tout mon Parlement de Paris. Vous pouvez le dire à ceux de Soissons et le dire aux autres'. Suit le texte de la lettre de

16. Le 15 juin la *GA* vante ses 'bons offices' dont elle attend une réussite comme de 'la clémence et la bonté naturelle' de SM. Les espoirs sont 'bien fondés' (10 août 1753). Mais 'les motifs qui rendirent [...] les propositions d'accord infructueuses sont encore aujourd'hui les mêmes' (30 novembre 1753). Cependant il 'sacrifie presque tout son temps pour le Bien de l'Etat' (8 février 1754) et il est cité lors de l'audience royale à Maupeou (14, 26 juillet 1754).
17. Ceux-ci sont cités dans une ambiguïté constante qui ne définit pas leur appartenance. Dans la seule année 1752 la *GA* cite 37 pamphlets condamnés par le conseil d'Etat ou par les magistrats, et si des parentés de titres ne nous trompent pas, celle de Leyde en cite encore 5 de plus.

Maupeou aux présidents des autres chambres (26 juillet 1754). Dans les deux cas on voit bien le réseau institutionnel qui diffuse l'ordre du roi et lui donne toute sa résonance. Moins développée, la parole du clergé contient d'abord l'écho de quelques sermons fanatiques, martelant une kyrielle d'épithètes désignant l'hérésie, et même d'appels à la violence, ou répétant leur soumission aux évêques. Sont cités quelques mandements comportant des allusions aux affaires du temps, même dans des textes qui célèbrent une naissance royale.[18]

La majorité des discours et des textes émane des magistrats. On peut les classer en trois types, discours argumentés prononcés dans les assemblées, textes des arrêts, dont la forme est nécessairement figée. Remontrances dont le style et les nuances sont travaillés par les commissions nommées à cet effet avant que les formalité d'usage les adressent au roi. Beaucoup sont cités 'in extenso' dans les périodes de cristallisation de la crise. Les discours sont des pièces soignées, construites et argumentées, réquisitoires contre les écrits séditieux, discours de Lefevre d'Ormesson (dans les deux gazettes, été 1752), requêtes de Pierron (automne et hiver 1753), discours d'ouverture du Président Maupeou et de l'avocat général d'Ormesson (décembre 1752), discours du même Maupeou au roi les 26 mars, 21 décembre 1752, 3 janvier 1753 (dans les deux gazettes, 23, 26 janvier; 17 avril 1753), réquisitoires du procureur général d'Aix, Ripert de Monclar. Un même courrier peut en contenir plusieurs en 'extrait' 'en teneur' ou 'in extenso'. Les deux gazettes, dans leur livraison du 12 septembre 1752, typiques de l'affrontement en escalade, mentionnent 9 arrêts dont 7 sont cités et le huitième a déjà été cité: cinq arrêts du Parlement, quatre du conseil d'Etat qui les cassent. Nuance intéressante, la *Gazette d'Amsterdam* termine sur le Conseil d'Etat, la *Gazette de Leyde* sur la résistance parlementaire 'à toute ordonnance... [non] revêtue des formalités requises par les lois du Royaume qui peuvent lui donner force de loi'.

Il est donc inexact de dire comme C. Joynes que le fond de la querelle n'est pas abordé: la parole éditoriale ne le fait pas (en aurait-elle la compétence?) mais l'argumentation complexe des magistrats est parfaitement explicite. Parfois d'une lecture difficile par un public ordinaire, elle suppose un lecteur informé et sérieux. On y peut lire avec détail cette transposition au politique de la théologie et de l'ecclésiologie figuristes étudiée par C. Maire et constituée dans le premier tiers du siècle. Certes on ne parle pas de la collaboration des magistrats parisiens avec l'avocat Le Paige qui a fourni le cœur des remontrances de 1753. Parmi la masse de ses écrits sont cités anonymement, assortis d'éloges comme les remontrances,[19] *La Tradition des faits*, les *Lettres historiques*, 'écrites avec autant de sagesse que d'érudition' (29 janvier 1754), la *Lettre d'un Seigneur de la cour à un maréchal de France*, qui renferme 'une infinité de réflexions laconiques, pétillantes d'esprit et assez fortes pour anéantir toutes les

18. Sermon de l'évêque d'Amiens (18 juillet 1752), mandement de l'archevêque de Sens (15 août 1752).

19. Celles de Rouen 'sont, dit-on, magnifiques' (30 octobre 1753), celles de Paris sont 'fort belles' (1er juin 1753).

objections faites contre la conduite du Parlement' (9 septembre 1753), l'*Histoire abrégée du Parlement pendant les troubles qui s'élevèrent au commencement du règne de Louis XIV*, qui 'répond d'une manière invincible' aux *Cinq lettres du clergé contre les remontrances du Parlement* (*ibid*.). Passionné d'histoire religieuse et juridique, Le Paige a fourni l'orientation historiciste de l'argumentation qui ressort lumineusement du martellement successif des textes.[20] C'est un appel à la conscience du lecteur passant par le raisonnement, et une parole qui affirme défendre non pas 'l'intérêt personnel' des magistrats qui ne sont pas en révolte contre l'autorité royale mais leur 'respectueuse résistance'. Les textes cités 'témoignent' d'un idéal presque mystique d'union de 'l'Eglise avec l'Etat en rappelant tous les schismes arrivés dans différents temps' (*Lettre adressée à MM. les commissaires*, Leyde 10 novembre 1752). 'Le Roi, l'Etat et la Loi forment un tout inséparable' (*Préambule* des *remontrances*, 4 juin 1753). Le Parlement emprunte au figurisme janséniste et transpose aux affaires politiques de la Bulle l'image d'une lutte séculaire entre augustinistes et molinistes. Il est légaliste: le roi détient l'autorité du droit divin hors de toute médiation ecclésiale, répètent les textes sous différentes formules. Les articles cités de 1683 rappellent que la puissance papale est purement spirituelle, 'pleine et entière' mais réglée par les canons; 'son jugement n'est pas irréformable' (11 mai 1753). Le pape n'a qu'une 'puissance faillible' dit Ripert de Monclar dans un réquisitoire et 'l'autorité sacrée des Rois [...] est violée dès qu'on la fait dépendre de toute autre puissance que celle qui les fait régner' (contre une thèse jésuite, Amsterdam et Leyde 1er février 1754). 'Ce morceau est peut-être un des plus beaux qui aient paru en faveur de l'Eglise gallicane et du droit du souverain [...] il renferme les maximes plus essentielles que tout bon magistrat doit soutenir jusqu'au dernier moment de sa vie' selon une lettre 'du chef de la justice du Royaume' (23 février 1754). Se nouent tradition gallicane et formulation figuriste du devoir de 'témoigner': 'Et la vérité qui est éternelle ne saurait disparaître' (15 février 1754); les magistrats sont le 'dépôt de la vérité'. En sorte que les opposants sont en réalité les plus fidèles, ce que disent *tous* les textes cités adressés au roi. Il n'y a pas alors chez les magistrats de doctrine constitutionnelle hors des refus de sacrements, dit C. Maire.[21] Le Parlement ne se donne pas d'autorité propre, sa souveraineté n'est qu'émanée de celle du roi, comme Maupeou le déclare dans son discours au roi du 3 janvier 1753: 'Nul ne parle, nul ne commande en ce Tribunal que vous. Vous êtes le chef du Parlement qui est le corps' (26 janvier 1753). Et si la 'Raison' du Roi est 'abusée' ou 'surprise' (termes récurrents) le Parlement aura, selon les termes de ses remontrances, le 'courage d'être la victime de sa fidélité' (27 avril 1752), 'pour maintenir les droits de la couronne et les libertés de l'Eglise gallicane' (25 septembre 1753), 'défendre la sûreté de la personne sacrée [du Roi] et

---

20. Le numéro du 9 octobre 1753 remonte à Clotaire I et II et aux ordonnances de Blois (1579), celui du 25 janvier 1753 cite des articles historiques des remontrances.

21. Cette position intègre dans le cadre d'une pensée absolutiste l'héritage composite des Ligueurs, de la Fronde, sans son constitutionalisme, et même de Protestants comme Bèze et Hotman (C. Maire).

le droit d'indépendance de la couronne' contre un 'système' (Amsterdam et Leyde 1er février 1754) 'qui rendrait inutile toute réclamation de l'Eglise gallicane et qui lui donnerait à elle-même des chaînes' (12 février 1754). Certes ce rôle du Parlement décelant que la 'raison' du roi a été abusée, et cette publication à égalité de sa parole et de celle des parlements sont tendanciellement porteurs, C. Joynes et C. Maire le soulignent, d'un esprit d'indépendance plus fort que la théorisation stricte de Le Paige dans ces années 1750. Seule la *Gazette d'Amsterdam* cite de façon indirecte mais circonstanciée une argumentation opposée, condamnée par la sénéchaussée d'Angers, contestant le droit des laïcs en matière de sacrements en relevant avec pertinence les contradictions de ce respect de l'autorité royale: 'Est-ce dans les compagnies, au jeu et aux spectacles que se forment les canonistes?' Les magistrats achètent leur charge, 'le juge des vivants et des morts' serait-il soumis à l'arrêt du Parlement? Sous 'ces variations infinies de jurisprudence', 'sous le prétexte spécieux de zèle, de fidélité', ne peut-on dire que la Robe 'respire dans le fond l'esprit le plus républicain'?[22]

Toute cette complexité technique et ce souci de l'opinion sont enfin servis par un procédé sommaire mais puissant, l'entretien de la curiosité et de l'inquiétude par l'alternance de l'espoir et du découragement. Cette pratique ici concentrée sur une question constamment posée dans la '*variatio*' et le ressassement, prend une dimension quasi-mythique et c'est elle qui héroïse le Parlement: 'Quand sera-t-il rappelé?' Dès l'exil, le leitmotiv se décline en litanie jusqu'au rappel et à la loi du silence de 1754. Nous ne ferons que quelques remarques sur l'année 1754. Vingt courriers en traitent entre janvier et juillet: l'espoir monte en janvier, se mitige ou cède au 'silence' en février, pour reprendre le 12 et retomber immédiatement.[23] Quand Noailles, Belle-Isle et Richelieu reprennent les négociations, l'espoir revient,[24] mais l'affaire La Croze prouve qu'il est toujours 'dangereux d'obéir aux parlements et de résister aux évêques' (17 mai). L'alternance reprend en juin et en juillet accompagnée de cet éclatement textuel qui fait de cette affaire presque l'unique sujet du périodique et de sa suite: 'grande nouvelle', 14 juin, mais 'encore beaucoup d'obscurité sur le temps et les conditions du rappel', 17 juin; hésitation, 25 juin; on passe 'de l'espérance à la crainte', 28 juin; nouvel espoir, le 9 juillet, qui retombe le 16 et reprend le 19. Si enfin le 26 l'audience de Maupeou rassure, le 30 on reste inquiet sur les conditions. Plus encore que la *Gazette de Leyde* qui est plus précise sur les refus des magistrats, la *Gazette d'Amsterdam* abonde en courriers alambiqués (7 juin 1754):

On cite dans le Public quelques propositions conditionnelles pour le retour du Parlement [...] mais il est inutile de les rapporter parce qu'il n'est pas vraisemblable qu'elles aient été faites. Toutes ces négociations que l'on dit avoir été entamées dans la même vue n'ont peut-être pas plus de réalité. On compte du moins parmi les négociateurs

22. *Lettres de Mgr l'évêque de* [...] *à Mgr l'évêque de* [...] *sur les remontrances du Parlement* (*GA*, 5 février, *GL*, 8 février 1754).
23. 15, 18, 25, 29 janvier; 1, 8, 12, 19 février.
24. 7, 10, 14 mai.

quelques personnes qui ne paraissent pas s'y trouver. Lorsqu'on fait réflexion que le maréchal de Biron est âgé de plus de 90 ans, on a peine à croire que ce seigneur soit du nombre de ceux qui parlent, confèrent, agissent pour [ce] rappel.

Au lecteur de s'y retrouver!

Avec cette affaire naît donc une écriture journalistique diversifiée et complexe. La vie politico-religieuse française est ici traitée, même en province, avec un détail concret, une diversité unique, et avec une densité idéologique qui donne à l'opinion matière à réflexion et à engagement. Toutefois ces traits ne doivent pas faire oublier trois points majeurs. 1. Les courriers que nous avons isolés entrent dans un réseau beaucoup plus divers de nouvelles internationales très détaillées[25] et de nouvelles françaises étendues sur d'autres sujets: les rituels de la Royauté (trois naissances, et deux mariages princiers, morts du duc et de la duchesse d'Orléans, maladie et guérison du dauphin, qui fait trêve au conflit) avec leurs actions de grâce, où l'absence des magistrats fait un vide remarqué (25 septembre 1753), nouvelles militaires (inspections, entraînement modifié, camps à former) qui troublent le concert d'éloges au roi pour la paix revenue, nouvelles des Etats parfois rebelles à l'installation du vingtième. Sauf lorsqu'ils 'écrasent' les courriers, les refus de sacrements ne font pas oublier les affaires du temps. 2. Même si la documentation de la *Gazette d'Amsterdam* provient sans doute des magistrats, notamment quand se développe le rôle de Le Paige, celle-ci n'est pas à leur service: vendue dans le royaume, elle est contrôlée par le ministère. 3. Il ne faut pas finaliser sa lecture sur les événements révolutionnaires, ni même peut-être sur la crise des années 1770: certes la résistance des magistrats porte en germe le passage 'de la cause de Dieu à la cause de la Nation' (C. Maire) par l'intermédiaire d'un absolutisme contradictoire, mais la *Gazette d'Amsterdam*, plus encore sans doute que la *Gazette de Leyde*, montre un état médian. Le roi qui 'prend cette affaire extrêmement à cœur' (12 juin 1753) ne se sent pas menacé, il ne veut pas lui non plus bouleverser les lois fondamentales du royaume et a besoin de ses parlements dont le discours respectueux n'est pas d'apparence. Il y a là, pour l'heure, moins de non-dit dangereux pour la sacralité royale que lors de l'attentat de Damiens, car cette résistance est 'dans les formes'. Terminons sur la 'grande nouvelle du rappel' par 'ces mots qui peignent si bien le caractère doux, affable et débonnaire de notre auguste monarque' à Maupeou en 1754: 'Vous êtes bien exact, M. le Premier Président, asseyez-vous, car vous devez être fatigué'. Et Maupeou ne sait comment dire 'toute la tendresse paternelle de SM envers son peuple dont elle sent vivement tous les besoins' (17 juin). Mais certes l'Histoire est précaire et instable.

25. Diète de Ratisbonne (*GL*, 14, 21, 25 juillet; 14 août 1752), mémoires et lettres du roi Frédéric, traité entre Royaume de Naples et Etats hollandais, questions polonaises (*GL* et *GA*, octobre et novembre 1752 et 1754).

12. Les assemblées au miroir de la gazette

LES gazettes anciennes n'apportent pas seulement des informations sur les guerres, les négociations, les décisions administratives, les rituels de toutes sortes ou encore les tremblements de terre et les incendies. Depuis longtemps déjà, en Angleterre, la Chambre des Communes discutait le subside de Sa Majesté et celle des Lords se divisait sur des questions de politique internationale. La mort de Louis XIV avait sonné, en France, le réveil des cours souveraines et notamment du Parlement de Paris qui avait repris l'usage des remontrances et s'engageait, pour quelques décennies, dans une bataille juridique et politique sur la question de la constitution *Unigenitus*. Depuis la fin du dix-septième siècle, dans les villes et les Etats des Provinces-Unies, maintes assemblées s'étaient concertées et continuaient à s'opposer sur la manière de concevoir et de régler les rapports entre la Confédération et le stadhoudérat. Et le siècle ne s'achèvera pas sans que se constituent, dans les anciennes colonies anglaises d'Amérique, de nouvelles assemblées de députés et de citoyens.

L'importance prise par des 'assemblées' (Etats, conseils de ville, congrès, assemblées générales) qui ont leurs saisons, leur périodicité et pour certaines (le parlement anglais) un caractère presque permanent, les insère peu à peu dans l'actualité politique et les impose naturellement à l'attention des gazettes. Elles ne peuvent désormais remplir vraiment leur rôle sans s'attacher aussi à ces lieux où s'assemblent des sénateurs, des nonces, des conseillers, des régents ou des députés, d'où procèdent décisions, déclarations et jugements, où se nouent des débats, où se déploient argumentations et polémiques, où se traduit parfois la violence des conflits.

Comme le confirme l'analyse des tables manuscrites, confectionnées à l'époque par les commis du ministère des Affaires étrangères pour l'utilisation de la *Gazette d'Amsterdam*, c'est à certaines de ces assemblées que s'intéressaient les contemporains et surtout, dans la première partie du siècle, au Parlement anglais pour ses échanges organisés et permanents avec le roi et son ministère et au Parlement de Paris pour le nombre et la fréquence de ses actions dans la crise institutionnelle de la monarchie.[1]

Il pourrait être provisoirement utile d'avoir une vue cavalière de la façon dont la *Gazette d'Amsterdam* rend compte de l'activité et du rôle de ces assemblées en parcourant certains de ses énoncés[2] sur le Parlement de Paris et celui d'Angleterre, sur les assemblées d'Amérique et des *Provinces-Unies*. Ce rapide

---

1. Pour plus de détail, voir le chapitre sur les tables.
2. Choisis de façon non systématique sur l'ensemble du siècle, de 1703 à 1790, dans les années 1703-1705, 1711-1713, 1723-1728, 1733, 1748, 1750, 1752-1754, 1756, 1770-1771, 1775-1776, 1784-1788, 1790.

inventaire aiderait à préciser ce que cette gazette donne à percevoir de ces phénomènes d'assemblée, à saisir ce qui émerge de l'information ainsi procurée, permettrait d'y relever des aperçus parfois un peu différents de ceux qui généralement ordonnent le champ de la politique traditionnelle.

En évaluant ce travail de gazette, on devra se rappeler que ce genre d'imprimé, s'il veut survivre, ne peut guère s'engager dans un discours politique extensif ou clandestin, qu'il est, du fait de sa périodicité plus rapide, soumis souvent et surtout dans les premières décennies du siècle à un régime proche de celui de l'annonce qui lui permet de signaler la tenue d'une assemblée, d'en publier les décisions, mais empêche souvent d'en restituer les débats. La nécessité de produire des énoncés courts pour des feuilles relativement brèves contraint à l'abandon du détail et du commentaire et encourage le résumé cursif. Il va donc de soi que beaucoup échappe, dans une gazette, de ce qui se passe dans ce genre d'instances. D'autant plus que les journalistes n'y étaient guère admis et que ce qu'ils pouvaient en rapporter n'était souvent que partiel, surveillé par une police ou une censure ou de seconde main, tiré, par exemple, des registres d'un parlement.[3]

Le Parlement de Paris

Dans les livraisons du début du siècle, les actes du Parlement participent encore des rites de la monarchie. Les bulletins relèvent la solennité des séances. Ils font place aux festivités qui accompagnent l'ouverture des assemblées d'Etats comme ceux de Bretagne (8 janvier 1723). Ils prennent aussi note des rcmontrances (Parlement de Metz, septembre 1725), rappellent les mesures prises contre les écrits et les imprimés litigieux, donnent un écho des affaires plaidées devant les chambres.

Dans les décennies qui suivent (1730-1760), lorsque s'accusent les positions autour de la constitution *Unigenitus*, qu'un conflit permanent oppose le roi à un parlement qui affirme sa volonté de défendre son rôle de tribunal et d'accroître son influence politique, la *Gazette d'Amsterdam* est amenée à suivre de plus près l'activité des assemblées. Elle ne fait pas toujours grâce au lecteur de la cérémonie d'un lit de justice (24 avril 1733) ou de celle d'une séance d'ouverture avec musique, messe chantée et la présence des chambres en robes rouges (20 novembre 1750). On voit cependant se multiplier les comptes rendus de condamnations de thèses (en Sorbonne, à Pézenas, aux Carmes de Lyon en 1752) d'imprimés et de libelles. Les colonnes n'offrent plus seulement un rapide résumé des décisions. Les arrêts, souvent reproduits dans toute leur extension, permettent de reconnaître les propositions condamnées, de comprendre les enjeux et de suivre le détail d'une procédure. D'une livraison à la suivante, d'un arrêt à un autre, la gazette expose de façon plus ou moins cursive le déroulement et les articulations d'un procès. Elle s'attache à une

---

3. Un indice de cette situation de dépendance fourni par la gazette elle-même: dans la *GA* du 18 juillet 1752, ce sous-titre placé au milieu d'une colonne et précédant le long texte d'un arrêté: 'Extrait des registres du Parlement de Paris'.

suite d'opérations agencées qui tissent le conflit entre les deux pôles du pouvoir: l'assemblée des chambres, une décision d'arrêt ou de remontrances, l'audience royale accordée à la délégation des parlementaires, l'examen de la protestation par le Conseil, la réponse communiquée au Parlement réuni qui réagit en décidant d'autres arrêts ou de nouvelles remontrances.

Au plus fort de l'affaire des refus de sacrements (1752-1754) lorsque les protagonistes radicalisent leurs positions et que la pression croît entre le roi, le Parlement et la haute hiérarchie du clergé, l'énoncé de la gazette accumule les pièces, rapporte à l'occasion des 'particularités', relève de nouveaux détails (comparution et interrogatoire de témoins, mise au point d'un texte de remontrances, intervention de l'abbé Chauvelin (16 mai 1752; 9 février 1753; 16 mars 1753). D'une feuille à l'autre se suivent les péripéties et les 'incidents remarquables' tandis que se précise et se prolonge la chaîne des 'procédures'.[4] La gazette se propose désormais de réaliser ce qu'elle nomme elle-même une 'exposition des circonstances', 'un précis des opérations du Parlement' ou 'le fil d'[un] narré'.[5] L'activité du Parlement se trouve ainsi restituée en une sorte de récit reposant sur la continuité des procédures avec leurs moments forts (remontrances), émaillé d'incidents, scandé par une permanente et copieuse publication de textes et d'extraits de discours. Les opérations se déclinent parfois jour après jour, formant un journal continu reconstitué par la succession des bulletins.[6] La datation et le détail des 'circonstances' inscrivent les séances dans une durée actualisée et dans le tempo de l'information. Elles s'ouvrent sur le futur et sur le probable.[7] Le Parlement est ainsi placé au cœur des événements. Il fait l'événement et se fait événement lui-même. La gazette n'omet pas d'ailleurs d'en recueillir l'écho dans le public: curiosité, impatience, enthousiasme.[8]

4. '*La suite des procédures du Parlement* eu égard à l'incident de la saisie du temporel de l'archevêque de Paris et à la défense de la convocation des Pairs attire toute l'attention du public et le détail n'en peut être qu'intéressant' (2 janvier 1753, *Suite*). 'Ainsi *le cours des procédures* n'est point encore fini et l'on s'attend à de nouveaux événements qui deviennent chaque jour plus sérieux' (9 février 1753). Nous soulignons.

5. 'L'affaire du Parlement dont on a donné le détail l'ordinaire dernier fixe toute l'attention du public et *les suites* en deviennent chaque jour plus intéressantes: pour reprendre *le fil du narré* précédent voici ce qui s'est passé depuis le retour des gens du Roi' (19 mai 1752). 'Voici *une exposition des circonstances* qui ont apporté un nouveau délai à la présentation des nouvelles remontrances du Parlement' (24 avril 1753). 'Voici *le Précis des opérations du Parlement* dans sa dernière assemblée du 7 de ce mois [septembre]' (24 septembre 1756).

6. Des bulletins composés parfois chronologiquement, chaque alinéa fixant d'abord la date des opérations: 'Le 12 de ce mois […], le 14 […], le 15 […], le 16 […]' (21 décembre 1752, Paris le 18 décembre).

7. 'On est fort curieux de voir *la suite des procédures du Parlement: elles annoncent des événements* qui ne peuvent manquer d'être intéressants' (22 décembre 1752). 'La situation critique dans laquelle on représenta l'ordinaire dernier les affaires du Parlement *a été bientôt suivie des événements qu'elle semblait annoncer*' (18 mai 1753).

8. *Impatience:* 'Le public ignore jusqu'ici le contenu de cette réponse [du Roi au Parlement] et montre *une grande impatience* de l'apprendre parce qu'il la regarde comme décisive dans cette affaire où il prend un vif intérêt' (23 mai 1752). 'Le public est dans *une impatience plus grande que jamais de voir les suites* de cette importante démarche du Parlement et si enfin, il obtiendra la convocation qu'il a demandée plusieurs fois [celle des Pairs du royaume]' (30 janvier 1752).

En associant, dans son module propre (sa suite périodique) et dans son corpus (un recueil de pièces) l'enchaînement des procédures à la suite chronologique des opérations, en s'efforçant de regrouper 'ce qui se passe' dans les chambres assemblées en une sorte de suivi narratif, la *Gazette d'Amsterdam* contribue donc à mettre en événement le rôle fondamental du Parlement.

Donner aux lecteurs les moyens de suivre ces 'opérations' en mettant nombre de documents à leur disposition, c'est les inviter à se former pour eux-mêmes une opinion ou un jugement. C'est aussi, au moyen du récit presque permanent des travaux du Parlement, fixer leur attention sur des questions fondamentales de politique. Le refus du clergé de se soumettre à la justice, l'action du roi pour rendre nulles les mesures du Parlement mettent en question l'équilibre des rapports entre le pouvoir royal, le rôle du Parlement et l'influence du clergé. Ils soulignent les dangers liés à l'interprétation de la Bulle. Ils illustrent surtout l'importance du lien fondateur qui, dans l'institution monarchique, rend solidaires le gouvernement du roi et les procédures parlementaires et d'où procèdent ces 'grandes maximes qui constituent l'essence de [la] souveraineté' (15 avril 1752, rappel des remontrances), '[ces] lois et [ces] formes dont les tribunaux sont les dépositaires et les gardiens par devoir et par serment' comme le rappelle au roi le Premier Président (30 mai 1752). Le collectif humain en son institution politique est tenu ici pour une forme faite de rites, de procédures, d'opérations prédéfinies. Les événements rapportés par la gazette montrent le jeu et le travail de forces qui commencent à lézarder l'édifice. C'est encore autour des mêmes principes et des mêmes questions que l'on verra trembler la nation dans les comptes rendus de 1771, 1775 et 1788.

Le Parlement accède ainsi au premier plan de l'information politique. La gazette met en valeur l'éloquence des présidents (Lamoignon de Blancmesnil, 20 novembre 1750, Maupeou, 26 novembre 1753), souligne la vitalité de 'ce corps illustre', la fermeté des magistrats dans l'adversité (29 mai 1754, *Suite*), l'ampleur de leurs vues[9] et apprécie la vigueur intellectuelle des remontrances.[10]

Echo des événements, source de connaissance politique, aliment propre à combler l'appétit du public, l'information de la gazette à propos du Parlement

---

Enthousiasme: (le retour du Parlement) 'Il y avait au Palais une multitude prodigieuse de personnes de tout état. C'était à qui pourrait voir passer ces vénérables magistrats spécialement Mr le Premier Président et ceux qui avaient souffert la prison. Le Peuple cria à plusieurs reprises Vive le Roi et le Parlement; et il redoubla ses acclamations lorsqu'il vit passer l'abbé Chauvelin que ses infirmités obligeaient de se faire porter' (13 septembre 1754).

9. 'L'attention du Parlement ne se borne pas au maintien de son autorité, à l'entière exécution de ses arrêts [...] ni aux moyens de se soutenir contre tous les obstacles qu'il rencontre: un autre objet ni moins essentiel, ni moins digne du zèle avec lequel ce corps illustre a coutume d'embrasser les intérêts du peuple, attire encore une grande partie de ses soins, c'est de remédier à la cherté des grains dont on se plaint malgré l'abondante récolte de l'année dernière' (9 février 1752).

10. A propos des nouvelles remontrances: 'elles sont très amples, mais caractérisées par une force de raisonnement qui met en pleine évidence tous les inconvénients qu'entraîne après soi la soumission absolue à la Bulle *Unigenitus*' (17 avril 1753).

compte autant désormais que celle qui procède des états-majors et des chancelleries. 'Le succès des opérations de nos Parlements n'intéresse pas moins l'Etat que l'issue de nos expéditions militaires; ces deux objets partagent également l'attention de la Cour et du public' (13 août 1756). Il ne s'agit plus seulement d'annoncer les séances et de publier les décisions des chambres. Leurs opérations et leurs procédures sont maintenant prises dans la perspective temporelle propre aux grandes séries d'événements.

Le Parlement anglais

Le rôle éminent joué par le Parlement dans la politique de la Grande-Bretagne invitait naturellement la gazette à lui consacrer une part importante de ses énoncés.[11] Les bulletins rendent brièvement compte des grandes séances d'ouverture avec harangues royales et réponses des chambres (12 février 1726, 15 juillet 1727). Ils évoquent aussi les séances solennelles comme celles qui célèbrent la signature d'un traité de paix (17 décembre 1748).

Les rôles sont apparemment partagés entre les deux instances qui composent le Parlement. La Chambre Haute (Lords ou Seigneurs) débat souvent de questions internationales, tandis que celle (Basse) des Communes s'occupe du subside, des taxes, du contrôle des dépenses. Elle élabore les projets de lois (*bills*). L'une et l'autre peuvent demander les pièces financières ou diplomatiques nécessaires à leur information (14 et 28 février 1727). On peut suivre aux Communes la préparation des *bills*: la proposition, le travail des comités, les lectures successives, la mise au net, la navette avec l'autre chambre, les changements et les éventuelles conférences communes de députés et de seigneurs, à chaque étape les scrutins pour et contre, l'acceptation par le roi. Le lecteur est par ailleurs informé de l'objet de nombreuses requêtes, rapports et résolutions. Il trouve dans ces bulletins un aperçu parfois détaillé des délibérations et le résumé des arguments contenus dans les discours. Il assiste à l'examen par les deux chambres des adresses royales ainsi qu'aux débats qui décident de la teneur des réponses. Le résumé d'une succession de séances occupe parfois toute une correspondance.[12] Ces relations relativement développées montrent les assemblées occupées à légiférer et à débattre sur toutes les questions de politique (commerce, fiscalité, religion, élections, guerres, diplomatie).

Les *bills* concernent le commerce avec les Indes, l'imposition sur le salpêtre et les soies de Sicile, la taxe sur le malt et sur les terres (1704), la destruction du gibier et le pillage des épaves (1753), mais aussi la préservation de l'Eglise anglicane (1712) ou la succession à la couronne (1721). Les débats se prolon-

---

11. La livraison du 1er janvier 1712 réserve au Parlement anglais 3 colonnes de sa feuille ordinaire et 3 pleines pages de son supplément. La *Suite des nouvelles* du 5 et celle du 12 du même mois lui consacrent à nouveau deux pages chacune.

12. Voir 25 décembre 1711 ou encore la *Suite* du 26 mars 1784 où sont restituées les séances des 8, 9, 10, 11, 12, 15, 16, 17 et 19 mars 1784, consacrées aux affaires des Indes, à la réforme de la représentation parlementaire, aux réglements de commerce avec l'Amérique, au cours desquelles s'affrontent notamment Fox et Pitt.

gent sur des questions comme les conditions de la paix d'Utrecht (1712, 1713), l'effectif des troupes à maintenir (1724-1728), la restitution ou la conservation de Gibraltar (1727), les dettes de la nation (1728), le blocus maritime et commercial des colonies d'Amérique (1775) et généralement la politique à suivre à leur égard (1776). Les deux chambres dialoguent, argumentent, s'opposent à propos de l'application de l'*Habeas corpus* (9 mai 1727) et des limites de leurs prérogatives respectives. Les partisans du roi (Tories) et l'opposition (Whigs) s'affrontent sur la plupart des questions pendantes et ce conflit permanent avec ses duels oratoires et ses scrutins successifs contribue à structurer et à clarifier le champ politique comme lors de la crise de 1784 quand les Whigs majoritaires exigent le départ des ministres. La gazette ressemble à un livre bi-hebdomadaire où par la relation des débats,[13] le discours et l'action politique s'ordonnent selon deux grands chapitres, celui des finances et de l'administration, celui de la diplomatie et des affaires internationales. Elle ne renonce pas à recomposer ces séances 'remarquables' où se développent les analyses, s'échangent les arguments, à en restituer les détails, comme celle de décembre 1724 sur le nombre des troupes (15 décembre 1724), celles surtout tenues lors de la crise de 1784[14] y compris l'assemblée électorale du 14 février qui met physiquement aux prises les partisans de Fox et ceux de Pitt (24 février, 2 mars 1784, *Suite* et ordinaire du 19 mars 1784). C'est dans ces occasions que se révèlent les grandes têtes politiques et les maîtres du discours que la gazette, en en transcrivant les extraits, semble écouter avec admiration.[15]

A travers ces péripéties, la gazette fixe l'attention sur quelques règles et principes essentiels de politique. Définir et limiter les prérogatives et les champs de compétence des divers pouvoirs (le roi, les ministres, les Communes, les Lords) de façon que les Communes ne décident pas unilatéralement du texte des *bills* ou que le roi n'engage pas de nouvelles dépenses sans y être autorisé par les chambres. Reconnaître l'intérêt et la force du phénomène de 'confiance' (un concept déjà moderne) dans la légitimité de l'action politique.[16] Les relations développées dans les correspondances londoniennes illustrent aussi les vertus

---

13. La référence au 'débat' revient dans ces énoncés comme une sorte de refrain: 'les Seigneurs *après plusieurs débats* [...] et *diverses harangues* faites pour et contre se divisèrent' (4 janvier 1704). 'Après de *longs plaidoyers et débats* qui durèrent jusqu'à 8 heures du soir on mit en question si [...]' (12 janvier 1712). 'Le second avis donna lieu à *un débat fort vif* qui dura jusqu'à 8 heures du soir' (11 février 1727) etc.

14. 'La séance du 13 de ce mois [janvier] a été remarquable à plusieurs égards. Il y avait long-temps que le Parlement n'avait [*sic*] resté assemblé quinze heures de suite' (23 janvier 1784). Voir les 'assemblées mémorables' du 24 décembre 1783, des 19 et 21 janvier, 1ᵉʳ mars 1784 (20 et 30 janvier 1784 et *Suite*, 27 janvier, 6, 10, 13, 27 février 1784).

15. 'Mr Horace Walpole fit entre autres un très beau discours d'une heure et demie dans lequel il justifia entièrement la conduite de la Grande-Bretagne depuis l'ouverture du Congrès de Cambrai' (28 février 1728). 'A ces mots Mr Fox prit feu et s'abandonna à toute la fougue de son caractère impétueux. Jusqu'à présent, dit-il [...]' (27 février 1784).

16. 'Une administration qui n'a pas la confiance des représentants du peuple ne peut que nuire au service public' (Discours de Fox, 16 mars 1784, *Suite*).

du débat et de l'argumentation, la puissance et l'efficacité de la raison en politique.

Au cours du siècle, la *Gazette d'Amsterdam* semble donc être devenue la médiatrice de cette nouvelle culture politique dont Voltaire parlait dans ses *Lettres philosophiques*, 'ce concert entre les Communes, les Lords et le Roi' (lettre IX), où le Parlement est au centre de la vie politique, où les débats des assemblées consonnent avec les campagnes de presse et la circulation des libelles (11 février 1727; 18 avril 1727, *Suite*) de sorte que les questions politiques nourrissent les courants d'opinion et que les affaires de l'Angleterre restent constamment ouvertes sur l'Europe, les Indes et l'Amérique au point que les chambres deviennent parfois une sorte de forum de politique internationale (on peut voir à cet égard les bulletins de l'année 1712).

Cette gazette contribue à rendre présente et visible la complexité et la vivacité d'un espace politique où la généralisation du débat, dans des assemblées concurrentes, conjointes et organisées, a permis de maîtriser et de dénouer des crises dangereuses, d'asseoir la puissance d'une nation et d'expérimenter un mode de gouvernement qui sera tenu pour un modèle.

Assemblées des Provinces-Unies et d'Amérique

Pendant la plus grande partie du siècle le lecteur de la *Gazette d'Amsterdam* se contente de simples annonces des Etats de Hollande et de West-Frise et des Etats généraux. Comme le souligne Jan de Vet,[17] les gazettes d'alors, généralement acquises au Prince, ne s'intéressaient que timidement 'aux balbutiements de la démocratie'.

Le réveil et l'engagement de celle d'Amsterdam au moment de la 'révolution patriotique' (1780-1787), les nombreux bulletins qu'elle consacre aux assemblées des villes et des provinces sur la fin de cette période (1784-1787) méritent d'autant plus l'attention. Les nouvelles d'Amsterdam, de Rotterdam, de La Haye, d'Utrecht, d'Arnhem, de Leeuwarden, etc. se remplissent de résolutions, de protestations, de lettres échangées, de débats et de polémiques venant des conseils de ville et des assemblées des Provinces (Frise, Zélande, Gueldre, Overyssel) et aussi des Etats généraux et du Conseil d'Etat. L'opposition républicaine s'efforce de limiter les pouvoirs du Stadhouder et veut reprendre le contrôle de la vie civique provinciale. Elle entre en conflit avec les partisans d'un régime monarchique. La bourgeoisie s'oppose aux oligarchies locales et exige de participer à la gestion des villes. Au sein des instances existantes, entre elles et aussi avec les nouvelles assemblées de citoyens, se développent des controverses sur la désignation des nouveaux conseillers, le régime judiciaire à appliquer aux militaires, la réforme de la défense du territoire, l'organisation d'un plan général d'armement et d'une milice nationale (18 janvier 1785; 25 janvier 1785, *Suite*), la transformation du gouvernement des villes et des Provinces (Utrecht, septembre 1784). On discute une proposition zélandaise de réunir des délégués de toutes les Provinces pour délibérer

17. 'Une révolution contrariée: les Provinces-Unies dans quelques gazettes de 1748'.

collectivement sur les affaires de la République (26 novembre 1784; 7 janvier 1785, *Suite*). La gazette rend compte des assemblées de volontaires, des conférences tenues par les milices armées (22 mai 1785, *Suite*), des moments d'enthousiasme républicain, des festivités en 'l'honneur de la liberté sortie de tutelle' (Utrecht 27 janvier 1784; 9 septembre 1786, *Suite*). Elle annonce les affrontements avec les troupes stadhoudériennes et fournit de larges extraits des manifestes et des discours de ceux qui inspirent le parti patriotique: Capellen de Marsch (28 janvier 1785; 22 avril 1785, *Suite*), Van der Kemp (4 mars 1785, *Suite*), Zuylen de Nieveldt (29 avril 1785, *Suite*). Les événements rapportés, le nombre et l'importance des pièces publiées, les arguments échangés permettent de suivre les péripéties et de saisir les enjeux d'un conflit essentiel où il s'agit de 'redresser' le règlement de 1674 pour restaurer la souveraineté des Etats et la liberté civile des citoyens (23 décembre 1785 et 7 juillet 1786), de procéder ainsi à une refondation de la République, à une nouvelle définition de la Confédération (15 août 1786) conforme à l'ancienne Constitution (16 mars 1784) pour que les grandes questions politiques ne soient plus réservées à une oligarchie mais puissent être envisagées par des assemblées représentatives (24 février 1784).

La gazette accompagne et soutient ce mouvement, comme le montrent les réflexions semées çà et là dans le texte, le choix des extraits et parfois aussi des esquisses d'éditoriaux où s'exprime une conviction patriotique et où revient l'idée que c'est le lien entre le peuple et ses représentants qui fonde l'édifice politique.[18]

La gazette se fera naturellement l'écho des assemblées américaines, publiera leurs réclamations et leurs suppliques, donnera en des livraisons successives (mars 1775) la lettre du Congrès de Philadelphie aux habitants du Québec pour les inviter à se joindre à la Confédération. On y trouvera des allusions à Beccaria, des citations de Montesquieu et, avec la critique de la domination britannique, de fortes maximes politiques sur la forme du gouvernement et l'affirmation 'que le peuple ait part au gouvernement par ses représentants

18. Voir les extraits de discours prononcés dans les assemblées libres et choisis par la gazette pour illustrer l'enthousiasme des citoyens: 'Le moment heureux paraît venu où les tyrans arbitraires ne trembleront pas seulement sur leurs trônes, mais éprouveront aussi de la manière la plus rigoureuse les effets flétrissants de leur trahison et de leur iniquité [...]. Le théâtre est ouvert où la liberté va jouer un rôle qui excitera l'étonnement de toute l' Europe' (22 février 1785). Voir aussi ces passages tirés d'une lettre sur 'l'affaire' d'Utrecht, où le correspondant écrit: 'Je suis un ami déclaré des gouvernements populaires. Toutes les grandes réformes qui s'opèrent chez un Peuple occasionnent toujours une commotion plus ou moins violente [...] Les Régents même s'ils pensent noblement doivent s'enorgueillir d'avoir à commander, non à des automates qui suivent passivement une impulsion étrangère, mais à des hommes libres qui n'obéissent qu'à ce qu'ils doivent vouloir' (1er avril 1785). Voir encore ces énoncés plus proprement éditoriaux: 'on ne peut dissimuler que le peuple ne soit hors d'état de gouverner par lui-même, mais lorsqu'il acquiert ou recouvre une influence convenable sur ses représentants, il donne aux opérations publiques une impulsion vigoureuse' (10 décembre 1784, *Suite*); ou encore les termes qui précèdent la relation des hostilités à Utrecht: 'L'Aristocratie et le Despotisme viennent enfin de déclarer la guerre aux citoyens armés pour la défense de leurs propriétés, de leurs droits et de leurs privilèges' et qui dénoncent 'les oppresseurs de la liberté nationale' et 'les stipendiaires du Despotisme' (18 mai 1787, *Suite*).

choisis par lui-même [...], qu'il soit régi par des lois qu'il approuve lui-même'. Maintes autres assemblées, de New-York, de Trenton, du Connecticut, de Géorgie, celle des quakers plaidant contre l'esclavage des Noirs (23 janvier 1784) feront aussi l'objet de comptes rendus.

Plus on s'avance dans le siècle, plus s'accuse la poussée des assemblées vers le pouvoir, plus se développent, en leur sein, les débats sur les fondements et les modes de la souveraineté politique et sur ses transformations possibles, plus aussi leurs travaux et leurs actes occupent de place dans l'énoncé de la gazette.[19]

La simple annonce s'est développée en un énoncé détaillé et suivi, en un corps d'information plus riche et plus complexe fait de récits, de documents, de réflexions parfois, de sorte que les réunions et les travaux des assemblées ne sont plus réduits au Nuntius minimal, ni seulement l'occasion de proposer un recueil de pièces utiles, mais sont aussi perçus comme de véritables événements politiques et comme des lieux de débats. L'importance et le goût de l'argumentation y thématise une pensée politique qui multiplie les échos avec les modes de l'opinion (libelles, mémoires imprimés), souligne les relations et les interférences entre les questions de religion, de diplomatie, de finances, de défense, les problèmes de justice et de police, en même temps qu'elle s'inquiète de l'unité et de la fragilité du corps politique.

Ce projet implicite, à la fois présent et enfoui dans la masse et la multiplicité fragmentée de l'information, confère à la *Gazette d'Amsterdam* un de ses traits d'identité: la volonté diffuse de mettre en évidence les modes d'exercice des pouvoirs, leurs fondements et leurs avatars. Si bien que toujours intégrée à la tradition politique (comme au demeurant, les assemblées serties elles-mêmes dans le pouvoir monarchique) cette gazette contribue lentement, souvent avec timidité, parfois plus résolument, à dégager les éléments d'une nouvelle culture politique.

En dépit des différences entre les nations et leurs régimes politiques et des écarts de temps qui séparent les événements, le lecteur rétrospectif perçoit une note commune dans l'intérêt que la *Gazette d'Amsterdam* porte à ces anciennes assemblées: une attention constante portée à un ensemble de pratiques politiques liées à ce qu'on pourrait appeler la forme parlementaire et en particulier, sur la fin du siècle, à sa variante représentative, républicaine et patriotique. Elle en écrit peu à peu l'histoire immédiate, en célèbre les grands moments, suit les épisodes de ses combats avec les formes plus absolues de pouvoir et donne ainsi arguments et matière pour penser ou repenser les fondements et les finalités des modes de souveraineté. On remarquera qu'elle s'intéresse beaucoup aux 'procédures'. Qu'elles soient remises en cause (Parlement de Paris) ou pratiquées et respectées jusqu'au conflit (Parlement

---

19. Voir au chapitre 10 les dénombrements comparés effectués à partir des tables manuscrites, l'importance prise par les assemblées dans les livraisons de 1775 (retour des Parlements en France, séances du Parlement anglais, assemblées américaines, Diètes de Pologne), le fait aussi que selon un rapide comptage, sur les 208 unités qui forment la collection de 1785 (feuille ordinaire et supplément) environ 120 réfèrent à des réunions d'assemblées.

anglais), qu'elles soient l'objet d'une restauration (Provinces-Unies) ou d'une véritable fondation (Amérique), elles apparaissent, dans l'énoncé de la *Gazette d'Amsterdam*, comme les outils et les éléments d'une méthode issue apparemment de ce qu'on appelait alors la jurisprudence qui sort de son champ propre et se transforme pour conférer force et consistance à cette nouvelle forme politique. C'est à ce jeu complexe de relations, à cette vivante répartition des fonctions comme à l'échange permanent d'arguments que la gazette accoutumait hebdomadairement ses lecteurs, les initiant, à sa façon, à un type de démocratie destinée d'abord à l'élite.[20]

D'où vient alors qu'une gazette déjà curieuse de ces phénomènes se soit vite trouvée empêchée lorsqu'à Paris une assemblée d'un nouveau genre surgit du sein même de l'institution monarchique? Sans doute la prise d'une bastille et ces têtes promenées au bout des piques avaient-elles de quoi effrayer une bourgeoisie intelligente attachée à des formes modérées de monarchie; sans doute aussi, du fait de l'événement, l'énoncé politique requérait-il une énergie et une émotion qui ne pouvaient trouver place dans le froid appareil des gazettes alourdies par leur format et par la lenteur de leur mode d'organisation. Quelque chose cependant était, depuis quelque temps déjà, en train de changer dans la façon de percevoir, de représenter et d'énoncer les questions politiques. Comme les autres gazettes, celle d'Amsterdam était restée attachée à un projet initial et fondateur qui destinait d'abord ces feuilles à fournir des informations sur la diversité des 'théâtres du monde' et en particulier sur les puissances en Europe: 'Nouvelles de divers endroits', titrait-on encore. Mais, et la *Gazette d'Amsterdam* semblait s'en être avisée déjà vers la fin du siècle, c'était désormais (ce que confirmera la Révolution française) sur les transformations qui visent à refaçonner, à redéfinir les fondements et l'organisation du collectif humain et du corps politique considéré dans son espace et dans son histoire propres que va se porter l'attention. La politique apparaît plus alors comme 'une activité par laquelle des individus et des groupes articulent, négocient, appliquent et font respecter des revendications et des réclamations qu'ils formulent les uns face aux autres et face à tous [...] Elle détermine la constitution des organismes et la force des procédures qui résoudront ces contestations.'[21]

La description, la représentation du champ politique suppose alors un travail nouveau d'approfondissement et de relocalisation, la mise en place d'une nouvelle topique. Une entreprise de longue haleine qui sonnait le glas des gazettes.

---

20. Voir R. M. Andrews, *Law, magistracy, and crime in the Old Regime Paris* (Cambridge 1994), t.I, p.275-77.
21. K. Baker, *Au tribunal de l'opinion, essai sur l'imaginaire politique au 18ème siècle* (Paris 1990), p.14.

13. La Révolution

La *Gazette d'Amsterdam* est d'une exceptionnelle stabilité, puisqu'elle poursuit son existence sous la Révolution, et ce jusqu'en 1796. Ce n'est pourtant pas sans modifications de la forme et du contenu, non plus que de la diffusion.

L'état des collections nous fournit quelques renseignements: la collection du ministère des Affaires étrangères et celle de la BNF s'arrêtent en 1792, et aucune autre en France ne dépasse cette date. La diffusion ne semble pas avoir été alors meilleure dans les autres pays européens, comme le prouvent encore les collections subsistantes, et l'exemple vénitien étudié par M. Infelise.[1] La collection napolitaine, où l'on trouve, avec des lacunes, les années 1793-1796, fait donc figure d'heureuse et unique exception; le dernier numéro connu, du 14 juin 1796, est conservé aux Archives nationales. L'explication est vraisemblablement que la gazette, à l'occasion de la radicalisation de la Révolution française, a perdu le marché français. Pourtant, au début de l'année 1792 encore, une annonce d'abonnement montrait une diffusion réelle, bien que fortement localisée: elle énumérait, outre le Bureau-Général parisien, 19 bureaux particuliers en province, il est vrai concentrés surtout dans le Nord-Est de la France, à l'exception de cinq grandes villes (Bordeaux, Lyon, Nantes, Rennes et Rouen).[2]

Autant qu'on puisse en juger par l'état de la collection incomplète de Naples,[3] la seule à notre disposition, l'année 1793 marque un infléchissement: par la disparition des annonces françaises et des références à l'abonnement, par la complication des échanges entre la France et la Hollande, dont elle prend parfois acte, mais surtout par la raréfaction des rubriques consacrées à la France et par ses propos plus ou moins anti-révolutionnaires, la gazette semble assumer sa rupture avec le marché (le lectorat) français. Rupture qui, à la fin de 1792, affecte la plupart des gazettes, comme le montre Jeremy Popkin dans son ouvrage sur la *Gazette de Leyde*.[4] Le caractère très nettement anti-révolutionnaire de cette dernière, dès 1792, justifie pourtant davantage son interdiction.

Presque toutes les grandes gazettes européennes de langue française, à l'exception de la *Gazette de Leyde* et du *Courier du Bas-Rhin*, cessent de paraître

---

1. 'Gazette e lettori nella repubblica veneta dopo l'ottantanove', p.327-46: la gazette d'Amsterdam n'apparaît jamais parmi celles qui se lisent à Venise dans les années 1790 (sont citées celles de Berne, de Clèves, de Cologne, de Leyde, de Londres).

2. 3 janvier 1792. Voir plus haut le chapitre sur la diffusion.

3. Les numéros des premiers mois de l'année, jusqu'au 13 avril manquent. De même presque tous ceux des mois de septembre, novembre et décembre, à l'exception du n° 78, fin septembre et du n° 105, fin décembre.

4. Jeremy Popkin, *News and politics in the age of Revolution: Jean de Luzac's Gazette de Leyde*, chap. 10, p.215-16.

avant ou pendant la Révolution: la *Gazette d'Utrecht* en 1787, celle de La Haye vraisemblablement en 1790, et celle de Cologne en 1794. La *Gazette d'Amsterdam* est donc une de celles dont la longévité est la plus marquée.

Autre élément de continuité: la gazette, à la mort de Jean Pieter Tronchin, est destinée par testament à se survivre, puisqu'une des clauses stipule que l'héritière, Eléonore Angélique Tronchin, conservera l'écrivain Kuhl, le correcteur Biel, et surtout celui qui en était déjà l'administrateur – et directeur de l'imprimerie, Pieter Cotray, dont le nom figurera en effet au bas de tous les numéros.[5]

Nous croyons pouvoir distinguer trois étapes assez marquées dans l'histoire de la *Gazette d'Amsterdam* sous Révolution. Dans un premier temps, de 1789 à 1792, la gazette conserve une 'neutralité positive', favorable à la Révolution, qui correspond aussi à la survivance d'une forme traditionnelle de l'information de type 'gazette'. En 1793 intervient une rupture: le journal semble adopter un ton plus ou moins clairement anti-révolutionnaire, même s'il ne faut pas en surestimer la radicalité. Enfin, en février 1795, avec l'invasion des Provinces-Unies par la France, la gazette passe sous influence: elle change de nom et de contenu, et devient un organe de propagande pro-révolutionnaire. Nous observerons ces trois moments à travers quelques épisodes représentatifs.

Le 'système gazette' (1789-1792)

La *Gazette d'Amsterdam* en 1789 est bien informée, et obéit à sa tendance ordinaire, qui est de publier des textes; on en trouve qui n'apparaissent pas ailleurs, et que le *Moniteur* n'a pas inclus. Toutefois, par l'absence totale de commentaire rédactionnel, elle se distingue des principales autres gazettes (surtout celle de Leyde, mais aussi les *Nouvelles politiques* de Berne, le *Courier du Bas-Rhin*, où les interventions du journaliste sont en italiques et entre parenthèses, ou encore le *Courrier d'Avignon*). Les trois premières de ces gazettes adoptent, surtout à partir de septembre, une attitude de retrait critique très net par rapport à la Révolution. La *Gazette d'Amsterdam* dénonce les 'motions incendiaires' du Palais-Royal (11 septembre, *Suite*), approuve la loi martiale (6 novembre, *Suite*), mais sans placer ces prises de position dans un contexte politique général.

Cette retenue, ou cette incapacité politique, va de pair avec une rhétorique patriotique et un enthousiasme conformes à la mode du jour. C'est par exemple le cas dans les n° des 24, 28, 31 juillet, du 18 août sur la séance du 4, ou celui du 25 août sur la communication de l'"esprit patriotique' en Europe et dans l'univers, ou encore celui du 18 septembre (*Suite*) sur l'"esprit de régénération' qui se répand en Allemagne. La gazette relaie le discours révolutionnaire lorsqu'elle parle des 'vils agents de l'aristocratie' du Palais-Royal, contre lesquels a été pris un 'arrêté vraiment patriotique' (15 septembre 1789). Elle

---

5. I. E. van Eeghen, *De Amsterdamse boekhandel 1680-1725*, t.IV, p.145. Nos remerciements à Otto S. Lankhorst pour cette information. Voir aussi plus haut le chapitre 1.

imite un langage dominant, et, dans son traitement assez superficiel des séances de l'Assemblée nationale, semble obéir au légalisme du moment. Vision sommaire, qui s'oppose à l'intérêt très vif des gazettes de Leyde et de Berne pour le mécanisme parlementaire, la naissance et le jeu de partis politiques, à l'attitude ambiguë et fluctuante du *Courier de l'Europe*, à la virulence du *Courier du Bas-Rhin*.

Le traitement des journées d'octobre est révélateur: comme toutes les autres gazettes, la *Gazette d'Amsterdam* ne voit pas venir l'événement et donne d'abord du banquet des gardes du corps un compte rendu anodin (16 octobre, *Suite*), mais, contrairement à ces mêmes gazettes, qui ensuite accumulent des bulletins angoissés qui se succèdent d'heure en heure, elle réagit mollement et se range immédiatement à l'interprétation euphorique qu'on veut donner généralement de l'événement à Paris. On remarque toutefois qu'elle suggère ensuite la responsabilité du duc d'Orléans,[6] moins que le *Courier du Bas-Rhin*, mais plus que les autres gazettes.

Cette relative atonie journalistique est compensée en partie par l'attention à des petits faits et à des détails pittoresques, que l'on ne trouve pas, ou très rarement, ailleurs, par exemple sur le mardi gras à Paris (10 mars, *Suite*), sur le mandement de l'évêque de Lyon porté dans les rues de la ville (17 mars), sur la cocarde patriotique (28 juillet, *Suite*), sur la mode de la 'frange à la nationale' (14 août), sur les boucles d'oreilles et autres bijoux fabriqués avec les pierres de la Bastille (1er septembre, *Suite*), sur le *Brutus* de David au Salon (20 octobre). La *Gazette d'Amsterdam* est très riche en nouvelles des provinces, et sur l'arrivée des émigrés à l'étranger.

Elle semble donc occuper une position intermédiaire, du point de vue du contenu, entre les grandes gazettes qui alors se situent idéologiquement, et de plus en plus contre la Révolution, et celle de Cologne qui en 1789 (mais cette tendance se constate déjà avant, en 1785 par exemple) répercute les bruits les plus incontrôlés qui circulent dans Paris, adopte un point de vue sommaire et immédiat sur les événements, et renvoie sans aucune distance critique le discours d'un 'nous' patriote qui adhère à tous les moments successifs de la Révolution.

Considérée d'un point de vue plus formel, la *Gazette d'Amsterdam* au début de la Révolution semble relever du 'système gazette' traditionnel: l'ordre auquel elle obéit semble inamovible. En 1792 encore, alors même que les transformations apportées par la Révolution sont d'ores et déjà entérinées dans la société et exprimées par la naissance d'une nouvelle et abondante presse révolutionnaire, le maintien de la chronique royale frappe: 'De Paris, le 30 décembre. La Reine, le Prince royal et Madame Royale ont assisté hier à l'opéra à une représentation des *Prétendus*, ainsi que du superbe ballet pantomime de Psyché. Sa Majesté a été reçue à ce spectacle avec les plus vifs transports et des cris réitérés de Vive la Reine' (6 janvier 1792).

---

6. 23 octobre, à propos de son départ pour Londres.

Le protocole et la hiérarchie de la gazette sont toujours présents, qu'il s'agisse de la maladie ou du bal paré d'un prince étranger, ou des *gestae* de la noblesse française.

Pourtant, dans le même temps, la gazette, fidèle là encore à son système d'objectivité apparente, cite dans le détail les discours et les hauts faits des révolutionnaires français dans ses comptes rendus réguliers des séances de l'Assemblée nationale. A ce qui relève du système d'ordre d'Ancien Régime, la gazette juxtapose ainsi le compte rendu 'objectif' du point de vue révolutionnaire, qu'il s'agisse de la prise de la Bastille, ou de la Déclaration des droits de l'homme (14 août 1789), etc. Par respect du point de vue, elle se trouve faire le collage de deux systèmes idéologiques contradictoires.

Cependant elle n'a rien changé à sa manière de parler de l'événement. Prenons l'exemple du récit de la prise de la Bastille, et d'un numéro particulièrement représentatif, celui du 24 juillet 1789. En France, un tel événement a été perçu comme un acte inaugural de la Révolution, et a de ce fait suscité une presse spécifique: naissent par exemple les *Révolutions de Paris*, qui s'attachent à faire le récit après-coup des événements, tandis que d'autres les racontent au jour le jour. Dans tous les cas, ils sont au cœur du journal, voire ils en sont le moteur, ils le justifient. La manière dont la *Gazette d'Amsterdam* en rend compte est évidemment tout autre. Le récit, sans doute repris des journaux parisiens, n'est aucunement mis en relief; la rubrique 'France, De Paris' qui le rapporte, loin d'être mise en valeur, est noyée dans une série d'autres rubriques 'France'. En effet, à la date du 24 juillet 1789, on trouve une succession de quatre rubriques 'France': la première, datée du 16 juin, rapporte un discours prononcé à l'occasion de la mort de Mirabeau père; puis dans la *Suite*, une seconde rubrique, datée du 16 juillet, rapporte l'adresse faite au roi pour réclamer, lorsque le renvoi de Necker a dressé le peuple en armes, le retrait des troupes royales. Le numéro précédent (21 juillet) avait d'ailleurs relaté le renvoi de Necker et les réactions populaires. De même le journal avait déjà rapporté la réponse du roi à l'Assemblée, ce qui nous conduit à noter au passage la valorisation naturelle du discours royal par rapport à tout autre discours, et une attitude qui privilégie la hiérarchie aux dépens de la chronologie ou de l'événementialité.

C'est seulement la troisième rubrique 'France' (toujours datée du 16 juillet) du même numéro du 24 juillet 1789 qui propose enfin le récit des événements. Le jugement de la gazette paraît ne pas être hostile aux 'révolutionnaires' puisque le Peuple est présenté comme 'justement irrité du massacre de plusieurs individus de son corps', tandis que le renvoi de Necker et des ministres, à l'origine du mouvement populaire, est désigné comme un 'funeste événement'.[7] Cependant l'action populaire n'est pas véritablement vue d'un point de vue révolutionnaire, car la vengeance populaire est aussi présentée comme l''effroyable spectacle de voir promener [leurs] têtes sur des piques'.

---

7. Au contraire de la *Gazette de Leyde* par exemple, qui, sous la plume de Jean Luzac, n'y voit que les massacres de la canaille. Voir Popkin, *News and politics in the age of Revolution*.

Par ailleurs, ce 'spectacle' semble faire oublier la prise même de la Bastille, comme le confirme un étrange parallèle dans le récit des 'événements': 'Une catastrophe pas moins funeste est celle de Monsieur de Flesselles, Prévôt des Marchands, tué d'un coup de pistolet.' Qu'il s'agisse là d'un pur lien stylistique ou d'un réel rapport logique, l'événement semble autant résider dans la mort d'un notable que dans l'action populaire résultant du renvoi de Necker.

Le même numéro du 24 juillet comporte encore une rubrique consacrée à la France, au travers de 'lettres particulières de Paris' datées du 17 juillet, où l'on trouve une première description précise de la réception du roi à l'Hôtel de Ville, que la troisième rubrique avait déjà esquissée, et qui contenait presque uniquement des citations du discours du roi, et faisait état des acclamations de la foule; le numéro suivant, du 28 juillet, reviendra lui aussi à deux reprises sur cette réception du roi à Paris.

Ajoutons enfin deux autres rubriques qui ne portent pas la localisation 'France', mais dont c'est le sujet: la rubrique 'Pays-Bas, de Bruxelles' signale quatre courriers passés par cette ville, envoyés par le roi pour essayer de rejoindre Necker; tandis qu'à la fin du numéro, les lettres particulières 'de Cologne' attestent à leur tour que Necker est en route pour Genève. Cette multiplicité des rubriques françaises dans le numéro du 24 juillet 1789 dessine l'absence de hiérarchie de l'information, typique de la gazette, qui ne met pas en relief ce qui peut nous sembler faire événement plus qu'autre chose. Mais la reprise de certaines informations ou leur développement (le roi à Paris), leur croisement (le passage de Necker dans différentes villes d'Europe) créent une chronique, un effet de feuilleton. Leur accumulation même finit par produire un effet d'accélération et de saturation de l'information qui en rétablit l'événementialité.

Mais l'essentiel est ici que, de manière générale, la gazette, en conservant son système du point de vue, arrive à rendre compte des perturbations révolutionnaires sans remettre en cause son Ordre fondamental et celui qu'elle exprime.

1793-1794: Inflexion critique

A partir de 1793, la relation de la *Gazette d'Amsterdam* à l'information sur la France révolutionnaire semble se modifier. D'abord par une raréfaction de la circulation entre la Hollande et la France, dont témoignent plusieurs mentions de perturbation ou d'interruption des Postes.[8] L'interruption des collections françaises à la fin de 1792 tendrait aussi à indiquer une rupture décisive, que la radicalisation de la Révolution et l'inflexion consécutive du contenu de la gazette ne suffisent peut-être pas à expliquer. Les numéros situés entre janvier et avril nous manquent pour déterminer si les commentaires auxquels

---

8. 'Les deux dernières malles de Paris, arrivées ce matin, ont apporté des Lettres de Commerce, mais aucun Papier-nouvelle, ni ce qui concerne en aucune manière les affaires publiques' (12 avril 1793).

elle se livre à l'occasion de l'exécution du roi ont pu précipiter son interdiction. La censure de la presse instaurée au mois de mars a dû de toute façon jouer un rôle décisif, bien que la *Gazette d'Amsterdam* ne figurât pas dans les listes de journaux interdits. Enfin, dans les numéros que la seule collection restante met à notre disposition, il apparaît assez nettement que la place de la France a très sensiblement décru, en 1793 en tout cas: la rubrique 'France', souvent reléguée dans la *Suite*, y est peu présente, et manque même parfois.

Pour ce qui est du contenu, disons d'abord qu'elle continue de donner les comptes rendus de l'Assemblée ou du Comité de Salut Public, c'est-à-dire le 'discours dominant'. Cependant, un certain nombre d'épisodes montrent que le jugement porté est plus marqué et plus clairement négatif.

Ainsi en est-il de manière flagrante pour l'exécution de la reine. Le 29 octobre, la *Gazette d'Amsterdam* sollicite une 'lettre de Paris' qui donne assez vite le ton: 'Quoique toute la procédure entamée contre feu Marie-Antoinette n'ait été qu'un tissu d'horreurs et d'absurdités, je m'empresse de vous en communiquer la suite' ('France. Extrait d'une lettre de Paris, datée le 17 octobre'). Le récit du procès et de l'exécution permet de dresser un portrait incontestablement positif de la reine, en conflit avec une sélection des pires calomnies formulées par l'accusation (les bouteilles sous le lit de la reine destinées à enivrer les gardes suisses, la pollution nocturne du petit Capet, 'objet' de la 'nouvelle Médicis', etc.) qui se détruisent ainsi d'elles-mêmes. Il s'agit bien, sans équivoque, d'un 'trépas tragique', d'une 'nouvelle fatale': 'L'unique grâce que cette illustre captive demanda après sa condamnation était celle de voir encore une fois ses enfants, pour pouvoir les presser contre son sein maternel et leur dire le dernier adieu. Mais une demande aussi juste ayant été durement refusée, la fermeté abandonna Marie-Antoinette; elle versa un torrent de larmes et passa la nuit du 16 au 17 à prononcer sans cesse, en gémissant, les noms d'un fils et d'une fille chéris.' Le même numéro cite cependant à la rubrique 'Amsterdam' le début de l'Acte d'accusation complet, sans commentaire. Mais le numéro précédent de la gazette (25 octobre) avait déjà reproduit sous la rubrique 'Pays-Bas. D'Amsterdam' le récit de l'exécution de la reine, ainsi présenté: 'La Cour et la Ville sont plongées dans le deuil et la consternation. Voici quelques détails relatifs à ce triste événement.' Amenée dans un 'infâme tombereau' à son supplice, 'l'infortunée Princesse promena des regards tranquilles sur ce Peuple égaré', et 'courba la tête sous le fatal instrument, qui trancha le fil d'une vie jadis glorieuse et à la fin remplie d'amertume. Exemple frappant de la vicissitude et du néant des grandeurs humaines!'

De même, lors de la mort de Marat, la *Gazette d'Amsterdam* ne prend aucunement parti en sa faveur, et ne cite – fait exceptionnel – qu'un discours de l'Assemblée à ce sujet, celui de Chabot. Ce qui fut un événement n'a presque aucune place dans le journal. Il est vrai que le sort réservé à Charlotte Corday n'est guère meilleur: pas de récit de sa mise à mort, ni de son interrogatoire, alors occasions de manifestation politique dans beaucoup de journaux français. Seule la mention de sa mort 'courageuse' peut être interprétée comme une marque en sa faveur, mais elle est alors présente dans certains journaux révolutionnaires même, comme Hébert leur en fait reproche. L'exécution de Robespierre sera d'ailleurs l'occasion de revenir sur le 'sanguinaire' Marat démystifié (22 août 1794), et la gazette va en cela plus loin que les dénonciations des Thermidoriens.

Notons aussi en 1793 certaines références à la contre-révolution qui ne relèvent pas précisément du discours révolutionnaire. La condamnation à mort des 'conjurés' de Bretagne autour de Lamothe Laguyomarais, en juin 1793, par exemple, est présentée à travers le discours de l'avocat et donne lieu à ce commentaire peu orthodoxe: 'cette exécution précipitée déplaira beaucoup aux Bretons' (2 juillet).

En 1794, la gazette accorde à l'exécution de Robespierre une place assez considérable; elle relaie les Thermidoriens. Mais citer ces derniers, c'est peut-être aussi mettre en cause la Révolution en toute impunité, puisqu'on la fait parler contre elle-même... Thermidor ne trouve peut-être tant de grâce que parce qu'il permet de dire et de répéter, à travers les discours mêmes de l'Assemblée, que Robespierre était un tyran, que toute une partie du Comité de Salut Public était criminelle. Ainsi, le 19 août, à l'occasion du récit de l'exécution de Robespierre, en un résumé des faits 'nombreux, importants et étonnants', la *Gazette d'Amsterdam* porte sur lui un jugement très négatif ('il n'a dit mot, aucun de tous n'a fait paraître la moindre fermeté ni courage; au contraire ils sont morts comme des fripons, lâches et vils'). Le 22, revenant sur sa tyrannie, la gazette cite, de manière atypique, son discours à la Convention du 26 juillet, comme pièce historique révélatrice de la malfaisance du personnage:

Le dernier discours que Robespierre a fait à la Convention le 26 du mois dernier n'a pas été imprimé et distribué, comme le portait le décret. Les journaux du jour ne le publièrent pas, de crainte de commettre quelque erreur qui eût pu conduire les auteurs à la guillotine; et ceux du lendemain craignirent de se compromettre, en respectant les assertions séditieuses d'un conspirateur, d'un monstre de cruauté. Cependant il appartient à l'histoire d'en faire connaître quelques traits, qui caractérisent cet intrigant.[9]

En citant ce discours contrairement à tous les autres journaux français, la *Gazette d'Amsterdam* manifeste une réelle prise de distance vis-à-vis du discours thermidorien, et montre aussi qu'à cette date-là elle n'écrit toujours pas plus pour le marché français qu'en 1793, la reproduction de ce discours tombant sous le coup de la censure.

---

9. Le recours à l'argument 'historique' est fréquent, à la fois justification du propos de l'autre et manifestation d'une distance. Par exemple: 'Pays-Bas. D'Amsterdam le 15 avril. Les pièces suivantes méritent à tous égards l'attention du Public et d'être précieusement conservées; elles entreront, sans doute, un jour dans les matériaux qui serviront à quelque Auteur impartial dans son Histoire de la Révolution actuelle en France.'

1795-1796: La *Gazette* sous influence

Troisième étape enfin: la *Gazette d'Amsterdam* devient un journal sous influence. Sous la pression de la conquête française, les Pays-Bas développent des structures 'révolutionnaires', et les journaux deviennent les organes de la propagande française et de ses relais révolutionnaires hollandais.

Là encore nous manquent les numéros de transition, peut-être n'est-ce pas un hasard.[10] Mais le 17 février 1795 la gazette, dont la présentation (y compris vignette et lettrine) n'avait pas été modifiée pendant les années révolutionnaires, a changé de titre: *Amsterdam* est devenu *Gazette d'Amsterdam*, précédé de la devise française 'Liberté, égalité, fraternité', et suivi de la mention 'L'An premier de la Liberté BATAVE'. 'Avec Privilège de Nos Seigneurs les Etats de Hollande et de West-Frise' disparaît. En dépit de cette rupture, la numérotation, du n° IV du 13 janvier au n° XIV du 17 février, atteste une volonté de continuité.

De janvier à février, la représentation de l'ennemi a changé. Le 13 janvier encore, la France était l''ennemi' conquérant. Le 17 février, l'occupation française coïncide avec la 'liberté batave'. L'ennemi, c'est alors l'autre. L'occupation de la Zélande, par exemple, est un bel exemple d'étape ultime d'une occupation qui ne peut pas se dire sous ce nom et utilise la langue de bois: 'Enfin la Zélande a dû plier sous les armées victorieuses de la république française, et accepter malgré elle une Liberté généreusement offerte, qu'elle a trop longtemps méprisée' (24 février, 'D'Amsterdam, le 23 février'). Tout le journal se remplit alors des discours des Assemblées et des Comités, à la gloire de la France. Lorsque Sieyès et Reubell se rendent aux Pays-Bas pour y imposer le protectorat français (16 mai 1795), la *Gazette d'Amsterdam* une fois encore présente le 'traité' comme une alliance de paix et de liberté. Les discours adressés aux représentants français, abondamment cités, parlent alors au nom des citoyens bataves de la 'joie qu'ils ressentent de [vous] voir sur le territoire d'une Nation laquelle est redevable de sa liberté à la générosité française' (24 mai).

Le 'système gazette' évolue, modifié par les formes d'un discours militant proche de celui des journaux révolutionnaires français. On y retrouve la tradition des faits divers héroïques, comme dans le numéro du 5 juin 1795, qui propose le récit exemplaire d'un 'brave soldat français' sauvant un enfant hollandais de la noyade. Qui plus est, cette pièce, traduite de la gazette de Rotterdam, est, comme le précise la gazette, demandée 'par un de nos dignes concitoyens'. On assiste ainsi à une manipulation de l'opinion sous toutes ses formes. On fait parler les concitoyens, on ne donne la parole qu'à ceux qui confirment une unanimité révolutionnaire. Sous la rubrique extérieure 'Suisse. De Bâle', le 27 février 1795, un article favorable à la conquête de la Hollande et à la France en général met en garde les Français contre leurs

---

10. Il existe une lacune dans la collection entre le n° IV du 13 janvier et le n° XIV du 17 février, date à laquelle le journal a été modifié.

ennemis, en une rhétorique révolutionnaire qui reprend le ton des 'sentinelles' par l'appel à la vigilance, la dénonciation des malfaisants (contre-révolutionnaires, agioteurs, émigrés, etc.), la sollicitation d'un lecteur-citoyen actif: 'Braves Français, ne vous endormez pas sur vos succès.' On est alors assez loin du 'style de gazette' qu'avait identifié Voltaire, et loin de la logique qui le caractérise. La *Gazette d'Amsterdam* est victime d'une véritable unification idéologique inscrite dans le discours. Même si, sous quelques rubriques locales ou étrangères, subsistent des points de vue autonomes (par exemple l'information du 3 avril sur le détournement des couplets du *Réveil du Peuple* aux spectacles de Bruxelles pour résister à l'"occupation française'), quelques instances énonciatives qui semblent ne pas parler au nom de la Révolution (par exemple le 26 mai 1795, au Portugal et à Vienne), le 'nous' tend en général à ne désigner qu'une seule et même instance, une même idée révolutionnaire.

Du point de vue strictement formel, l'ordre de la gazette est également perturbé: l'ordre de classement des rubriques en fonction de l'éloignement géographique tend à se troubler, voire à disparaître dans ces années-là, ainsi que la proportionnalité des rubriques et leur répartition entre le numéro et la *Suite*: La 'France' devient la rubrique massivement dominante, présente en tant que telle dans les toutes premières places (souvent en seconde place, ce qui ne s'était jamais vu), mais aussi à travers les autres rubriques, qu'il s'agisse de la Hollande bien sûr, de la Suisse, ou d'autres nations, souvent citées pour ce qu'elles permettent de dire de la France. Ainsi la référence à la Toscane s'explique par le fait que celle-ci signe la première un traité de paix avec la France.

La gazette suit en 1796 une ligne éditoriale similaire. Les derniers numéros connus de la *Gazette d'Amsterdam*, en juin 1796,[11] font le procès de Babeuf et présentent le petit nouveau du Directoire, Bonaparte.

La *Gazette d'Amsterdam* donne donc alors une impression de malléabilité idéologique. Très éloignée de la *Gazette de Leyde*, dont la position idéologique est affirmée (de plus en plus anti-révolutionnaire), elle semble à travers les différentes phases de la Révolution refléter toujours le discours dominant, révolutionnaire jusqu'en 1792, pro-thermidorien en 1794, révolutionnaire militant sous l'occupation française à partir de 1795. A partir de 1793, pourtant, une inflexion est sensible, qui laisse incertain sur l'adhésion au discours thermidorien de 1794, à interpréter peut-être comme une critique de la Révolution, dans le prolongement des critiques formulées en 1793, et que l'invasion française va faire disparaître au profit d'un discours de propagande révolutionnaire.

La structure traditionnelle de la gazette, c'est-à-dire cette mosaïque internationale, ces agrégats de nouvelles dont elle gère la collection aléatoire, cette collation des points de vue reflétant la diversité des lieux européens du Pouvoir, est en train de disparaître: d'abord par confrontation de discours incompatibles, puis plus tard sous la pression révolutionnaire qui transforme la *Gazette d'Amsterdam* en gazette révolutionnaire. Mais peut-être son déclin

---

11. Il est possible qu'elle ait duré jusqu'en décembre: voir ci-dessus la fin du chapitre 1.

est-il dû avant tout au défaut d'une ligne éditoriale et idéologique affirmée, stable, repérable, comme c'était le cas dans la *Gazette de Leyde* par exemple, laquelle survivra à la Révolution malgré des conditions historiques voisines.

V

Espace politique et image du monde

14. La politique des rubriques

PENDANT plus d'un siècle la gazette d'Amsterdam semble s'être figée dans une forme remarquablement stable, dont on a vu la description dans un chapitre précédent. Pourtant, on sent bien que la vision du monde que propose cette gazette en 1741, par exemple, n'est pas plus celle de 1691 que celle de 1791; que continuité formelle ne signifie pas immobilité idéologique.

Mais comment rendre compte globalement de cette évolution sans être noyé par la masse des nouvelles contenues dans plus de 10 000 livraisons, énoncés hétérogènes et juxtaposés, où la présence éditoriale affleure à peine, et presque jamais sous la forme d'un discours identifiable? Notre hypothèse ici sera que la division de la gazette en rubriques géopolitiques clairement ordonnées n'est pas une simple commodité éditoriale mais le principal moyen dont dispose le gazetier pour affirmer, avec l'apparence d'une imperturbable neutralité, une vision politique. Corollairement, les variations de cette division, imperceptibles ou insignifiantes d'un numéro à l'autre, voire sur le cours de quelques mois, mais nettes et probantes sur la longue durée, constituent pour nous un terrain où mesurer l'évolution d'une représentation du monde.

Nous appellerons ici 'rubriques' les parties de la gazette isolées par un premier niveau de classification des nouvelles et identifiées par un titre récurrent correspondant à une entité géopolitique telle que RUSSIE, ALLEMAGNE, etc. Chaque rubrique est composée d'un ou plusieurs articles précédés d'un nom de ville et d'une date. Dans certaines gazettes comme la *Gazette* de France ou celle de Leyde, il n'y a pas de rubrique, le premier niveau d'organisation étant l'article.[1]

Le simple comptage de la fréquence de ces rubriques est-il susceptible de livrer des enseignements, de permettre de dégager des tendances significatives? Si tentante que soit la méthode, elle se heurte d'emblée à trois objections, au moins: – la fréquence des rubriques ne prend vraiment son sens que si on fait intervenir un second paramètre: celui de leur longueur. Une rubrique PAYS-BAS de 3 ou 4 lignes, comme on en rencontre souvent, n'a pas le même poids que les longs articles de plus d'une page, plus fréquents dans la seconde moitié du siècle, quand la *Gazette d'Amsterdam* accorde un plus grand intérêt aux affaires locales. – l'intitulé d'une rubrique ne coïncide pas forcément avec la nature de son contenu. On sait que les nouvelles de Turquie sont

---

1. Quoique non relevé par les dictionnaires, le terme d'article est employé à l'époque ('un jour que Torcy lui faisait la lecture [des gazettes d'Hollande], il rencontra ces paris à l'article de Londres', Saint-Simon, *Mémoires*, Ramsay, t.XI, p.121; 'dans la gazette de France, la règle est qu'aucun article ne doit commencer par le mot on; la seconde règle est qu'il ne doit jamais y avoir d'alinéa que dans l'article de Versailles', Montesquieu, *Spicilège*, n° 624); celui de rubrique est en revanche anachronique dans l'acception qu'on lui donne ici.

susceptibles d'apparaître dans les rubriques ALLEMAGNE (article de Vienne) ou ITALIE (article de Venise). De même, l'intérêt croissant pour l'Amérique du Nord n'est pas toujours visible, les nouvelles d'outre-Atlantique étant souvent incluses dans les rubriques GRANDE-BRETAGNE ou PAYS-BAS, cette dernière ayant d'ailleurs souvent la structure d'une gazette en miniature, susceptible de contenir des nouvelles d'un peu partout. – se pose enfin le problème des *Nouvelles extraordinaires* (*Suite des nouvelles* à partir de 1706). Jusqu'en 1785, les nouvelles n'y sont pas divisées en rubriques claire-ment identifiables, encore moins hiérarchisées. Il est en outre difficile de déter-miner les critères qui président à la relégation (mais s'agit-il d'une relégation?) de certaines nouvelles dans la *Suite*: la longueur des documents et le moment de leur réception par le gazetier jouent un rôle important mais pas toujours décisif. L'absence d'une rubrique dans l'ordinaire est évidemment moins signi-ficative si elle est compensée par un article dans la *Suite*; mais on peut admettre que, toutes les rubriques étant également concernées par ces transferts (l'origine d'une nouvelle ne semblant pas la prédisposer à figurer ici ou là), les tendances générales que fait apparaître un comptage des rubriques de l'ordinaire ne sont pas faussées par la non prise en compte des *Suites*.

Nombre

Le nombre des rubriques varie selon les époques. En 1723 le nombre moyen est de 6 ou 7 par livraison; le n° 51 culminant même à 13 rubriques (TURQUIE, RUSSIE, SUÈDE, POLOGNE, DANNEMARC, ALLEMAGNE, PORTU-GAL, ESPAGNE, ITALIE, SUISSE, FRANCE, GRANDE-BRETAGNE, PAIS-BAS) soit la totalité des rubriques régulières jamais ouvertes par la *Gazette d'Amsterdam*.[2] La moyenne retombe ensuite pour revenir à celle des pre-mières décennies: 4 ou 5 rubriques. Dans les années 1750-1780 les livraisons à 3 voire 2 rubriques ne sont pas rares.

Plus révélateur peut-être que le nombre moyen de rubriques par numéro est le nombre des rubriques ouvertes pendant une année. Outre les 13 rubriques régulières sus-citées, la gazette de 1723 offre un grand nombre de rubriques irrégulières: AMERIQUE, BARBARIE, BOHÈME, HONGRIE, IRLANDE, LORRAINE, MALTE, NOUVELLE ANGLETERRE, PIEMONT, SICILE, SILESIE. Ce total de 24 rubriques est exceptionnelle-ment exubérant; au cours d'une année moyenne comme 1749 ou 1775, la gazette n'ouvre guère plus de 12 rubriques.

Il est difficile d'interpréter ces fluctuations: un plus grand nombre de ru-briques traduit-il nécessairement une plus grande ouverture sur le monde? A ce stade de l'analyse, on se gardera de toute conclusion trop générale. Des fac-teurs conjoncturels semblent déterminants. L'éclatement des années 1720 cor-respond à une décennie de paix, tandis qu'en période de guerre (de Succession

---

2. Considérons comme régulière une rubrique proposée plusieurs fois par an pendant plu-sieurs années.

de Pologne ou d'Autriche, de Sept Ans, d'Indépendance d'Amérique) l'information tend à se concentrer sur les principaux belligérants.

Il faut ainsi distinguer ce qui participe de la pulvérisation d'un espace traditionnellement déjà couvert par la gazette, ou d'un intérêt éphémère pour le théâtre d'un conflit militaire,[3] et ce qui relève d'une réelle extension du champ de l'information. Or, à part un tout petit nombre de nouvelles rubriques régulières comme SUÈDE et RUSSIE (dont nous reparlerons plus loin), la gazette n'élargit pas son monde au cours du dix-huitième siècle. Les rubriques ETATS-UNIS DE L'AMERIQUE ou AMERIQUE SEPTENTRIONALE qui apparaissent à partir de la guerre d'Indépendance, non seulement ne constituent pas une nouveauté, puisque la rubrique NOUVELLE ANGLETERRE existait depuis longtemps, mais s'accompagnent d'un désintérêt pour le reste du continent, souligné par l'abandon total de la rubrique AMERIQUE où l'on trouvait jadis des nouvelles du Pérou, des Antilles, etc.[4]

La gazette des années 1720 s'amusait à multiplier les rubriques lointaines comme SIRIE, PERSE, CHINE, INDES ORIENTALES (Goa, Pondicheri) ou INDES OCCIDENTALES (Curaçao, Cartagène, Lima), BRESIL. La livraison du 8 mai 1722, qui propose 10 rubriques (CHINE,[5] AMERIQUE, GRANDE-RUSSIE, SUÈDE, POLOGNE, ALLEMAGNE, SUISSE, FRANCE, GRANDE-BRETAGNE, PAYS-BAS) est très représentative de la période d'amplitude maximale de la palette géographique. Mais ces rubriques rares et exotiques périclitent bientôt. L'Amérique du sud, l'Afrique et l'Asie, quand elles continuent à exister, ne sont vues qu'à travers certaines métropoles européennes.[6]

Ordre

L'ordre des rubriques est aussi significatif que leur nombre. Dans la *Gazette d'Amsterdam* comme dans la plupart des gazettes classiques, on commence par les nouvelles les plus éloignées (et donc les plus anciennes) pour se rapprocher progressivement du lieu d'édition. Le plan du n° 51 de 1723, donné ci-dessus, donne une bonne idée de ce cheminement, dont on ne doit cependant pas attendre qu'il respecte une logique trop rigoureuse (le Danemark étant par

---

3. Par exemple les rubriques CROATIE, SERVIE, ESCLAVONIE, DALMATIE ou VALACHIE, dont l'apparition est liée à la guerre avec les Turcs (notamment en 1717-1718 et 1722).

4. Voir par exemple: 6 juin 1721, 8 mai 1722, 9 avril 1723, 22 juillet 1746.

5. Nouvelles du 12 janvier 1721. Ces 'nouvelles' témoignent certes de l'intérêt du gazetier pour l'Orient, mais aussi, et plus encore peut-être, du goût d'une certaine gratuité. En livrant des informations datées de plus d'un an, la gazette échappe à la nécessité de l'actualité pour acquérir la dimension encyclopédique d'une sorte d'histoire des voyages.

6. Vers 1760 la *GA* tente d'introduire des macro-rubriques inédites et sans lendemain comme ASIE, de Smyrne, ou AFRIQUE, de Salé (11 novembre 1766 et 4 avril 1758). Parallèlement, la vieille rubrique BARBARIE (6 occurrences en 1722) tend à disparaître au profit d'hapax comme ALGER, de Tunis (1763).

exemple plus proche d'Amsterdam que le Portugal). Mais c'est moins l'ordre qui importe que les variations qu'il a subies.

Dans les premières années (à la fin du dix-septième siècle) l'ordre ordinaire des rubriques majeures était: ITALIE,[7] FRANCE, ANGLETERRE, ALLE-MAGNE, PAIS-BAS; il était cependant assez flexible: pendant les premiers mois de 1695, la toute première rubrique de la livraison est tour à tour celle de FRANCE (5 fois), d'ANGLETERRE (4 fois) et d'ALLEMAGNE (2 fois). Dès le début du dix-huitième siècle se dessine une évolution dans le sens d'une stabilisation autour de l'ordre ALLEMAGNE, ITALIE, FRANCE, GRANDE-BRETAGNE, PAYS-BAS.[8] Une fois affirmé, cet ordre demeura jusqu'à la Révolution. Nous n'avons pas constaté la moindre entorse au cours de l'année 1782, par exemple. Qu'en conclure?

On peut penser qu'après plusieurs années d'hésitation, la *Gazette d'Amsterdam* s'est décidée à abandonner une présentation strictement chronologique des nouvelles au profit d'un ordre géographique non susceptible de fluctuations. C'est-à-dire qu'elle s'est de moins en moins souciée de montrer le temps de l'information, et de plus en plus de représenter un espace. Ce goût de la fixité peut d'ailleurs apparaître archaïque. Alors que des journaux politiques nouveaux (le *Courier du Bas-Rhin*, par exemple) inventent petit à petit une hiérarchisation des nouvelles fondée sur leur importance ou leur caractère spectaculaire, la *Gazette d'Amsterdam* a plutôt tendance à se priver des effets de 'une' auxquels elle avait parfois recours pendant les années 1710.[9]

Il n'est pas interdit de donner un sens politique à certains aménagements de l'ordre originel. Les liens dynastiques et les alliances militaires entre l'Angleterre et les Provinces-Unies ne sont sans doute pas étrangers à l'habitude que prend la *Gazette d'Amsterdam* au dix-huitième siècle de toujours juxtaposer en fin de livraison les rubriques GRANDE-BRETAGNE et PAYS-BAS. Le rapprochement progressif des rubriques ESPAGNE et FRANCE peut être interprété de la même façon.

D'autres évolutions sont aussi incontestables que difficiles à expliquer. Les rubriques ESPAGNE et ITALIE, quand elles sont présentes l'une et l'autre, sont toujours contiguës. Or l'Espagne précède communément l'Italie jusque vers 1740 avant que la position ne s'inverse et que l'Italie ne finisse par toujours précéder l'Espagne. Une première hypothèse serait que la rapidité des courriers entre Madrid et Amsterdam ait connu au cours du dix-huitième siècle une spectaculaire amélioration, mais l'examen de la date des nouvelles ne la

---

7. ITALIE ou PIEMONT.

8. Cette rubrique finale s'intitule PAIS-BAS jusqu'au 4 mars 1757; PAYS-BAS à partir du 8 mars.

9. Le terme de 'une' est d'ailleurs anachronique et trompeur: pour placer en tête un événement important, la *GA* procède rarement à une inversion de l'ordre des nouvelles: elle se contente de supprimer les nouvelles qui auraient dû être placées avant; si bien que quand la rubrique FRANCE ouvre la livraison (ce qui arrive fréquemment sous la Régence, à propos du testament de Louis XIV puis lors du lit de justice de 1718, de la conjuration de Cellamare, etc.) elle n'est jamais suivie que par de brèves rubriques GRANDE-BRETAGNE et PAYS-BAS: il s'agit presque de numéros spéciaux.

confirme pas. Une autre serait que le poids politique relatif de ces deux pays a évolué; mais il n'est pas certain que la place des rubriques ait une valeur absolue: si la première place a pu, dans un premier temps, être le signe d'une importance politique particulière (comme en 1715, lorsque la Grande-Bretagne est 27 fois en tête de numéro), il semble qu'on assiste progressivement à une valorisation des rubriques finales, par ailleurs les plus longues, qui occupent l'essentiel des deux pages intérieures de chaque livraison.

Fréquence

Dès le début, les rubriques ITALIE, ALLEMAGNE, FRANCE, GRANDE-BRETAGNE et PAYS-BAS ont constitué l'ossature de la *Gazette d'Amsterdam*. Rares sont les livraisons d'où plus d'une de ces rubriques est absente. Cette très forte présence souffre quelques variations intéressantes.

Quant à la FRANCE, elle est généralement présente dans chacune des 104 ou 105 livraisons d'une année (par exemple en 1695, 1715, 1723, 1749). Mais on constate une irrégularité certaine pendant les deux décennies pré-révolutionnaires (seulement 40% des livraisons de 1782). De juillet 1703 à mars 1705, au début de la guerre de Succession d'Espagne, les nouvelles de France avaient été absorbées dans une rubrique *ad hoc* PAYS NEUTRES, qui comprend aussi les nouvelles d'Espagne; cet effacement systématique des rubriques 'ennemies' est justifié par 'l'interruption du commerce et des lettres avec la France' (28 juin 1703) mais, à notre connaissance, la *Gazette d'Amsterdam* n'aura plus jamais recours à ce dispositif, même pendant la Révolution.[10]

La rubrique ALLEMAGNE connaît aussi de curieuses éclipses, notamment pendant la guerre de Sept Ans (30% des livraisons de 1757). La rubrique ANGLETERRE, qui, en terme de fréquence, n'est que la 5ème pendant les premières années (60% en 1695), devient bientôt sous le nom de GRANDE-BRETAGNE une des toutes premières, présente dans plus de 80% des numéros.[11]

La rubrique ITALIE tend quant à elle à se raréfier. D'abord présente dans 80% des livraisons (1695, 1705), elle faiblit brutalement (30% seulement en 1715) et elle restera une rubrique secondaire pendant le reste du siècle (50% en 1723 et 1749; 30% en 1782). A une moindre échelle, l'ESPAGNE subit un sort parallèle: elle concerne encore la moitié des numéros jusque vers 1730-1740, mais à peine un tiers dans la deuxième moitié du siècle. Le PORTUGAL, présent dans un quart des gazettes en 1723, disparaît presque par la suite (5% en 1749 et en 1782). A la différence des quatre rubriques majeures, que l'on s'attend à rencontrer dans chaque livraison, ITALIE et ESPAGNE

---

10. Sauf dans les tout derniers temps, en 1795 et 1796; voir le chapitre sur la gazette sous la Révolution.

11. L'ANGLETERRE fait place à la GRANDE-BRETAGNE le 21 juin 1707, la *GA* prenant ainsi acte, avec quelques semaines de retard, de la disparition politique de l'Ecosse (voir un des rares et ultimes exemples de la rubrique ECOSSE dans le n° 67 de 1705). Très irrégulière, la rubrique IRLANDE n'est cependant pas rare (en 1705, 1723, 1782...).

sont des rubriques que l'on peut qualifier d'hebdomadaires: pendant plusieurs années les nouvelles italiennes furent données par l'ordinaire du vendredi, tandis que celles d'Espagne (et/ou de Pologne) paraissaient plutôt le mardi.[12] Ces phénomènes sont à mettre en relation avec l'Avertissement du 12 novembre 1703 par lequel la *Gazette d'Amsterdam* annonçait qu'en paraissant désormais le mardi et le vendredi matin elle serait en mesure d'insérer des nouvelles plus fraîches, notamment d'Italie.[13]

Au-delà de certains facteurs conjoncturels, la raréfaction des rubriques ITALIE et ESPAGNE témoigne d'une tendance profonde: le progressif et relatif abandon de l'Europe catholique au profit des affaires politiques et économiques du nord de l'Europe. Les parties extrêmes de ce nord bénéficient de ce déplacement; d'abord absentes, DANNEMARC, SUÈDE et RUSSIE deviennent des rubriques régulières à partir de la deuxième décennie du dix-huitième siècle.

Le cas de la Russie mérite un examen particulier. La rubrique est d'abord quasi inexistante: de 1714 à 1717 on ne trouve encore que deux occurrences pour plus de 400 livraisons.[14] A partir de 1718, fleurit une insolite INGERMA-NIE: 7 occurrences en 1718, 11 en 1719, 32 en 1720, 35 en 1722. Deux questions se posent simultanément au lecteur: pourquoi cette soudaine reconnaissance médiatique de la Russie (puisque c'est d'elle qu'il s'agit) et pourquoi sous ce nom? Il n'est pas étonnant que la gazette commence à s'intéresser à la Russie au lendemain du fameux voyage de 1717, au cours duquel le czar revit Amster-dam[15] avant de visiter la France, signant un traité de commerce et ramenant à sa suite plusieurs artisans français. Quant au titre de la rubrique, il semble une idiosyncrasie de notre gazette. Le nom de la région où venait d'être fondée Saint-Pétersbourg était aussi parfaitement inconnu du public d'alors que de celui d'aujourd'hui; il n'est pas employé une seule fois par Voltaire dans ses écrits historiographiques; il est à peu près absent des dictionnaires.[16] Ce titre correspond assez bien au goût de l'exotisme qui caractérise la gazette de ces

12. Voir notamment des alternances assez systématiques ITALIE/POLOGNE (en 1705, 1715, 1716), ITALIE/INGERMANIE et SUÈDE (au printemps 1719) ou ITALIE/ESPAGNE (en 1723). Les nouvelles de Saint-Pétersbourg sont publiées tous les mardis pendant l'été 1721.

13. On peut donc supposer que le courrier d'Italie arrivait en Hollande chaque semaine le jeudi ou le mercredi. Un rapide examen de la *Gazette d'Utrecht* de 1721 (qui continuait à paraître le lundi et le jeudi) révèle d'une part que les nouvelles d'Italie ne parviennent pas à temps pour y être publiées le jeudi, et d'autre part que les nouvelles d'Espagne y paraissent un jour plus tôt (le lundi) que dans la *GA*.

14. RUSSIE, le 3 juillet 1714; GRANDE RUSSIE le 20 mars 1716.

15. 'On peut juger avec quelle idolâtrie il fut reçu par un peuple de commerçants et de gens de mer dont il avait été le compagnon [...] ils le regardaient comme un de leurs concitoyens devenu empereur', écrit Voltaire (*Histoire de l'Empire de Russie*, II, 7).

16. Selon le *Dictionnaire de Trévoux* (1734), l'Ingrie est une province du royaume de Suède, bornée au nord par la Carélie et au sud et à l'est par la Moscovie, divisée en trois parties: 'l'Ingrie propre, la Salushie et l'Ingermanie (où l'on voit les villes de Copario et de Jamagorod)'. On voit que ce dictionnaire oublie à la fois les conquêtes de Pierre Ier et la fondation de Saint-Pétersbourg (1702 et 1703). La *Gazette d'Utrecht*, quant à elle, ne connaît pas l'Ingermanie mais l'Ingrie (n° 59 de 1721). Pour le *Trévoux* de 1752 l'Ingermanlandie est 'la même chose que l'Ingrie'; selon Littré, Ingermannland et Ingermania sont les noms allemand et latin de l'Ingrie. Notons

années-là, mais il est aussi le reflet d'une contrainte politique. Dans la gazette du 11 février 1718 on avait pu lire: 'Le Czar, *empereur de la grande Russie*, avant son départ pour Moscow...', et le numéro suivant s'ouvrait sur une rubrique GRANDE RUSSIE; or ces deux titres (celui de la rubrique et celui conféré au souverain) disparurent pendant quatre ans, comme si la gazette s'appliquait à réparer un faux-pas diplomatique dont Voltaire éclaire peut-être la nature: à la fin de 1721, au lendemain de la paix de Neustadt, 'les ministres de France, d'Allemagne, de Pologne, de Danemark, de Hollande reconnurent empereur celui qu'on avait déjà désigné publiquement par ce titre en Hollande, après la bataille de Pultava [en 1709]. [...] Ces appellations demandent du temps pour être formellement usitées dans les chancelleries des cours, où l'étiquette est différente de la gloire. Bientôt après Pierre fut reconnu empereur par toute l'Europe.'[17] La *Gazette d'Amsterdam* aurait donc été d'abord trop sensible à la gloire et pas assez à l'étiquette; c'est précisément en janvier 1722 qu'INGERMANIE pourra légitimement faire place à GRANDE-RUSSIE puis à RUSSIE, qui s'impose alors définitivement comme une rubrique régulière.

On a déjà vu que le mouvement vers le nord et l'est ne s'accompagne pas d'une ouverture plus générale vers l'espace non européen. Le sort de la vénérable rubrique TURQUIE confirme cette remarque. Les années 1720 avaient donné l'impression d'un intérêt nouveau (une dizaine de rubriques par an), qui ne fut pas confirmé au cours des quatre décennies suivantes (1749 marque même un retour au nadir de 1705: l'Orient est entièrement déserté). La Turquie ne revint à la mode qu'au début du règne de Louis XVI; non que cet empire offrît alors une actualité palpitante mais, comme pendant les premières années du règne de Louis XV, l'Europe en paix laissait au gazetier le loisir de s'intéresser au lointain ailleurs.[18]

Nous venons de voir que la fréquence de telle rubrique à telle époque prend son sens au sein d'un système de variations diachroniques; mais il faut sans doute également procéder à des comparaisons synchroniques. Faute d'une enquête systématique qui impliquerait toutes les gazettes à toutes les époques, nous ferons un rapide parallèle entre les gazettes d'Utrecht et d'Amsterdam à deux moments de leur histoire.

Pendant l'été 1721, on n'est pas surpris de voir les deux périodiques accorder une place prépondérante aux trois rubriques FRANCE, GRANDE-BRETAGNE et PAIS-BAS: c'est l'inévitable commun dénominateur de toutes les gazettes. Mais les autres rubriques sont l'objet de traitements très contrastés: *Utrecht* est très faible en ce qui concerne la RUSSIE, la SUÈDE, l'ITALIE et la SUISSE (9 occurrences pour ces 4 rubriques en 26 numéros, contre 37 dans *Amsterdam*); en revanche la POLOGNE, le DANNEMARC et

---

que sous INGERMANIE, la *GA* place non seulement les articles de Saint-Pétersbourg mais aussi ceux de Moscou!

17. *Histoire de l'Empire de Russie*, II, 15.

18. Voir dans ce volume le dernier chapitre, sur l'Orient.

l'ALLEMAGNE constituent un point fort (54 occurrences) dans un secteur où *Amsterdam* fait pâle figure (21 occurrences).

Pendant l'hiver 1775, il est en revanche difficile de définir une quelconque spécialisation de ces deux gazettes hollandaises: elles font jeu égal dans toutes les aires géographiques, à l'exception de l'Italie qui continue à être un point fort de la *Gazette d'Amsterdam*. Un curieux renversement concerne les rubriques rares; apanage de la *Gazette d'Amsterdam* en 1721, elles constituent plutôt, en 1775, un signe distinctif de la *Gazette d'Utrecht*;[19] ce qui confirme l'impression générale d'un affadissement de la *Gazette d'Amsterdam* dans la deuxième moitié du siècle, même par comparaison avec une gazette qui ne brille pas par son audace ni son originalité.

Il est donc incontestable que la politique des rubriques est constitutive de l'identité de la *Gazette d'Amsterdam*; c'est ainsi que ce périodique se distingue d'abord de ses concurrents. Avant que, dans le dernier tiers du siècle, des rédacteurs comme Manzon ou Luzac affirment leur personnalité, leur style ou leurs idées, les lecteurs choisissaient probablement leur gazette en fonction de la qualité de l'information et des spécialités affichées par chacune. On peut faire l'hypothèse que la *Gazette d'Utrecht* sacrifiait alors délibérément certaines rubriques pour se concentrer sur celles que négligeait un périodique voisin, plus puissant et plus répandu.

Il est non moins incontestable que cette politique a connu des fluctuations significatives au cours de la longue histoire éditoriale de la gazette; et que cette dernière participe d'une certaine façon au mouvement d'ouverture qui a été celui de son siècle. Mais ceci est moins surprenant que les limites de cette évolution. La création de nouvelles rubriques, particulièrement sensible dans les années 1720-1730, laisse dans l'ombre d'immenses territoires, des continents entiers; plus qu'un profond renouvellement de la lecture du monde, elle peut sembler un artifice de façade, l'effet d'un choix moins politique qu'esthétique, au même titre que la multiplication des ornements typographiques pendant la même période. En outre, pendant les décennies suivantes et jusqu'à sa fin, la *Gazette d'Amsterdam* apparaît plutôt en stagnation, voire en repli: si elle propose une conception plus ample qu'à ses débuts des affaires de l'Europe, elle n'offre pas une définition moins restreinte de l'ordre planétaire.

---

19. Nord-Amérique, Chypre, Malte, Silésie, Norvège, Corse, Ecosse, Egypte...

15. La vie de Cour: Versailles

Du règne de Louis XIV à celui de Louis XVI, la Cour de Versailles suscite, en France comme à l'étranger, un intérêt intense. Etre à la Cour ajoute à la valeur d'un individu. Madame de La Tour du Pin écrit dans ses *Mémoires*: 'Tous ceux qui devaient m'épouser étaient aveuglés par ces belles apparences. La place de dame du palais de la reine [Marie-Antoinette], je devais l'occuper, on le savait, en me mariant. Cela pesait alors d'un grand poids dans la balance des unions du grand monde. Etre à la Cour résonnait comme une parole magique.'[1] Sans atteindre à ce rare privilège, il suffit d'être allé à Versailles pour valoir davantage. Avoir vu de ses propres yeux une ou plusieurs scènes de la représentation qui chaque jour s'y déroule (et avec, pour chaque jour, de légères différences précisément codifiées) cela vous confère l'estime du voisinage et vous donne pour longtemps des choses à raconter... Que cet intérêt pour ce lieu clos, ce pays à l'intérieur du pays, soit surtout motivé par une curiosité mondaine, ou, plus sérieusement, par un souci politique, on aurait tendance à penser que c'est dans la *Gazette de France* que les lecteurs d'alors auraient trouvé la meilleure information, à la fois aussi complète que possible et proche de l'actualité: tandis que, sur ce même sujet, la *Gazette d'Amsterdam*, d'un point de vue plus distant, d'ambition plus vaste, cosmopolite, serait très inférieure. Or il s'avère que, sur le long temps de son existence et à travers les époques très différentes qu'elle couvre, la *Gazette d'Amsterdam* ne cesse d'apparaître comme un témoin exact et minutieux de ce qui se passait à la Cour de Versailles. Une telle affirmation est évidemment risquée puisqu'elle ne s'appuie que sur une lecture partielle, selon des coupes temporelles qui maintiennent dans l'inconnu de vastes pans (notre sélection correspond majoritairement aux années 1715, 1730, 1740, 1744, 1775, 1785, 1789). On peut souhaiter cependant que par la nature même du sujet, son caractère répétitif, intemporel d'une certaine façon, et par la précision des exemples cités, nous réussirons, au moins partiellement, à pallier ce défaut.

La vie de Cour à Versailles, telle que nous la déchiffrons à travers la *Gazette d'Amsterdam*, est constituée de ce qui relève du quotidien, du train journalier, de cette journée-cérémonie dont Louis XIV, par l'établissement de l'étiquette, a voulu sacraliser le déroulement. Elle comprend les présentations, les mariages, les deuils, les audiences, les nominations, etc. Dans le même registre, mais sur un mode superlatif, dominant le quotidien de la vie de Cour, il y a les grands moments cérémoniels, religieux, festifs, qui visent à reconduire la geste royale. Et l'imprévu, et le temps vivant, où et comment se glisse-t-il dans ce scénario conçu pour l'éternité? Où a-t-il sa place, qui est exactement celle de

---

1. Lucy de La Tour du Pin, *Mémoires (1778-1815)*, préface et notes de Christian de Liederkerke (Paris 1989), p.59.

la parole journalistique? La *Gazette d'Amsterdam* est-elle assez vive, rapide, pour lui donner chance d'exister, et se distinguer peut-être par là, fondamentalement, de la *Gazette de France*?

Le train journalier

Ce registre, relativement anodin (mais brûlant pour les individus qui étaient alors concernés) comprend les présentations, celles au moins qui concernent des gens 'considérables' comme on disait sous l'Ancien Régime. Les présentations sont mentionnées en termes concis. Elles n'impliquent aucune description. Ainsi: 'La duchesse de Castropiano, épouse de l'ambassadeur du Roi des Deux Siciles fut présentée le 17 au Roi [Louis XV], à la Reine, à Mgr. le Dauphin et à Mesdames de France.'[2] Ou bien, à la Cour de Louis XVI, cette fois: 'M. le Comte de Grace a reparu à la Cour. Il a été présenté au Roi et à la famille royale par M. le maréchal de Castries, ministre de la Marine, chez lequel M. de Grace a dîné.'[3] Le rite qui, pour les hommes, suivait celui de la présentation, accompagner le roi à la chasse, peut faire aussi l'objet d'un communiqué: 'Le 14 de ce mois, le marquis de Pierrecourt, qui avait eu l'honneur d'être présenté au Roi, a eu celui de monter dans les voitures de Sa Majesté et de le suivre à la chasse.'[4] Notons qu'aucune de ces informations sur des présentations ne se trouve dans la *Gazette de France*.

Si la présentation est un grand honneur, avoir un logement à Versailles est un privilège immense. La commodité de ce logement n'entrant pas en ligne de compte. Par contre, l'endroit où se trouve ce logement, sa distance par rapport aux appartements royaux sont significatifs du degré de faveur dont jouit le courtisan. C'est pourquoi la *Gazette d'Amsterdam* mentionne non régulièrement mais parfois l'attribution d'un logement: 'Le Roi [Louis XIV] lui donne un logement dans la Grande Ecurie.'[5] Ce privilège est instable: une décision ou un caprice du roi peuvent soudain vous priver de votre logement ou vous déplacer. On assiste alors à une sorte de danse des appartements dont ce communiqué de la *Gazette d'Amsterdam* du 19 février 1740, absent du numéro correspondant de la *Gazette de France*, nous permet de nous faire une idée: 'L'appartement que feu Mr. d'Angevilliers occupait au château de Versailles a été donné au comte de Maurepas, et la marquise de Ruffec, fille de feu Mr. d'Angevilliers, a obtenu l'appartement que Mr. de Breteuil avait dans le même château.'

Dans le même registre du train journalier la *Gazette d'Amsterdam* rend compte des audiences, personnelles ou de corps, ainsi celle de la députation des Etats de Bretagne en janvier 1715 auprès du roi Louis XIV:

Les députés des Etats de Bretagne eurent audience du Roi, et présentèrent le Cahier de la Province: ils furent conduits par le marquis de Dreux, Grand Maître des

2. 2 février 1740.
3. 5 août 1785.
4. 25 octobre 1785.
5. 1er janvier 1715.

Cérémonies, et par M. des Granges, Maître des Cérémonies, et présentés par le comte de Toulouse, Gouverneur de la Province, et par le marquis de Torcy, Ministre et Secrétaire d'Etat. L'Evêque de Rennes, député par le Clergé, porta la parole, accompagné du prince de Léon, député par la Noblesse, et de M. Moreau, Secrétaire du Roi, pour le Tiers Etat. Ils eurent l'honneur de saluer M. le Dauphin et Madame: après quoi ils furent magnifiquement traités par le comte de Toulouse.[6]

Nous n'apprenons rien sur ce qui est dit. Il s'agit seulement d'arriver sans incident et en bon ordre aux cérémonies conclusives: selon la stricte observance d'un déroulement réglé à l'avance. Après quoi ils furent magnifiquement traités, tel est le dénouement attendu, la preuve suffisante que tout s'est bien passé. On peut lire, dans le même esprit, après le service solennel pour les funérailles de Louis XIV: 'Les princes, le clergé, les ducs, les officiers, les compagnies, les ministres étrangers furent ensuite traités magnifiquement en diverses salles de l'Abbaye [Royale de Saint-Denis].' Et si le gazetier peut hésiter sur la place de l'adverbe, écrire: magnifiquement traité ou traité magnifiquement, il n'hésite pas sur l'ordre dans les listes de corps, ou dans les listes de noms. Il n'y a plus alors aucun flottement, mais, au contraire, une rigidité à respecter.

Lorsque l'audience est personnelle le même silence est de mise sur les propos échangés. On peut indiquer toutefois le degré de cordialité: 'Le marquis de Fénelon, ambassadeur du Roi en Hollande, a été très bien reçu de S. M. et gracieusé des ministres.'[7] Secret qui n'a plus lieu d'être maintenu lorsque la nouvelle est publique: 'Dimanche dernier, le prince Pamphili Doria, Nonce de S. S., conduit par M. La Live de la Briche, Introducteur des Ambassadeurs, eut une audience particulière du Roi, dans laquelle il notifia à Sa Majesté l'exaltation du Pape Pie VI.'[8] La *Gazette de France*, qui rapporte le même fait, précise: 'Le sieur de Sequeville, Secrétaire ordinaire du Roi à la conduite des ambassadeurs précédait.' Et elle ajoute, ce que la *Gazette d'Amsterdam*, néglige de nous apprendre: 'Le même jour, la marquise de Saint-Aignan la Fresnaye fut présentée à leurs Majestés, ainsi qu'à la famille royale, par la marquise de Mailly, dame du Palais de la Reine.'[9]

Sur les audiences accordées, les présentations, les appartements attribués (et sur les signatures de contrat de mariage, les baptêmes, les deuils...), il y a entre la *Gazette d'Amsterdam* et la *Gazette de France* des différences de choix. Les mêmes noms n'apparaissent pas nécessairement dans les deux gazettes. Pareil flottement est impensable concernant les nominations, les promotions. Pour celles-ci la *Gazette d'Amsterdam* ne se différencie en rien de la *Gazette de France*. Les listes sont aussi exhaustives dans l'une que dans l'autre, les informations aussi précises, les textes, en fait, presque identiques, comme le montrent les lignes suivantes à propos du duc de Richelieu: 'Le Roi [Louis XV] a disposé en faveur du duc de Richelieu de la place de premier gentilhomme de sa chambre, qui

---

6. 31 janvier 1715.
7. 7 janvier 1744.
8. 17 mars 1775.
9. *GF* 10 mars 1775.

vaquait par la mort du duc de Rochechouart.'[10] Ce que la *Gazette de France* annonce en ces termes: 'Le Roi a donné au duc de Richelieu la charge de premier gentilhomme de la chambre de sa majesté, vacante par la mort du duc de Rochechouart.'[11]

Ou bien, pour prendre un autre exemple, sous le règne suivant: 'Le Roi [Louis XVI] a nommé le vicomte de Talaru, Grand-Maître de la Maison de la Reine, pour porter le queue du Manteau-Royal dans la cérémonie où S.M. sera reçue dans l'Ordre du Saint-Esprit deux jours après son sacre à Rheims',[12] tandis que la *Gazette de France* publie: 'Le 18 de ce mois, le Roi a nommé cauda-taire de Sa Majesté pour porter la queue de son manteau à la cérémonie de la réception de grand-maître de l'ordre du Saint-Esprit qui se fera à Rheims le surlendemain de son sacre, le vicomte de Talaru, premier maître d'hôtel de la Reine.'[13]

Les grandes cérémonies

Cette proximité entre la *Gazette d'Amsterdam* et la *Gazette de France* se manifeste avec une encore plus forte netteté dans les grandes cérémonies, au retour et au rituel immuables. Elle joue lorsqu'il s'agit, comme dans une cérémonie reli-gieuse, de tenter de fixer une image inaltérable de la royauté. Dans la toute dernière fin du règne de Louis XIV l'un des sommets dans l'apparition ou l'effectuation du roi comme pure cérémonie est la rencontre en février 1715, au château de Versailles, entre l'ambassadeur de Perse, émissaire de l'Orient, et le vieux roi de France, orgueilleuse effigie de l'Occident. La scène témoigne d'un sens aigu de la théâtralité: un théâtre de la lenteur, comme pour tout ce qui a lieu à la Cour. Voici ce que nous lisons dans la *Gazette d'Amsterdam*:

Le trône de Sa Majesté, élevé de 8 marches, était au fond de la galerie de son grand appartement en sorte que l'ambassadeur arrivant par la porte qui est à l'autre bout de la galerie, aperçut en entrant Sa Majesté assise sur son trône, ayant auprès d'Elle mon-seigneur le dauphin, et tous les princes de la maison royale: Sa Majesté avait un air si grand et si majestueux, que l'ambassadeur en fut beaucoup plus frappé que de l'éclat des pierreries de la couronne, dont l'habit de Sa Majesté était couvert. Ce fut là qu'il commença son premier salut. Sa Majesté en même temps se leva et ôta son chapeau. La foule des courtisans était si grande que malgré la vaste étendue de cette galerie, l'ambassadeur fut longtemps sans pouvoir approcher du trône: il fit son dernier salut en y abordant et monta jusque sur le haut du trône. [...] L'ambassadeur en approchant du Roi, remit d'abord la lettre du roi de Perse entre les mains de Sa Majesté, qui la remit aussitôt entre les mains du marquis de Torcy, ministre et secrétaire d'Etat. Sa Majesté se couvrit: et après que l'interprète lui eut expliqué ce que l'ambassadeur disait, Sa Majesté ôta son chapeau, et l'ambassadeur descendit du trône. Quand il fut sur la dernière marche, il prit le présent du roi de Perse de la main d'Agoubehant, le remit entre les mains du marquis de Torcy, et fit un salut au Roi. La même foule qu'il

10. 7 janvier 1744.
11. *GF* 4 janvier 1744.
12. 30 mai 1775.
13. *GF* 22 mai 1775.

avait trouvée en abordant le trône, l'empêcha d'en faire davantage, et on eut bien de la peine à la percer pour arriver au bout de la galerie, où d'un côté il y avait des gradins remplis des dames de la Cour [...][14]

Cette narration est un discours rapporté. Elle débute ainsi: 'Voici la relation de l'audience publique de l'ambassadeur de Perse, telle qu'elle a été publiée.' La *Gazette de France* transmet exactement la même relation, dans le numéro du 23 février 1715. Elle mentionne, à la fin: A Paris, du Bureau d'Adresse, le 23 février 1715. La rigidité du texte (une seule relation, à partir de quel regard, de quel point de vue?) ne fait qu'un avec le parfait déroulement de l'ordre cérémoniel. Cette démonstration ne laisse aucune place à la subjectivité. Celle-ci s'écrit dans la fureur et la clandestinité. Elle est à chercher dans des textes tels que les *Mémoires* du duc de Saint-Simon... Encore une fois, rien n'est dit des discours échangés, mais l'on sent toute l'importance conférée au salut de l'ambassadeur, au moment où le roi se découvre. Il s'agit ici d'une dernière fête royale donnée par Louis XIV. Une fête immobile. Nous sommes loin du Louis XIV danseur que nous présente Philippe Beaussant dans *Louis XIV artiste*. La performance, figée, consiste en ceci: le roi se tient sur son trône. Il apparaît entouré de sa famille et de ses courtisans. Il pose dans ses habits les plus somptueux. C'est un tableau statique, non dénué de style oriental. Ce que confirme le discours du baron de Breteuil accueillant l'envoyé d'Orient: 'L'empereur de France, mon maître, le plus grand et le plus pieux des empereurs chrétiens, le plus magnifique des rois de l'Europe, le plus puissant en guerre, tant sur la terre sur la mer toujours invincible, l'amour de ses peuples, et le modèle parfait de toutes les vertus royales, m'envoie, Monsieur, vous faire un compliment de sa part...'[15] A l'or des vêtements correspondent l'emphase et la superlativité du discours.

Au fil du temps, en ce qui concerne spécifiquement le déroulement des cérémonies, d'année en année, rien ou presque ne change dans la *Gazette d'Amsterdam*. Comparons, par exemple, diverses relations des cérémonies du 1er janvier à Versailles. La première se situe sous le règne de Louis XIV, la seconde sous celui de Louis XV, les trois dernières sous celui de Louis XVI:

Le 1er de ce mois, le Roi revêtu en grand collier de l'ordre du Saint-Esprit, accompagné de M. le Duc d'Orléans et des princes, précédé des grands officiers et des chevaliers de l'Ordre, se rendit à la chapelle du château de Versailles, et entendit la grande messe célébrée par l'abbé d'Estrées, prélat-commandeur de l'Ordre, et chantée par la Musique. Le soir, Sa Majesté, accompagnée de Madame la duchesse de Berry, de Madame, et de M. le duc d'Orléans entendit vêpres chantées par la Musique.[16]
La Cour fut avant-hier des plus nombreuses et des plus brillantes à l'occasion du nouvel an. Les princes et princesses du sang eurent l'honneur de complimenter L. M. à ce sujet et toutes les cours supérieures, ainsi que le corps de la Ville s'étaient rendues ici pour cet effet de Paris.[17]

14. 1er mars 1715.
15. 15 février 1715.
16. 1er janvier 1715.
17. 1er janvier 1744.

Le lendemain, premier jour de l'an, les princes et princesses, ainsi que les seigneurs et dames de la Cour, rendirent à cette occasion leurs respects à L. M. Le Corps de Ville de Paris, ayant à sa tête le duc de Brissac, gouverneur de cette ville, s'acquitta du même devoir. Les hautbois de la Chambre exécutèrent pendant le lever du Roi plusieurs morceaux de musique, et vers les onze heures du matin, les chevaliers, commandeurs et officiers de l'ordre du Saint-Esprit, s'étant assemblés dans le cabinet du Roi, S. M. sortit de son appartement et se rendit à la chapelle, précédée de Monsieur, de Mgr. le comte d'Artois, du duc d'Orléans, du duc de Chartres, du prince de Condé, du duc de Bourbon, du prince de Conti, de comte de la Marche et des chevaliers, commandeurs et officiers de l'Ordre. Les deux huissiers de la chambre portaient leurs masses devant S. M., qui était revêtue du manteau royal, ayant par dessus le collier de l'Ordre et celui de la Toison d'Or. L'archevêque de Paris, prélat-commandeur, célébra la grand'messe, à laquelle la Reine, Madame et Madame Clotilde assistèrent dans la tribune. La duchesse de Mortemart fit la quête. La messe finie, le Roi fut reconduit à son appartement en la manière accoutumée.[18]

Le 1er de ce mois, les princes et les princesses, ainsi que les seigneurs et dames de la cour, rendirent leurs respects au Roi et à la Reine, à l'occasion de la nouvelle année [...] La Musique du Roi exécuta pendant le lever différents morceaux, sous la conduite de Mr. Giroust, Surintendant de la Musique de Sa Majesté [...] Le Roi se rendit ensuite à la Chapelle, précédé de Monsieur, de Mgr. le comte d'Artois, du duc de Chartres, du prince de Condé, du duc de Bourbon, du prince de Conti, du duc de Penthièvre, et des chevaliers, commandeurs et officiers de l'Ordre. La duchesse de Charost y fit la quête.[19]

Le 1er de ce mois, les princes et les princesses, les seigneurs et les dames de la Cour ont rendu leurs respects au Roi et à la Reine à l'occasion de la nouvelle année. Le corps-de-ville de Paris et le Grand Conseil ont rempli le même devoir. Le corps de ville de Paris avait à sa tête, le duc de Brissac, Gouverneur de la Ville, et était conduit par le marquis de Brezé, grand maître des cérémonies, le comte de Nantouillet, maître des cérémonies, et Mr. de Watrouville, aide des cérémonies. Pendant le lever, la Musique du Roi a exécuté une symphonie du sieur Haran. Les chevaliers, commandeurs et officiers de l'Ordre du Saint-Esprit, s'étant assemblés vers les 11 h. et demie dans le grand cabinet du Roi, Sa Majesté a tenu un Chapitre, dans lequel elle a nommé le duc de Chartres, Chevalier de l'Ordre du Saint-Esprit. Ensuite le Roi, devant qui marchaient deux Huissiers de la Chambre, portant leurs Masses, et précédé de Monsieur, de Monseigneur comte d'Artois, de S. A. R. le Duc d'Angoulème, du duc d'Orléans, du Prince de Condé, du duc d'Enghien, du Prince de Conti, des Chevaliers, Commandeurs et officiers de l'Ordre, entre lesquels marchaient, en habit de novice, le comte de Brienne et le Prince de Luxembourg, s'est rendu à la Chapelle du Château. Sa Majesté y a entendu la messe chantée par sa Musique, et célébrée par l'évêque de Senlis, son premier aumônier, et prélat-commandeur de l'Ordre. La Reine, Madame, Madame Elisabeth de France y ont assité dans la tribune: et la princesse de Leon y a fait la quête. La messe étant finie, le Roi est monté sur son trône et y a reçu chevaliers le comte de Brienne et le Prince de Luxembourg, après quoi S. M. a été reconduite à son appartement.[20]

Non seulement tout se déroule de même (changent seuls le nom de la dame qui fait la quête, et plus obscurs, celui du compositeur ou celui du surintendant

---

18. 13 janvier 1775.
19. 14 janvier 1785.
20. 16 janvier 1789, *Suite*.

de la musique du Roi), mais dans cette répétition du rite il semble que la *Gazette d'Amsterdam*, sous Louis XVI, et alors même que la situation politique en France invite à d'autres développements, est de plus en plus prolixe en détails. Elle déploie toute la cérémonie avec un luxe descriptif que ne peut lui envier la *Gazette de France*, qui, sur le cérémonial religieux, est incomparable. Sur ce même sujet, sur le retour des cérémonies inaugurales ou religieuses, la *Gazette de Leyde* fait l'impasse pour accorder plus de place à des problèmes d'actualité. Dans la *Gazette d'Amsterdam*, à cette époque, 'en la manière accoutumée', semble-t-il, l'emporte.

L'ouverture sur l'imprévu

Ainsi, non seulement la *Gazette d'Amsterdam* suit la vie de la Cour à Versailles, et précisément tout ce qui touche à l'ordre du cérémonial, avec une attention soutenue et qui le cède à peine à la *Gazette de France*, pour la ponctualité et le détail de l'information, mais l'on peut se demander en quoi, concernant ce domaine particulier, la première se distingue vraiment de la seconde. Elle s'en différencie pendant tout le temps de sa parution par la place relative accordée aux nouvelles de Cour, lesquelles, dans la *Gazette de France*, occupent un rôle de premier plan. Ce qui se traduit par une extrême minutie du détail, une constante insistance sur la cérémonie religieuse, au détriment d'autres événements purement et simplement supprimés. Ces cérémonies, la *Gazette d'Amsterdam*, on l'a vu, ne les passe pas sous silence, mais elle ne les narre pas de la même façon que la *Gazette de France* (qui tend à dire tout sur les services religieux), et surtout elle ne les présente pas à l'exclusion ou en écran à des faits jugés négligeables par celle-ci, ou même dont elle ne s'est pas préoccupée de s'informer. C'est là que la *Gazette d'Amsterdam* se distingue franchement de la *Gazette de France*, sur des faits majeurs ou mineurs de la vie de Cour, mais que la *Gazette de France*, qui réduit celle-ci à une vaste scénographie religieuse, préfère taire. Tous ces faits non mentionnés par la *Gazette de France* et que l'on peut lire dans la *Gazette d'Amsterdam* se trouvent surtout dans la grande phase de cette gazette, c'est-à-dire, dans les premières années du règne de Louis XV. Ils portent essentiellement et significativement sur les séjours du roi à Fontainebleau, à Marly, à Compiègne. Ces 'voyages' sont à peine mentionnés dans la *Gazette de France*, et, lorsqu'ils le sont, jamais annoncés à l'avance, ni soigneusement décrits comme ils peuvent l'être dans la *Gazette d'Amsterdam*.

A propos d'un séjour de printemps à Marly, la *Gazette de France* indique seulement: 'Le Roi et la reine sont partis d'ici cet après-midi pour aller passer quelque temps au château de Marly' (7 mai 1730). Ce vague contraste avec la précision et la pré-vision des communiqués successifs fournis par la *Gazette d'Amsterdam*: 'Le Roi se rendra au commencement du mois prochain à Marly pour y rester trois semaines.'[21] Ce qui sera repris et confirmé dans le numéro suivant: 'La Cour a passé les fêtes dans les dévotions ordinaires. On confirme

21. 22 avril 1740.

que le Roi partira après la Quasimodo pour aller trois semaines à Marly.'[22] 'Quelque temps' dans la *Gazette de France* et le lecteur est averti après le départ du roi et de la reine. Dans la *Gazette d'Amsterdam*, c'est plusieurs mois à l'avance que les déplacements de la Cour sont publiés. Par exemple: 'Le voyage de Compiègne est fixé au 10 juillet. La Cour y restera jusqu'à la fin d'août qu'elle reviendra à Versailles, et le 1ᵉʳ octobre elle partira pour Fontaine-bleau.'[23]

Sur place, de la vie de la Cour en voyage, la *Gazette de France* privilégie ce qui justement se passerait exactement de même à Versailles, c'est-à-dire les services religieux. Et à Versailles ceux-ci, exhaustivement rapportés, permettent d'éluder ce qui touche non plus à l'image sacrée du roi, mais à son plaisir, ce qui l'humanise. Au mois de mars 1740, on lit dans la *Gazette de France*: 'Le 2 de ce mois, mercredi des Cendres, le Roi reçut les cendres des mains de l'abbé d'Andelau, Aumônier du Roi en quartier. La Reine les reçut des mains de l'Archevêque de Rouen, son premier Aumônier.'[24] Ce que ne rapporte pas la *Gazette d'Amsterdam*, qui rend compte en revanche des parties de traîneaux auxquelles s'adonne le roi ce mois-là: 'Le 7 le Roi prit le divertissement d'une course de traîneaux avec quantité de seigneurs et dames de la Cour',[25] ou bien, le mois suivant, d'un 'magnifique ballet chez le Dauphin'. La *Gazette d'Amsterdam* ne se contente pas d'être extrêmement fiable sur la répartition annuelle des voyages de Cour et une annonce programmatique de l'emploi du temps du roi, elle est riche en notations sur le divertissement de la chasse, aussi passionnément chéri de Louis XV qu'il le sera de Louis XVI. Ainsi lors d'un séjour à Compiègne la gazette nous donne un tableau d'ensemble très détaillé de la vie du roi:

Les dimanches le Roi assiste au service divin du matin et de l'après-midi et les jeudi il se repose et voit jouer à la paume à quatre maîtres de Paris qui se sont rendus ici. Les autres jours S. M. va à la chasse au cerf, où à celle du sanglier alternativement. Il y a cette année beaucoup de cerfs et de biches dans la forêt, et il s'en trouve quelquefois des troupes de trente, aussi le Roi en prend-il souvent deux de suite.[26]

Enfin, empiétant en cela sur ce qui fait la spécialité du *Mercure de France*, elle ne censure pas les spectacles auxquels assiste le roi (23 mai 1740) ni même les comédiens auxquels il apporte sa protection, comme le montre cet épisode à Compiègne. Ces comédiens, nous apprenait la *Gazette d'Amsterdam* du 3 juillet 1739, avaient installé leur théâtre dans les fossés de cette ville. Ils y avaient représenté une pièce intitulée *L'Embarras des richesses*. Le numéro du 14 juillet nous apprend la suite, heureuse, de leurs aventures:

Aujourd'hui le Roi a travaillé fort longtemps avec ses ministres et n'est sorti que vers les 5 heures pour aller au camp: mais comme il faisait mauvais temps, S. M. en est

---

22. 26 avril 1740.
23. 17 mai 1740.
24. *GF* 5 mars 1740.
25. 19 février 1740.
26. 23 mai 1732.

revenue à 7 heures et a soupé avec la Reine. On a publié cette après-midi une déclaration du Roi, qui reçoit une troupe de comédiens, et par laquelle S. M. leur permet de s'établir et de demeurer dans la ville de Compiègne: les comédiens sont ceux qui jouent ici depuis quelques jours: ils ont établi leur loge dans le fossé du cours à l'appui du rempart: et l'on prétend que ce sont les mêmes comédiens qui ont été si maltraités à Londres.

Nulle trace de ces comédiens errants dans la vertueuse *Gazette de France*, ni, plus haut, du mauvais temps en fin d'après-midi... La *Gazette d'Amsterdam* ici affirme sa prééminence par une sensibilité au passager, au fugitif. C'est pourquoi elle seule, en une brève notation (qui ne peut pas constituer vraiment une nouvelle) indique, à propos de Versailles, l'usure, les réparations à faire, suggère le souci du roi à ce sujet: 'Le Roi alla le 31 du mois dernier à Choisy, et retourna avant-hier à Versailles, après avoir ordonné de faire plusieurs réparations à ce château.'[27] Ou encore, toujours à Versailles, l'imminence d'un désastre: 'La nuit du 7 au 8, le feu prit au château de Versailles dans l'appartement du duc de Gesvres au haut du pavillon de l'aile gauche: mais par le prompt secours qu'on y apporta il n'y eut que le toit de brûlé et le plomb fondu. Les gardes du corps et les gardes françaises et suisses furent employées avec les pompes: le bruit qu'on faisait réveilla le roi qui se mit au balcon et y resta jusqu'à ce que le feu fût éteint.'[28] Cette image rapide, entrevue, cette captation au bord de l'insaisissable, on la retrouve avec ces mots entendus (et rapportés au gazetier) au cours d'un souper: 'On assure que le Roi a déclaré ces jours-ci, pendant son souper, que si le vent a été favorable, il a dû y avoir un combat naval près de Toulon, S. M. y ayant envoyé des ordres précis à ce sujet.'[29]

C'est par des informations de ce genre, au plus près de la vie et de son surgissement inprévisible, de sa force d'émotion liée à l'accidentel, que la *Gazette d'Amsterdam* peut se révéler un instrument journalistique incomparable.

Revenons à cet événement de la fin du règne de Louis XIV, l'arrivée de l'ambassadeur de Perse, mais arrêtons-nous maintenant non sur une cérémonie de pouvoir mais sur cette phrase, saisie au vol, que nous transmet la *Gazette d'Amsterdam*. Comme on priait l'ambassadeur, à son arrivée à Marseille, de monter dans un carrosse pour aller à Paris, il refusa. Il voulait continuer son voyage à cheval, 'disant qu'il n'aime à s'enfermer dans une boîte'.[30] Ne pas s'enfermer dans une boîte, c'est ce que choisit aussi Louis XV, lorsqu'il s'amuse à aller de Versailles à Rambouillet en chassant: 'Le Roi n'alla que samedi dernier à Rambouillet: S. M. s'y rendit en chassant, après avoir passé à Saint-Léger qui n'en est éloigné que de deux lieues.'[31] Et c'est, au fond, ce que fait la *Gazette d'Amsterdam*, en ses bons moments.

27. 12 avril 1740.
28. 19 septembre 1740.
29. 28 février 1744.
30. 7 janvier 1715.
31. 12 juillet 1740.

16. L'Orient, l'ailleurs

FACE au lointain ailleurs, la *Gazette d'Amsterdam* se tient sur la réserve, sinon sur la défensive. Il existe en creux, comme une absence qu'on remarquerait lorsqu'elle se rompt, et il en va de même dans la plupart des autres gazettes. L'Occident, comme l'a montré E. Saïd,[1] se dit lui-même plus qu'il ne dit l'autre. Les 'sauvages', tant ceux de l'au-delà de l'Oural,[2] que de l'Amérique, ou des côtes de l'Afrique, émergent à peine sur les frontières du monde de la gazette. On se borne le plus souvent à rendre compte des catastrophes naturelles et des épidémies qui frappent les terres lointaines, parfois civilisées mais décidément inhabitables, comme le Japon.[3] Seul le monde ottoman commence à exister par lui-même et à participer à la marche de ce monde, notamment à travers l'évolution du personnage du Grand Seigneur. La *Gazette d'Amsterdam* illustre parfaitement l'état de la géographie politique du temps. Refusant le plus souvent la tentation de l'exotisme, ce que d'autres périodiques ne font pas, elle tente de donner à ces contrées une existence qui concerne véritablement son monde. De ce fait, l'ailleurs gagne en degré de réalité ce qu'il perd en présence effective, tandis que les modifications de sa présence illustrent l'élargissement de l'espace, et donc du monde de ceux qui lisent et écrivent, et indiquent la marche des esprits.

Pour étudier ces changements, nous avons choisi d'analyser la gazette dans la diachronie, autant que faire se pouvait. Trois années de *Gazette d'Amsterdam* ont servi de témoins, des années dans lesquelles aucun événement politique majeur ne devait brouiller les données: 1720, 1749 et 1775. La rareté des nouvelles 'exotiques' (celles du monde ottoman mises à part) fait que l'on ne peut déceler de modification notable au cours du siècle, sinon une légère décrue: elles sont plus fréquentes en 1720[4] que par la suite, sans doute parce que la gazette a trop de nouvelles plus importantes à donner dans les autres périodes.[5] On peut aussi imaginer qu'au cours du siècle cette gazette a pu faire des choix, et décider de ce qui était le plus important à traiter. Ces nouvelles de

---

1. *L'Orientalisme, l'Orient créé par l'Occident* (Paris 1980).

2. 'Ces peuples barbares, inconnus les uns aux autres, qui errent avec les ours et les renards blancs' (*Gazette des Deux-Ponts*, 27 février 1775).

3. 'Il avait régné au Japon dans la Capitale Jedo, ainsi que dans la plupart des autres Villes et Places, comme à Nangazakki, Osacca, Simonosechi, Rabona, etc. une Maladie contagieuse [si forte] que 700 mille personnes en étaient mortes [...] le 4 septembre dernier [...] des inondations considérables [...] les eaux gagnèrent avec tant de rapidité toute la Ville de Sono, qu'elles en entraînèrent les maisons, les Habitants et le bétail' (3 mars 1775).

4. Dix livraisons en donnent des nouvelles (en excluant celles qui rendent compte d'une arrivée ou d'un départ de navires vers ces lieux).

5. S'il n'y a pas de guerre en 1749, celle qui s'achève donne lieu à un grand nombre de nouvelles sur le retour des troupes et les libérations de prisonniers; en 1775, la guerre américaine tient le devant de la scène.

1720 attirent l'attention par leur aspect circonstancié alors que dans les années ultérieures elles sont plus laconiques et ont plus la forme de nouvelles que de récits.

Asie, Afrique et Amériques

Les nouvelles de Chine et des côtes asiatiques illustrent assez bien la position du lointain. Elles passent aussi bien par Rome (28 juin, 3 décembre 1720), que par Constantinople *via* Vienne (11 octobre 1720) ou bien Madras (31 mai 1720). Cette variété des lieux d'origine des nouvelles s'oppose à ce que l'on trouve pour les autres continents.[6] La dispersion des nouvelles asiatiques tient à l'absence de colonisation forte de ce continent et à la présence des missionnaires alors que le quasi-monopole de certaines capitales européennes pour la diffusion des nouvelles venant des autres lieux tiendrait à un monopole commercial. La corrélation est évidente, puisqu'il faut bien qu'il y ait des bateaux pour porter les nouvelles, mais elle n'est pas sans importance: la nouvelle lointaine suit le mouvement général du commerce, de la colonisation, de l'évangélisation et de la diplomatie; aussi la *Gazette d'Amsterdam* ne parle-t-elle que de cela. On pourrait opposer à ce choix celui que fait la *Gazette de Cologne*, lorsqu'elle annonce, le 2 mai 1775:

On apprend de Côte d'Or en Afrique que Dahomay, Roi de Juda, y est mort, le 12 mai de l'année dernière. Ce Prince était fils de Dahomay, un des plus grands conquérants de cette Partie du monde; et qui en 1727, du fond des déserts et des terres, à la tête de quelques hordes errantes, se rendit maître des Royaumes d'Ardes, de Jaquin et de Juda [...].

Dans la *Gazette d'Amsterdam* et dans la plupart des autres, on ne trouve pas, pour les années dépouillées, de nouvelles qui inscrivent d'une manière aussi nette les peuples lointains dans une histoire et une dynastie et font ainsi d'eux des nations à part entière. La gazette a fait le choix, semble-t-il, de ne parler que de ce qui regarde ses lecteurs. Ainsi, en parlant de Macao[7] ou de la Chine, c'est des jésuites qu'elle parle. Elle traite, indirectement, de l'affaire de la Constitution qui bouleverse la France à cette époque. Le pays lointain offre à la gazette un détour pour le combat idéologique, d'autant plus aisé que l'exemplarisation y est facile (un européen isolé au loin est à lui seul toute l'Europe, c'est-à-dire la chrétienté, la civilisation, etc., ou sa négation: un renégat, un traître) les nouvelles y sont encore moins vérifiables et la censure

6. Les nouvelles d'Amérique (on y traite de commerce; 1er novembre) transitent par Londres, comme celles d'Afrique (il y est question d'une nouvelle installation en Gambie, 9 août 1720). Les nouvelles d'Amérique du Sud passent comme on s'y attend par Madrid (on y traite d'une attaque française sur le Rio de la Plata, *via* Bahia, 3 décembre 1720).

7. Le 31 mai 1720, il y est confirmé que 'les Jésuites continuent à brouiller à la Chine': 'les Chinois ont chassé tous les missionnaires du Pape, excepté quelques jésuites de Macao, à qui l'on attribue d'être les auteurs des relâchements et mélanges arrivés dans la Religion'. Affaire de la mort du cardinal de Tournon et de la prise de possession par les jésuites de sa maison de Macao et des papiers qui s'y trouvent (28 juin, 3 décembre).

est impuissante à empêcher ce type de combat.[8] S'il fallait une preuve que la Chine n'existe dans la gazette que par les jésuites, il suffirait de voir ce qui se passe après l'affaire de la Constitution: en 1749 et en 1775 la Chine est absente de la *Gazette d'Amsterdam*. Une lettre de Madras donne un exemple intéressant de ce que peuvent être ces nouvelles du lointain: un mélange de clichés littéraires et politiques, de récits de voyageurs (ici, Chardin) et un prétexte pour parler de la politique européenne (31 mai 1720, *Suite*):

> Depuis 3 ans, Dieu a voulu châtier les pauvres Malabars des trois plus puissants Fléaux de sa Justice, savoir, la Guerre, La Famine et la Peste [...] on a détrôné l'Empereur, et on l'a fait mourir après lui avoir brûlé les yeux [...] Il nous est mort une infinité de gens de toute espèce, ce qui nous a donné lieu d'exercer notre peu de zèle. Nous avons baptisé une bonne quantité de Malabars. Je ne vous dirai pas le nombre, afin que vous ne croyiez pas que nous voulions faire comme les Jésuites, qui tâchent d'en imposer par une infinité de fables, et que nous voulions nous attribuer un honneur qui ne revient qu'à Dieu; car nous ne faisons que planter et arroser, c'est le Seigneur qui donne l'accroissement.

On comprend que ces 'planteurs' avant la lettre ne sont pas des informateurs aussi crédibles que ceux des autres contrées du monde et que dans leurs lettres le parti pris idéologique domine encore plus visiblement que chez ceux-là.

Pour ceux qui n'ont pas la chance d'avoir des jésuites sur leurs terres, les occasions d'attirer l'attention de la gazette sont bien différentes. L'Amérique du Nord est la mieux traitée; en 1775, lors de la guerre d'Indépendance, les cinq Nations sauvages des Iroquois apparaissent comme un peuple sage et pondéré, usant d'une langue métaphorique: elles auraient répondu à ceux qui leur demandaient de prendre parti pour l'un des camps, 'après une mûre délibération, qu'elles ne pouvaient, sans danger, prendre part à une contestation aussi délicate', puisque cette guerre était selon eux une 'querelle entre le Père et l'enfant' (7 février 1775). Le sauvage d'Amérique de la gazette est sage et éloquent comme celui de La Hontan ou comme celui de Lafitau (Voltaire s'en souvient dans *L'Ingénu*). Enfin, dans les gazettes comme dans les récits de voyage ou les travaux des linguistes,[9] l'homme africain reste le parent pauvre. On ne l'évoque que comme objet d'observations anthropologiques, au sens ancien du terme (anthropologie physique: en 1775, on découvre une tribu de 'nègres blancs'), ou comme objet de colonisation ou de commerce, à propos de nouveaux établissements commerciaux, ou de la fondation de la Compagnie d'Afrique. Le 'nègre', placé dans son élément, la forêt, est traité comme une

---

8. Ainsi, lorsque la gazette juxtapose dans la même page des nouvelles édifiantes des missions (franciscaines etc.) avec des affaires crapuleuses auxquelles seraient mêlés des jésuites, ou juxtapose les nouvelles de Chine avec celles qui relatent les troubles qu'ils suscitent dans les provinces françaises, la censure est difficile à mettre en œuvre, puisque le discours subversif est dans ce qui n'est pas dit: dans le lien que le lecteur fera pour en tirer sa conclusion. Voir A. M. Mercier-Faivre, 'Le géant, Buckingham et le laquais du ministre (faits divers et information politique dans la *Gazette d'Amsterdam*)'.

9. Voir l'analyse de D. Droixhe (*De l'origine du langage aux langues du monde*, Tübingen 1987, p.120 et suiv.), et A. M. Mercier-Faivre, 'Le babil des barbares, la langue des sauvages au 18ᵉ siècle', *Sauvages et barbares* (Caen 1994) et 'Rousseau et les lumières du Jazz', *L'Homme* (à paraître, 2001).

proie à peine humaine, les signes de civilisation n'étant que des détails de curiosité sans incidence sur l'idée qu'on s'en fait: une lettre de Paramaribo (Surinam) donne des nouvelles du camp de Barbacoeba: '[On] s'est emparé [...] de l'établissement d'un gros corps de Nègres des forêts [...] en cette occasion nos fidèles Nègres et les Troupes se conduisirent avec tant de bravoure, qu'ils repoussèrent les Nègres ennemis, mirent le feu à leur Village composé de 83 habitations, la plupart de deux étages [...] réduisirent en cendres 31 maisons d'un autre Village' (30 novembre 1775).

Les cruautés de l'esclavage et de la colonisation ne sont pas évoquées, contrairement à ce qui se passe dans une gazette friande de sensationnel, comme la *Gazette des Deux-Ponts*. Les esclaves, comme le peuple en Europe, ne font événement que lorsqu'ils se révoltent.

Aussi le plus grand nombre des nouvelles lointaines donne-t-il l'idée que le monde blanc est menacé par ses colonies. Une lettre de Sainte-Croix-de-Ténériffe évoque une révolte qui fait craindre le retour des désordres de 1718: une jeune fille veut épouser un mulâtre de la maison de l'Intendant, les amants sont découverts, s'enfuient, sont rattrapés et fouettés chez l'Intendant, qui décide de les exposer au carcan:

La Justice, le Beneficial, [...] prévoyant les conséquences de cette entreprise, allèrent se jeter aux genoux de l'Intendante, implorant grâce pour la Femme: mais, l'Intendante voulant absolument qu'ils fussent exposés, on obtint seulement un délai jusqu'au lendemain.[...] La Justice lui demanda la Fille coupable, pour la punir selon les lois; mais elle répondit qu'elle ne connaissait aucune Justice au-dessus de l'Intendant.

Le lendemain, la maison de l'Intendant est saccagée et celui-ci est assassiné; enfin, l'ordre revient. Le Général fait pendre douze mutins, neuf mulâtres et quatre blancs (27 août 1720). Dans la même livraison, on apprend que des troubles ont eu lieu à La Havane: les 'gens de la campagne' se révoltent contre les nouvelles réglementations sur le tabac. Lors du soulèvement, le Gouverneur est tué, l'Intendant en fuite: 'les Mutins ont brûlé une grande quantité de tabac, et ils n'en veulent plus planter ni cultiver à moins qu'ils ne soient maîtres d'en disposer'. Dans la livraison précédente, on apprenait des nouvelles d'Angola, où des Grands du Royaume se soulèvent contre le roi du Portugal; le gouverneur général brise la révolte grâce à une troupe de 6000 hommes, 'tant noirs que blancs' (18 octobre 1720). Ces révoltes, qui préfigurent celles d'Amérique du Nord qui occupent largement la gazette en 1775 comme celle, plus romanesque et très circonstanciée, de Ténériffe, offrent des terres lointaines une image brouillée: les catégories s'y mélangent, la question du métis se pose déjà de façon assez aiguë pour donner lieu à des nouvelles qui tendent vers le récit. Les 'gens de la campagne' de la Havane comme les Grands d'Angola semblent faire cause commune contre la puissance d'Europe: enfin, à Ténériffe, blancs et mulâtres se sont retrouvés dans une cause commune, celle de la supériorité du pouvoir judiciaire, fût-il local, contre le pouvoir exécutif qui émane du roi. Il semble que ces petits récits, plus développés et détaillés qu'il n'est d'usage, ont eux aussi pour fonction de dire quelque chose de l'Europe (ou à l'Europe). On ne peut déduire une attitude claire de la *Gazette d'Amsterdam* sur les questions de colonisation. Mais en proposant des points de vue divergents émanant de correspondants sans doute bien différents, elle se fait l'écho en 1720 des sensibilités et insensibilités du siècle et apparaît comme un observateur attentif à ces bouleversements.

Sous l'effet du commerce, et surtout à travers le regard qu'il suscite, les différences entre les peuples s'estompent. Le fait que la gazette ne traite que de ce qui concerne les Européens apparaît encore plus clairement encore en 1749: Pondichéry et Tobago[10] n'apparaissent qu'à travers les conflits entre Français et Anglais. Dans la gazette comme ailleurs, le lointain a essentiellement pour fonction d'offrir ses trésors à l'Europe: on apprend de Buenos Aires que le bateau chargé de transporter le trésor de Lima n'a pas assez de matelots pour mettre à la voile (14 novembre 1720) et de Marseille, qu'un rhinocéros vient d'y être débarqué (ce qui donne lieu à une coquille, fait très rare dans cette gazette, savoureuse).[11]

Enfin, le monde lointain, les personnes comme les lieux, s'intègre parfois au paysage le plus habituel de la gazette, l'espace des nouvelles de Cour: Louis XV offre au maréchal de Saxe une île des Antilles (on ne sait quel en est le nom, si elle en a un) et lui en donne le titre de roi, transmissible à ses héritiers; à Londres, on 'présenta au Roi deux Princes Indiens, dont les Pères possèdent des Royaumes sur la Rivière de Mississipi; ils parurent ensuite à l'Appartement, qui se tient trois fois par semaine à la Cour' (16 janvier 1720); rien de plus: de l'Autre, la gazette fabrique du Même; elle est bien aidée par le réel: le 12 décembre 1749, on apprend, toujours de Londres, que 'les deux jeunes Princes Africains qui sont ici depuis quelque temps aux dépens du Gouverneur ont été baptisés [...] par Mr Ferret, Lecteur de la Chapelle du Temple'. Lorsqu'un Prince chinois arrive à Moscou, c'est, nous dit le correspondant, 'pour augmenter le lustre de notre précieuse souveraine'; 'encore fort jeune, d'une beauté extraordinaire, très affable et nullement gêné dans ses manières de vivre', il aime les défilés et la musique (27 juin 1775). Manières et goûts sont de l'ordre de la reconnaissance d'un code commun, de même que la notation de beauté le fait entrer dans une norme acceptée de tous les Occidentaux. Enfin, lorsque Mehemet Effendi, ambassadeur de la Porte ottomane, arrive en France, 'on se loue fort de lui, et en particulier les Dames, qui le trouvent fort poli et fort gracieux. On dit que c'est un homme de beaucoup d'esprit, et qu'il a plus de Littérature que n'ont communément les personnes de ce Pays-là' (14 février 1721).

Cette position paradoxale des peuples lointains se confirme en 1775, mais on trouve parmi les nouvelles l'annonce d'un changement possible: une révolte des Pholis en Gambie pourrait introduire une contestation de la colonisation, puisqu'ils la déclenchent 'sous prétexte que [les Anglais] n'ont aucun droit légitime à la Côte d'Or, qui fait partie du territoire de leurs aïeux'. Cet avis

---

10. 28 mars, 4 avril, 11 avril, 23 mai; 22, 29 avril, 6 mai.
11. 'Cet Amiral a été mis dans la ménagerie du Roi' (26 décembre 1720): coquille volontaire?

de Londres ajoute que ce peuple, descendant des Arabes, 'étant nombreux, puissants, Mahométans rigides et très instruits des avantages du Commerce de l'or, de l'ivoire et des Nègres, on avait tout lieu de craindre qu'ils ne nous devinssent incommodes' (25 avril 1775, *Suite*). Les peuples de l'Afrique deviennent des rivaux possibles lorsqu'ils sont indiqués comme descendant des Arabes.

Le monde ottoman: fréquence et localisation des nouvelles

L'élargissement du monde de la gazette peut se lire à travers l'attention qu'elle porte au monde ottoman. Celui-ci apparaît, comme les pays européens, essentiellement par ses ports et ses capitales: Constantinople occupe parfois une vraie rubrique, plus rarement Alger, Tunis, Tripoli (ou 'la Barbarie'), ou plus rarement encore, Ispahan (la *Gazette d'Amsterdam* offre moins de provenances variées que celle de Leyde, on en verra plus loin une explication). Pour discerner l'évolution de cette ouverture à un plus grand espace à travers les trois années étudiées (livraisons principales et *Suites*) nous analysons l'évolution de la fréquence des nouvelles de Turquie et leur lieu d'origine (on trouvera à la fin de ce texte les tableaux qui fondent les remarques qui vont suivre). Seules les nouvelles de Turquie (placées ou non sous la rubrique *Constantinople*) sont prises en compte pour rendre plus clair ce mouvement et éviter qu'il ne dépende trop des circonstances du moment.[12]

En 1720, les nouvelles de Constantinople arrivent assez régulièrement. Mais elles sont peu développées (parfois quelques lignes, peu précises), et figurent le plus souvent dans les *Suites*. Certaines passent par Vienne et Venise. Quant à celles qui transitent par Varsovie et Leipzig, elles s'inquiètent essentiellement des crues et décrues de la peste à leurs portes, dont Constantinople figure comme le foyer d'origine (en France, lors de la peste de Marseille, on accuse 'le Levant', puisque la peste vient par la mer et non par la terre; mais dans les nouvelles de cette ville comme dans les autres, la *Gazette d'Amsterdam* n'accuse jamais, ne reproche jamais directement: on se contente d'indiquer les inquiétudes et les précautions).

En 1720, 27 livraisons évoquent ce qui se passe à Constantinople, et 12 donnent cette ville comme origine directe de la nouvelle. En 1749, la situation est très différente. On ne trouve que 20 livraisons évoquant la Turquie, et 4 seulement proviennent directement de sa capitale, les autres passent par Vienne, Moscou et Saint-Pétersbourg, Hambourg, Venise, Livourne, Malte... En revanche, les nouvelles sont plus longues, souvent circonstanciées. Cette plus grande diversité du lieu d'origine des nouvelles pourrait venir de la rareté des informations directes. Le rédacteur est réduit parfois à compiler d'autres gazettes, comme c'est le cas dans la livraison du 14 mars, aux

---

12. Les nouvelles du Levant sont trop liées à la question des Corsaires et donc au commerce européen (en 1749) et à la guerre du Maroc (en 1775); celles de Perse sont trop rares pour qu'un relevé soit significatif.

nouvelles de Londres ('on trouve dans la Gazette de cette Ville un article de Constantinople du 3 janvier, lequel porte ce qui suit: Une des filles du Sultan Achmet se marie aujourd'hui' etc.). La gazette a-t-elle perdu son informateur habituel? Celui-ci est-il devenu plus avare de nouvelles? (on verra cette possibilité plus loin). Les troubles du commerce liés à la présence incessante des pirates de Barbarie ont-ils rendu en 1749 les liaisons maritimes plus rares? Ou bien présentait-on en 1720 comme lettres émanant directement de Constantinople des nouvelles qui avaient en réalité transité par d'autres villes et subi des réécritures successives?

Au vu des constatations qui ont été faites dans le chapitre sur la 'politique des rubriques', l'hypothèse la plus vraisemblable semble être que les années de guerre, à partir des années 1730, ont évincé le monde non européen de la *Gazette d'Amsterdam*, qui utiliserait son espace exclusivement pour ce qui lui semble important. Que celle-ci donne malgré cela des nouvelles lointaines qui ont transité par des relais ou qu'elle en relève dans d'autres journaux n'a rien de contradictoire avec cette explication: la source, non utilisée du fait de ce choix et donc momentanément tarie, la *Gazette d'Amsterdam* aurait eu à trouver d'autres intermédiaires: choisir ceux qui l'informent par voie de terre ou se tourner vers ses concurrentes qui continueraient de publier régulièrement ce que leur envoient leurs informateurs.

En 1775, ce mouvement s'inverse: on dépasse la fréquence de 1720 (38 livraisons contre 27) et la provenance directe de Constantinople augmente, en proportion comme en chiffre absolu (30 contre 12). Le délai d'acheminement varie fortement: il s'accélère dans la deuxième moitié du siècle, sans qu'on perçoive de variation saisonnière nette: fluctuant entre 40 et 57 jours en 1720, entre 38 (*via* Vienne) et 44 jours en 1749,[13] il passe en 1775 à 49 jours comme durée maximale et 27 jours comme durée minimale (*via* Varsovie); le trajet le plus rapide est celui de la voie de terre, en été ou en automne, ce qui n'a rien de surprenant. Enfin et surtout, on assiste au fil du temps à une concentration des lieux de nouvelles, malgré la permanence en 1775 d'un certain nombre de nouvelles émanant de Vienne, de Varsovie et de Moscou: celles-ci sont liées au fait qu'il y a un échange de traités et d'ambassadeurs en cours:[14] l'attention se porte davantage sur ces lieux lorsque des événements de ce type sont en cours et que les correspondants sont peut-être plus actifs et plus écoutés: la source est amorcée et elle charrie aussi bien ce pour quoi on l'a sollicitée que d'autres éléments.

Le monde ottoman: étude comparée avec d'autres gazettes

Une comparaison avec d'autres gazettes (*Leyde, Cologne, Deux-Ponts, Bas-Rhin*) pour le premier semestre de 1775, en excluant les nouvelles d'ambassadeurs et

---

13. Le faible nombre de ces nouvelles fait que ces chiffres sont peu significatifs.
14. On ne les mentionne pas ici lorsqu'elles ne traitent que de diplomatie, puisqu'il s'agit dans ces tableaux que des affaires intérieures de l'Empire ottoman. Voir aussi A. M. Mercier-Faivre, 'Les ambassadeurs: gazettes et diplomatie. L'exemple russo-ottoman de 1775'.

de traités, montre que la *Gazette d'Amsterdam* est une des meilleures informatrices de ce qui se passe en Turquie: elle n'est devancée que par celle de Leyde sur le plan du nombre de nouvelles données comme émanant directement de Constantinople (mais on verra plus loin que *Leyde*, comme *Deux-Ponts*, semblent avoir un autre usage des rubriques). Numériquement, la *Gazette des Deux-Ponts* est proche d'elle, mais la teneur des nouvelles est différente.[15] *Cologne* se distingue par des nouvelles qu'on ne trouve pas ailleurs, très détaillées et donnant beaucoup de noms.[16] Enfin, la *Gazette d'Amsterdam* peut être caractérisée par sa régularité, comme la *Gazette de Leyde*.

1775	*Janvier*	*Février*	*Mars*	*Avril*	*Mai*	*Juin*	*Total*
Amsterdam	3	1	2	2	2	2	12
Leyde	3	3	3	3	1	4	17
Cologne	2	2	0	3	0	3	10
Bas-Rhin	1	1	2	2	0	1	7
Deux-Ponts	3	1	4	1	2	1	12

Sur le plan du contenu, il est difficile de faire des comparaisons, tant la situation varie d'une livraison à l'autre. Il arrive qu'*Amsterdam* soit en avance sur toutes les autres: elle annonce le 17 janvier le début de négociations avec Kherim Chan, *Leyde* et *Cologne* ne le font que le 20. Son analyse du mécontentement des marins Turcs devance de trois jours celle de *Leyde* (21 février), comme celle du festin du Capitan Pacha (30 mai), enfin, elle semble ne jamais reprendre les nouvelles de *Leyde*, contrairement à *Cologne*, *Bas-Rhin* et *Deux-Ponts*: le plus souvent *Leyde* et *Amsterdam* fonctionnent avec un remarquable synchronisme. Le seul exemple contraire, sur ce semestre, d'un retard d'*Amsterdam* sur *Leyde* est celui de la nouvelle de la création d'un corps d'Ingénieurs par le chevalier de Tott (25 avril). Il semble donc qu'*Amsterdam* bénéficie des mêmes sources que *Leyde*, avec un léger avantage, et que si elle ne donne pas exactement toutes les nouvelles que donne celle-ci c'est par un choix plus strict: celles que l'on trouve dans *Leyde* et non dans *Amsterdam* n'ont rien de très important et répètent souvent des nouvelles précédentes pour les confirmer ou les développer.

On trouve parfois des similitudes troublantes. Le 20 janvier, la *Gazette d'Amsterdam* donne une nouvelle de Natolie sous la rubrique *Constantinople*: le complot contre Osman Aga, à Satalie. *Leyde* relate les mêmes événements quatre jours plus tard, en plaçant elle aussi ces nouvelles en tête de livraison, mais sous une rubrique *Satalie*; les deux textes sont si proches qu'on ne peut que penser qu'il proviennent de la même source. Il est difficile de savoir lequel y est le plus fidèle. Plusieurs indices font penser que *Leyde* récrit davantage qu'*Amsterdam*; la plus grande élégance du texte plaide en ce sens (mais il semble que

15. Des anecdotes (on trouve aussi dans les 'variétés' une histoire musulmane, non comptée ici), beaucoup de fausses nouvelles d'émeutes ou de disgrâces: la *Gazette des Deux-Ponts* joue sur la 'peur du Turc'.
16. Des nominations au sérail (31 janvier, 28 avril), ou la situation des marchands polonais à Constantinople (20 janvier).

Leyde ait fait une erreur en alléguant une phrase sans voir que le sens en était changé);[17] même si les deux textes sont mot à mot très proches, le récit est davantage travaillé:

- segmentation des phrases et suppression des 'que' qui alourdissent le texte de sa concurrente, souvent prisonnière de sa phrase de départ 'on écrit que…', 'on mande que'… parallèlement, suppression de verbes introducteurs de discours rapporté;

- augmentation des effets par la subjectivité ('plusieurs personnes de considération' deviennent 'des amis communs'; 'une trahison la plus noire' devient 'la plus noire trahison'…); *Leyde* accentue l'aspect prémédité du complot;[18]

- commentaire du rédacteur de la lettre: *Leyde* clôt cette nouvelle transformée en récit avec un terme qui est une condamnation ('meurtrier') et une chute qui est presque une morale ('Mustapha acheva de le tuer à coups de Sabre. Toute la ville regrette Osman-Aga et a pris en horreur son meurtrier') alors qu'*Amsterdam* achève sur la fin des faits ('et tuèrent à coups de sabre Osman-Aga').

Amsterdam et *Leyde* donnent en même temps la suite de cette histoire (la vengeance du fils d'Osman Aga), mais la première la présente sous la rubrique *Livourne* et la seconde sous celle de *Satalie*. Les deux nouvelles proviennent d'une même lettre, écrite de Satalie à la même date; on peut donc conclure avec certitude que *Amsterdam* et *Leyde* partagent souvent les mêmes informations, peut-être le même informateur, et que la première donne fréquemment comme origine le dernier maillon de la chaîne de l'information, alors que la seconde donne l'origine de la première lettre (la *Gazette des Deux-Ponts* fait de même).[19] C'est une donnée qui modifie le déséquilibre observé auparavant entre *Leyde* et *Amsterdam* quant à la quantité de livraisons comportant des nouvelles directes de Turquie: *Amsterdam*, même en 1775, utilise davantage de relais et disperse davantage les nouvelles de Turquie à l'intérieur du journal. *Leyde*, qui place la nouvelle sous la rubrique du lieu où l'événement s'est produit plutôt que du lieu de provenance de la lettre parvenue au rédacteur, a sur ce point un traitement des informations plus 'moderne' quant à la disposition dans l'espace du journal, mais pas plus exhaustif.

Reste à savoir si l'informateur premier envoie deux messages différents, ou deux copies du même et donc à déterminer quelle est la part de réécriture de chacun des rédacteurs. Lors du récit de l'émeute de Péra, donné dans les deux gazettes le même jour (27 janvier 1775), il semble qu'on ait affaire à deux textes

---

17. 'Il envoya prier Osman-Aga, son beau-frère, de venir le voir avec deux Effendis, en ajoutant qu'il voulait le consulter' est dans *GL* 'envoya prier Osman-Aga, son beau-frère, de le venir trouver avec deux Effendis, qu'il voulait, disait-il, consulter'.

18. *GL* ajoute 'sans autre suite que…', '*tous* entrés'; la pelisse qui cache l'arme n'est plus portée comme un vêtement mais posée à dessein sur un divan, celui qui achève Osman Aga est son beau-frère, Mustapha, et non l'un des acolytes de celui-ci.

19. Elle relate la rencontre du Bayle de Venise et de quatre sultanes comme une nouvelle de Constantinople (12 janvier), alors que *GA* donne le même récit le 20 janvier, *via* Vienne.

différents: les événements rapportés sont les mêmes (à quelques détails près), mais toutes les phrases diffèrent.[20] C'est ce qui permet de dire que *Cologne* et le *Courier du Bas-Rhin* suivent la même version que *Leyde*.

Le lexique oriental

Grâce au *Bourgeois gentilhomme* de Molière, on sait que l'Orient existe aux yeux des Occidentaux non seulement par ses costumes étranges et chamarrés mais aussi par son langage: le 'grand Mamamouchi' qu'est devenu Monsieur Jourdain s'entend dire 'votre cœur soit toute l'année comme un rosier fleuri'[21] et a la joie d'apprendre que ses parents n'étaient pas marchands mais donnaient des étoffes 'à des amis pour de l'argent'.[22] Tout l'Orient de la gazette est contenu dans cette pièce: titres étranges (le Mufti joue un rôle dans la mascarade), langage fleuri et hypocrite. On peut supposer que c'est l'imaginaire des Occidentaux et qu'il n'a guère évolué. En effet, les nouvelles d'Orient sont caractérisées par la présence d'un grand nombre de mots non traduits. Ainsi, on peut lire des nouvelles presque aussi obscures que le discours des faux Turcs de Molière (22 août 1775):

> Mehemet Pacha fut déposé et remplacé par Derwisch-Mehemet, Aga, son Kiaya-bey; néanmoins le Grand seigneur [...] a nommé son fils, ci-devant Capigi-Bachi, Pacha d'Aldin, sur le détroit de Gallipoli. Sahib-Guerey, Chan des tartares, de Crimée, est exilé à Rodosto; Ibrahim Effendi rentre dans la charge de Kiaîa [*sic*] qu'il avait occupée à l'armée pendant la guerre, et le Chiaoux-bachi fut démis le sept de ce mois.

Plusieurs explications de cet usage particulier sont possibles: le terme peut ne pas avoir de correspondance exacte en Occident, on a préféré le laisser tel quel dans le doute (le sérail est-il l'équivalent du palais?), ou le correspondant ignore le sens exact du mot, ou bien il désire marquer une différence, donner aux lecteurs de l''exotisme' avant la lettre. Les récits de voyages ont fourni un modèle possible mais la gazette fait ses propres choix.[23] On trouve constamment les termes *Grand Vizir*, *Grand Seigneur*, ou le *Sultan* (qui devient très fréquent en 1775), ou encore le *Grand Sultan* (dans les nouvelles de Venise, en 1720), *Sa Hautesse*, version exotique de l'Altesse, la traduction laissant visible le sens littéral, ce que ne fait pas la formule européenne, ni, par la suite, l'abréviation en 'S. H.', équivalent du 'S. A.' d'Europe. On pourrait supposer, comme le fait Hélène Desmet Grégoire,[24] que l'absence de traduction de ces noms témoigne d'un savoir du lecteur, le rédacteur ne le guidant que pour les termes rares, ou d'une ignorance du rédacteur. Il est extrêmement difficile de tirer des conclusions nettes de ces traductions: on trouve encore le mot

---

20. *GA* se distingue lors de cet événement en étant la seule gazette à ne pas critiquer ouvertement les religieux français qui sont à l'origine des troubles.

21. Acte IV, scène 6.

22. Acte IV, scène 5.

23. Ainsi, celui que Chardin nomme le 'roi' de Perse est parfois nommé 'roi', parfois 'Sophi' (on trouve en 1720 'le Sophi ou roi de Perse').

24. *Le Divan magique*, p.157-59.

interprète et non *dragoman* en 1775, et bien souvent des mots qui devaient être connus, tant ils étaient fréquents, sont accompagnés du mot français.[25] Ce doublement lui-même, par sa redondance, signale un goût pour le terme exotique.

Seuls les termes les plus connus sont constamment donnés sans traduction: Bey, Dey, Janissaire (figure qui fascine les Occidentaux), Sultan(e), Pacha, Vizir, Sérail et Divan. En revanche, on trouve encore en 1775 'Ramazan ou carême des mahométans', 'Chiaoux ou domestique', 'Chiaoux Bachi ou chef des huissiers', 'Capigi Bachi ou chambellan', 'Kiaya ou adjudant général', 'Reis Effendi ou chancelier de l'Empire', 'Chan, ou gouverneur', 'Kislar agasi ou chef du Sérail', 'Cadilesker ou chef de justice'... Ce qui demeure cependant le signe d'une évolution dans la connaissance que les lecteurs ont du monde musulman est la multiplication, au cours du siècle, des noms donnés sans leur traduction. On peut l'observer en comparant deux entrées d'ambassadeurs (celle de Mehmet Effendi en France en 1720 et celle de Repnin, envoyé de Russie à Constantinople en 1775).[26] On peut le voir plus directement encore en comparant (tableau I) les termes rares présents d'une année à l'autre (ces termes sont donnés avec l'orthographe de la gazette).

Enfin, autre signe de familiarité grandissante, le 'Bacha avec trois queues de cheval' de 1720 est, en 1775, toujours abrégé en 'Bacha à trois queues'; le diminutif, signalant l'habitude, a aussi pour effet ici de diminuer l'aspect descriptif de ce titre et de ne lui garder que sa pure désignation honorifique: l'image exotique disparaît alors partiellement.

Il arrive que la gazette prenne le temps de donner des informations à travers des tentatives de traduction. Ceci peut s'accomplir par une incise, par exemple: 'un Laze, nom d'un Peuple particulier du District que l'on croit être l'ancienne Colchis et qui se nomme Lazico' (27 janvier 1775); Leyde donne une autre traduction, plus assurée, utilisant une parenthèse à valeur définitoire: 'Lazes (Milice originaire des côtes de la Mer Noire)' (27 janvier). On trouve le même procédé pour les lieux géographiques lointains et mal connus; ainsi, lorsqu'il est question d'un nouvel établissement sur la Gambie, le rédacteur de la nouvelle précise: 'la Gambie, qui est une branche du fleuve Niger laquelle se décharge dans l'Océan Atlantique' (9 août 1720). Mais ces précisions sont, elles aussi, peu nombreuses. Si le monde de la gazette se densifie, se précise, comme on remplirait des blancs sur une carte, c'est de la même manière que l'univers de la Cour ottomane, à travers des noms aux sonorités étranges, qui plaisent sans doute pour cela et qui n'informent pas mais livrent du pur signifiant. Dans ce domaine encore, l'année 1775 montre une richesse que les autres années sont loin d'atteindre. Non seulement l'Egypte, la Syrie, les pays de Barbarie, la Crimée, Galipolli, Bassora, Jaffa, Scio, Smyrne, Bagdad, Caza ...

25. Même en 1775, les termes de *Dragoman, Capitan Pacha* ou de *Mufti* sont tantôt doublés ('ou interprète', 'ou grand amiral', 'ou prêtre'), tantôt non, d'une livraison à l'autre.

26. Voir A. M. Mercier-Faivre, 'Une lecture fantasmatique de la *Gazette d'Amsterdam* au temps des *Lettres persanes* (1720-1721): le cas du despotisme oriental' (à paraître dans les actes de la table ronde de Dublin, 1999, éd. H. J. Lüsebrink et C. Thomas).

sont mentionnés, mais aussi Bender, Bachiktach, Zisak, Kicgathana, Dohuobacks... Enfin, Bajukdere et Joup, lieux du voyage du Grand Seigneur, donnent à Constantinople un entour et à la vie qu'on y mène une existence. Péra, le quartier des ambassades, joue le même rôle.

Le langage fleuri de l'Oriental

Le 'langage oriental' est le fait des envoyés des Deys, et non de ceux du Grand Seigneur. La gazette se plaît à donner de longs échantillons de ce style à travers des traductions de lettres comme ici celle du Dey d'Alger: 'le Préambule de cette Lettre porte entre autres ce qui suit' (19 septembre 1749):

La très gracieuse Providence du Seigneur et la Souveraine Prévoyance de l'Eternel veillent dans ce temps-ci sur le Roi des Rois, S. M. Le Grand Sultan, le redoutable Chakan, dont la main dirige les Clefs des Siècles, et tient la Bride du bonheur des Hommes; qui défend les Pays et Terres du Seigneur contre l'injustice et la violence, en chasse l'oppression, maintient les Peuples, et répand l'ombre du Très-haut par toute la Terre en faveur des Enfants d'Adam. Un Empereur plus excellent que tous les précédents Empereurs de l'Orient; le Maître des destinées; l'Axe sur lequel tournent le Droit et la Justice, qui fait reluire avec Eclat la couronne de la Prospérité, et suit les Traces des anciens Héros Orientaux Giem et Rustem; un Alexandre en Puissance, un Salomon en Sagesse, dont le Trône est élevé comme la Voûte du Ciel, et dont les Armées sont plus nombreuses que les Etoiles: le Mahmud Chan, toujours Victorieux, Sultan issu des Sultans [etc.].

Les termes d'amitié et d'estime reviennent sans cesse dans la suite de la lettre, caractérisée (comme tous les écrits des Deys que donne la gazette dans ces années-là) par une exagération qui sonne comme de l'hypocrisie:[27] on ne parle par ailleurs que de traités rompus sous de mauvais prétextes (23 septembre 1749). Si le style figuré des Indiens d'Amérique plaît comme un modèle de langage clair et naturel, celui des Orientaux, trop chargé, est présenté comme trop poli pour être honnête. La lettre de créance d'un ambassadeur du Dey de Tripoli aux Provinces-Unies en offre un exemple:

Aux Glorieux et Grands Princes, qui suivent le nom de Jésus, et les plus distingués et puissants Seigneurs qui honorent la Religion du Messie et qui ornent le Bien public des Chrétiens, les Hauts Régents des Pays-Bas, très chers, estimés et véritables grands Amis, dont la fin soit scellée de salut et de prospérité, lesquels le Dieu Très Haut conduise dans le chemin de la vérité. [etc., la lettre s'étend longuement avant d'en venir au fait: l'envoi d'un ambassadeur] Ecrit dans le mois de Ramad Kais, en l'an 1661 de Mahomed [...]

Au dos de cette Lettre était écrit: 'Aux Etats des Provinces des Pays-Bas et leur Haute Régence, nos véritables et très grands Amis, soit présentée celle-ci avec respect et souhait de salut' (25 mars 1749).

---

27. Pour une analyse plus détaillée d'autres échanges confrontés à la réponse donnée par les Occidentaux, voir 'L'Ambassadeur, le dragoman, la sultane et le chocolat', p.201-204.

C'est dans ces lettres officielles que la gazette se plaît à délivrer les indices de différence, notamment dans tout ce qui entoure le texte: les préambules et les fins, tout à fait inutiles sur le plan de la politique, disent quelque chose de l'étrangeté de ce monde, à travers son calendrier et son langage trop flatteur.

1720: La vie cachée du Grand Seigneur

Dans les *Lettres persanes*, Montesquieu se moque des nouvellistes qui, dit Rica, 'savent combien notre auguste sultan a de femmes, combien il fait d'enfants toutes les années' (lettre CXXX). Cette pique vise non seulement la rubrique des nouvelles d'Orient, mais toute la gazette, coupable d'impertinence en prétendant tout savoir, y compris ce qui est le plus secret, le Sérail étant la métaphore du lieu le mieux gardé dans le pays le plus lointain de l'espace habituel de la gazette: image même de l'impénétrable et de l'inconnaissable. Ce reproche peut viser la *Gazette d'Amsterdam*: il est prophétique de ce que celle-ci annonce en 1720, un an avant la parution des *Lettres*.

La *Gazette* prétend savoir beaucoup de choses. On lit le 20 février que deux 'Princes'[28] viennent de mourir en bas âge et que 'ces deux pertes ont causé d'autant plus d'affliction au Sultan, qu'il n'a plus qu'un seul Prince en vie. Le 22, une autre Sultane accoucha d'une princesse.' Dans la livraison du 12 avril, on apprend que 'le 3 [février] la Sultane accoucha d'une fille' et dans celle du 8 octobre on lit: 'On fait de grands préparatifs pour la cérémonie du jeune Sultan qui est prévue au 17 [septembre].' A ce stade, on pourrait croire que la moquerie de Rica (ou de Montesquieu) tombe: si le nouvelliste annonce des faits tenus secrets, c'est qu'il parvient à percer, comme il le prétend, tous les mystères; ce n'est donc pas le nouvelliste qui a tort, mais ce sont les secrets du sérail qui ne sont pas bien gardés. Mais, vers la fin de l'année, on découvre que Rica avait raison, et que la gazette a tort de prétendre savoir ce qui ne peut l'être. Dans la livraison du 15 novembre, on apprend que le Sultan a en fait deux fils et dans celle du 10 décembre qu'il en a trois (et ces deux fils supplémentaires ne sont pas nés entre-temps). Toutes les informations précédentes sont ruinées par ces suites de contradictions. Le fait qu'elles ne soient ni signalées ni commentées augmente le trouble:[29] il semble que le correspondant envoie ce qu'il entend sans se souvenir de ce qu'il a écrit précédemment, sans jugement, sans scrupules de vérité; ou bien il y a plusieurs sources de nouvelles et le gazetier ne prend pas le soin de les faire concorder. Montesquieu aurait raison dans sa critique: les nouvellistes, même ceux d'une gazette sérieuse comme celle-ci, ne peuvent être pris au sérieux.

Dans la gazette de 1749 on ne trouve aucune mention de naissance de prince ou princesse, ni de grossesse de sultane. La critique de Montesquieu a-t-elle

---

28. Ces livraisons de 1720 ont été étudiées plus en détail dans 'Une lecture fantasmatique de la *Gazette d'Amsterdam*'.

29. Même si cela est fréquent dans la gazette, cette désinvolture frappe, car il y a redoublement de l'erreur, et ce à peu de semaines d'écart.

porté? les nouvellistes sérieux hésiteraient alors à ternir encore leur réputation en donnant toujours des nouvelles de cette sorte, signalées à la moquerie de l'Europe par un ouvrage encore récent et très connu (à moins que, tout simplement, l'année ait été particulièrement pauvre en naissances à la Cour ottomane). L'hypothèse d'une influence du roman sur la gazette est tentante.

En effet, cette absence de nouvelles de ce type ne peut pas être attribuée à une clôture plus forte du Sérail sur ses secrets. C'est l'inverse qui se produit dans la mesure où il semble que Constantinople s'occidentalise progressivement dans le traitement que lui fait la gazette. En 1720, rien de ce qui se passe à l'intérieur du palais, en dehors des visites d'ambassadeurs, n'est relaté. Le Sérail apparaît comme le lieu où l'on n'entre pas (4 avril) ou devant lequel on passe (20 juin). Sa vie est obscure et la seule manifestation publique rapportée se passe à l'extérieur, sans que le Grand Seigneur y assiste; c'est celle de la fête de la circoncision des fils du Sultan, cérémonie qui au lieu de mener le jeu du même comme c'est le cas de la plupart des fêtes de la gazette (fêtes religieuses, anniversaires, carnaval...) dans les autres Cours, joue celui de l'autre.

Les fêtes qui n'ont pas lieu sont un autre moyen de signaler cette impossibilité de faire entrer les Ottomans dans le cercle des familles régnantes. On signale une absence de réjouissance là où il devrait y en avoir une, à l'image de ce qui se passe en Occident: 'la Sultane accoucha d'une fille mais on n'a fait aucune réjouissance publique à cette occasion' (12 avril).

1749: La vie publique du Grand Seigneur

En 1749, il semble que dans l'entourage du Sultan entre une plus grande socialisation: on lit des nouvelles de cérémonies: le Grand Seigneur se rend à la Mosquée du Sultan Achmet pour la fête du Baïram (27 janvier), il célèbre la 'fête Mazitore ou Anniversaire de la naissance de Mahomet' (23 juin), le Capitan Pacha lui donne un 'superbe festin' (30 mai). Son grand Vizir régale ses hôtes aux 'Eaux douces', enfin lui-même fait des voyages d'agrément (25 juillet):

Lundi dernier le Grand Seigneur, accompagné de 400 personnes, toutes à cheval, fit un voyage de plaisir par Joup jusqu'à l'endroit, nommé Benta de Belgrade, où Sa Hautesse examina le grand Etang; passa de là, après s'y être reposé quelques heures, dans les plaines du Bujukdere, admira sous ses Tentes l'agréable perspective de la Mer Noire. Sur le déclin du jour, le Grand Seigneur rentra dans son Yacht et revint au Sérail au clair de la Lune.

Comme les autres souverains, il a une famille et celle-ci est comparable à la leur par les événements qu'elle suscite. 'Une des filles du Sultan Achmet se marie aujourd'hui avec le Pacha de Salonique, et le Grand Seigneur, ainsi que les principaux officiers du Sérail, assistent à cette Cérémonie' (14 mars).

Le Sultan marie sa fille, son ministre fait de même. Les Grands de l'Empire accèdent ainsi eux aussi à une vie plus riche dans la gazette. Ils ne sont pas seulement des rôles politiques, mais jouent un rôle social dans leur monde: 'On mande encore de Constantinople [...] que la fille du Grand-Vizir avait épousé le Fils du Capitan Pacha et que ce dernier en ayant donné part par son Interprète aux Ministres étrangers, ceux-ci avaient envoyé selon la coutume de beaux Présents[30] à ce Pacha, qui devait aussi leur en faire' (17 juin).

Enfin, le Grand Seigneur, loin d'être cette figure absente de son propre espace privé que la gazette de 1720 n'évoque que par ses fils et ses femmes, participe à la vie du sérail qui est en 1749 un lieu proche d'une Cour européenne. On apprend ce qui s'y passe, en partie du moins: un incendie a éclaté dans 'les appartements de *l'intérieur* du Sérail', des fêtes s'y déroulent, qui reprennent les canons de la fête de Cour (illuminations, feu d'artifice) et le Grand Seigneur s'y trouve: 'On mande encore de Constantinople qu'il y a eu une très belle Fête dans le Sérail, lequel avait été à cette occasion superbement illuminé, et que l'on y avait tiré un magnifique Feu d'artifice en présence du Grand Seigneur' (16 septembre 1749).

Dans le domaine de la politique, il reste un peu de secret, mais pas plus que dans les Cours d'Occident: dans la livraison du 13 octobre, le nouvelliste peut indiquer que 'Le Grand-vizir ayant eu ordre du Sultan de se rendre au Sérail le 21 août dernier, Sa Hautesse tint, quelques heures après, un grand Divan, composé des Gens de la Loi, et qui causa de grands mouvements à la Porte, sans que l'on en sût le vrai motif'. Que l'on sache tout, hormis ce qui se passe dans le conseil, et que l'on constate aussi des 'mouvements' qu'on ne peut pas interpréter, c'est partout chose courante. Il demeure que l'on a su la convocation du Vizir, et sa date, le délai qui a précédé ce conseil inattendu et la composition de celui-ci, c'est beaucoup pour un pays réputé secret.

1775: Un monarque moderne en Orient

En 1775, quand la porte du Sultan reste fermée, une explication est donnée et l'on comprend que la Cour ottomane a ses rites et ses rythmes, comme toute autre et n'obéit pas à des lois mystérieuses (12 septembre 1775):

Monsieur Gradenigo, Baile de Venise, eut le 22 du mois dernier sa première audience du Grand-Vizir, et s'attendait à être admis le 25 à celle du Sultan; mais comme il n'y eut alors aucun divan et qu'il ne devait s'en tenir qu'au bout de 15 jours, la Porte fit savoir au Baile qu'il ne pourrait avoir accès auprès de la personne de S. H. que le premier du courant, jour auquel son Excellence fut attaquée d'un violent cours de ventre, qui l'empêcha de sortir.

Le Grand Seigneur n'est plus l'être perpétuellement menacé de 1720 et 1721, sur lequel courent de fausses nouvelles.[31] Il est un souverain comme les autres,

---

30. Chardin a tant insisté sur cette coutume du cadeau qu'elle est devenue le signe même de l'étrangeté du système administratif qu'elle sous-tend; elle entre aussi dans la thématique de la ladrerie orientale, très présente elle aussi.

31. On apprenait sa mort (6 août 1720), sa déposition (7 janvier 1721), deux complots (17 juin 1721); les deux premières nouvelles étaient fausses, les dernières hypothétiques.

et ses ministres sont comme ceux des autres souverains, à quelques détails près. Lorsque le Grand Vizir assiste à l'exercice des canonniers, il donne à 4 jeunes gens du corps des ingénieurs 'une Médaille d'or de la valeur de vingt sequins, représentant en Chiffre le nom du Grand Seigneur' (10 octobre 1749). Le Grand Seigneur apparaît comme un double des princes européens qui offrent leur portrait et des cadeaux de prix à ceux qu'ils veulent encourager ou remercier; et puisqu'il s'inscrit dans l'ordre du même on peut signaler la différence du détail: ce n'est pas exactement son portrait (puisque le Coran l'interdit) mais son équivalent plus subtil, son nom. En 1775, il apparaît comme un souverain moderne, contrairement à ce que les vieux stéréotypes rapportent (25 avril):

Bien loin [...] de vouloir négliger les moyens de mettre ses Troupes sur le pied des Européens, la Porte a formé un établissement, que l'on peut regarder comme fort singulier de la part d'une Régence qui ne renonce pas facilement à ses anciennes coutumes. En effet, le Grand Seigneur a créé pour toujours un Corps d'Ingénieurs, dont les Elèves seront dressés par un Professeur à tout ce qui a rapport au Génie.

Le professeur nommé à cet emploi est un Anglais recommandé par l'ambassadeur de France et le chevalier de Tott. Enfin, en 1775, il semble que la condamnation de Rica-Montesquieu ne soit plus de mise, tant la Cour ottomane semble avoir rejoint le commun des Cours, tant le nouvelliste est devenu prudent et tant les nouvelles y ont gagné en certitude. Si les nouvelles de naissances réapparaissent, c'est sans doute que le soupçon d'impertinence semble levé, non parce que l'on aurait oublié les *Lettres persanes*, mais parce que la façon de faire du nouvelliste a changé et que le secret n'est plus impénétrable:

- La prudence et la volonté de confronter plusieurs sources, dans la livraison du 12 mai 1775: 'Le bruit court que l'une des sultanes est enceinte; mais comme des personnes qui entrent journellement dans le sérail, déclarent n'en avoir rien appris, ce bruit mérite confirmation.'
- Dans celles du 23 juin, un tri toujours net entre ce qui est confirmé et ce qui ne l'est pas: 'Le Reis-Essenai a fait signifier aux Ministres Etrangers la grossesse d'une Sultane, et on assure qu'une seconde est aussi enceinte.'
- Le 11 juillet, l'assurance que donne le 'pour certain', la richesse des nouvelles, et la précision des dates qui convainc: 'on sait maintenant pour certain que deux sultanes se trouvent enceintes; que l'une accouchera bientôt, et que depuis environ quinze jours, une troisième a fait une fausse couche'.

Enfin, le 10 novembre, on est bien obligé de modifier un peu ces certitudes en masquant la petite erreur de date (la sultane qui devait accoucher 'bientôt' est toujours enceinte quatre mois plus tard) derrière la confirmation de ce qui fait l'essentiel de la nouvelle par le témoignage oculaire, garant de vérité. En effet, les événements du Sérail concernent la ville même, donc l'extérieur et le correspondant devient témoin: œil, et non plus seulement oreille pour les rumeurs: 'On travaille en cette ville à de grands préparatifs pour le prochain accouchement de deux sultanes.' Enfin, retour de la prudence mais souci d'informer au plus vite: 'le bruit se répand que cette Sultane est déjà accouchée d'une Princesse, et que cet Evénement est tenu secret au Sérail, à cause du ramazan. Si ce bruit est fondé ou non, le temps l'apprendra après la fête du Baïram, qui aura lieu dans huit ou neuf jours' (29 décembre). Le Sérail n'est plus la métaphore de l'information impossible. Il est un espace d'où les nouvelles s'envolent, plus ou moins rapidement, avec plus ou moins de précision, mais non si différent. Enfin, la communauté internationale (si l'on peut employer cet anachronisme) participe aux réjouissances:

On continue de s'occuper ici aux préparatifs nécessaires, tant pour les illuminations qu'autres Réjouissances publiques, qui se feront à l'occasion du prochain accouchement d'une de deux Sultanes, non seulement au Sérail et au Vizirat, mais chez tous les Ministres d'Etat et Etrangers, Officiers de la Porte et les Habitants en général.

La différence de la société musulmane quant au traitement fait aux femmes apparaît toujours lorsqu'il est question des femmes mais davantage comme une tentative pour éviter l'influence occidentale que comme un symptôme d'exotisme: 'le Gouvernement a fait paraître un édit qui fait défense aux femmes turques, grecques et arméniennes de paraître en Capots dans les rues' (11 juillet), on interdit, lors de l'entrée du Prince Repnin, ambassadeur extraordinaire de l'Impératrice de Russie à la Porte Ottomane, 'qu'aucun Turc, et surtout aucune fille ou femme parussent dans les rues, pour voir cette Entrée' (1ᵉʳ décembre).

La religion du Grand Seigneur apparaît le plus souvent comme une coutume autre, des fêtes différentes, des cérémonies différentes, rien de plus, à quelques exceptions près. La période du ramadan demeure celle qui modifie le plus le cours de l'information: comme on l'a vu plus haut, les portes sont closes, les fêtes suspendues, tout comme les nouvelles qui les justifieraient. Enfin, la conversion à la religion mahométane, déjà montrée dans *Le Bourgeois gentilhomme* comme une obligation première, est l'un des éléments qui posent problème (11 juillet 1775):

Ces jours-ci, l'homme de chambre du colonel Peterson embrassa la religion Mahométane, pour se soustraire à la bastonnade qu'il avait méritée chez son maître. On sait que celui-ci a réclamé son domestique, mais qu'on lui avait répondu que comme il était devenu mahométan sans contrainte et sans séduction, la Porte ne pouvait le lui rendre.

La conversion fait que l'on change de loi (c'est un des ressorts du roman de Thomas Hope, *Anastasius*, publié en 1819), mais la loi du Grand Seigneur n'est pas présentée comme si différente de celle des Etats européens. Ce n'est pas le cas des Etats de Barbarie: en 1775, le roi du Maroc invoque la loi musulmane qui lui donnerait le droit de rompre les traités, ce que ne fait pas la Porte. Plus généralement, les Etats de Barbarie représentent le mal absolu aux yeux de la gazette: lâcheté des combattants lors de la guerre du Maroc de 1775, ridicule du roi du Maroc, qui mène les opérations lors du siège de Melille, selon la gazette, 'sans jugement ni direction', s'arrache les poils de la barbe sous l'effet de la colère (10 février 1775), et voit ses fils quitter le campement malgré ses ordres parce qu'ils 's'ennuyaient de la longue défense de Melille' (28 février). La 'perfidie' des ruptures de traités en 1749 et les mauvaises raisons invoquées pour cela, toutes marquées par l'appât du gain, trait présenté comme caractéristique de ces puissances, voisinent avec les lettres dont on a vu plus haut le ton chaleureux, toutes faites de protestations d'amitié sincère et de fidélité constante, ce qui, bien sûr, oriente le lecteur vers un jugement très sévère pour les Maures.

Le despotisme

Le gouvernement despotique est l'un des autres traits caractéristiques majeurs de l'Orient aux yeux des Occidentaux, grâce à la description qu'en a proposée Montesquieu, mais aussi, bien avant, à travers des récits de voyageurs comme Chardin. Ce thème, fort important, de la mise en scène du despotisme oriental par la gazette serait trop long à aborder ici. Signalons, en résumé, que le Grand Seigneur, presque invisible tant il est redoublé et masqué par son Grand Vizir en 1720,[32] prend en 1749 et 1775 une autre dimension. Les exécutions apparaissent comme des faits de son propre pouvoir ('la Porte a demandé la tête d'Osman Pacha', 24 octobre) et non comme des suites de rébellions (celle de Satalie, que l'on a vue plus haut, mise à part). Comme en 1720, un grand nombre de destitutions, dépositions, révoltes se soldent en général par l'exposition d'une tête coupée devant le Sérail. Le Capitan Pacha est une image du pouvoir du Grand Seigneur, lui dont on dit qu'il croise dans les eaux de Turquie pour punir les rebelles et rapporte plusieurs têtes, comme celle d'un aga rebelle, prise à Chypre (1er septembre 1775) ou de Cheik Daher, à Acre (24 octobre 1775):

> Le Cheik Daher ne fut pas plus tôt revenu à Acre, sa résidence, après la mort d'Abendaab et la retraite de l'armée égyptienne, qu'il y fut investi par les troupes du Capitanpacha et par un gros corps d'Arabes. [...] Il tomba au pouvoir de ses Ennemis, qui lui coupèrent la tête, que le Capitan-pacha envoya aussitôt en cette capitale, où elle fut exposée à la vue du Public le 4 de ce mois et les deux jours suivants.

Généralement, le Capitan-Pacha et les autres exécutants du Grand Seigneur exercent un pouvoir total mais présenté comme légitime; l'exposition des têtes coupées ne semble pas avoir pour fonction de provoquer le dégoût du lecteur devant des coutumes barbares (il est difficile d'apprécier en la matière dans quelle mesure la sensibilité des lecteurs de gazettes du dix-huitième siècle pouvait être heurtée: sans doute fort peu), mais elle illustre le châtiment, au même titre que l'exécution de Pugatchef en Russie en 1775. On lit tout au long de la gazette la bienveillance du Grand Seigneur pour ses sujets, ses efforts pour combattre les abus des Pachas ou des Agas. En voici un

---

32. Voir 'Une lecture fantasmatique de la *Gazette d'Amsterdam*'.

exemple, pris dans une nouvelle de Négrepont dans la Morée, qui relate la mort d'Agi Osman Pacha, gouverneur de la ville (30 juin 1775):

> Alors on lui présenta l'ordre de S. H., contenant qu'il était condamné à mort pour avoir refusé d'aller prendre les Esclaves qui se trouvaient à Bender, et extorqué 700 bourses des Turcs et Grecs dans la Romanie. Il pria qu'on lui permît de voir son fils et son Sélictar, l'un de ses principaux Officiers; mais inutilement. Ensuite, il offrit 50 mille Sequins, si l'on voulait lui accorder quinze jours de délai; ce qui lui fut également refusé. Enfin, voyant qu'il n'y avait aucune espérance, il fit sa Prière, se mit lui-même le Cordon au cou, et sa tête fut incontinent envoyée à Constantinople.

Cette histoire édifiante, qui montre que la colère du Grand Seigneur s'exerce justement contre ceux 'qui [se seraient] arrogé un pouvoir arbitraire' (12 septembre 1775), fait de lui un despote presque éclairé.

Les choix diplomatiques de la gazette

On voit le Grand Seigneur protéger les Grecs et les ambassadeurs étrangers contre les fanatiques, réprimer les volontés bellicistes des janissaires, sans que jamais la gazette signale qu'il le fait parce que les circonstances internationales l'y obligent (notamment après la guerre avec la Russie et le traité de 1774). La *Gazette d'Amsterdam* intègre la Turquie dans ce qu'on appellerait aujourd'hui très bizarrement le 'concert' des nations européennes plus que sa situation réelle ne le permettrait. Mais c'est en cela qu'elle crée du politique.[33] On peut y lire sa liaison avec les intérêts français et le lien que ceux-ci entretiennent avec la Cour ottomane. Si la *Gazette d'Amsterdam* prend grand soin de distinguer les Turcs des peuples de Barbarie, c'est que dans le champ du réel la France fait de même: on lit dans une nouvelle de Barcelone le récit de l'arrestation de cinq Turcs 'malgré les instances du consul de France. Néanmoins, la Cour envoya ordre le 17 de ce mois, de faire une distinction entre les Turcs du Levant et les Maures d'Alger, et de rendre sur le champ liberté à ces Prisonniers. En conséquence, les 5 Turcs [...] furent reçus par le consul de France, qui les reconduisit à bord de leur vaisseau, mais si transportés de joie et si pénétrés de reconnaissance pour leur Libérateur, qu'ils s'écrièrent unanimement: Vive le Roi de France!' (17 octobre 1775). Cette nouvelle est emblématique de la situation du monde ottoman dans la *Gazette d'Amsterdam*: là où d'autres pratiquent l'amalgame (les 'Turcs', les 'mahométans', etc.), *Amsterdam* tire les Ottomans hors de ce monde de la 'barbarie' (aux deux sens du terme), à travers l'image qu'elle donne de leur gouvernement: tolérance religieuse, respect des lois et de la justice.

Ainsi, globalement, les gazettes qui tentent de délivrer une information politique 'sérieuse' ne donnent du monde lointain que les nouvelles qui 'regardent' les Européens. Mais cela ne signifie pas que, à travers ces nouvelles, les pays et les peuples des autres continents entrent réellement dans ce qui est le

---

33. Voir pour comparer dans ce sens sa stratégie avec celle de *GL*, un échange d'ambassadeurs en 1775 ('Les ambassadeurs: gazettes et diplomatie. L'exemple russo-ottoman de 1775').

véritable espace de la gazette, celui de l'information politique. Ils y sont des objets (à convertir, conquérir, défendre, exploiter) et non des acteurs, sauf lorsque les colons revendiquent cette entrée, qui se fait d'abord par l'économie (le thé, le tabac, les esclaves...). Le monde ottoman illustre la seule entrée politique d'une autre culture dans cet espace. De 1720 à 1775, on le voit par l'augmentation des nouvelles qui en parlent et par le poids grandissant de la rubrique *Constantinople* dont les nouvelles deviennent 'indépendantes' dans le sens où elles n'ont pas besoin de transiter par une autre rubrique, européenne. La figure du Grand Seigneur rejoint celle que la *Gazette d'Amsterdam* (et le monde dont elle se fait l'écho, à qui elle tend un miroir fait de discours convenus) donne des rois d'Europe et de leur Cour. Il peut paraître paradoxal que cette 'entrée', cette présence affirmée et cette 'indépendance' de la rubrique *Constantinople* aille de pair avec l'affaiblissement du pouvoir ottoman en Europe. Cette coïncidence n'est pas le fait du hasard: pour entrer dans l'espace de la gazette européenne, le monde lointain doit faire allégeance et chercher des alliés à l'intérieur de ce monde. De la sorte, il peut comme les autres nations devenir un miroir pour l'Europe. Qu'il devienne ainsi objet de discours ne surprend pas. Qu'il en soit payé de mots est tout naturel.

V. *Espace politique et image du monde*

Tableau 1. Comparaison des termes rares présents d'une année à l'autre

	1720	1749	1775
Mufti	2	2	2
Chiaoux	1		1
Chiaoux Bachi/Bacha	1		4
Celalbat/Celebi	1		
Sophi	1	1	
Bacha, bassa, Pacha	3	6	7
Aga	5		2
Kan, Chan		3	3
Schah		2	1
Cadilesker		1	1
Testerdar		1	1
Kislar Agasi		1	
Kiata, Kiaya			2
Kiaya Bey			1
Dragoman			3
Topzi Bachi			1
Beglierbey			1
Tchobadar			2
Vizir du banc			1
Calife			1
Capigi-Bachi			4
Reis-Essenai/Esserat/ Effendi			4
Musselim			1
Effendi			1
Selictar			1
Bastangi			1
Gebergt Bassa			1

(l'unité est la livraison donnant des nouvelles de Constantinople; il peut y avoir plusieurs nouvelles dans une même livraison, par exemple dans l'ordinaire et dans la *Suite*)

Tableau 2. Fréquence et répartition des lieux d'origine des nouvelles de Constantinople dans la *Gazette d'Amsterdam* en 1720, 1749, 1775

1720	*Janv.*	*Fév.*	*Mars*	*Avril*	*Mai*	*Juin*	*Juil.*	*Août*	*Sept.*	*Oct.*	*Nov.*	*Déc.*
Constantinople	1	1		1	1	2	2	1		1		2
Vienne			1			1		2			2	
Hambourg			1									
Venise					1			1			1	
Paris				2								
Francfort										1		
Varsovie							1					
Leipzig								1				

1749	*Janv.*	*Fév.*	*Mars*	*Avril*	*Mai*	*Juin*	*Juil.*	*Août*	*Sept.*	*Oct.*	*Nov.*	*Déc.*
Constantinople							1		1	2	1	
Vienne		1								1	1	
Hambourg							1					
Venise							1					
Varsovie			1						1			
Londres			1									
Moscou			1			1			1			
St Pétersb.								1				
Livourne				1				1				
Malte							1					

1775	*Janv.*	*Fév.*	*Mars*	*Avril*	*Mai*	*Juin*	*Juil.*	*Août*	*Sept.*	*Oct.*	*Nov.*	*Déc.*
Constantinople	2	1	2	2	2	2	2	1	2	2	2	2
Vienne	1									1	2	
Varsovie								2				
Moscou									1			

Appendices

A. Vignettes de titre

Types successifs

A. **Lion dans écusson couronné**

A1. 27 août 1691-31 mai 1694, repris (très abîmé) du 1er octobre au 12 novembre 1703 (30 × 31mm).

A2. 3 juin 1694-27 septembre 1703 (jusqu'à dégradation complète) (30 × 31mm).

A3. (queue ramifiée en S renversé) 13 novembre 1703-2 juillet 1717 (24 × 28mm).

B. **Lion dans ovale couronné avec encadrement de volutes et de feuillages:** 6 juillet 1717-5 octobre 1728 (40 × 43mm); un nouveau passe-partout le 2 juillet 1717.

LIX.

A M S T E R D A M.

AVEC PRIVILEGE DE

LES ETATS DE

ET DE WEST-

NOS - SEIGNEURS

HOLLANDE.

FRISE.

Du VENDREDI 23. Juillet 1717.

Dans tous les types suivants, on trouve toujours le lion dans un ovale couronné, mais il devient dans les vignettes successives, dues à J.-M. Papillon, une part mineure parmi les ornements qui l'entourent.

C. **Angelots tenant l'ovale, plumes, feuillages et volutes** ('Papillon inv et F' au bas de la vignette): 8 octobre-23 novembre 1728 (38 × 35mm). Dès le 13 juillet 1728 un nouveau passe-partout portait la signature 'Papillon f.' (28 × 28mm).

LXXXVIII.

A M S T E R D A M.

AVEC PRIVILEGE. DE

LES ETATS DE

ET DE WEST-

NOS - SEIGNEURS

HOLLANDE

FRISE

Du MARDI 2. Novembre 1728.

D. **Femme au lion:** ce type, qui présente plusieurs états et de nombreuses variantes mineures, est la vignette définitive (jusqu'au 13 janvier 1795, où elle disparaît).

C   D1

D2   D8

D1. Femme, tête tournée vers la gauche, assise sur un lion tenant un faisceau de flèches, et lui-même couché sur une nuée; elle porte l'ovale que couronne un angelot; son écharpe volante forme un arc de gauche à droite au dessus de sa tête ('[*illisible*] 1728 Papillon inv' dans le cadre de l'ovale): 26 novembre 1728 → (37 × 34mm)

D2. Autre lion, autre femme tête légèrement tournée vers la droite, écharpe volante de droite à gauche; l'angelot disparaît ('Papillon f' en bas sous la nuée): 26 août 1729 → (35 × 36mm) (avec un nouveau passe-partout au Mercure, 'Papillon f', 29 × 29mm)
D1 et D2 alternent à partir d'août 1729.

D3. Le dessin de la femme change, absence de la signature de Papillon: 1ᵉʳ janvier 1734 → (36 × 38mm).

A M S T Ė R D A M.

AVEC PRIVILEGE DE

LESETATSDE

ET DE WEST-

NOS-SEIGNEURS

HOLLANDE

FRISE.

Du VENDREDI 1ᵉʳ. Janvier 1734.

D4. Autre bois, un peu différent: 2 novembre 1734 → (38 × 39mm). Alterne avec D3 jusqu'à la fin de 1735.

LXXXVIII.

A M S T E R D A M.

AVEC PRIVILÈGE DE

LES ETATS DE

ET DE WEST.

NOS-SEIGNEURS

HOLLANDE

FRISE.

Du MARDI 2. Novembre 1734.

D5. Variante de D2, de dessin un peu différent, et sans écharpe: 27 mars 1736 → (non signé, 36 × 33mm, seul bois utilisé)

XXV.

A M S T E R D A M.

AVEC PRIVILEGE DE

LES ETATS DE

ET DE WEST-

NOS SEIGNEURS

HOLLANDE

FRISE.

Du MARDI 27. Mars 1736.

D6. Variante: 12 août 1740 → (non signé, 41 × 35mm), alterne avec un autre bois (43 × 37mm) à partir du 30 août 1740.

LXV.

A M S T E R D A M.

AVEC PRIVILEGE DE

LES ETATS DE

ET DE WEST-

NOS SEIGNEURS

HOLLANDE

FRISE.

Du VENDREDI 12. Août 1740.

D7. Variante: 1er janvier 1743 → (non signé, 42 × 34mm), alterne avec un autre bois à partir du 8 janvier 1743 jusqu'au 29 octobre 1745.

I I.

A M S T E R D A M.

AVEC PRIVILEGE DE

LES ETATS DE

ET DE WEST-

NOS SEIGNEURS

HOLLANDE

FRISE.

Du MARDI 7. Janvier 1744

D8. Mêmes composantes, dessin différent, mais la femme a de nouveau un bandeau flottant de gauche à droite, beaucoup plus ample que dans D1. A partir de ce moment la vignette est souvent renouvelée et modifiée, mais reste fondamentalement conforme à ce dernier type.

D8a. 2 novembre 1745 → ('Papillon fecit' à gauche près de la tête du lion, 38 × 36mm), alterne avec un bois légèrement différent de même signature (38 × 37mm) à partir du 5 novembre jusqu'à la fin de 1752.

D8b. 2 janvier 1753 → ('Papillon 1752' près de la tête du lion à gauche, 38 × 38mm); un autre bois légèrement différent apparaît le 8 mai ('Papillon 1753', 38 × 39mm) et alterne avec le premier.

D8c. 8 mars 1757 et 11 mars 1757, deux vignettes un peu différentes ('Papillon 1757', 37 × 41mm) alternent jusqu'en 1761.

270

D8d. 9 juin 1761 → ('GREM 1761' dans la volute du nuage en haut à droite, 38 × 40mm); les éléments restent semblables, mais le dessin est assez différent; il semble y avoir deux bois de ce type très proches.

XLVI.

A M S T E R D A M.

<table>
<tr><td>AVEC PRIVILEGE DE</td><td rowspan="3"></td><td>NOS SEIGNEURS</td></tr>
<tr><td>LES ETATS DE</td><td>HOLLANDE</td></tr>
<tr><td>ET DE WEST-</td><td>F R I S E.</td></tr>
</table>

Du M A R D I 9 Juin 1761.

D8e. 3 janvier 1766 →: 'GREM' sans date alterne avec D8d; dessin très proche.

I.

A M S T E R D A M.

<table>
<tr><td>AVEC PRIVILEGE DE</td><td rowspan="3"></td><td>NOS SEIGNEURS</td></tr>
<tr><td>LES ETATS DE</td><td>HOLLANDE</td></tr>
<tr><td>ET DE WEST-</td><td>F R I S E.</td></tr>
</table>

Du V E N D R E D I 3 Janvier 1766.

D8f. 3 janvier 1769 → ('Papillon 1765', à droite de la tête du lion, 38 × 40mm) alterne avec un autre bois presque identique à partir du 6 janvier jusqu'en 1775.

D8g. 2 janvier 1776 → ('Papillon 1765', 39 × 40mm) alterne avec un autre bois presque identique (38 × 40mm)

D8h. 4 mai 1779 → ('Papillon 1765', 39 × 41mm) alterne à partir du 7 mai avec un autre bois ('Papillon 1769', 40 × 40mm) jusqu'à la fin de 1782.

D8i.3 janvier 1783 →: 'N: NUMAN. 1783', 39 × 42mm; on croit lire, à partir du 24 janvier 1786, '[*illisible*] NUMANG 1783'. Il semble ne plus y avoir de changement de bois, qui devient de plus en plus indistinct, surtout à partir de 1789.

1.

A M S T E R D A M.

AVEC PRIVILEGE DE NOS SEIGNEURS

LES ETATS DE HOLLANDE

ET DE WEST- FRISE.

Du V E N D R E D I 3 Janvier 1783.

Vignette de Papillon qui n'a pas été utilisée dans la *Gazette d'Amsterdam* et qui figure dans son oeuvre

B. Colophons

'A Amsterdam chez le Sr J. T. DUBREUIL et se vendent à Amsterdam chez:

A. D. Oossaan sur le Dam	1691-1692
Veuve A. D. Oossaan sur le Dam	1692-1704
Pierre Brunel près de la Bourse	1691-1697
J.-Louis de Lorme sur le Rockin	1697-1704
Dirck Schoute (ou Schouten) sur le Dam	1704-1718
Veuve de D. Schouten	1718-1722
Nicolas Viollet sous la Bourse	1702-1722
Louis Renard sur le Dam	1704-1715

à La Haye

Jacques Garrel dans le Hof straat	1692-1693
Veuve Aelberts dans le Hof straat	1694
Meyndert Uytwerf dans le Hof straat	1694-1706
Veuve de Meyndert Uytwerf	1706-1722

à Rotterdam

Jean Malherbe (et Tirel) dans le Keysers straat	1703-1706
Jean Hofhout sur le milieu du Blaak	1706-1722
H. La Feuille	1704

à Utrecht

Willemina Appelaar sur le Oude-Gracht	1712-1718
J. van Poolsum	1718-1722

(La mention des libraires disparaît après le 18 décembre 1722)

[...] DU BREUIL [...]	à partir du 8 juillet 1700
[...] par le Sr J. T. DU BREUIL [...]	à partir du 15 mai 1702
'J. T. DU BREUIL'	jusqu'au 14 octobre 1721
'A Amsterdam par le Sr C. T. DU BREUIL' (en caractères plus gros à partir du 14 avril 1724) Episodiquement ensuite, et souvent très rare. Semble disparaître après le 4 mars 1760.	à partir du 24 octobre 1721

273

'A Amsterdam par le Sr J. P. TRONCHIN DU   à partir du
BREUIL' ('J. P. T. DU BREUIL' à partir du 28 mars   2 janvier 1767
1769)
Très épisodique et rare en 1770-1778 puis régulier (avec
'TRONCHIN') à partir de juillet 1785
Disparaît après le 24 février 1789.

'A Amsterdam, Chez NICOLAS COTRAY, sur le   à partir du
Nieuwe-Zyds-Agterburgwal, derrière le bureau général 2 janvier 1795
des Postes'

'[...] Avec Privilège' (correspond au changement de   à partir du
titre: *Liberté, Egalité, Fraternité. Gazette d'Amsterdam*   17 février 1795
Du [...])
Parfois absent à partir d'avril 1795, le colophon disparaît
à partir du 12 avril 1796

C. Annonces et affaires locales dans la réimpression genevoise

Nous avons étudié plus haut, dans le chapitre sur les réimpressions et contre-façons, la collection conservée à la Bibliothèque publique et universitaire de Genève sous la cote Gd 522, réimpression de la *Gazette d'Amsterdam* courant sans interruption du 5 mars 1703 au 28 décembre 1764.

Sans revenir sur l'histoire de cette curieuse entreprise et sans entrer dans la comparaison minutieuse du contenu de cette réimpression avec le texte original d'Amsterdam (vaste étude qu'il faudra bien faire un jour), nous nous bornerons ici à dresser un premier inventaire des adjonctions manifestes qu'on y trouve.

Transports: courriers, coches et bateaux

Dépendant elle-même des postes et des moyens de transport de l'époque, il était naturel que la gazette leur consacre au besoin quelque annonce.

Dans la gazette datée du 12 octobre 1717, on lit cet avis de portée générale: 'Ceux qui écrivent en France sont avertis de mettre exactement et distinctement sur la subscription de leurs lettres la qualité et la demeure des personnes à qui ils écrivent, sans quoi leurs lettres sont en danger d'être mises aux rebuts [*sic*]. Et ceux qui écrivent de France pour Genève doivent aussi observer la même chose.'

Lorsque les jours de courrier changent, la gazette l'annonce. Ainsi le 8 janvier 1723: 'Le Public est averti que les courriers de France arriveront à Genève les lundi, jeudi et samedi à 7 ou 8 heures du matin et le mardi à midi au plus tard; et en repartiront les lundi et samedi à deux heures après midi; et les mercredi [*sic*] et samedi à midi précisément.'

Il en va de même lorsque les communications sont améliorées. Un 'Avis des Postes de France' imprimé dans la gazette du 23 mai 1760 annonce 'qu'à l'avenir [...] on pourra écrire deux fois par semaine à Madrid, Cadix, Séville, Malaga et Lisbonne, ainsi que dans toutes les autres villes d'Espagne et de Portugal', puisque à 'l'ordinaire actuellement établi' du mardi s'en ajoutera un autre le samedi, au départ de Paris toujours.

Fâcheuse nouvelle en revanche le 12 mars 1762: 'On donne avis au Public que la Malle de Flandres, dont les lettres devaient arriver à Londres le 2d de ce mois de mars, a été volée.'

D'autres annonces concernent les moyens de transport destinés aux voyageurs. 5 juillet 1718: 'Le Public est averti que l'on a établi de nouveau deux Coches par semaine, qui partiront de Lyon les mardis et vendredis matin

[...] jusques à Genève; et de Genève lesdits jours à six heures du matin, et de Seyssel, les mercredis [*sic*] et samedis à cinq heures du matin. Ceux qui voudront en profiter n'auront qu'à s'adresser à Lyon au Port St. Clair, aux Srs. Tixerant et Roland, à Genève au Sr. Gallatin, directeur de la Poste de France, et à Seyssel au Sr. Michard fils.'

A réitérées reprises (28 février 1727, 31 janvier 1736, 16 février 1745, 13 février 1748), la gazette annonce le prochain départ d'un 'bon bateau couvert' pour la Hollande 'ou autres lieux sur le Rhin'. C'est à Yverdon qu'on embarque et les organisateurs du transport sont Pavid dit l'Anglais puis Frédéric Mandrot. Mais en 1745, le 12 mars, un avis fait savoir que le départ annoncé le 16 février est renvoyé: 'Fréderic Mandrot, d'Yverdon, ne partira avec son bateau pour la Hollande et l'Angleterre que pendant le courant d'avril à cause qu'il a des avis certains que le Rhin est encore trop bas.'

Si les transports vers l'Italie ne suscitent aucun avis, on en trouve deux pour l'Allemagne. Le 11 juillet 1738, on annonce que le coche de Schaffhouse pour le Wurtemberg, après avoir été 'entièrement dérouté' par une 'négligence particulière' est enfin rétabli et qu'il arrivera désormais de Stuttgart à Schaffhouse le mardi pour en repartir le mercredi avec 'grande exactitude'. Il faudra s'adresser à Schaffhouse à Mr. Alexandre Huninguer. Dans la gazette datée du 21 juillet 1761 d'autre part, un avis de Bâle avertit que 'le chariot des Postes impériales de cette ville partira à l'avenir pour Francfort et Nuremberg tous les dimanches à 4 ou 5 heures du soir'. S'adresser à Mr. Imhoff, au Logis des Trois-Rois.

Enfin, durant la guerre de Succession d'Autriche, un avis, dans la gazette du 9 octobre 1744, informe les 'sujets du roi de France' désirant voyager 'sur les terres de la reine de Hongrie et du roi d'Angleterre, électeur de Hanovre' qu'ils pourront obtenir l'indispensable visa de leurs passeports ou même se procurer des 'passeports de guerre': – à Genève, chez Ami Bourdillon l'aîné et Courvoisié, directeurs des Coches et Messageries de France et de Suisse; – à Lyon, chez Bacon de la Chevalerie, receveur général du Tabac; – à Marseille chez De la Vernede, directeur des Coches.

Justice et police: disparitions, vols et adjudications

La gazette diffuse, mais sans label officiel, des avis de caractère judiciaire ou policier. C'est ainsi notamment que l'on rencontre à plusieurs reprises des avis de recherche concernant deux catégories assez contrastées de personnes.

Il s'agit d'une part des héritiers disparus ou non identifiés de riches défunts (2 avril 1723: héritiers du Genevois Matthieu Frachas Ania, décédé à Batavia; 11 juillet 1727: héritiers de deux négociants assassinés dans le Montferrat; 25 novembre 1732: Jean Herman Betz, jeune officier hessois ayant servi dans un régiment italien sur l'Adige et dont on est sans nouvelles 'quoiqu'il ait un héritage à retirer'; 20 mai 1746: héritiers de Pierre Bardel, banquier à Lyon, puis à Rome, décédé en 1689; 28 novembre 1758: Alexandre de la Forest, de

Viteau en Bourgogne, cornette de cavalerie, dont la mère, Anne de Repas, 'vient de mourir et lui laisse une succession considérable').

Il s'agit d'autre part d'individus qui ont disparu après avoir fait un mauvais coup et dont le signalement est communiqué avec force détails (30 juin 1724: le sieur L'Espagnol 'à qui il manque deux doigts à l'un de ses pieds' et que recherchent deux négociants lyonnais en promettant une récompense de 400 livres tournois; 22 septembre 1724: une bande de cinq bandits de grand chemin soupçonnés d'avoir volé et assassiné le courrier de Genève Louis Bertet 'dans le bois de Combet aux environs de Seignes'; 7 avril 1739: le Savoyard Laurent Livron, 'se berçant un peu en marchant', disparu après avoir volé 173 louis d'or mirlitons).

Dans la lancée, on relève une longue série d'avis de perte ou de vol d'effets divers (12 avril 1720: des billets à ordre; 21 juin 1720: des billets de banque perdus; 12 mars 1723: une croix de diamants, volée à Grenoble par un 'petit homme, boiteux, bossu, le nez long, les sourcils noirs, etc.'; 15 août 1755: une bourse de soie verte contenant 36 à 37 louis d'or neufs; 21 mai 1756: 12 demi-louis d'or neufs; 8 août 1758: l'argenterie armoriée d'un château près de Bourg-en-Bresse; 30 août 1763: une vingtaine de montres de prix volées chez Duval et Rouzier, marchands horlogers à Genève). A quoi s'ajoute cet avis pour le moins singulier (dans le n° XX de 1736): 'Le samedi 17me du présent mois de mars, sur les 10. heures du matin, un domestique a perdu aux environs de Genève, dans une allée de traverse, un porte-feuille où il y avait plusieurs cahiers manuscrits appartenant à la Bibliothèque de Genève.' En sens inverse, on apprend que Pierre Mussard, marchand joaillier et maître juré orfèvre à Genève, a retenu comme suspecte la croix de diamants que lui a présentée le dénommé Michel Grateau, de Senan près d'Auxerre (6 mai 1727); et qu'on peut réclamer chez l'orfèvre genevois Bourdillon 'une bague à plusieurs diamants' trouvée 'il y a quelques mois' (22 juin 1759).

On aurait pu s'attendre à rencontrer régulièrement, dans la gazette, les annonces des ventes aux enchères, judiciaires ou volontaires. Tel n'est pas le cas. L'on trouve tout au plus l'avis répété (10 et 17 janvier 1755) de la vente aux enchères, tant aux Halles que chez le Sr. Amalric vers la Porte de Rive, du tabac confisqué au dénommé Gibot 'par jugement de Nos Seigneurs'; et l'avis également répété (5 août et 2 septembre 1757) de la vente à l'encan, chez l'organiste Scherrer, 'par permission de Justice, en présence et sous l'autorité de Mr. l'auditeur Trembley', d'un clavecin à deux claviers, avec pied en noyer vernissé 'où il y a une orgue qui exécute quatre jeux, savoir le bourdon, la flûte douce, le cornet et la doublette', 'avec quoi on peut imiter plusieurs instruments'.

A signaler enfin, dans cette catégorie, un avis de Messieurs les Syndics de la Communauté des Notaires de Grenoble s'inscrivant en faux contre une nouvelle parue dans la gazette du 12 novembre 1726 selon laquelle une dame de Grenoble, ayant reçu 15 000 livres de son notaire, avait été attaquée la nuit suivante et défendue contre quatre voleurs, dont deux furent tués, le troisième blessé, le quatrième arrêté, 'qu'on suppose être le Notaire chez qui elle avait reçu cet argent' (6 décembre 1726); et, le 26 janvier 1742, un 'Avis aux Négociants Clinqualiers' par lequel la Veuve Faucher et ses fils associés, marchands couteliers à Thiers en Auvergne, dénoncent 'l'usurpation' de leur voisine et concurrente, la Veuve Prodon Douly, qui s'est avisée d'altérer sa Marque, 'décréditée et méprisée', de la Patte du Héron au point de la rendre conforme à leur 'célèbre Marque du Pied de Biche'. L'arrêt du Conseil d'Etat rendant justice aux Faucher est publié en annexe.

Placements: loteries et rentes viagères

Cette catégorie d'avis, comme si on avait affaire à une mode, présente la particularité de se concentrer sur un laps de temps d'une vingtaine d'années (1723-1742).

Précurseur, un premier avis paru le 16 octobre 1714 et répété les 2 et 16 novembre annonce que l''on trouve à Genève chez Fabri et Barrillot, les listes générales de la Loterie de Hollande, que l'on tire actuellement'. Il faut aller ensuite jusqu'au 25 mars 1721 pour trouver un avis analogue: 'On fait savoir au Public que Messieurs les Directeurs de la Colonie Française de Magdebourg sont obligés de renvoyer pour trois mois à tirer leur Loterie pour les Pauvres, à cause de la misère et calamité du temps présent [...] ainsi ils prient les bonnes âmes qui voudront encore prendre des Billets de s'adresser à Genève chez le Sr. Jean Gallatin qui leur en fournira à cinq francs argent courant le Billet.'

En 1722, deux avis seulement sont publiés (les 23 janvier et 24 mars) au sujet de la seconde loterie, divisée en 10 'classes', des Etats de la Province de Groningue. Mais à partir de 1723, on en trouve plus d'une douzaine par année, relatifs à la Loterie de Hollande de 20 classes (dont les marchands Flournoy et Reguillon sont les collecteurs à Genève), à la seconde Loterie de Groningue (dont s'occupent à Genève les libraires Fabri et Barrillot, ainsi que les marchands Demaffé et Archer; et à Lyon les Srs. Folcher et Boisset), à la Loterie Parlementaire d'Angleterre (pour laquelle il faut s'adresser au marchand genevois Gédéon Flournoy), à la Loterie de Genève même (dont les billets sont distribués dès le 1er juillet 1724 par les Srs. Caille, Trembley et Dumont, Louis Gaudi et fils, Fabri et Barrillot; et dont les huit classes sont tirées successivement au cours des mois de mai à septembre 1725), puis par la 'Nouvelle Loterie de Genève' arrêtée par les Petit et Grand Conseil de Genève le 4 décembre 1725 (dont le tirage des cinq classes va s'échelonner entre mars et août 1727 et dont le Sr. Assiotti, à la Fusterie, annonce le 14 mars 1727 qu'il tient les prix et numéros à disposition du public).

Le paiement des billets de cette loterie est fait 'aux Rues basses' par le Sr. Daniel Picot, lequel lance au début de 1728 une 'loterie de joaillerie, bijouterie, etc.' de 2000 billets et 182 prix. A la fin de la même année, c'est le Sr. Affourti, fabricant de bas à Genève, qui annonce à son tour une 'loterie de bas de soie'.

Après un court répit, l'annonce des loteries reprend en 1731. Voici de nouveau la Loterie Parlementaire d'Angleterre (distribuée par Gédéon Flournoy et par Duterondet et Archer), les Loteries de l'Etat de Hollande, celle des Etats Généraux des Provinces-Unies des Pays-Bas, les sixième et septième loteries d'Utrecht, ainsi que la troisième loterie de la ville de Weerde, province de Gueldre (toutes quatre distribuées à Genève par Alexandre Demaffé).

En date du 4 juin 1734 est annoncé le tirage (au 9 août) de la Loterie de Neuchâtel. En 1735, tandis que le banquier Pierre Eyraud annonce la loterie de 15 000 billets et 5000 prix du Mont de piété ou Maison d'emprunt de la ville impériale d'Augsbourg et que le négociant Jérémie Bouverot fils distribue la Loterie royale de Turin, Alexandre Demaffé continue à s'occuper des loteries de Hollande, d'Utrecht et des Etats-Généraux. Plus tard, Demaffé ne gardera que les loteries d'Utrecht et c'est Jean Archer, 'marchand à l'Ecu de France à Genève', qui prendra la relève pour celles de Hollande et des Etats Généraux et annoncera la nouvelle Loterie décidée par le Parlement d'Angleterre.

En 1738 sont annoncées une loterie de Muggenburg ainsi que la loterie de 6000 billets et 1495 prix faite pour l'Eglise réformée de Stuttgart. En 1739, c'est le Magistrat de la Ville de Neuchâtel qui lance une loterie dont s'occupe à Genève le marchand Gabriel Aubert. La nouvelle loterie de Genève, dont l'agent est derechef Pierre Picot 'à la Banque', fait parler d'elle durant l'été et l'automne de 1740. Finalement sont annoncées encore une seconde Loterie royale de Turin (collectée à Genève par les libraires Cramer et frères Philibert, 25 octobre 1740), la loterie de Paris (7 février 1741, par Gédéon Flournoy), une loterie de Lausanne (7 août 1742) et la vingt-deuxième loterie de la Généralité de Hollande (dont les billets sont vendus à Genève par les Srs. Jean Archer et Buffe, marchands à l'Ecu de France, 6 septembre 1743).

Ce genre d'annonces disparaît ensuite totalement des numéros de la gazette. Mais on trouve en date du 16 février 1762 un unique avis qui suffit à indiquer où les Genevois plaçaient désormais leurs capitaux: 'On trouve chez Du Villard, libraire, des formules de certificats pour les rentes viagères, conçues de façon qu'une peut servir à désigner plusieurs personnes; et d'autres pour une seule personne'.

Santé: panacées et secrets de guérisseurs

D'assez nombreux remèdes pour diverses maladies sont annoncés dans la gazette, tels la poudre spécifique pour guérir la jaunisse des filles que vend le Bernois Nicolas Malagrida (22 mars 1712), 'la médecine du Frère Bernard, remède souverain et infaillible pour toutes sortes d'hernies' que l'on trouve chez André Butini, marchand drapier à Genève (9 avril 1726), 'le secret infaillible pour toutes les maladies vénériennes' du Sr. Naumann, médecin de la Faculté de Douai (13 mars 1736), la poudre purgative du docteur Ailhaud, d'Aix (6 juillet 1745), le remède du Dr Horace Guasconi, professeur en médecine à Gênes, 'pour guérir radicalement le mal caduc soit épilepsie'

(24 novembre 1739), le 'vrai spécifique contre l'épilepsie' de l'abbé Journet (ou Journu, demeurant à l'Hôtel Saint-Louis à Paris, 24 février et 14 avril 1747), le 'spécifique immanquable pour les maladies de l'urètre, écoulement séminal, carnosités ou callosités' du docteur D. S., de la Faculté de Paris, disponible chez le maître-chirugien Fine à Genève (20 février 1750) ou encore 'les Cailles tortues pour les bouillons des malades' que fournit un certain Renoir, contrôleur des postes de Lyon (8 août 1760).

Sont annoncés aussi des panacées ou remèdes universels, dont le succès ne faiblit pas. En date du 17 mars 1717, voici 'l'Eau Romaine, qui a la vertu de guérir les toux extraordinaires, maux d'estomac et de poitrine, coliques, hémorroïdes, rétentions, pâles-couleurs, paralysies, hydropisies, dysenteries, flux de sang, fluxions, gouttes et rhumatismes', comme aussi 'toutes sortes de fièvres, migraines et maux de tête', remède 'incorruptible' que vend, au prix d'un écu la pinte, le Sr. Preterre, marchand épicier demeurant dans le Temple à Paris. Voici deux remèdes, appelés l'un 'Nouvelle panacée universelle' et l'autre 'Baume universel' que l'on peut se procurer au Bureau français d'adresse à Berne (16 mai 1732). Voici la 'Teinture universelle [...] propre pour le guérison de presque toutes les différentes maladies' et que débite François Aubert à Genève (8 mars 1735). Voici les 'Pilules mercurielles' de Belloste (3 juin 1738), voici la 'Panacée minérale universelle' que l'on trouve à Moudon chez le capitaine Leautier et à Genève chez Gabriel Aubert (14 avril 1739). Voici enfin le spécifique découvert par le docteur en médecine Duvicq, demeurant à Paris, rue Saint-Denis, à l'enseigne du Père Adam: ce spécifique guérit la consumption des poumons et l'asthme des trois espèces, visqueux, sec et suffocatif, il guérit avec un autre spécifique la plus cruelle fluxion de poitrine sans faire saigner, il guérit avec un autre la goutte dans l'estomac, etc. etc. (17 mars 1750).

Il est assez piquant de trouver dans la gazette un écho de la concurrence que se livrent certains guérisseurs. Ainsi à l'annonce faite le 30 décembre 1721 de la 'Thériaque d'Andromachus' composée en public, dans la boutique du Sr. Rubatti, sous l'égide et sceau de la Société des Maîtres Pharmaciens de Genève, répond en date du 9 janvier 1722, l'avis des maîtres pharmaciens Reynet et Chevrier prônant la 'Thériaque et Mithridate, qu'ils ont dispensées et composées publiquement dans l'Hôtel de Ville [de Genève] et sous l'autorité du Magistrat, qui, pour marque de son approbation, leur a permis de sceller et cacheter leurs boîtes du sceau et armes de la Seigneurie'. Voici deux ans plus tard l'avis par lequel Louis Colladon, ayant appris que quelques personnes malintentionnées le faisaient passer pour mort, avertit le public que, 'grâces à Dieu, il jouit d'une parfaite santé' et qu'il continue à fabriquer 'son Eau cordiale, approuvée et estimée [...] dans les principales cours de l'Europe', avec l'aide de son fils aîné, docteur en médecine, 'à qui seul il a confié son secret' (25 février 1724). Et voici encore l'opérateur italien Jambe-Courte obligé de défendre son baume et de rectifier par un avis du 22 novembre 1726 une annonce que le nommé Julien Franc a fait paraître dans la *Gazette de Berne* du 27 novembre 1725: oui, Julien Franc a bien été son associé dans le débit de ce baume, mais il ne sait faire aucune opération de la main: c'est lui Jambe-Courte seul qui les fait et qui a répondu par devant la Faculté de Médecine de Genève sur la composition, la nature et les qualités de son baume, dont le secret n'est jamais sorti de sa famille.

Le cas de ce Jambe-Courte, qui passe trois mois à Genève en opérant avec succès, est loin d'être unique, car le dix-huitième siècle connaît encore une pratique ambulante de la médecine. C'est ainsi qu'on voit divers guérisseurs annoncer par la voie de la gazette leur passage à Genève ou à Lyon. Le Sr. Mathys, spécialiste du traitement des hernies, gros nombrils, ruptures ou descentes de boyaux, fait savoir qu'il séjourne à la Tour-Perse à Genève, à quatre ou cinq reprises au cours des années 1723-1729. Le 3 mai 1726, 'le Sr. Louvrier, dentiste, logé lui aussi à la Tour-Perce [*sic*]', annonce qu'il est de retour à Genève et qu'il y restera jusqu'à la fin du mois. C'est ensuite le 'célèbre oculiste anglais' Taylor qui sillonne la Suisse: Genève d'abord, où il loge aux Trois-Rois, Lausanne ensuite et Berne, où il arrive le jeudi 30 septembre, puis retour à Genève avant de reprendre la route pour Chambéry, Milan et Rome (14 septembre-15 octobre 1734). En 1745-1746, un certain Rosa (ou Roza), qui se dit tout à la fois maître chirurgien de l'Hôpital de Sainte-Marie-Neuve à Florence et maître chirurgien de Paris, signale à deux reprises dans la gazette genevoise qu'il est en séjour à Lyon, logé d'abord au Palais Royal, place Louis-le-Grand, puis à la place des Carmes, maison de l'épicier Garcin (9 novembre 1745, 5 juillet 1746). C'est de même à Lyon que séjourne dès le 23 décembre 1748 le chirurgien oculiste Andriex (ou Andrien), installé pour trois mois à l'Hôtel du Parc, et qui prend soin, à son départ le 16 février 1749, d'indiquer ses étapes jusqu'à Paris (Chalon-sur-Saône du 17 février au 12 mars, Auxerre du 13 au 26 mars). Le même Hôtel du Parc héberge presque simultanément un certain Ferrand, chirurgien juré de Narbonne, spécialisé dans le traitement de la rétention d'urine, qui opère des 'guérisons inespérées' et se rend le 21 mars à Genève, où il descend aux Balances. 'Il exerce toujours sa charité envers les pauvres en les guérissant gratis', précise le dernier des quatre avis qu'il fait paraître dans la gazette genevoise (27 décembre 1748, 3 janvier, 18 mars 1749). A la même époque, le 'fameux docteur et professeur Hilmer, conseiller et médecin de Sa Majesté le Roi de Prusse' publie la liste des aveugles qu'il a guéris à Londres (28 février 1749). Le dentiste italien Joseph Trinci passe également par Genève à cette époque, laissant une bonne provision de ses 'racines' et de son préservatif 'contre la carriure' pour être distribués par Jean-Antoine Comparet, 'rue Neuve, près la Ville de Turin' (26 juin 1750). Enfin neuf ans plus tard, Benoît Voisin, docteur en médecine, bourgeois d'Annecy, pensionné du Roi de Sardaigne, annonce la publication de son ouvrage *Le Médecin familier et sincère*, vante lui aussi sa charité envers les pauvres et signale que pour répondre à la 'multitude de consultes' qui lui sont demandées et face aux 'guérisons surprenantes' que ses cures opèrent, il a fait venir auprès de lui son neveu, docteur médecin de Montpellier, 'auquel il laissera le secret de ses remèdes' (3 février et 17 mars 1758).

Si étonnant que ce soit, deux avis seulement ont trait aux stations thermales. Au lendemain du grand incendie du 9 avril 1739 qui a ravagé la ville d'Aix-en-Savoie, on annonce aux curistes qu'ils pourront prendre les bains et les eaux d'Aix comme par le passé, 'puisque les maisons où on les loge n'ont été aucunement endommagées. On avertit de plus que l'inconvénient survenu l'année dernière par le mélange des eaux est prévenu' (10 avril 1739). En date du 4 février 1744, un discret avis annonce que 'les Bains de Rolle ayant acquis plusieurs qualités bienfaisantes par les soins et sous les yeux du Docteur qui y fait sa résidence, on en doit attendre cette année et les suivantes tous les heureux effets désirés'.

Enfin, on ne peut pas clore cette section sans relever les quelques avis qui concernent les animaux, que ce soit l'incroyable recette de ce 'secret sûr et éprouvé pour empoisonner les loups' que publie la gazette du 31 décembre 1743: 'Prenez un ou plusieurs chiens que vous faites assommer, ayez de la Noix vomique râpée fraîchement, faites depuis dix jusqu'à dix-huit trous dans les chairs du chien, etc.', ou ce remède spécifique contre la maladie des bestiaux, nommé 'Orvietan de Contugi', qui ne se trouve qu'à Paris et que l'on vend 'dans des boîtes de plomb' (11 juin 1745).

Spectacles: automates et concerts

Jusqu'en 1782, le théâtre reste interdit à Genève, Voltaire en a su quelque chose. Aucune annonce n'est donc faite pour ce type de spectacles. Les automates en revanche sont autorisés et deux avis méritent à cet égard d'être cités tout au long.

6 novembre 1742: 'Il est arrivé à Genève un célèbre Mécanicien, qui y fait voir une Machine mouvante par l'eau, d'une nouvelle composition en deux parties. La première est un Cabinet où est représentée une partie des Fables d'Esope, comme au Labyrinthe de Versailles. Ces mêmes eaux se communiquent à la seconde partie et font mouvoir une quantité de Figures: la première fait le Philosophe; la seconde fait l'Astronome; un autre les mouvements ordinaires du Peintre; une Demoiselle qui semble faire tirer son portrait avec un Perroquet, qui a aussi des mouvements; un Nègre qui montre le tableau aux spectateurs; trois autres à table, l'un verse à boire et les deux autres boivent; deux Trompettes, un Timbalier qui jouent de concert; une Dame à sa toilette, une autre qui file; deux Turcs qui gardent l'entrée d'une galerie où se promènent plusieurs autres; toutes ces Figures font leurs mouvements comme si elles étaient vivantes.'

22 août 1758: 'Le Sr. Joseph Gallmayer, Machiniste de la Cour de Bavière, passant par Genève, où il se propose de s'arrêter huit jours, donne avis qu'il fait voir à toute heure trois machines différentes, dont la première représente un Musicien Turc, la seconde Sainte Cécile Organiste et la troisième un Chien ambulant, qui toutes trois exécutent des choses extraordinaires et d'une manière si naturelle qu'elles font le sujet de l'admiration de toute Personne qui les voit. Il est logé à la Ville de Turin. On paie un florin par personne.'

Les seules autres annonces de spectacles sont circonscrites aux trois années 1753, 1754 et 1755 et sont relatives aux concerts donnés à la Maison de Ville. En voici la liste:

mercredi 15 août 1753: musique vocale et instrumentale (3 août 1753)

samedi 9 février 1754: musique vocale et instrumentale (29 janvier 1754)

samedi 2 mars: musique vocale et instrumentale (15 février 1754)

samedi 16 mars: Mlle Narboud de Belleville, cantatrice (26 février 1754), concert renvoyé au 23 'à cause de la rigueur de la saison'

samedi 25 mai: la Signora Tizziano, virtuosa di canto, et le Signor Berlaty, maître de chapelle, vistuoso de luth français, dans 'divers airs et duetti à chanter, concert et duetti de luth et autres symphonies tant de la composition du Sig. Berlaty que des meilleurs Maîtres d'Italie' (7 mai 1754)

mardi 11 juin: même programme (24 mai 1754)

samedi 15 juin: dernier concert (4 juin 1754)

mercredi 16 avril 1755: concert vocal et instrumental donné par la signora Tizziano et MM. Berlaty et Fritz (4 avril 1755)

mercredi 14 mai: Berlaty et Fritz avec quatre 'Virtuosi très distingués pour le cor de chasse' (2 mai 1755)

vendredi 23 mai: même concert (9 mai 1755).

Travail: offres et demandes d'emplois

Dans ce genre, seules paraissent des annonces portant sur des services ou des affaires d'une certaine envergure.

Ainsi en date du 20 novembre 1716, 'on avertit le Public que la Ville de Genève, qui entretient une Académie où l'on instruit la Jeunesse à monter à cheval et autres exercices convenables aux Etrangers et aux Personnes de Qualité [...] a besoin présentement d'un habile Ecuyer'. Ou encore en date du 23 mars 1745: 'On donne avis au Public que l'Hôpital Général de Genève a besoin d'un Econome. Il faut un Garçon de bon âge, sage, assidu, vigilant et qui ait des connaissances générales tant pour les comptes que pour le gouvernement des campagnes.'

Long et intéressant avis aussi en date du 14 septembre 1759: 'Mr. Hasselaer, bourgeois de Neuchâtel et habitant à Saint-Aubin-le-Lac [...] avertit le Public que, possédant deux maisons, il destine la plus belle et la plus grande à un Cabaret à pied et à cheval, dont il a obtenu l'octroi sous l'enseigne de l'Aigle noir, [et il] invite tous ceux qui se croiront en état de tenir cette Auberge, soit du pays allemand, soit du pays romand, à s'approcher de lui.' Suit le détail des pièces dont la maison est composée, des fonds qui lui sont joints, des meubles et provisions à céder en même temps.

En sens inverse, on peut relever l'offre que fait le nommé Gonzalez, demeurant à Genève chez le libraire Jean-Antoine Fabri, d'enseigner la langue espagnole et de traduire du français, du latin et de l'italien en espagnol (1er février 1732); ou l'annonce de la classe d'anglais que se propose d'ouvrir en septembre 1748 Le Camus fils, demeurant à la Taconnerie (16 août 1748).

Une long avis au public du 15 avril 1746 annonce l'ouverture à Lyon, dès le 1er juillet 1746, d'une Pension dirigée par le maître de musique Audibert père, 'où l'on enseignera le Latin jusqu'aux Humanités inclusivement, les Belles Lettres, la Musique, les Instruments, savoir le Violon et la Basse, le Plain-Chant [...] l'Arithmétique et à danser'. On ne prendra que 30 pensionnaires.

Dans le domaine des entreprises, on peut signaler encore l'annonce de l'établissement dans la terre de Dardagny, à trois lieues de Genève, d'un 'Martinet à cuivre où l'on fabrique toutes sortes d'ouvrages de ce métal', que des maîtres chaudronniers perfectionnent dans leurs grandes forges (1er mars 1740), l'avis de liquidation du commerce de soierie du marchand genevois François Du Roveray (4 juin 1748), la mise en vente dans le canton de Fribourg d'une 'belle Papeterie', avec moulin 'nouvellement bâti sur une belle eau' et 'privilège des pattes soit chiffons dans tout le canton' (12 septembre 1749); ainsi que l'avis donné par le nommé Colondre de l'établissement à Genève d'une nouvelle manufacture de tapisseries en toile peinte, promettant de produire des 'pièces d'un goût nouveau' tant par la correction du dessin que par la force du coloris (28 novembre 1749).

A vendre: belle terre et chapeaux de paille

Si l'on y inclut les livres, cette dernière catégorie est de loin la plus fournie, puisqu'on peut dénombrer dans la gazette plus de 500 annonces insérées par des imprimeurs et libraires de Genève et d'autres villes. Cette offre qui porte sur des milliers de livres, pour la plupart nouveaux, mérite un examen approfondi et nous nous proposons de consacrer ailleurs une étude spéciale à ce corpus de lecture.

Les autres biens proposés aux amateurs sont assez disparates. Voici, mais c'est un cas unique, 'une belle terre à vendre près de Rolle sur le Lac Léman, à la Coste, nommée la Terre des Veaux, consistant en Fief, Jurisdiction, Dixmes de Vin et de Grains, et deux Domaines complets, qui consistent en Prés, Champs, Vignes, Bois et Bâtiment neuf' (1er mai 1716). Voici d'autre part, et c'est aussi un cas unique, la mise en vente d'une importante collection: 'Les amateurs de curiosités naturelles sont avertis qu'il y a à vendre à Lyon une belle et ample collection en ce genre faite par feu Mr. le Docteur Pestalozzi pendant l'espace de quarante années [...] On trouvera dans le Mercure du mois prochain un détail abrégé des pièces qui composent cette collection' (15 juin 1742).

Divers objets de valeur sont proposés: les montres à secret de l'horloger français Baret (17 janvier 1727), les 'excellents clavecins ou grands Ravalements' du sieur Lescase à Chambéry (27 février 1750), des 'services entiers ou en détail de faïence de très bonne qualité' du Sr. Fr. Camelique (13 août 1762), 'd'excellents tableaux des plus habiles peintres, de même que divers beaux dessins' qu'offre à vendre un peintre étranger logé pour quinze jours aux Trois-Rois (11 mars 1763); un petit carrosse et une chaise roulante, une berline à quatre places 'garnie de drap vert, à soufflet', une 'jolie diligence à deux places avec des glaces' (28 avril 1747, 23 juillet 1754, 11 juillet 1755).

Les chapeaux de paille 'en gros et petits grains' offerts aux Halles par un marchand de Venise (20 mars 1764) permettent de faire la transition avec les articles de pure consommation: le tabac à râper des Fermiers-Généraux, les liqueurs et sirops des Giraudeau, les eaux minérales de Vals, Balaruc et Camarez, sans oublier le 'ratafia de Genève' et le 'nectar des Francs-Maçons' (13 juin 1732, 13 décembre 1740, 2 et 13 juin 1741, 24 avril 1744, 9 août 1746).

Correspondances d'Europe et d'Amérique

Pour en finir avec cette revue des *localia* de la réimpression genevoise de la *Gazette d'Amsterdam*, il reste à signaler quelques correspondances ou avis singuliers.

En date du 9 octobre 1725, un *nota-bene* demande à un anonyme, qui a signé sa lettre A. J. G., de se faire connaître s'il veut recevoir une réponse.

Le 2 mai 1727, la gazette se fait l'écho des bonnes nouvelles reçues de la Colonie suisse qui s'est embarquée de Rotterdam en décembre 1726 pour 'Charles-Town en Caroline' et qui est parvenue à destination après 42 jours de navigation.

Travaillant à une ample collection des historiens de Milan et des autres localités du duché, le 'docteur' Joseph Antoine Sassi, bibliothécaire de la Bibliothèque Ambrosienne de Milan, prie tous les savants qui auront quelques manuscrits de ces historiens, de bien vouloir lui en donner connaissance: sa requête est diffusée par la gazette du 9 janvier 1739.

Une dépêche de Chambéry datée du 19 avril 1750 et publiée en annexe du n° 20 de l'année, annonce que 'les nobles Chevaliers Tireurs de l'Arquebuse de Chambéry se sont rendus à Aix en uniforme bleu, parement écarlate avec des lesses en or à la prussienne, accompagnés de leurs timbales, trompettes et cors de chasse' et qu'après y avoir tiré un prix, 'suivi d'un splendide dîné avec harmonieuse symphonie', ils ont pris la résolution de se rendre à Turin pour y parader au mariage du duc de Savoie, sous le commandement du comte d'Evieux de la Perrouse.

Enfin, dans le numéro daté du 14 novembre 1755 est reproduite *in extenso* une lettre écrite d'Amsterdam, le 13 novembre, signée d'un certain J. Joubert et accompagnée d'un croquis (reproduit par la gazette), qui expose une 'méthode infaillible de diviser un Angle en trois parties égales'.

Bibliographie

Cette bibliographie est centrée sur les études consacrées à la presse et en particulier aux gazettes, citées dans cet ouvrage.

De nombreux articles se trouvant dans des recueils collectifs, l'article qui les concerne renvoie simplement au titre du recueil, dont on trouvera la référence bibliographique complète à sa place alphabétique. Les travaux d'un même auteur sont classés par ordre chronologique.

Arnaud, H., 'L'édition bordelaise de la *Gazette de Leyde* des frères Labottière (12 juillet au 30 octobre 1759)', *Bulletin et mémoires de la Société archéologique de Bordeaux* (1924), p.37-44.

L'Attentat de Damiens. Discours sur l'événement au XVIIIᵉ siècle, sous la direction de P. Rétat (Lyon 1979).

Beermann, Matthias, *Zeitung zwischen Profit und Politik. Der Courier du Bas-Rhin (1767-1810)* (Leipzig 1996).

Benhamou, Paul, 'La lecture publique des journaux', *Dix-huitième siècle* 24 (1992), p.283-95.

– 'Essai d'inventaire des instruments de la lecture publique des gazettes', dans *Les Gazettes européennes de langue française*, p.121-29.

Berkvens-Stevelinck, Christiane, 'L'édition et le commerce du livre français en Europe' et 'L'édition française en Hollande', *Histoire de l'édition française*, t.II, p.305-13 et 316-25.

Bléchet, Françoise, et Hans Bots, 'Le commerce du livre entre la Hollande et la Bibliothèque du Roi (1694-1730)', *Documentatieblad werkgroep achttiende eeuw* 21 (1989), p.23-53.

– 'La librairie hollandaise et ses rapports avec la Bibliothèque du Roi (1731-1752)', *Documentatieblad werkgroep achttiende eeuw* 23 (1991), p.103-41.

Bots, Hans, 'La *Gazette d'Amsterdam* entre 1688 et 1699: titres, éditeurs, privilèges et interdictions', dans *Les Gazettes européennes de langue française*, p.31-39.

– 'Quelques gazettes de Hollande en langue française et le *Mercure historique et politique*: une analyse comparative',

dans *Gazettes et information politique*, p.159-68.

Briggs, Eric, 'La famille Tronchin et Jean Tronchin du Breuil, gazetier', dans *Gazettes et information politique*, p.87-96.

Candaux, Jean Daniel, 'Batailles autour d'un privilège: la réimpression genevoise des gazettes de Hollande', dans *Les Gazettes européennes de langue française*, p.41-50.

Censer, Jack R., 'Maupeou et la presse politique', dans *Les Gazettes européennes de langue française*, p.291-98.

– *The French Press in the age of Enlightenment* (Londres, New York 1994).

Charles, Shelly, 'Sur l'écriture du présent: la *Gazette d'Amsterdam* et la *Gazette de France*', dans *Les Gazettes européennes de langue française*, p.177-85.

Couperus, Marianne, *Un périodique français en Hollande, le 'Glaneur historique' (1731-1733)* (La Haye, Paris 1971).

Couvée, D. H., 'The administration of the *Oprechte Haarlemse Courant*, 1738-1742', *Gazette* 4 (1958), p.91-110.

Dahl, Folke, *Dutch corantos 1618-1650: a bibliography illustrated with 334 facsimile reproductions of corantos printed 1618-1625 and an introductory essay on 17th-century stop press news* (La Haye 1946).

– 'Les premiers journaux en français', dans Folke Dahl, F. Petibon et M. Boulet, *Les Débuts de la presse française. Nouveaux aperçus* (Göteborg, Paris 1951), p.1-15.

Darnton, Robert, *L'Aventure de l'Encyclopédie, 1775-1800. Un best-seller au siècle des Lumières* (Paris 1982).

287

De Vet, Jan, 'Une révolution contrariée: les Provinces-Unies dans quelques gazettes et mercures français de 1748', dans *Gazettes et information politique*, p.221-31.

Dictionnaire des journaux (1600-1789), sous la direction de Jean Sgard, 2 vols (Paris, Oxford 1991).

Dictionnaire des journalistes (1600-1789), sous la direction de Jean Sgard, 2 vols (Oxford 1999).

La Diffusion et la lecture des journaux de langue française sous l'Ancien Régime, Actes du colloque international de Nimègue, 3-5 juin 1987 (Amsterdam, Maarssen 1988).

Duranton, Henri, 'Un usage singulier des gazettes: la stratégie voltairienne lors de la parution de l'*Abrégé d'histoire universelle* (1753-1754)', dans *La Diffusion et la lecture des journaux*, p.31-38.

– 'L'affaire Girard/La Cadière dans l'infidèle miroir des gazettes de 1731', dans *Les Gazettes européennes de langue française*, p.255-68.

Eeghen, I. H. van, 'De *Amsterdamse Courant* in de 18de eeuw', *Jaarboek van het Genootschap Amstelodamum* 44 (1950), p.31-58. Version anglaise: 'Newspaper management in the 18th century: from the commercial books of the *Amsterdamse Courant*, 1767-1795', *Gazette* 1 (1955), p.5-16.

– *De Amsterdamse boekhandel (1680-1715)*, 4 vols (Amsterdam 1960-1967).

Enaux, Anne-Marie, et Pierre Rétat, 'La *Gazette d'Amsterdam*, journal de référence: la collection du ministère des Affaires étrangères', *Revue d'histoire moderne et contemporaine* 40 (1993), p.152-64.

Fabre, Madeleine, 'L'indépendance américaine: des gazettes américaines aux *Affaires de l'Angleterre et de l'Amérique*', dans *Gazettes et information politique*, p.107-16.

Favre, Robert, Jean Sgard et Françoise Weil, 'Le fait divers', dans *Presse et histoire*, p.199-225.

– 'Montesquieu et la presse périodique', *Etudes sur la presse au XVIIIe siècle* 3 (1978), p.39-60.

– et Chantal Thomas, 'Le mariage du Dauphin et de Marie-Antoinette d'Autriche: estampe et feu d'artifice', dans *Les Gazettes européennes de langue française*, p.213-27.

Feyel, Gilles, *La 'Gazette' en province à travers ses réimpressions, 1631-1752* (Amsterdam, Maarssen 1982).

– 'La diffusion des gazettes étrangères en France et la révolution postale des années 1750', dans *Les Gazettes européennes de langue française*, p.81-98.

– *L'Annonce et la nouvelle. La presse d'information en France sous l'Ancien Régime (1630-1788)* (Oxford 2000).

Fraser, Peter, *The Intelligence of the Secretaries of State and their monopoly of licensed news 1600-1680* (Cambridge 1956).

Les Gazettes européennes de langue française (XVIIe-XVIIIe siècles), textes réunis par H. Duranton, Cl. Labrosse et P. Rétat (Saint-Etienne 1992).

Gazettes et information politique sous l'Ancien Régime, textes réunis par H. Duranton et P. Rétat (Saint-Etienne 1999).

Gilot, Michel et Marie-Françoise Luna, 'Une année du XVIIIe siècle', dans *Presse et histoire*, p.139-98.

Granderoute, Robert, 'Jacques-Elie Gastelier: correspondance, nouvelles à la main et gazettes', dans *Les Gazettes européennes de langue française*, p.199-204.

– 'Les contrefaçons bordelaises de la presse au XVIIIe siècle', dans *Les Presses grises*, p.333-43.

Groot Placaten-boek, vervattende de placaten, ordonnantien ende edicten van de Hoogh Mogend Heeren Staten Generael der Vereenighde Nederlanden, 10 vols (La Haye 1658-1797).

Hatin, Eugène, *Les Gazettes de Hollande et la presse clandestine aux XVIIe et XVIIIe siècles* (Paris 1865).

Histoire de l'édition française, sous la direction de Henri-Jean Martin et Roger Chartier, t.II, *Le Livre triomphant 1660-1830* (Paris 1984).

Infelise, Mario, 'Gazette e lettori nella repubblica veneta dopo l'Ottantanove', dans *L'Eredita dell'Ottantanove e l'Italia*, sous la direction de Renzo Zorzi (Florence 1992), p.307-50.

- 'Sulle prime gazzette a stampa veneziane', dans *Per Marino Berengo. Studi degli allievi*, a cura di Livio Antonielli, Carlo Capra, Mario Infelise (Milan 2000), p.469-79.

Jomand-Baudry, Régine, 'Images du destinataire dans les annonces publicitaires', dans *La Suite à l'ordinaire prochain*, p.215-29.

Joynes, Carol, 'The *Gazette de Leyde*, the opposition press and French politics, 1750-1757', dans *Press and politics in pre-revolutionary France*, p.133-65.

Kleerkooper, M. M., et W. P. van Stockum Jr, *De boekhandel te Amsterdam voornamelijk in de zeventiende eeuw. Biographische en geschied-kundige aanteekeningen*, 2 vols (La Haye 1914-1916).

Kuhn, Karl-Heinz, *Das französische Pressewesen im Herzogtum Pfalz-Zweibrücken* (Trèves 1989).

Labrosse, Claude, et Pierre Rétat, *Naissance du journal révolutionnaire 1789* (Lyon 1989).

Mercier-Faivre, Anne-Marie, 'Les ambassadeurs: gazettes et diplomatie. L'exemple russo-ottoman de 1775', dans *Gazettes et information politique*, p.371-83.

- 'L'Ambassadeur, le dragoman, la sultane et le chocolat', dans *La Suite à l'ordinaire prochain*, p.195-212.

- 'Le géant, Buckingham et le laquais du ministre (faits divers et information politique dans la *Gazette d'Amsterdam*)', dans *Anecdotes, faits divers, contes, nouvelles (1700-1800)*, éd. M. Cook et M.-E. Plagnol (Berne 2000), p.69-94.

Morineau, Michel, *Incroyables gazettes et fabuleux métaux. Les retours des trésors américains d'après les gazettes hollandaises (XVIᵉ-XVIIIᵉ siècles)* (Londres, Paris 1985).

Moulinas, René, *L'Imprimerie, la librairie et la presse à Avignon au XVIIIᵉ siècle* (Grenoble 1974).

- 'Du rôle de la poste royale comme moyen de contrôle financier sur la diffusion des gazettes en France au XVIIIᵉ siècle', dans *Modèles et moyens de la réflexion politique au XVIIIᵉ siècle* (Lille 1977), t.I, p.383-95.

Moureau, François, *Répertoire des nouvelles à la main. Dictionnaire de la presse manuscrite clandestine XVIᵉ-XVIIIᵉ siècle* (Oxford 1999).

- 'Réflexion sur la communication manuscrite: nouvelles à la main et gazettes imprimées', dans *Nouvelles, gazettes, mémoires secrets*, p.1-13.

Nouvelles, gazettes, mémoires secrets (1775-1800), éd. B. Berglund-Nilsson (Karlstad 2000).

Popkin, Jeremy D., 'Un journaliste face au marché des périodiques à la fin du XVIIIᵉ siècle: Linguet et ses *Annales politiques*', dans *La Diffusion et la lecture des journaux*, p.11-19.

- 'International gazettes and politics of Europe in the Revolutionary period', *Journalism quarterly* 62, n° 3 (1985), p.482-88.

- 'The prerevolutionary origins of political journalism', dans *The Political culture of the Old Regime*, éd. K. Baker (Oxford 1987), p.203-23.

- *News and politics in the age of Revolution: Jean Luzac's Gazette de Leyde* (Ithaca, Londres 1989).

- 'L'histoire de la presse ancienne: bilan et perspectives', dans *Les Gazettes européennes de langue française*, p.299-311.

Press and politics in pre-Revolutionary France, éd. J. R. Censer et J. D. Popkin (Berkeley 1987).

Presse et histoire au XVIIIᵉ siècle. L'année 1734, sous la direction de P. Rétat et J. Sgard (Paris 1978).

Les Presses grises. La contrefaçon du livre (XVIᵉ-XIXᵉ siècles), textes réunis par Fr. Moureau (Paris 1988).

Rétat, Pierre, 'L'entrée de Cagliostro dans le champ de l'information en 1785', dans *Presenza di Cagliostro*, textes réunis par D. Gallingani (Florence 1994), p.405-22.

- 'Localisation des gazettes', dans *Les Gazettes européennes de langue française*, p.327-46.

- 'Les gazetiers de Hollande et les puissances politiques. Une difficile collaboration', *Dix-huitième siècle* 25 (1993), p.319-35.

– 'Représentation de l'histoire et de la politique au XVIIIe siècle: la *Gazette d'Amsterdam* pendant la guerre de Succession d'Espagne', dans *Ici et ailleurs: le dix-huitième siècle au présent. Mélanges offerts à Jacques Proust* (Tokyo 1996), p.445-54.

La Révolution du journal 1788-1794, textes présentés par P. Rétat (Paris 1989).

Sautijn Kluit, Willem Peter, 'Bijdrage omtrent de Fransche Amsterdamsche en Leidsche couranten', dans *Bijdragen voor vaderlandsche geschiedenis en ondheidkunde*, nouvelle série, 4 (1866), p.20-49.

– 'Leidsche couranten', *De Nederlandsche Spectator* 24 (15 juin 1867), p.186-88.

– 'De Amsterdamsche Courant', dans *Bijdragen voor vaderlandsche geschiedenis en ondheidkunde*, nouvelle série, 5 (1868), p.209-292.

– 'De Haarlemsche Courant', dans *Handelingen en mededeelingen van de Maatschappij der Nederlandsche Letterkunde te Leiden* (1872-1873), p.3-132.

Sgard, Jean, 'La presse militante au XVIIIe siècle: les gazettes ecclésiastiques', dans *Textologie du journal*, p.7-34.

– 'Le jansénisme dans les gazettes de Hollande, 1713-1730', dans *Les Gazettes européennes de langue française*, p.281-90.

– 'La dynastie des Tronchin Dubreuil', dans *C'est la faute à Voltaire, c'est la faute à Rousseau. Recueil anniversaire pour Jean-Daniel Candaux*, textes réunis par R. Durand (Genève 1997), p.13-20.

– Voir *Dictionnaire des journaux* et *Dictionnaire des journalistes*.

La Suite à l'ordinaire prochain. La représentation du monde dans les gazettes, textes réunis par D. Reynaud et Ch. Thomas (Lyon 1999).

Textologie du journal, textes réunis par P. Rétat, *Cahiers de textologie* 3 (1990).

Vercruysse, Jeroom, 'La réception politique des journaux de Hollande, une lecture diplomatique', dans *La Diffusion et la lecture des journaux*, p.39-47.

Vittu, Jean-Pierre, '"Le peuple est fort curieux de nouvelles": l'information périodique dans la France des années 1690', *SVEC* 320 (1994), p.105-44.

Weil, Françoise, 'Un épisode de la guerre entre la *Gazette de France* et les gazettes hollandaises: l'échec du projet de transformation de la *Gazette de France* en 1762', dans *Les Gazettes européennes de langue française*, p.99-105.

Weill, Georges, *Le Journal. Origines, évolution et rôle de la presse périodique* (Paris 1934).

Index des noms propres

N'ont été pris en compte que les noms des contemporains de la *Gazette d'Amsterdam*. Il a paru en outre que cet index eût été inutilement encombré par la multitude des noms qui n'apparaissent dans ce volume qu'à la faveur des annonces publicitaires ou des relations de cérémonies de Cour qu'on y a citées. Les lecteurs intéressés trouveront donc dans les chapitres 6 (Annonces et annonceurs), 9 (Réimpressions et contrefaçons, à l'article d'Avignon et de La Rochelle), 15 (La vie de Cour: Versailles) et dans l'Appendice C (Annonces et affaires locales dans la réimpression genevoise), la mention précise de praticiens et guérisseurs, fabriquants de pommade ou de bas de soie, traiteurs, fleuristes, parfumeurs, libraires, voleurs, joaillers, couteliers, cantatrices, princes du sang, musiciens du roi, etc. En revanche, nous avons fait figurer ici des inconnus auxquels ont été refusés les derniers sacrements.

Sauf nécessaires exceptions lorsque l'identification risque d'être insuffisante, la qualité des personnes n'est indiquée que pour les courantiers, gazetiers, libraires, fondeurs et graveurs, protagonistes de cette histoire.